行商研究
移動就業行動の地理学

中村周作 著

海青社

はじめに

　まず、本書の内容の要旨についてふれる。

　本書における研究対象は、移動を繰り返し、その移動の過程において何らかの就業行動をなす"移動就業者"である。既存研究において取り上げられた具体的な移動就業者には、たとえば、漁業者・海人、水産物行商人、売薬行商人、その他の行商人や市商人、出稼ぎ者、山間移動就業者、養蜂業者、芸能者、移牧・遊牧民などがあった。それらの中で本研究では、特に水産物行商人を中心として、①移動就業を行う人々が、どのようにして社会から生み出されてくるのか、その生成過程を解明すること、②多様な展開をみせる移動就業行動の時空間的展開にみられる特徴を解明すること、この２点の解明を通じて移動就業行動の地理的特徴を究明することを主要な目的とする。

　研究の結果、以下のことが明らかになった。

　水産物の在来型行商人は、1980年代初期の２万２千名ほどから３分の１以下へ、自動車営業者数も、１万５千名ほどから２分の１強へ激減している。前者の分布は、沿岸の魚介類産地に集中するところに特徴がある。これに対し後者、自動車営業者は、かつては、内陸の山間僻地に多かったが、営業者が激減した今日では、その特徴が薄まり、沿岸から内陸に至るまで比較的均等な分布に変わっていた。

　移動就業者の生成過程を、その心理的側面にまで踏み込んで説明すると、就業年齢に達した者が、職業を選択するに当たって移動就業を選択する場合もあるが、異業種を選択した後、職種不適応と漂泊への憧憬を動機の形成の端緒として移動就業を選択するに至る。そうして、同業者グループに加入し、何らかの修業を経て一人前になる。移動就業者は、自らの意思決定とともに、就業者、消費者双方からの需要、さらに、彼らを輩出する時代的地理的背景があって、初めて生み出されてくるのである。

　移動就業行動は、時間的には、１日を単位とする沿岸漁業や鮮魚行商のようなタイプと、数カ月から半年を単位とする遠洋漁業や冬季出稼ぎ、塩干物行商のようなタイプ、１年を単位とするテキヤ露店商のようなタイプがあった。また、空間的には、３時間徒歩圏(12 km 程度)を最も狭い行動圏として、遠く赤道直下の海まで数千 km におよぶ行動圏を持つ遠洋漁業まで様々であった。

　水産物行商活動が果たしてきた社会・経済的役割についてみてみる。近代的水産物流通機構が整備される以前の漁村においては、男性が漁獲を担当し、女性が行商による流通・販売を担当することで、漁業という生業行為が初めて完結するものであった。特に底曳網などで獲れるマス流通にのりにくい少量多種類の雑魚類については、その重要な販路となっていた。

　行商人の技術に裏打ちされた商品に対する信用が、彼女らがいなくなった今日でも、産地の信用にすり替わって残っている例があった。また、地域産業として漁業だけでなく、関連する醤油や酒の製造業を行商人が育成していた事例、行商人の信用が、漁村と背域集落という異質の生業地域間を結ぶ人的紐帯をなしていた事例、さらに、これらの関係をもとに、より強固な社会的関

係を形成していた串木野市羽島地区の「トキュ」のような事例もみとめられた。

　今日、わが国では、かつて津々浦々でみられた水産物行商人の存在や活躍ぶりも、彼女・彼らがいなくなるとともに忘れ去られようとしている。調査でお世話になった彼女・彼らの活躍ぶりを記録にとどめることも、本研究の意義としてみとめられよう。

　次に、以下の3部からなる本書の構成についてふれる。
　第1部は、序論として、本研究のメインテーマである移動就業行動の地理学的研究に当たっての研究視点と方法がまとめられる。ここでは、まず、水産物行商人をはじめとする移動就業者の行動研究に関して、既存文献研究を通じて研究対象の持つ性格と地理学からの研究方法、さらに本研究での調査方法などについて論が展開される。その上で、具体的な水産物行商行動へのアプローチとして、1980年代前半に行った全都道府県食品衛生関係機関や各地における行商人、関連部署における資料・聴き取り調査をもとに、わが国における行商人の分布とその地域的な活動展開が取り上げられる。
　さらに、おもに1980年代前半以降の20年間における水産物行商活動の変容について、北海道・東北地方から書き起こし、九州、沖縄地方に至るまで地方ごとに、その実態報告が行われる。ここは、1999～2005年までに実施した第2回目の全国調査の成果を、1980年代前半に行った第1回目の全国調査の結果との比較において、地方ごとに書き記されるところであり、最終の第4章では、わが国全体の水産物行商活動の変容と今日でも行商、自動車営業が最も活発な6地域の現状と当該業種が盛んな要因について分析が行われる。
　第2部では、個々の漁村−背域集落を含む地域を事例に、水産物行商人の活動展開と行商人が漁村社会において、どのような生成過程を経て輩出されるのかについての究明がなされる。また、串木野市羽島地区の事例では、隔絶された地域内において、水産物行商のより原初的な形態としての互いの産物の物々交換が、多様な付帯的機能を伴う特殊な社会的関係へと昇華発展したことが明らかにされる。
　第3部では、筆者が取り組んできた水産物行商以外の移動就業者の行動についてのおもな個別研究成果が取り上げられる。具体的には、京都市域におけるうどん屋台、浜坂町久斗山地区からの出稼ぎ、縁日市に出店するテキヤ露店商について、それぞれの移動就業行動にみられる特性と、移動就業者の生成過程の解明がなされる。
　結論では、移動就業者の生成過程と活動の時空間的展開、およびメインテーマである水産物行商人の果たしてきた社会・経済的役割などについての総括とともに、今後の課題についても言及される。
　筆者が、研究活動を志してから、30年の月日が流れた。その間、自分なりに道一筋に取り組んできたつもりではあるが、興味関心のおもむくままに様々な研究テーマに取り組んできたことは、傍目には落ち着きのない研究態度に映るかもしれない。ただ、自分が最初に出会った研究対象が漁民、とりわけ、女性労働者として地に根をはった活躍をしていた水産物行商人であった。漁村と背域との関係として、互いの産物の交換関係に関心を持ったのは、筆者が立命館大学1回生の夏休み課題レポートを書くために、地元に近い串木野市(現いちき串木野市)羽島地区で行った漁村調査での古老の口から出てきた「トキュ」という、当時、羽島地区の古老ですら語源不明という農漁家関係の存在を知って以降であった。大学4年間は、突き詰めて言えば、この「トキュ」と

は何かという疑問の解明に費やすことになったが、卒業論文において、その関係の語源が物々交換の"得意"にあることを突き止めることができた。進学した関西学院大学大学院では、修士論文のテーマとして、より広域の日本全域にわたる水産物行商人の分布と、その活動の地域的特徴の解明に取り組んだ。当時、水産物行商には、在来型の産地に拠点を置く者（産地型行商人）と消費地市場を仕入れ拠点とする者（消費地型行商人）、およびそれぞれの自動車を利用する者の計4タイプがみとめられた。本研究では、当初、第3部において、そのそれぞれのパターンの行商人の活動や彼らの生成過程について取り組むことを考えていた。しかし、消費地型行商人は、今日ではそのほとんどが社会・経済的な役割を終え、ほぼ営業者が消失してしまった。また、減少傾向にある自動車営業に関する研究も今後の課題として残っている。

　最後に、筆者が、遅々とした歩みながら研究活動を続けてくることができたのは、学部、大学院以来お世話になってきた谷岡武雄、大島襄二両先生を始めとする諸先生方、いつも励ましていただいている諸先輩、友人のおかげである。記して感謝申し上げたい。

　2008年8月

中　村　周　作

行商研究

移動就業行動の地理学

目　次

目　次

はじめに 1

第1部　研究の視点と方法および水産物行商活動の全国的展開 17

第1章　移動就業行動に関する地理学的研究の展開 19
　1．はじめに 19
　2．移動就業行動の諸相と研究の展開 20
　　（1）漁業者・海人の移動就業行動 20
　　（2）水産物行商人の移動就業行動 21
　　（3）売薬行商人の移動就業行動 22
　　（4）その他の行商人の移動就業行動 23
　　（5）市商人の移動就業行動 23
　　（6）出稼ぎ者の移動就業行動 24
　　（7）山間地民の移動就業行動 25
　　（8）養蜂業者の移動就業行動 26
　　（9）芸能者の移動就業行動 26
　　（10）移牧・遊牧民の移動就業行動 27
　3．研究の目的と方法 27
　4．まとめ 28
　5．補足　調査方法としての悉皆調査の意義と有効性、および地図表現について 30
　　（1）フィールドワーク、特に聴き取り調査について 30
　　（2）本研究における調査方法 —聴き取り悉皆調査— 31
　　（3）聴き取り悉皆調査の意義と有効性 33
　　（4）地図表現について 33

第2章　1980年代前半期における水産物行商活動の展開 43
　1．はじめに 43
　2．研究の目的と方法 45
　3．わが国における水産物行商 46
　　（1）在来型行商人および自動車営業者の分布 47
　　（2）行商形態および自動車営業の地域性 51
　4．山陰地方の事例 53
　　（1）行商人およびその活動の基本的性格 53
　　（2）在来型行商人および自動車営業者の分布 54
　　（3）在来型行商人および自動車営業者の行動と集団形成 59
　5．在来型行商人および自動車営業者の行動に関する考察 61
　6．結び 65

第3章 地方ごとにみた水産物行商活動の変容
　　　―1980年代前半期以降の20年間を中心に― 69
1．はじめに 69
2．在来型行商および自動車営業活動の変容 70
　（1）北海道 70
　（2）青森県 72
　（3）岩手県 74
　（4）秋田県 75
　（5）宮城県 77
　（6）山形県 79
　（7）福島県 81
　（8）茨城県 82
　（9）栃木県 84
　（10）群馬県 86
　（11）埼玉県 88
　（12）東京都 90
　（13）神奈川県 91
　（14）千葉県 93
　（15）新潟県 95
　（16）富山県 97
　（17）石川県 99
　（18）福井県 99
　（19）山梨県 101
　（20）長野県 103
　（21）静岡県 105
　（22）愛知県 107
　（23）岐阜県 108
　（24）三重県 109
　（25）和歌山県 110
　（26）奈良県 112
　（27）滋賀県 114
　（28）京都府 115
　（29）大阪府 117
　（30）兵庫県 119
　（31）鳥取県 121
　（32）島根県 123
　（33）岡山県 125
　（34）広島県 126
　（35）山口県 127

(36) 愛媛県 129
　　　(37) 香川県 131
　　　(38) 徳島県 133
　　　(39) 高知県 135
　　　(40) 福岡県 136
　　　(41) 佐賀県 138
　　　(42) 長崎県 139
　　　(43) 大分県 141
　　　(44) 熊本県 143
　　　(45) 宮崎県 145
　　　(46) 鹿児島県 146
　　　(47) 沖縄県 148
　3．まとめ 148

第4章　水産物行商活動の変容と主要地区における活動の展開 159
　1．はじめに 159
　2．わが国における水産物行商活動の変容 159
　3．主要地区における活動の展開 164
　　　(1) 在来型行商活動活発地区1 —兵庫県津名地区— 164
　　　(2) 在来型行商人活動活発地区2 —新潟県村上地区— 166
　　　(3) 在来型行商活動活発地区3 —北海道江差地区— 169
　　　(4) 自動車営業活動活発地区1 —岡山県阿新地区— 170
　　　(5) 自動車営業活動活発地区2 —京都府周山地区— 171
　　　(6) 自動車営業活動活発地区3 —山口県萩地区— 173
　4．結　び 174

第2部　水産物行商活動の展開と漁村−背域集落の社会経済的結合 177

第5章　海産物行商からみた集落間結合とその変化
　　　　　　—出水市名護地区と背域との関係を中心に— 179
　1．はじめに 179
　2．地域の概観 180
　3．漁協水揚げ体制確立以前の行商とその変化 182
　4．名護・築港地区の行商人行動 185
　5．集落間結合とその変化 188
　　　(1) 集落間結合の諸相 188
　　　(2) 集落間結合の変化 189
　6．結　び 190

第6章　物々交換関係をベースとする漁村-背域農村関係の地域的展開
―串木野市羽島地区の事例― 193
1．はじめに 193
2．地域の概観 193
3．社会集団、ないし社会的関係の地域的展開 197
　（1）社会集団、ないし社会的関係の地域的展開 197
　（2）重層構造の由来に関する考察 203
4．社会集団、ないし社会的関係の変容 206
5．結　び 208

第7章　萩市三見浦における「産地型行商人」の生成過程
―漁村民の空間行動研究の一例として― 211
1．はじめに 211
2．地域の概観 213
3．行商活動の地域的展開 214
　（1）三見浦からの行商活動 214
　（2）行商人の日行動 216
　（3）行商活動の制約条件 218
4．行商行動の変容と行商人の生成メカニズム 220
　（1）行商活動の変容 220
　（2）行商圏の変遷 222
　（3）行商人の生成メカニズム 222
5．結　び 227

第3部　水産物行商以外の移動就業行動研究 231

第8章　京都市域におけるうどん屋台営業の地域的展開
―「非常設店舗商業」に関する序論的考察― 233
1．はじめに 233
2．京都市域の屋台営業 234
3．京都市へのうどん屋台出稼ぎ者の生成過程 236
　（1）輩出地の地域的背景 236
　（2）営業者の生成過程 236
4．営業活動の地域的展開 239
　（1）営業者の日活動 239
　（2）営業活動の地域的展開 242
　（3）営業活動の変化 243
5．「非常設店舗商業」の営業地別営業形態に関する考察 244
6．結　び 246

第9章 出稼ぎ者の移動行動と輩出構造 ―兵庫県浜坂町久斗山地区の事例― ... 249
1．はじめに ... 249
2．浜坂町久斗山地区の概観 ... 250
3．出稼ぎ活動の変容 ... 251
4．出稼ぎ行動の特性とその類型 ... 255
　（1）出稼ぎ行動の流動性 ... 255
　（2）出稼ぎ行動の類型 ... 256
5．出稼ぎ者の輩出構造 ... 259
　（1）久斗山地区住民の生活関係圏 ... 259
　（2）出稼ぎに関する情報源 ... 260
　（3）出稼ぎ者の輩出構造に関する考察 ... 262
6．結び ... 263

第10章 縁日市露店商の空間行動と生成過程 ... 267
1．はじめに ... 267
2．縁日市露店商の空間行動 ... 268
　（1）空間行動の基本的性格 ... 268
　（2）「わんちゃバサ」大黒屋利兵衛氏の空間行動 ... 269
　（3）「青バサ」北園忠治氏の空間行動 ... 271
3．縁日市露店商の生成過程 ... 275
　（1）大黒屋利兵衛氏の場合 ... 275
　（2）縁日市露店商の生成過程に関する考察 ... 278
4．結び ... 278

第11章 結論 ... 283
1．移動就業者の生成過程と輩出構造 ... 283
2．水産物行商、その他の移動就業行動の時空間的展開 ... 285
3．水産物行商活動の社会・経済的役割 ... 287

索引 ... 291
事項索引 ... 291
人名索引 ... 301
地名索引 ... 302

あとがき ... 307

● 図表目次

第1章　移動就業行動に関する地理学的研究の展開 19
　　図 1-1　行動地理学に関連した研究領域 28
　　表 1-1　既存研究にみる移動就業行動の展開 29

第2章　1980年代前半期における水産物行商活動の展開 43
　　表 2-1　明治時代初期の水産物行商 44
　　図 2-1　おもな県の水産物行商人数変化 44
　　図 2-2　水産物市場の分布 46
　　図 2-3　在来型行商人の分布 47
　　表 2-2　おもな在来型行商人の集中地区 48
　　表 2-3　産地市場の分布と在来型行商人率との関係 48
　　図 2-4　自動車営業者の分布 49
　　表 2-4　おもな自動車営業者の集中地区 50
　　写真 2-1　各地の行商登録証（一例） 51
　　写真 2-2　函館市の自動車営業 52
　　写真 2-3　青森市の自転車行商 52
　　写真 2-4　高松市の行商人 52
　　写真 2-5　福岡県新宮町の行商人 52
　　表 2-5　山陰地方における主要な行商人、自動車営業者の分布 54
　　図 2-5　山陰地方における在来型行商人および自動車営業者の年齢構成 55
　　図 2-6　山陰地方における水産物市場の分布 56
　　図 2-7　山陰地方における在来型行商人の分布 57
　　図 2-8　山陰地方における自動車営業者の分布 58
　　表 2-6　居住集落数の比較 59
　　写真 2-6　鹿島町恵雲から松江市へ向かう魚商人専用バス（左）と乗り込む行商人（右） ... 60
　　写真 2-7　境港駅を出る行商人（帰路） 61
　　写真 2-8　江津市の自動車営業 61
　　図 2-9　在来型行商地域構造モデル 62
　　図 2-10　自動車営業地域構造モデル 62
　　表 2-7　水産物行商行動の分類 64

第3章　地方ごとにみた水産物行商活動の変容 69
　　図 3-1　北海道における在来型行商人・自動車営業者数の変化 70
　　図 3-2　北海道における在来型行商人の保健所区別分布および増減率 71
　　図 3-3　北海道における自動車営業者の保健所区別分布および増減率 71
　　図 3-4　青森県における在来型行商人・自動車営業者数の変化 72
　　図 3-5　青森県における在来型行商人の保健所区別分布および増減率 73
　　図 3-6　青森県における自動車営業者の保健所区別分布および増減率 73
　　図 3-7　岩手県における自動車営業者の保健所区別分布および増減率 74
　　図 3-8　秋田県における在来型行商人・自動車営業者数の変化 75
　　図 3-9　秋田県における在来型行商人の保健所区別分布および増減率 76
　　図 3-10　秋田県における自動車営業者の保健所区別分布および増減率 76
　　図 3-11　宮城県における在来型行商人・自動車営業者数の変化 77
　　図 3-12　宮城県における在来型行商人の保健所区別分布および増減率 78
　　図 3-13　宮城県における自動車営業者の保健所区別分布および増減率 78
　　図 3-14　山形県における在来型行商人・自動車営業者数の変化 79
　　図 3-15　山形県における在来型行商人の保健所区別分布および増減率 80
　　図 3-16　山形県における自動車営業者の保健所区別分布および増減率 80
　　図 3-17　福島県における在来型行商人・自動車営業者数の変化 81
　　図 3-18　福島県における在来型行商人の保健所区別分布および増減率 81

図表目次

図 3-19	福島県における自動車営業者の保健所区別分布および増減率		82
図 3-20	茨城県における在来型行商人・自動車営業者数の変化		83
図 3-21	茨城県における在来型行商人の保健所区別分布および増減率		83
図 3-22	茨城県における自動車営業者の保健所区別分布および増減率		84
図 3-23	栃木県における在来型行商人・自動車営業者数の変化		84
図 3-24	栃木県における在来型行商人の保健所区別分布および増減率		85
図 3-25	栃木県における自動車営業者の保健所区別分布および増減率		85
図 3-26	群馬県における在来型行商人・自動車営業者数の変化		86
図 3-27	群馬県における在来型行商人の保健所区別分布および増減率		87
図 3-28	群馬県における自動車営業者の保健所区別分布および増減率		87
図 3-29	埼玉県における在来型行商人・自動車営業者数の変化		88
図 3-30	埼玉県における在来型行商人の保健所区別分布および増減率		89
図 3-31	埼玉県における自動車営業者の保健所区別分布および増減率		89
図 3-32	東京都における在来型行商人・自動車営業者数の変化		90
図 3-33	東京都における在来型行商人の保健所区別分布および増減率		90
図 3-34	東京都における自動車営業者の保健所区別分布および増減率		91
図 3-35	神奈川県における在来型行商人・自動車営業者数の変化		92
図 3-36	神奈川県における在来型行商人・自動車営業者の保健所区別分布および増減率		92
図 3-37	千葉県における在来型行商人・自動車営業者数の変化		93
図 3-38	千葉県における在来型行商人の保健所区別分布および増減率		94
図 3-39	千葉県における自動車営業者の保健所区別分布および増減率		94
図 3-40	新潟県における在来型行商人・自動車営業者数の変化		95
図 3-41	新潟県における在来型行商人の保健所区別分布および増減率		96
図 3-42	新潟県における自動車営業者の保健所区別分布および増減率		96
図 3-43	富山県における在来型行商人・自動車営業者数の変化		97
図 3-44	富山県における在来型行商人の保健所区別分布および増減率		98
図 3-45	富山県における自動車営業者の保健所区別分布および増減率		98
図 3-46	福井県における在来型行商人・自動車営業者数の変化		99
図 3-47	福井県における在来型行商人の保健所区別分布および増減率		100
図 3-48	福井県における自動車営業者の保健所区別分布および増減率		100
写真 3-1	小浜市の自動車営業車		101
図 3-49	山梨県における在来型行商人・自動車営業者数の変化		101
図 3-50	山梨県における在来型行商人の保健所区別分布および増減率		102
図 3-51	山梨県における自動車営業者の保健所区別分布および増減率		102
図 3-52	長野県における在来型行商人・自動車営業者数の変化		103
図 3-53	長野県における在来型行商人の保健所区別分布および増減率		104
図 3-54	長野県における自動車営業者の保健所区別分布および増減率		104
図 3-55	静岡県における在来型行商人・自動車営業者数の変化		105
図 3-56	静岡県における在来型行商人の保健所区別分布および増減率		106
図 3-57	静岡県における自動車営業者の保健所区別分布および増減率		106
図 3-58	愛知県における自動車営業者の保健所区別分布および増減率		107
図 3-59	岐阜県における自動車営業者数の変化		108
図 3-60	岐阜県における自動車営業者の保健所区別分布および増減率		109
図 3-61	三重県における在来型行商人・自動車営業者数の変化		109
図 3-62	三重県における在来型行商人の保健所区別分布および増減率		110
図 3-63	三重県における自動車営業者の保健所区別分布および増減率		110
図 3-64	和歌山県における在来型行商人・自動車営業者数の変化		111
図 3-65	和歌山県における在来型行商人の保健所区別分布および増減率		111
図 3-66	和歌山県における自動車営業者の保健所区別分布および増減率		112
図 3-67	奈良県における自動車営業者数の変化		113
図 3-68	奈良県における自動車営業者の保健所区別分布および増減率		113
図 3-69	滋賀県における在来型行商人・自動車営業者数の変化		114
図 3-70	滋賀県における自動車営業者の保健所区別分布および増減率		114
図 3-71	京都府における在来型行商人の保健所区別分布および増減率		116
図 3-72	京都府における自動車営業者の保健所区別分布および増減率		116

図 3-73	大阪府における鮮魚配達従業員・自動車営業者数の変化		117
図 3-74	大阪府における鮮魚配達従業員の保健所区別分布および増減率		117
図 3-75	大阪府における自動車営業者の保健所区別分布および増減率		118
図 3-76	兵庫県における在来型行商人・自動車営業者数の変化		119
図 3-77	兵庫県における在来型行商人の保健所区別分布および増減率		120
図 3-78	兵庫県における自動車営業者の保健所区別分布および増減率		120
図 3-79	鳥取県における在来型行商人・自動車営業者数の変化		121
図 3-80	鳥取県における在来型行商人の保健所区別分布および増減率		122
図 3-81	鳥取県における自動車営業者の保健所区別分布および増減率		122
図 3-82	鳥取保健所管内在来型行商人・自動車営業者の性別年齢構成		122
図 3-83	島根県における在来型行商人・自動車営業者数の変化		123
図 3-84	島根県における在来型行商人の保健所区別分布および増減率		123
図 3-85	島根県における自動車営業者の保健所区別分布および増減率		124
図 3-86	松江保健所管内在来型行商人・自動車営業者の性別年齢構成		124
図 3-87	岡山県における在来型行商人・自動車営業者数の変化		125
図 3-88	岡山県における在来型行商人の保健所区別分布および増減率		125
図 3-89	岡山県における自動車営業者の保健所区別分布および増減率		126
図 3-90	広島県における在来型行商人数の変化		127
図 3-91	広島県における在来型行商人の保健所区別分布および増減率		127
図 3-92	山口県における在来型行商人・自動車営業者数の変化		128
図 3-93	山口県における在来型行商人の保健所区別分布および増減率		128
図 3-94	山口県における自動車営業者の保健所区別分布および増減率		128
図 3-95	愛媛県における在来型行商人・自動車営業者数の変化		129
図 3-96	愛媛県における在来型行商人の保健所区別分布および増減率		130
図 3-97	愛媛県における自動車営業者の保健所区別分布および増減率		130
図 3-98	香川県における在来型行商届出者数の変化		131
図 3-99	香川県における在来型行商人の保健所区別分布および増減率		132
図 3-100	香川県における自動車営業者の保健所区別分布		132
図 3-101	徳島県における在来型行商人・自動車営業者数の変化		133
図 3-102	徳島県における在来型行商人の保健所区別分布および増減率		134
図 3-103	徳島県における自動車営業者の保健所区別分布および増減率		134
図 3-104	高知県における自動車営業者数の変化		135
図 3-105	高知県における自動車営業者の保健所区別分布および増減率		136
図 3-106	福岡県における在来型行商人・自動車営業者数の変化		136
図 3-107	福岡県における在来型行商人の保健所区別分布および増減率		137
図 3-108	福岡県における自動車営業者の保健所区別分布		137
図 3-109	佐賀県における在来型行商人・自動車営業者数の変化		138
図 3-110	佐賀県における在来型行商人の保健所区別分布および増減率		139
図 3-111	佐賀県における自動車営業者の保健所区別分布および増減率		139
図 3-112	長崎県における在来型行商人・自動車営業者数の変化		140
図 3-113	長崎県における在来型行商人の保健所区別分布および増減率		140
図 3-114	長崎県における自動車営業者の保健所区別分布および増減率		141
図 3-115	大分県における在来型行商人の保健所区別分布および増減率		142
図 3-116	大分県における在来型行商人の保健所区別分布および増減率		142
図 3-117	熊本県における在来型行商人の保健所区別分布および増減率		144
図 3-118	熊本県における在来型行商人の保健所区別分布および増減率		144
図 3-119	宮崎県における在来型行商人・自動車営業者数の変化		145
図 3-120	宮崎県における在来型行商人の保健所区別分布および増減率		145
図 3-121	宮崎県における自動車営業者の保健所区別分布および増減率		145
図 3-122	鹿児島県における在来型行商人・自動車営業者数の変化		146
図 3-123	鹿児島県における在来型行商人の保健所区別分布および増減率		147
図 3-124	鹿児島県における自動車営業者の保健所区別分布および増減率		147
図 3-125	沖縄県における魚介類自動車営業者の保健所区別分布		149

第4章　わが国における水産物行商活動の変容と主要地区における活動の展開 159

表4-1	都道府県別在来型水産物行商人、自動車移動営業者数・率一覧	160
表4-2	水産物在来型行商人および自動車移動営業者の集中地区	161
図4-1	水産物在来型行商人の分布（1983～84年時点）	162
図4-2	水産物在来型行商人の分布（2001～04年現在）	163
図4-3	水産物自動車営業者の分布（1983～84年時点）	164
図4-4	水産物自動車営業者の分布（2001～04年現在）	165
図4-5	津名地区からの在来型行商活動の拠点分布	166
図4-6	村上地区在来型行商人・自動車営業者の性別年齢構成	167
図4-7	村上地区における在来型行商人の分布	168
図4-8	村上地区における自動車営業者の分布	168
図4-9	江差地区在来型行商人・自動車営業者の性別年齢構成	169
図4-10	江差地区における在来型行商人の分布	170
図4-11	江差地区における自動車営業者の分布	171
図4-12	周山地区における自動車営業者の分布	172
図4-13	萩地区自動車営業者の性別年齢構成	173
図4-14	萩地区における自動車営業者の分布	174

第5章　海産物行商からみた集落間結合とその変化 179

写真5-1	名護漁港と集落内部	180
写真5-2	名護漁港（左）と打瀬船（右）	180
図5-1	魚種別漁獲量の変遷	181
写真5-3	築港市場のせり風景	181
写真5-4	出水市漁協市場（名護）のせり風景	181
図5-2	名護集落の行商戸数変化	182
図5-3	名護東集落の行商人行商圏	183
図5-4	名護中集落の行商人行商圏	183
図5-5	名護西集落の行商人行商圏	184
写真5-5	昔日の行商姿	184
写真5-6	街中を行くリヤカー行商	185
表5-1	出水市名護・築港地区からの海産物行商	186
図5-6	名護・築港地区行商人の行商路と顧客集落	187
写真5-7	出水市漁協でのせり後、出発準備	188
図5-7	農・漁村の相互関係	190

第6章　物々交換関係をベースとする漁村-背域農村関係の地域的展開 193

図6-1	地域の概観（串木野市羽島地区）	194
写真6-1	羽島浜集落	195
表6-1	集落別の人口および就業構成	195
図6-2	羽島漁協水揚げ魚種別漁獲高の変遷	196
図6-3	河原集落の同族集団	197
表6-2	羽島地区各集落の講組織	198
写真6-2	河原集落の田の神講御厨子	199
写真6-3	田ノ神像（萩元、光瀬、万福、平身の回り田ノ神）	199
写真6-4	河原集落御田ノ神日記帳	199
表6-3	羽島地区の祭祀・信仰集団	200
図6-4	祭祀・信仰圏	201
写真6-5	羽島崎神社	202
図6-5	「トキュ」の地域的展開	203
写真6-6	南方神社御厨子	204
写真6-7	御厨子に納められている「南方神社祭典諸費簿入」	204
図6-6	「ケ」の漁村-背域農村関係	205
図6-7	「ハレ」の漁村-背域農村関係	205

図6-8	現存する「ヤシネ子」関係の地域的展開	207

第7章　萩市三見浦における「産地型行商人」の生成過程 ……… 211

図7-1	三見浦の地域概観	212
写真7-1	三見漁港	212
表7-1	三見浦の漁業	213
図7-2	三見漁協1982年度月別漁獲高	214
表7-2	三見浦の行商活動	215
図7-3	行商人の日行動	217
写真7-2	漁協でのせり	217
写真7-3	萩市街を行く行商人	217
写真7-4	三見市集落での行商	218
写真7-5	5時52分発の上り行商専用車両に乗り込むところ	218
図7-4	行商活動に要する時間総計	219
図7-5	行商圏の形成過程	221
図7-6	行商圏の変遷	223
図7-7	行商人の活動と利用手段の変化	224
図7-8	行商人の生成と顧客獲得過程	226

第8章　京都市域におけるうどん屋台営業の地域的展開 ……… 233

図8-1	営業形態の諸相と「非常設店舗商業」	233
図8-2	京都市(各区)における露店飲食業許可件数とその減少率	235
図8-3	京都市における露店飲食業許可件数の変化	235
図8-4	久斗山の位置	237
図8-5	屋台営業者の活動時期	238
図8-6	「天谷」の見取図	239
写真8-1	「天谷」に着いた営業者⑱	239
写真8-2	営業者⑰と屋台	240
写真8-3	屋台	240
写真8-4	仕入れたうどん玉(左)とその仕分け(右)	240
写真8-5	「天谷」の台所とだしを入れるとっくり	240
図8-7	屋台営業者の日活動	240
図8-8	営業活動の時空間的展開	241
図8-9	屋台うどん営業の地域的展開	243
図8-10	非常設店舗商業の営業地別営業形態	246

第9章　出稼ぎ者の移動行動と輩出構造 ……… 249

図9-1	久斗山集落の位置と概観	250
写真9-1	冬の久斗山集落	250
図9-2	出稼ぎ活動の変遷	253
図9-3	浜坂町における季節労働者数の変化	254
表9-1	浜坂町の集落別酒造出稼ぎ実態(1998年度)	255
表9-2	出稼ぎ業種変更回数	256
表9-3	出稼ぎ先変更回数	256
図9-4	出稼ぎ先固定型の時空間行動—出稼ぎ者番号14—	257
図9-5	業種固定・出稼ぎ先多変更型の時空間行動—出稼ぎ者番号26—	258
図9-6	業種・出稼ぎ先多変更型の時空間行動—出稼ぎ者番号28—	259
図9-7	業種別出稼ぎ者輩出世帯の分布	261
表9-4	地縁集団ごとにみた業種別出稼ぎ者輩出率	261
図9-8	出稼ぎ者の輩出メカニズム	262

第10章　縁日市露店商の空間行動と生成過程 267
　図10-1　公共交通機関利用期のテキヤ露店商の年行動 270
　写真10-1　JR門司港駅近くにある「バナナの叩き売り発祥の地」の碑 271
　写真10-2　バナナの競り売りの様子 272
　写真10-3　楽しい口上に集まる人々 272
　図10-2　自動車利用期のテキヤ露店商の年行動 273
　図10-3　北園氏の月別出店日数 274
　図10-4　テキヤ陶磁器行商人の生成過程—大黒屋利兵衛氏の事例— 276
　図10-5　テキヤ縁日市露店商の生成過程 277

第11章　結　論 283
　図11-1　移動就業者の生成過程 284

第 1 部

研究の視点と方法および
水産物行商活動の全国的展開

第1章　移動就業行動に関する地理学的研究の展開

1．はじめに

　地理学において取り上げられる人間の社会的行動には、①居住する、社会生活を行う、②労働（就業）する、③供給を受ける、④自己を形成する、⑤余暇活動を行うなどがある。その中でも労働、ないし就業に関する人間の社会的行動は、社会を形成・維持する上で最も根元的な行為と言えよう。ただし、従来の地理学研究では、就業の結果として得られる特徴的な農・林・水産物や工芸品などの生産・分布、それらの生産過程などに研究の主眼が置かれ、就業を行う人間自体や、就業に伴う人間の空間的行動に着目するという視点からの研究は、人口地理学における労働力移動に関する研究などを除いて少なかったと言えよう。

　わが国にみられる就業者の行動は、社会的な意味合いでも、就業者の割合からいっても、常に伝統的な農耕民としての定着就業行動が中心にあり、高度経済成長期以降は、その中心が都市サラリーマンの定着就業行動へと引き継がれて今日に至っている。その一方で、マイノリティ的存在ではあるが、特定の場所に止まらずに、移動を繰り返し、その移動の過程において何らかの就業行動をなす人々の存在も広く知られてきた。民俗学などでは、彼ら、移動に伴って何らかの就業をなす人々を"漂泊者"として捉えてきた。柳田民俗学を論じた鶴見によると、漂泊者とは、公家、武家、社家、寺家および農民でないもの、具体的には、①信仰の伝播者、②技術者集団、③芸能者集団、④山人（やまびと）、⑤旅人、⑥職業としての一時漂泊者、⑦漂泊するカミガミとしており、カミ（信仰）に関わる漂泊者との接触によって、定着社会が活性化するというはたらきを認めている。

　しかしながら、この概念を字義どおりに解釈するならば、漂泊とは、1カ所に止まらないであちこちさまようことであり、その過程で就業行為をなすか、なさないかについては、本来的意味として等閑に付された用語と言えよう。

　筆者は、先に述べた人間の社会的行為の中で、特に就業に関するものに注目している。その中でもとりわけ、民俗学などで言う漂泊行動は、大きな空間的移動を伴うものであり、その行動様式、行動パターンなどを析出することができれば、これは優れて地理学的な研究対象と言うことができよう。

　移動を繰り返し、その移動の過程において何らかの就業行動をなす人々を漂泊者と呼ぶことが適切でないことは、先に述べた。そこで、筆者は、そういった人々を移動就業者とし、彼らの行動を移動就業行動と規定したい。さらに、移動就業行動という概念についても、より厳密な規定が必要になる。たとえば、行商人のように移動を繰り返し、その移動の過程で就業をなす人々は、文字どおり移動就業者といえるが、出稼ぎ者のように、出郷移動を行った後、一時的に停留し、再び帰郷移動行動を行う場合、さらに、移民のように移動行動を行った後に、もちろん多くの例

外は認められるが、基本的に現地に定着して就業行動を行う場合なども、これが移動就業行動に当たるのか否かについて言及しなければならない。まず、出稼ぎ行動であるが、これは、本拠地における生産基盤の脆弱さから派生する余剰労働力が、家計の維持を目的に一定期間労働力不足地へ向かい、終労後、本拠地に回帰する行動であり、期間の長短はあるものの、あくまで就労地に定着するわけではない点において、移動の中での就業として捉えることが可能な就業形態といえよう。一方、移民であるが、これは、字義的には外国への移住者を指すとされ、わが国からブラジルなどへの移民のように、当初の出稼ぎ移民的な意識で出郷したものが、様々な政治・経済的な事情や現地へ馴染むことで、結果として永住移民となる場合もあり、これが移動就業者に含まれるか否かの判断は難しい。ただし、永住移民については、現地で定着して就業をなすという点で、明らかに移動就業者の概念からはずれるものである。問題は、出稼ぎ移民の取り扱いであるが、これについては、一つ一つの事例を精査して、それが移動就業者に当たるものか否かを判断し、取捨選択せざるをえない。とりあえず、地理学研究で多く取り上げられている移民研究は、永住移民を対象としたものが多いという点から、移動就業行動研究という本論の研究対象からははずれるとしておく。

　以上のように概念規定がなされる移動就業者、およびその行動（移動就業行動）であるが、それでは具体的にどのようなものがその中に含まれ、地理学、および隣接する学問において、それがどのように研究されてきたのか、次節において個別に検討を加える。

2．移動就業行動の諸相と研究の展開

　本節では、筆者による管見の限りながら、地理学、および隣接する学問における既存研究をもとに、移動就業行動の特徴とその研究史について個別に詳論していく。なお、ここで取り上げた研究は、基本的に移動就業の時空間的展開について究明、ないし少なくとも言及しているものとした。

（1）漁業者・海人の移動就業行動

　漁業に関する地理学研究の対象空間は、①漁場、および移動空間としての海域、②出漁準備、水揚げ等生産活動の場である漁港、③漁業者の生活空間である漁業集落、④漁獲物の消費その他に関わる背域から成り立っている。その中で、漁業者の移動就業行動（漁業活動）に関わりがあるのは①と②、すなわち、漁業活動に伴う漁港－漁場の往復行動、および漁場での操業行動である。こういった、通常みとめられる漁業就業行動に、出稼ぎ（移住）漁業における出・帰郷行動、および現地における操業行動や、海上生活者による生産行動などを加えることができよう。

　漁業移動就業行動の解明に生態学的手法を取り入れた田和により、観察調査が可能な沿岸漁業に関する研究は、大いに進展した。また、櫛谷は、時間地理学の応用例として内房沿岸漁業を取り上げ、漁業者と漁場の結合について説明した。

　これに対して、沖合漁業や遠洋漁業に関する移動就業行動に関する研究は、移動が大きく観察調査が距離的にも時間的にも難しいというデータ上の制約もあって多くはない。沖合漁業に関しては、篠原が、銚子を拠点とする旋網漁業の海域上での展開を明らかにした。また、中村は、一晩操業を行う中型旋網漁業の時空間的展開を論じた。遠洋漁業についても、中村がカツオ・マグ

ロ漁業の時空間的展開について論じた[13]。この他、沿岸における特殊漁法である潜水漁業(あま)の操業行動を明らかにした大喜多[14]、同じく志摩のアマの操業行動を究明した池口の研究があげられよう[15]。

出稼ぎ漁業に関する研究蓄積もみとめられるが[16]、出漁先での操業行動にまで言及したものは多くない。島田は、400年以上の伝統を誇り、前世紀に至って終焉を迎えた西ヨーロッパから新大陸、ニューファンドランド沖に至るタラ通漁について、その漁期、漁法などに言及している[17]。また、吉木は、戦前の独立自営から戦後、本土資本下に編入された宮古漁民の南方カツオ通漁に関する研究において、現地漁業拠点からの操業活動の時空間的展開について詳述している[18]。この他、糸満の追い込み漁の操業方法を記した上田がある[19]。糸満漁民に関しては、中楯の編になる総合研究があるが[20]、その中で、上原が当該漁業の時空間的展開について明らかにしている[21]。

なお、藪内は、マレー半島南部において消滅しつつあった水上生活者の生活行動について記している[22]。

漁業者の移動就業行動に関する隣接学問の研究成果などを眺めてみる。民俗学における漁業者の移動就業行動に関する研究[23]として、屋久島への移住漁民による操業行動の時空間的展開を明らかにした野地の研究がある[24]。

民族学、文化人類学においても、漁業者の移動就業行動に関する研究[25]、水上生活者の生活行動に関する研究[26]などがあるが、特に就業行動の時空間的展開を明らかにしたものとして宮古群島大神島の漁撈活動に関する市川[27]、済州島海女の時期的操業行動に言及した李[28]の他、香港水上居民の漁業活動について記した可児がある[29]。なお、当該分野や、特に生態人類学において扱われる研究対象として、海人がある。海人とは、後藤によると「海岸に住み、移動を繰り返しながら、海に密着した生活をする人々のことであり、漁撈、海岸の資源を利用した食料調達や工芸、さらにそれらの運搬や交易を行う人々」とされる[30]。これについては、特に太平洋における海人の生態を明らかにした秋道らの研究に大きな成果がみとめられる[31]。田和もそういった研究の一環として、漁業活動を中心とする海人の生態、その活動の時空間的展開について明らかにしている[32]。

こうしてみると、沿岸漁業に関する生態学的研究を中心に、漁業者自体の移動就業行動に関する精緻な研究が増えつつあるが、漁業活動全体を捉えるという視点から見ると、沖合・遠洋漁業に関しても、沿岸漁業におけると同様な生態学的研究の蓄積が必要となってこよう。また、研究蓄積が進みつつある海人研究についても、彼らの活動の時空間的展開を始めとする、より具体的な生き様に関する論究が必要である。

(2) 水産物行商人の移動就業行動

水産物行商は、漁民による漁業活動の延長であり、漁家の家族内分業として、男性が漁に出、女性がその漁獲物を捌くという性格を強く持ち、漁港(漁業拠点)からその背域にかけて活動を展開していた。ただし、初期の研究成果は、このように全国津々浦々に展開した伝統的な産地型行商の中でも突出した、当時の最先端事例が多く取り上げられた。これらの具体的事例として、商品を変えることで全国展開するようになった愛媛県松前町からの「オタタ」に関する野澤[33]、同様に丹後野原部落からの海産物を扱う広域行商に関する田中[34]、九十九里浜における自転車行商の展開を明らかにした清水などの研究があげられる[35]。その他、山陰地方における水産物流通研究の一環として水産物行商を扱った田中の研究[36]や、内灘村の行商に関する新谷の研究などがある[37]。

高度経済成長期以降、伝統的な水産物行商は、活動の変容、衰退が著しい。たとえば黒田は、加太からの鉄道利用行商活動の衰退を明らかにした[38]。中村は、伝統的行商関係を紐帯とする都市・農−漁村関係の展開とその変容、消滅を究明した[39]。また、伝統的な産地型行商に対して、都市消費市場を仕入れ先とする消費地型行商の発生、さらに、その後のモータリゼーションの浸透に伴う自動車営業の発生について論じた[40]。その上で、伝統的な産地型行商人の行動様式について、萩市三見浦を例に明らかにした[41]。また、武市は、高知県中央部における自動車営業に展開について究明している[42]。

水産物行商人の移動就業行動に関する隣接学問の研究成果について眺めてみる。行商や物々交換に関する初期の漁業経済学的研究として、舳倉島から能登半島各地を回る「灘廻り」の実態を明らかにした沖谷[43]、飛島から由利郡などへの物々交換を扱った長井がある[44]。また、倉田は、淡路町岩屋から大阪を中心とする京阪神地区への水産物行商の実態について詳論している[45]。

民俗学においても水産物行商や物々交換に関する研究蓄積がみとめられる。桜田は、漁村と背後農村との繋がりを4つに分けて説明する中で、その第1として農産物もしくは漁業用物資等と水産物の交換関係をあげている[46]。また、全国各地の事例から行商民俗の特性について論じた瀬川[47]、中村が得られた[48]。この他、個別の事例について、福岡県から山口県の沿岸にかけてかつてみられたシガ行商人に関するもの[49]、鹿児島谷山の魚行商に関するもの[50]、山陰地方における塩鯖の搬入に関するものがある[51]。また、石見魚行商人の活動実態を明らかにした神崎[52]、北近江における魚行商人と顧客の関係に関する靏の研究がある[53]。

こうしてみると、水産物行商に関する研究は、活動自体が活発であった高度経済成長期以前には、多様な個別特殊発展事例の活動展開が取り上げられてきたが、高度経済成長期以降は、活動の衰退とともに研究自体の縮小がみとめられる。当該分野に関する研究活動自体が縮小傾向にあるとは言え、水産物行商活動全体を総括するような研究は未だにみられないし、移動就業者としての行商人の空間行動が持つ意味に関する解明も十分になされているとは言えない。

（3）売薬行商人の移動就業行動

わが国には、近世以来の伝統を持つ製薬・売薬業地が各地に存在し、そこから周辺地域、さらには全国規模に拡大した配置売薬行商圏を展開するものも現れた。その代表的事例が富山売薬業である。幕末期の富山売薬行商活動の空間的展開については、植村の詳細な研究がある[54]。植村は、売薬行商人の移動就業行動には、春・秋期に個々の行商圏を回る行動リズムが存在することを指摘している[55]。また、古川は、明治期以降の富山売薬行商の海外展開について明らかにしている[56]。

小林は、肥前田代から全国展開した配置売薬行商人の移動就業行動の時空間的展開について究明した[57]。また、伊佐売薬行商に関して、行商圏の展開などを明らかにした田中の他[58]、行商人の期日を追った行動を究明した土屋が興味深い[59]。この他、甲賀地方を中心とする近江売薬行商人の全国展開について明らかにした渡辺の研究[60]、富山に次ぐ規模で全国展開した大和の売薬行商に関する研究もある[61]。

小村は、越後西蒲原郡から関東方面などへ出向く毒消し薬行商の往事の姿について明らかにした[62]。櫛谷も同事例に関して、出稼ぎ行商人の具体的な活動展開についてふれている[63]。

こうしてみると、売薬行商に関する研究の大半が、行商圏の形成と売薬業運用に関わる組織などの解明を目的としており、彼らの就業行動に関して言及したものは一部を除きみとめられない。

（4）その他の行商人の移動就業行動

取り扱われる品目の多様さもあって、その他の行商に関する研究も多様である。この中で、行商人の移動就業行動に関するものとして、愛媛県桜井などの漆器行商の時期的空間的展開を論じた本宮[64]、明治・大正期を中心とする御勅使川扇状地農村からの農産物、衣類などの行商人の就業行動に言及した溝口[65]、バングラデシュにおけるアルミ食器売り行商の時空間的展開について明らかにした溝口[66]、千葉県北総からの野菜行商人の就業行動について記した関[67]、福清華僑呉服行商人の就業行動に言及した茅原・森栗[68]などがある。この他、屋台営業も広い意味で行商に加えるならば、京都市域に展開するうどん屋台営業の時空間的展開について究明した中村[69]の研究がある。

行商行動に関する隣接学問その他の成果を眺めてみる。たとえば、瀬戸内海にかつてみられたテグス行商の時期的空間的展開を記した髙橋[70]、山梨県の各種行商について論じた塚原[71]、全国各地の事例を取り上げた北見[72]などが主なものと言えよう。

発展途上国における行商人の存在は、貧困問題と絡めたインフォーマル・セクターとの関連で扱われることが多い[73]。そのような研究例としてペナンの露天商に関する原[74]、インドネシア都市のインフォーマル・セクターに関する熊谷他[75]、福岡県の露天商・行商を事例とした遠城[76]などがある。また、行商人や露天商を社会の底辺層として捉えた秋山ら[77]も、そういった研究例と言えよう。

こうしてみると、この分野に関する研究も初期には、特徴的な活動展開を示した発展事例の紹介、実態分析が進められた他、彼らの活動、さらに彼らの存在自体を社会問題、しいて言うならば、社会悪として捉える発想があったと思われる。しかしながら、筆者は、彼らが必要とされ、なくてはならない存在として社会から生み出されているという現実から、彼らの活動自体に対しても、より積極的な評価をすべきであると考える。行政の圧迫などもあって、各地で活動の縮小しつつある今こそ、そういった業態の存在意義を問い直し、再評価する必要があろう。

（5）市商人の移動就業行動

市に出店する商人は、定点的就業（露店出店）を行うが、出店のための仕入れ行動の他、開市日の違う市を繋いで回る移動行動が一般にみとめられる。ここでは、定期的開市がなされる、いわゆる定期市と開市間隔がきわめて大きい神社仏閣の祭礼時の門前で開かれる縁日市を分けて解説する。

定期市に関する研究には、大きな蓄積がある。たとえば、越後地方や南インド・ナーマッカル郡における市商人の就業・移動行動を究明した石原[78]、南インドにおける市商人の巡回行動パターンを明らかにした応地[79]、秋田県を事例に市商人の巡回行動を明らかにした仙道[80]などをあげることができよう。この他、近年の特筆すべき成果として、ベトナム・ハノイにおける鮮魚流通を担う露天商の活動の時空間的展開を明らかにした池口[81]の研究がある。

一方、縁日市に出店するテキヤ露店商の移動就業行動に関しては、初期のものとして、京都市域における縁日市の開市連鎖に関する樋口[82]、昭和30年代末の自家用車利用を境として、それ以前と以後で大きく変わったことを明らかにした中村[83]がある。また、田辺は、東北における香具師(やし)の移動パターンを示した[84]。

市商人に関する隣接学問その他の成果を眺めてみる。たとえば、テキヤ露店商の歴史と実態について詳述した添田[85]や秦[86]、かつてみられたテキヤ陶磁器露店商の移動就業行動について明らかにした神崎[87]、メキシコオアハカの市に関するマリノフスキー[88]や黒田[89]などがある。

こうしてみると、定期市出店者の移動就業行動に関しては、それが重要な商業的意味を持っている国内外、特に発展途上地域を事例とした丹念な実態調査をもとにした研究成果があり、その蓄積は、他の移動就業行動研究をはるかに凌駕するものと言える。これに対し、縁日市露店商に関する研究は、豊かな成果をあげてきたとは言えないが、筆者の研究など少しずつ、その移動就業行動の特徴を解明した研究がみとめられるようになった。

(6) 出稼ぎ者の移動就業行動

出稼ぎとは、一般的には生活の本拠地(定住地)から他地域へ出向き、一定期間その地で就労した後、本拠地へ戻ってくる労働力移動をいい[91]、先述した漁業出稼ぎを初めとして、多様な業種展開がみとめられる。したがって、その研究も様々な出稼ぎ活動の実態を明らかにしたものがみられる[92]。それらの出稼ぎが持つ性格からみた分類に松田のいう「伝統型」出稼ぎと「産業予備軍型」出稼ぎ[93]、および河島のいう「技能型」出稼ぎと「単純型」出稼ぎ[94]がある。

これらをキーワードとして出稼ぎ者の移動就業行動研究を展望してみる。

「伝統的技能型」出稼ぎに関する研究として、河野は、但馬地方から輩出される多種の出稼ぎ行動の時空間的展開について明らかにしている[95]。また、紀州鍛冶出稼ぎ行動の時空間的展開を明らかにした河島[96]、東北地方を中心とする茅手(草屋根葺き職人)出稼ぎ行動の時空間的展開を明らかにした菅野の一連の研究[97]、浜坂町久斗山地区からの出稼ぎ行動の時空間的展開を究明した中村[98]、松之山町からの屋台ソバや杜氏など多様な出稼ぎ行動研究の中で、時空間的展開に言及した小木曽[99]などもそういった研究例である。

「伝統的単純型」出稼ぎに関する研究として、農業労働出稼ぎがある。たとえば、宇治茶生産における労働力の季節的空間的展開を究明した谷岡[100]、南勢地方における農繁期婦女子労働力移入の時空間的展開に言及した三浦[101]などがある。

「産業予備軍的単純型」出稼ぎに関する研究も、特に高度経済成長期を境にみられるようになる[102]が、これらは、多くの出稼ぎ研究と同様、社会・経済的問題として、出稼ぎ者輩出地の地域構造や輩出要因を究明したものが大半で、出稼ぎ者の受入地における行動自体に焦点を当てた研究は、ほとんどみとめられない。

出稼ぎ者に関する隣接学問の成果を眺めてみる。経済学においては、高度経済成長期を中心に、国内の出稼ぎ実態に迫った研究がみられる[103]。その中で、宇野は、山形県からの出稼ぎの時期的空間的展開について言及している[104]。近年の研究は、主に発展途上国からの出稼ぎ活動を経済問題的視点から捉えたものが多い[105]。その中で、小倉は、具体的な出稼ぎ行動にまで言及している[106]。

社会学においても高度経済成長期の国内出稼ぎや、近年の発展途上国からの出稼ぎを社会問題的視点から捉えた研究が多い[107]。その中で、浅野は、湯沢市T部落からの出稼ぎ行動の時空間的展開について明らかにしている[108]。

民族学においても出稼ぎを契機とする民族社会の変容を捉えた多様な研究がみられる[109]が、出稼ぎ行動の具体的な展開に関する言及は、筆者の管見の限りではみとめられない。

こうしてみると、社会的問題をはらむ高度経済成長期における「産業予備軍型」出稼ぎの持つ課題に切り込んだ成果の他、特に地理学においては、「伝統型」出稼ぎ移動就業行動についての事例研究に豊かな蓄積がみとめられる。それらの研究の大半は、出稼ぎの季節的就業性を反映して、活動の時季的空間的展開の実態とそこに内在する課題の解明をおもな目的としている。しかしな

がら、出稼ぎ活動の本質を掴むためには、季節的な行動の把握だけでなく、より長いタームでの活動の把握、すなわち、出稼ぎ活動の起源、および活動の変容の把握が必要である。そういった視座からの研究は多いとは言えないが、出稼ぎ者個々のライフヒストリーから、活動の時空間的展開を捉えた河島[110]や中村[111]の研究をあげることができよう。

(7) 山間地民の移動就業行動

　水田や畑地が開けた平地に比べ、土地生産性が低い過酷な条件下で暮らす山間地民、民俗学用語で言うところの山人[112]は、定着平地農民と違いもともと移動性が高く、山間で行われる様々な生産(就業)行為も必然的に移動を伴うものであった。ここでは、山間地民の移動就業行動について、以下、個別に論を進めていく。

a. 山間地農業の移動就業行動

　山間地農業に関しては、かつて山間地で盛んに展開されていた焼畑耕作[113]や白山麓に展開していた出作り耕作[114]などの研究がみられる。しかし、前者については、耕作地の流動性が大きく、場所の特定がむずかしいこと、後者についても、耕作地の分布は明らかにされているが、その活動の時期的展開にまで言及した研究例はみとめられない。

b. 狩猟者の移動就業行動

　狩猟者の移動就業行動については、特に東北地方の「マタギ」と称される人々に関する研究蓄積がみられる[115]。なお、「マタギ」とは、奥羽の山間で大型野生獣を目的とする専業(冬季)狩猟者のことである[116]。この「マタギ」を含めて狩猟者の移動就業行動については、人類学における成果がみとめられる。たとえば、山形県小国町五味沢地区における狩猟研究で、狩猟行動の時空間的展開について分析、詳述した丹野[117]や西表島におけるイノシシ猟行動の時空間的展開について詳述した今井[118]、カナダ、チペワイアンのトナカイ狩猟行動の時空間的展開について明らかにした煎本[119]などの研究をあげることができる。

　就業ではないが、山間を移動しながらオオスズメバチの巣を見出し、蜂の子を捕食する一種の狩猟行為が本州以西の各地にみとめられる。野中がその行動の時空間的展開について言及している[120]。筆者の聴き取りによるところでは、宮崎県高千穂町にも3～4名からなる蜂の子採りグループが30余りあり、それぞれ独自の縄張りを持って採集活動を行っている[121]。

c. 木地師の移動就業行動

　木地師とは、山中の樹木を伐って轆轤その他の工作器具で椀、盆、杓子などの木地を製作した人々のことであり、轆轤師ともいう[122]。彼らは、今日では大半が定住生活を営んでいるが、往事の就業状況に関して、東北地方における彼らの分布に関する山口[123]、近世但馬・伯耆地方における木地師移動就業行動の時空間的展開について明らかにした渡辺[124]、木地屋集落の系譜と変容を、わが国と中国、ベトナムなどの事例から捉えた田畑の研究[125]などがある。

d. その他の山人の移動就業行動

　炭焼きは、当初、金属精錬のために金属産地周辺の山間地で行われていたが、明治中期以降、需要の増大もあって、全国の山間地へ拡大した[126]。これに関しては、往時の業者分布を明らかにした福宿の研究がある[127]。

　山間地で荷物運搬に従事する人々を歩荷(ポーター)といい、彼らによる荷物運搬を担夫交通などという。これに関しては、白峰村からの担夫交通の空間的展開を明らかにした矢ヶ崎[128]、ネパー

ルにおけるポーターの行動について記した金田などがある。[129]

　山間地における特殊林産物採集に関する移動就業行動もある。特殊林産物も多様であるが、たとえば、三井田[130]や池谷[131]は、新潟県朝日村三面において、丹野[132]は、山形県小国町五味沢地区において、ゼンマイの採集活動の時空間的展開と採集者の環境認知について究明している。また、中島[133]は、佐賀県東脊振山村における住民の伝統的環境利用に関して、多種類の移動を伴う就業行動の時空間的展開を取り上げている。刀祢[134]は、往時の福井県からの漆掻き出稼ぎの輩出状況と、活動の時期的地域的展開について言及している。

　鉱山師の例として、かつてタタラ製鉄が盛んに行われていた中国山地における活動に関しての記述がある。[135]タタラ製鉄では、製鉄関係の職人に加え、先述のように、燃料用木炭の製造者を含め、山間地における大規模な就業行動を展開していた。ただし、近代的製鉄法に押され、明治中期には消滅したものであり、その就業者の移動の足跡をたどることは困難な状況である。[136]

　修験者の移動就業行動もある。修験道とは、山岳信仰の一つで、日本古来の山を畏怖し、崇敬する信仰に密教が習合して成立した。山で修行し、験力を得た者(修験者)への帰依信仰である。[137]これに関して、長野は、山岳抖擻の修行である入峯の時空間的展開について明らかにしている。[138]

　こうしてみると、山間地民(山人)の移動就業行動は、実に多岐にわたっており、今日ではすでに消失したものも多くみとめられる。したがって、それらに関する研究も、活動の時空間的展開が明らかにされているもの、活動に関する記述のみみられるものなど多様である。すでに消失したものについては、言及することがむずかしくなっているが、今日残っている山間地民の生活は、移動就業を伴うものが多い点で、優れた研究対象であり、今後のさらなる研究の進展が望まれる。

(8) 養蜂業者の移動就業行動

　わが国における養蜂には、伝統的なニホンミツバチの定飼と明治初期に導入されたセイヨウミツバチを大量に定飼、もしくは転飼(移動養蜂)する近代的養蜂業とがある。そのうち、後者、転飼は、季節によって北海道から南九州に至る、まさに列島を縦断する大規模な移動が行われる。これに関して、斎藤は、業者数の全国的分布状況や移動行動の時空間的展開について詳論している。[139]また、当該業種の近年の動向、すなわち、移動空間の狭域化と生産形態の多様化と言う大きな変容について論究した柚洞の研究もある。[140]一方、伝統的なニホンミツバチの養蜂に関しても、和歌山県南部を事例とした澤田[141]、会津盆地を事例とした佐治[142]などの生態人類学や民俗学の成果において、養蜂の場所的時間的展開について明らかにされている。また、海外事例として市川は、東アフリカ、スイエイ・ドロボーの行う養蜂の場所的時間的展開に言及している。[143]

　こうしてみると、養蜂に関する移動就業行動については、研究例自体は多くはないが、その移動性の大きさもあって、全国的規模から地域的規模に至るまで、詳細かつ、具体的な時空間的展開に関する研究がみられることがわかる。

(9) 芸能者の移動就業行動

　旅芝居などの芸能者も、典型的な移動就業者として捉えることができる。これに関しては、歴史学、民俗学的な成果はあるが、彼らの行動の時空間的展開にまで言及したものはみとめられない。[144]大道芸やサーカスに関しても同様で、歴史学、民俗学的研究がみられる。[145]

　こうしてみると、芸能者の移動就業行動の時空間的展開については、研究対象自体が縮小しつ

第1章　移動就業行動に関する地理学的研究の展開　　　　　　　　　　　　　27

つある中でも、未解明の点が多いと言えよう。

（10）移牧・遊牧民の移動就業行動

　遊牧や移牧の移動就業行動をみてみる。遊牧に関しては、理論的な研究から実証的研究まで大きな蓄積がある。たとえば、内モンゴルにおける遊牧の季節的空間的移動の展開を示した多田[146]、アフガニスタンの遊牧について、その季節的空間的移動の展開を明らかにした末尾[147]、モンゴル高原の遊牧における四季の移動行動を詳述した都竹[148]、同じくモンゴルの移動牧畜（オトル）の季節的空間的展開に言及した利光[149]、モンゴル、トゥワにおけるトナカイ遊牧の時空間的展開に言及した廣藤[150]などがある。移牧に関しても、ブータンにおけるその時空間的展開を究明した月原[151]、ナイジェリアフルベ族の移牧の時空間的展開について詳述した池谷[152]などがある。
　隣接学問における成果として、モンゴルにおける遊牧の季節的空間的展開を詳述した小貫[153]、ヒマラヤ高地における移牧の季節的空間的展開を示した鹿野[154]、北ケニヤ、サンブルの日帰り放牧行動の時空間的展開を究明した鹿野[155]などをあげることができよう。
　こうしてみると、移動就業としての特徴的な展開の大きさ、移動における季節性の明瞭性もあって、時季的空間的行動に関する豊かな研究蓄積がみとめられる。

3．研究の目的と方法

　以上、前節では既存研究にみられる移動就業者の行動を10に分けて説明した。移動就業行動それぞれの現状も、それらに関する研究の段階も、その業態の多様性を反映して実に多様であり、全体を総括することはむずかしい。
　本研究では、①移動就業を行う人々が、どのようにして社会から生み出されてくるのか、その生成過程を解明すること、②多様な展開をみせる移動就業行動、それぞれの時空間的展開にみられる特徴を解明すること、この2点の解明を通じて移動就業行動の地理的特徴を究明することを主要な研究目的とする。
　広い意味で、人間の空間的行動にみられる特性を把握することを目的とする行動地理学は、ゲールド（Gould）らのメンタルマップ[156]に代表される1960年代初頭の計量革命の一波として発生した諸研究に始まる。岡本によれば、初期の行動地理学は、人間の行動に関する多種多様な研究領域、すなわち、災害知覚、消費者行動、居住地選好、景観評価、さらには、イメージ・知覚・認知といった心的なものを直接扱わない移動＝活動パターン分析や時間地理学までも含むものとみなされたが、その後の紆余曲折を経て、今日では一般的な（普通の）都市生活者の日常生活に関する認知地図研究に特化してきたという[157]。しかしながら、都市生活者のみを一般的な（普通の）人々と規定し、その日常行動を人間の普遍的行動として捉えると言う主張は、いささか短絡にすぎるのではなかろうか。"普通の"生活者には、当然のことであるが、都市生活者の他にも、ルーラルな地域で生活する農民や漁民が含まれるであろうし、定着民にとってみれば非日常的な生活を送っているようにみえる一部の移動就業者の生活も、彼ら自体にとっては日常生活以外の何者でもない。したがって、普遍的な人間の日常行動を扱うと規定される行動地理学の研究対象としての個人も、彼らが属する空間も多様にならざるを得ない。こうしてみると、初期の行動地理学にみられる研究の多様性は、対象の多様さからみても必然的なものであり、行動地理学研究の多面的展開は、

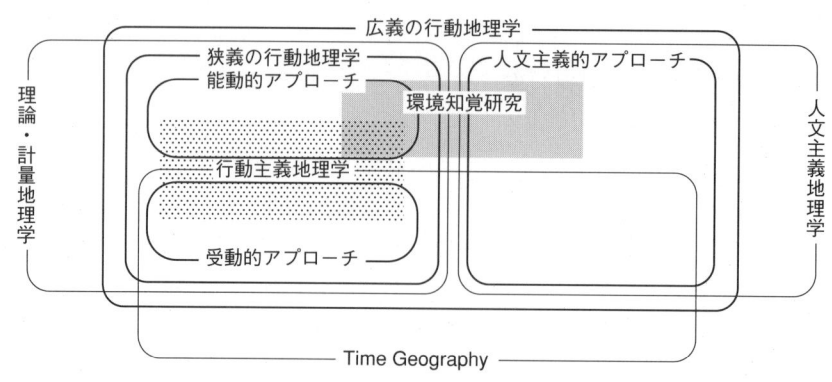

図 1-1　行動地理学に関連した研究領域
若林芳樹(人文地理 37-2、1985、155 頁)による。

むしろ今後に期待されるものと言えよう。

　先述した本研究の目的に話を戻す。1つ目の研究目的、すなわち、移動就業を行う人々が、どのようにして社会から生み出されてくるのか、その生成過程を解明するための方法として、個人と環境との相互関係に十分配慮しながら、行動地理学で言うところの移動就業という職業を選択するに当たっての、個人の心理面まで含む能動的アプローチについて究明していく。2つ目の研究目的、すなわち、移動就業行動、それぞれの時空間的展開にみられる特徴を解明するための方法として、理論的には狭義の行動地理学、手法的には時間地理学を援用していく。若林は、行動地理学に関する展望論文の中で、行動地理学に関連した研究領域を示す概念図を提示している(図1-1)。それによると、狭義の行動地理学では、人間の行動が、積極的理由から引き起こされるという能動的側面と、様々な制約的理由から引き起こされるという受動的側面の両面性を持っていること、そして特に後者の受動的側面からみたアプローチに関して時間地理学(Time Geography)が強い主張を持っていることが明らかにされた[159]。確かにHägerstrandの提唱に始まる時間地理学[160]は、人間行動を、その制約条件から究明しようと言う性格が強かったが、櫛谷の指摘するように、後には行動地理学への接近、つまり、人間の精神的な部分から発する能動的アプローチを含めた人間行動の総合的分析が志向されている[161]。ちなみに、時間地理学研究は、初期の理論紹介的段階から、より実践的な地域的研究段階へと進んできた。それらの地域的研究の中心には、都市住民の生活行動空間に着目した一連の研究[162]があり、子持ち女性の就業との関わりで取り上げられる保育所の利用効率に関する武田や宮澤[163]、工場労働者に関する田子[164]などの研究も、都市住民の行動研究の延長として位置づけることができる。これに対し、都市以外の住民の生活行動に関して高橋ら[166]の成果がある。

　時間地理学は、手法的に上記のような個人の生活行動のみならず、地図だけでは表現し得ない、あらゆる移動を伴う人文現象の関連要素を時空間座標で表現する手法として有効であり[167]、移動就業行動の分析に当たっても、有効な方法と言うことができよう。

4．まとめ

　本章では、移動就業行動の概念規定と、移動就業行動の多様な活動展開を既存研究をもとに、

表1-1　既存研究にみる移動就業行動の展開

移動就業者 \ 移動就業領域	海上（内水面上を含む）	沿海（漁村）地域	平地農業（農村）地域	山間地域	都市地域	乾燥・半乾燥高地・寒冷地域
漁業者・海人	漁業移動行動	出・帰漁作業／水揚げ作業				
産地型水産物行商人		仕入れ行動			仕入れ行動	
消費地型水産物行商人			行商等の行動	行商等の行動		
売薬行商人			配置行商等の行動	行商等の行動		
食器・漆器行商人			行商等の行動	行商等の行動		
反物・呉服行商人			行商等の行動	行商等の行動		
パン・菓子等行商人			行商等の行動	行商等の行動		
軽飲食物屋台・露店商					屋台・露店営業行動	
野菜・果物等農産物行商人			仕入れ行動		行商・定期市出店等の行動	
市商人			定期市・縁日稼ぎ行動	定期市・縁日稼ぎ行動	行商・定期市出店等の行動	
大工出稼ぎ者			大工出稼ぎ行動	大工出稼ぎ行動		
鍛冶出稼ぎ者			鍛冶出稼ぎ行動	鍛冶出稼ぎ行動		
酒造出稼ぎ者					酒造出稼ぎ行動	
草屋根葺き職出稼ぎ者						
漁業出稼ぎ者	漁業出稼ぎ行動					
海女・海士出稼ぎ者	漁業出稼ぎ行動					
農業出稼ぎ者			農業出稼ぎ・移動行動			
単純労働型出稼ぎ者					単純労働出稼ぎ行動	
養蜂業者			蜂蜜採集・移動行動			
狩猟者				狩猟行動		
木地師				木地生産行動		
炭焼き業者				木炭生産行動		
ポーター・歩荷				荷物搬送行動		
特殊林産物採集者				特殊林産物採集行動		
鉱山師				鉱物生産行動		
修験者				修行行動		
瞽女				演芸行動		
チンドン屋					街宣演芸行動	
旅芝居劇団				演芸行動		
サーカス				演芸行動		
遊牧・移牧民						遊牧・移牧移動行動

※表中の網掛け部分が，移動就業行動を表す。移動就業行動に関する文献等により作成。

個別に回顧した。移動就業者は、移動を繰り返し、その移動の過程において何らかの就業行動をなす人々のことであった。彼らの業種別の移動就業行動の展開領域をまとめると**表1-1**のようになる。すなわち、これが筆者による移動就業行動に関する社会地理学研究における研究対象ということになる。ただし、**表1-1**にあげられたものは、あくまで既存研究にみられるものであり、これが移動就業行動の全てというわけではもちろんない。本書では、以下において、移動就業者の中で、筆者が研究の最も初期の段階から取り組んできた水産物行商人を中心に、屋台営業者、出稼ぎ者、テキヤ露店商などを事例として、彼・彼女らが生活拠点を持つ社会において、どのように生み出されてきたのか、その生成過程（社会からの輩出構造）を明らかにすることと、その移動就業行動が、地域社会において生み出されてから今日に至るまで、および今日みられる具体的活動の時空間的展開を明らかにすること、この2点の解明を通じて移動就業行動の地理的特徴を究明していきたい。

5．補足　調査方法としての悉皆調査の意義と有効性、および地図表現について

（1）フィールドワーク、特に聴き取り調査について

　本研究では調査の基本姿勢として、全ての調査対象に当たってデータを得る悉皆調査を採用する。ここではフィールドワーク、特に聴き取り調査に関する文献の踏査から始めて、悉皆調査の意義と有効性についてふれる。こういった文献は、地理学のみならず、人類学、民俗学など枚挙にいとまがないが、学問によってその捉え方も様々である。たとえば、人類学では、まず、フィールドありきということで、フィールドに入り、そこでの様々な発見（気づき）から疑問（問い）が生じ、それを仮説に高めた上で、検証するためのさらなるフィールドワークを行うとされ、下調べを重視する地理学とはフィールドワークの性格も、だいぶ違うように思われる。[168]

　香月によると、民俗学の聴き取り（聞き書き）調査では、いわゆる聴き取り項目を埋めていくような調査と、話を総体として聞く調査が半々であり、特に後者には、調査者の意図を汲んだ説明と淡々とした語り（叙述）があること、叙述の淡々とした語りの中に、語りの精（スピリット）が降りてくることがあると言う。[169]

　中田は、地理学の聴き取り調査では、地域の実情、地理的事実と、話者の歩んできた途（ライフヒストリー）などの情報の2つが意義のある資料であると言う。[170]また、藤原によると、地理学のデータ収集には、対象地域に関する基本データの全量を収集し、地域の全体像を把握しようとする悉皆調査と、対象地域の中から少数の事例を選び、地域を特徴づけ動かしている本質に迫ろうとする標本調査があるとする。[171]

　特にルーラルな地域における聴き取り調査について市川は、3人ほどのムラをよく知る方に話が聞けると効率もよいし話の精度も高まると言い、アンケート調査は、精度も回収率も低くて使えないこと、全戸聴き取りは時間がかかりすぎる上に、話者によって話の精度に差がでてきたりするので効率的ではないとする。[172]私は、市川のこの意見について素直に賛同できない。というのは、調査方法にはそれぞれメリットとデメリットがあり、調査効率のみを重視する態度では、失うものも多いと考えるからである。私は、非効率的との批判を承知の上で、研究に対する基本姿勢として、研究対象の全てを調査対象とする悉皆調査を行ってきた。

（2）本研究における調査方法 ―聴き取り悉皆調査―

　私は、先述のように本研究における調査方法として、原則的に研究対象の全てに対する個別調査、すなわち、悉皆調査を採用する。研究によってその対象が違ってくるので、ここでは主な章ごとの調査内容を説明しよう。

　第2章、第3章、および第4章は、2度にわたる水産物行商に関する全国調査を行った成果である。行商に関する全国的な調査報告や、人数などに関する統計データとしてまとまったものは存在しない。そこで、行商人の分布に関する全国統計データを自分で収集する必要があった。どのようにしてデータを収集したらよいか悩むところであったが、行商人を含む鮮魚販売業は、活動を行うに当たって食品衛生法のもとで、都道府県機関である各地保健所の承認を得なければならず（届出、登録、許可など形式は都道府県によって違う）、当該機関を回れば何らかのデータが手に入るはずと思い至った。そこで、都道府県、政令指定都市などの衛生関係部署をしらみつぶしに訪問し（第1回目が1983～85年、第2回目が2001～04年）、データ収集に努めた。その結果、データが入手できただけでなく、行商に関する都道府県条例にかなり違いがあること、その違いは、各地の実情を反映しているということがわかり、条文を比較し、聴き取り情報を加えることで、全国的な水産物行商の実態把握が可能となった。

　第5章は、鹿児島県出水市名護地区における行商活動と漁村－背域関係を解明した私の立命館大学卒業論文の成果の一部である。ここでは、地域の概要を掴むための漁協や区長への聴き取りの後、1980年8月に漁協で把握した行商人22名全員に対する個別調査を行い、①居住地、②居住時期、③行商人の属性、④労働日数、⑤顧客集落、⑥顧客の開拓、⑦行商活動を中心とするライフヒストリー、⑧1日の活動時間などについて聴き取りを行った。調査は、一人当たり約2時間を要したので、延べ調査時間が44時間、行商の終わる午後からの訪問で10日ほどかけて行った。この調査で行商活動の現状は把握できたが、往事の行商活動、および顧客とのつきあいを把握するために、同年11月、名護地区423戸の悉皆調査を試み、留守宅などを除く350戸の聴き取りに成功した。聴き取り項目は、①家中での行商人の存在（さかのぼれる限りの世代まで）、②行商をいつまでやっていたか、③行商先、④顧客とのつきあい方、⑤本分家関係、婚姻関係（過去の世代の行商人の重複を避けるため）などである。この調査は、1軒当たり20分ほどで、延べ117時間余、鹿児島大学の学生3名に協力してもらい、4日間公民館に泊まらせていただいて集中調査を行った。

　第6章は、鹿児島県串木野市羽島地区における漁村－背域農村関係を解明した卒業論文調査の成果の一部である。羽島地区に最初に入ったのは、1977年、大学1回生の夏、大学入門ゼミレポート作成のためであった。この時は、地方小漁村の漁業と村落構造を調べることを目的とした。なお、羽島地区を選んだのは、実家に近く、適当な規模の小漁村という理由であった。調査では、漁協で漁業の概要を、浜地区3名（浜西、浜中、浜東）の区長に対する聴き取りでムラの概要を把握した。何しろ駆け出しの学生で、聴いた内容の理解もあやしい状況であったが、話の中で、当地区では昔から農漁家間の親族的な密な関係があったこと、その関係を結んでいる家どうしを"トキュ"と呼び合っていたこと、"トキュ"が何に由来する語かはわからないなど、とても強く印象に残る、まさに語りのスピリットが降りてくるのを感じる話があった。その後、"トキュ"などの社会的関係を解明するために78年8月に農村17集落の区長、および古老に対する聴き取り、79年12月に隣接する川内市寄田地区全区長に対する聴き取り調査を継続し、比較のために取り上げ

た名護の事例研究と合わせて卒業論文にまとめることができた。

第7章は、山口県萩市三見浦における行商活動の展開と行商人の生成を解明した調査の成果である。三見浦に入ったのは1983年10月の末（大学院博士前期2回生）であった。ここでは、地域の概要を掴むための漁協や区長への聴き取り調査の後、行商人28名全員に対する個別調査を行い、①行商人の属性、②仕入れ先、③営業業種、④行商先、⑤行商先への移動手段、⑥顧客の開拓、⑦他の世帯員労働、⑧1日の活動時間、⑨行商活動を中心とするライフヒストリーなどについて、聴き取り調査を行った。ここでも調査時間は、一人当たり約2時間を要したので、延べ調査時間が56時間、午前中は行商に同行しながら、午後から個別訪問調査を10日ほど泊まり込んで行った。

第8章は、出稼ぎ受容地としての京都市におけるうどん屋台営業活動の展開を、第9章では出稼ぎ輩出地としての兵庫県浜坂町久斗山地区からの出稼ぎ活動の展開とその輩出構造を究明した、いわば姉妹編の章であり、主なフィールドは、久斗山地区である。私が兵庫県浜坂町に最初に入ったのは、1985年11月30日、関西学院大学大学院博士後期課程の2回生の時であった。恩師である大島襄二先生の学部ゼミでは、毎年兵庫県の町を一つ選び、そこで例年20名ほどの学生がそれぞれテーマを見つけて卒論調査を行っていた。その年、調査地として浜坂町が決まり、11月末に予備調査に入る、については、院生も先生のお手伝いとして参加するようにということで、自ら何らかの研究目的があっての調査ではなかった。この予備調査では、役場や漁協、製針工場の見学などをし、午後は学生がそれぞれの関心のある地域に入って下見や簡単な現地聴き取りを行った。その結果を夜の宿舎でのミーティングで報告したのであるが、中に久斗山という山村に入った学生が、ここは雪が深く、昔から冬場の出稼ぎが行われてきた。その出稼ぎの中でも、かつて中心業種をなしていたのが京都へのうどん屋台であったという報告を行った。私自身の研究が、農漁村間の社会的関係の究明から始まって、漁村女性就業としての水産物行商活動、さらに、行商人を始めとする移動就業行動研究へと踏み出そうとしていた時期であり、この久斗山地区からの出稼ぎ、特に屋台うどんの話に、またまた"語りのスピリット（精）"が降りてきた感を持った。そうして、その学生が卒論で出稼ぎ研究をするつもりはないという確認を得た上でその情報をもらい受け、自ら調査することになった。その後、数回の区長さんなどへの挨拶を兼ねた現地訪問を経て、1986年8月に公民館をお借りして2週間、協力してくれた学生2名と一緒に泊まり込んで67戸の全戸聴き取り調査を実施した。聴き取り調査では、1戸当たり約1～2時間かかったので、調査に要した時間は延べ100余時間であった。これだけの長時間相手をしていただけたのは地元住民のご好意があったればこそであるが、1軒も断られることなく無事に調査を終えることができたのは、今考えても奇跡に近いことのように思える。なお、聴き取り調査の主な項目は、①被調査者の氏名と年齢、②家族構成と世帯員、③家中での出稼ぎ経験者全てのライフヒストリー（出稼ぎ歴を中心に）、④③との関連で、出稼ぎに出たきっかけ、出稼ぎ職種や出稼ぎ先を変えた理由、⑤出稼ぎの仕事内容や待遇、⑥廃業時期とその理由、⑦さかのぼれる限りの家系図作成と家系図中のそれぞれの方の職業などであった。

その後、その年の12月に補充調査を行った。久斗山は雪崩の頻発地ということで、当時はバスも冬場営業を停止しており、12月に現地に入るのは危ないからやめた方がいいという忠告も多かったが、大学院の修了も迫っていたこと、冬の豪雪山村に対する関心もあって、声や物音を立てないように静かに現地まで歩いた。それだけでもひやひやものであったが、その晩泊まらせてもらっ

た公民館が、これは豪雪に耐えられるよう頑丈な造りの2階建ての建物であったにもかかわらず、就寝中雪が積もって屋根がぎしぎし音を立ててきしむのが、南国育ちの自分にとっては経験のないことで相当に不気味ではあった。

その後だいぶん時間がかかったが、この調査で集めることができた膨大なデータをもとに、『人文地理』誌にうどん屋台論文と出稼ぎ論文を掲載することができた。

なお、後の章については、紙数の関係でここでは省略するが、宮崎大学で経済地理学ゼミを担当するようになってからは、毎年夏に漁村などで学生と一緒にフィールドワークを行っている[173]。その際、漁村であれば漁協や役場の担当課で概要を、漁業者への聴き取りによって漁業活動の展開を把握した後に、分担して集落の全戸聴き取り悉皆調査を実施している。この際の悉皆調査は、土地利用調査と並行して行っており、就業構造を把握するための職業調査や村落構造を把握するための本分家関係など、研究目的によって聴き取り項目は若干変わってくるが、項目自体を絞り込んで行っている。

調査に際しては当たり前のことであるが、事前連絡とお礼は欠かせない。行商人などの全員調査の場合は、事前に氏名と住所を把握して、自らの身分紹介と調査の目的を明記した依頼状を送り、調査終了後に礼状を送っている。また、集落全戸の調査では、事前に区長に依頼して「調査のお知らせ」を回覧してもらうことで、来訪意図の理解と身分紹介を図り、事後に感謝を込めて「調査のお礼」を配付してもらっている。

（3）聴き取り悉皆調査の意義と有効性

以上のような調査経験を通してルーラルな地域において全戸を訪問し、話を聞いて回る調査、いわゆる悉皆調査の意義と有効性について、以下の4点をあげることができよう。すなわち、

1. ムラの全戸を回ることで、地元住民に顔を覚えてもらえ、あやしい者ではないという調査者としての一応の信頼を得ることができる。
2. 特定のムラ人による往々にして偏った聴き取り情報だけでなく、可能な限りムラ人全員の話を聞くことで、地域理解のための公正な判断材料を得ることができる。
3. 単に聴き取りを行うだけでなく、同時にムラの1軒1軒をしらみつぶしに回って観察調査を行うことで、地域の土地利用状況などの景観上の特徴から住民意識までを含む、地域の全体像を把握することができる。
4. 全戸を回って聴き取り調査を行うことで、ムラ全体の統計的な分析が可能となる。

悉皆調査は、時間のかかるものであるが、調査に時間をかければかけるだけ、やはり得られる成果も大きいというのは事実であろう。

（4）地図表現について

地理学の研究において地図が、最も重要なアイテムであることは自明の理である。地表空間に展開する研究事象を、地表面の縮図たる地図上に適切に表現すること、事象の地理的分布を踏まえた上で、地域構造に関する概念をうまく図に表現することが、研究自体の成否を決すると言っても過言ではなかろう。

思い返せば、立命館大学で地理学をかじり始めた時期、私が入部した地理学研究会というサー

クルにおいても、調査内容をいかにうまく図化表現するかということは、常に大きな課題であった。2回生時、森先生の「製図学」授業において、先生から「君は、製図のセンスがある。卒業したら、うち（森図房）に就職しないか」とお誘いの言葉をいただいたことが、世辞であったとしても嬉しく、以後の自称"地図職人"としての心の支えになってきた。地理学の論文を書き始めて以降、論文中の図は全て手描きしてきた。地図を描くに当たっては、図化表現の基本原則に則って描くことはもちろんであるが、その上で研究事象の空間的分布をわかりやすく、適切に、美しく表現することに留意している。

本書中の地図は、内容をわかりやすく、適切に表現しえているであろうか。大学院以来お世話になってきた地図表現の大家でもあった故浮田典良先生にご意見をいただけないのが残念である。

＜注および文献＞

1) J.マイヤー・R.ペスラー・K.ルッペルト・F.シャファー（石井素介他訳）『社会地理学』古今書院、1982、121-193頁。
2) 山本健吉編『日本人物語3 漂泊の人生』毎日新聞社、1961、1-322頁。田中幸人・東 靖晋『漂民の文化誌』葦書房、1971、1-253頁。杉山二郎『遊民の系譜―ユーラシアの漂泊者たち―』青土社、1988、1-332頁。赤坂憲雄編『漂泊する眼差し＜叢書・史層を掘る＞Ⅴ』新曜社、1992、1-347頁。緒方 修『漂泊の人びと』リョン社、1993、1-253頁。山折哲雄・宮田 登編『漂泊の民俗文化（日本の歴史民俗論集8）』吉川弘文館、1994、1-385頁他。
3) 鶴見和子『漂泊と定住と―柳田国男の社会変動論―』筑摩書房、1977、197-228頁。
4) ちなみに、民俗学でいう漂泊者には、行商人はもちろん、出稼ぎ者、移民ともに、その概念中に含まれている。前掲3)、209頁。
5) 浮田典良編「出稼ぎ」（『最新地理学用語辞典（改訂版）』大明堂、2003）、197頁。
6) 前掲5)、12頁。大関泰宏「移民」（山本正三他編：『人文地理学辞典』朝倉書店、1997）、20頁。
7) 中村周作「漁業集落の土地利用変化と漁港の発展―宮崎県南郷町目井津地区の事例―」歴史地理学43-3、2001、3-19頁。
8) 船などによる移動を伴う漁業活動のことを本論では、その趣旨に添って「漁業者の移動就業行動」と規定する。
9) 田和正孝『漁場利用の生態―文化地理学的考察―』九大出版会、1997、1-402頁。
10) 櫛谷圭司「時間地理学（Time-geography）の内房漁師の行動選択の解釈への応用」地理学評論58A-10、1985、645-662頁。
11) 篠原秀一「銚子における漁港漁業の発展」地理学評論62A-11、1989、792-811頁。
12) 中村周作「旋網漁業活動の時空間的展開―延岡市島浦地区を事例として―」人文地理54-4、2002、55-70頁。
13) 中村周作「カツオ・マグロ漁業の発展と時空間的展開―宮崎県南郷町を事例として―」地理科学57-1、2002、45-66頁。
14) 大喜多甫文『潜水漁業と資源管理』古今書院、1989、1-368頁。
15) 池口明子「アマ集団の漁場利用と採集行動―三重県志摩町和具地区の事例―」人文地理53-6、2001、66-81頁。
16) たとえば、山中 昇「海女の出稼に関する研究」学術報告（三重大農学部）13、1956、67-89頁。板倉勝高「濠州海域出漁民と母村の動向」経済地理学年報3、1957、40-47頁。吉木武一「鮮海出稼漁業の形成と展開―香川県小田・津田の場合―」漁業経済研究12-4、1964、43-64頁。藪内芳彦「アメリカ村―漁業と移民の村―」（位野木寿一他編『近畿地方（日本地誌ゼミナール6）』大明堂、1964）、216-221頁。

17) 島田正彦「帆船によるポルトガル漁民の新大陸タラ通漁について」西日本漁業経済論集11、1970、57-64頁。島田正彦「西ヨーロッパ漁民の新大陸通漁について―その意義と概要―」(織田武雄先生退官記念事業会編『人文地理学論叢』柳原書店、1971)、409-421頁。島田正彦「19世紀を中心としたフランス漁民の新大陸タラ通漁」歴史地理学紀要13、1971、61-79頁。
18) 吉木武一「宮古漁民の南方通漁―本土資本支配下の遠洋カツオ漁業―」人文地理24-5、1972、28-48頁。
19) 上田不二夫「糸満漁民の漁労活動」地理25-8、1980、49-56頁。
20) ①中楯興編『日本における海洋民の総合研究―糸満系漁民を中心として(上)―』九大出版会、1987、1-572頁。②中楯興編『日本における海洋民の総合研究―糸満系漁民を中心として(下)―』九大出版会、1989、1-398頁。
21) 上原秀明「糸満系漁民の空間的展開」(前掲20)②)、64-84頁。
22) 藪内芳彦『東南アジアの漂海民』古今書院、1969、1-162頁。
23) たとえば瀬川清子『海女』未来社、1970、1-306頁。高桑守史「漁撈活動と漁村社会―沿岸漁村の諸相―」(和歌森太郎編:『経済伝承(日本民俗学講座5)』朝倉書店、1976)、36-81頁。桜田勝徳「伊予日振島に於ける旧漁業聞書」(桜田勝徳『桜田勝徳著作集3 漁撈技術と船・網の伝承』名著出版、1980)、3-70頁他。
24) 野地恒有『移住漁民の民俗学的研究』吉川弘文館、2001、1-358頁。
25) 野口武徳『漂海民の人類学』弘文堂、1987、1-364頁。関恒樹「フィリピン・ビサヤ地方の移動漁民に関する一報告」民族学研究62-3、1997、294-314頁。加藤久子「八重山における糸満漁民の出漁と移住―石垣島の漁民集落形成と漁業活動を中心として―」(法政大学沖縄文化研究所『沖縄八重山の研究』相模書房、2000)、79-131頁。
26) 金柄徹「船世帯民再考―家船民の陸地との交渉の文責を中心に―」民族学研究61-1、1996、28-47頁。遠藤堂太「船上生活漁民の旅―ベトナムにおける一漁民集団の移動軌跡と定住化―」旅の文化研究所研究報告6、1997、137-146頁。
27) 市川光雄「宮古群島大神島における漁撈活動―民族生態学的研究―」(加藤泰安、中尾佐助、梅棹忠夫編:『探検地理民族誌』中央公論社、1978)、495-533頁。
28) 李善愛『海を越える済州島の海女―海の資源をめぐる女のたたかい―』明石書店、2001、1-249頁。
29) 可児弘明『香港の水上居民―中国社会史の断面―』岩波書店、1970、1-205頁。
30) 後藤明『海を渡ったモンゴロイド―太平洋と日本への道―』講談社、2003、22-41頁。
31) 秋道智彌『海人の民族学―サンゴ礁を超えて―』日本放送出版協会、1988、1-210頁。同編『イルカとナマコと海人たち―熱帯の漁撈文化誌―』日本放送出版協会、1995、1-245頁。同編『海人の世界』同文舘、1998、1-416頁。秋道智彌・田和正孝『海人たちの自然誌―アジア・太平洋における海の資源利用―』関西学院大学出版会、1998、1-186頁。
32) 田和正孝『東南アジアの魚とる人びと』ナカニシヤ出版、2006、1-197頁。
33) 野澤浩「松前町の行商について」地理論叢7、1935、239-255頁。
34) 田中方男「漁村余剰労働力の消化形態に関する一報告―丹後野原部落における海産物行商の実態―」人文地理17-2、1965、84-93頁。
35) 清水馨八郎「九十九里浜鮮魚自転車行商の発生とその販売圏―交通手段の変革と漁村の変貌の一例―」人文地理5-6、1953、28-36頁。
36) 田中豊治「水産物流通の経済地理―島根県の水産物産地市場について―」島根地理学会誌11、1970、3-22頁。同「水産物消費市場の流通形態の変化と産地市場―山陰地方の場合―」歴史地理学紀要13、1971、81-104頁他。
37) 新谷喜昭「内灘村の行商実態」自然と社会18、1957、29-31頁。
38) 黒田泰精「和歌山市加太における行商の動向」和歌山地理2、1982、47-50頁。

39）本書第2部第5章(中村周作「海産物行商からみた集落間結合とその変化―出水市名護地区と背域との関係を中心に―」歴史地理学紀要26、1984、127-146頁)。
40）本書第1部第2章(中村周作「水産物行商人の空間行動様式―山陰地方の事例を中心として―」人文地理37-4、1985、22-43頁)。
41）本書第2部第7章(中村周作「萩市三見浦における「産地型行商人」の形成過程―漁村民の空間行動研究の一例として―」地理科学41-3、1986、1-17頁)。
42）武市伸幸「高知県中央部における自動車を用いた移動販売と利用者の意識」新地理48-1、2000、37-44頁。
43）沖谷忠幸「舳倉島の海女の灘廻り」社会経済史学4-12、1935、81-95頁。
44）長井政太郎「飛島の物々交換」社会経済史学13-2、1943、3-53頁。
45）倉田 亨「鮮魚行商小売業者の実態と機能―兵庫県津名郡淡路町岩屋の鮮魚行商、小売業者群―」農林業問題研究1-4、1965、14-24頁。
46）桜田勝徳「背後農村との交渉」(桜田勝徳『桜田勝徳著作集1漁村民俗誌』名著出版、1980)、353-375頁。
47）瀬川清子『販女―女性と商業―』三国書房、1943、1-254頁。
48）中村ひろ子「販女」(河内武春編『講座日本の民俗5生業』有精堂出版、1980)、169-191頁。
49）桜田勝徳「シガの話」旅と伝説6-6、1933、20-23頁。野間吉夫「シガ聞書」旅と伝説14-12、1941、41-45頁。
50）野間吉夫「谷山ヨメジョ(魚売り女)」旅と伝説11-8、1938、40-42頁。北山易美『鹿児島漁村夜話 黒潮からの伝承』南日本新聞開発センター、1978、1-283頁。
51）野村正大「塩鯖」山陰民俗28、1977、17-21頁。
52）神崎宣武『峠をこえた魚』福音館書店、1985、1-219頁。
53）靏理恵子「魚行商人の人づきあい」(鳥越皓之『試みとしての環境民俗学―琵琶湖のフィールドから―』雄山閣出版、1994)、99-120頁。なお、靏は、民俗学における水産物行商研究は、断片的資料の蓄積に止まっていると指摘している。
54）植村元覚『行商圏と領域経済―富山売薬業史の研究―』日本経済評論社、1959、1-370頁。
55）植村元覚「富山売薬行商人の移動について」越中史壇13、1960、6-15頁。
56）古川春夫「明治・大正期における富山県の海外売薬―とくに朝鮮・支那売薬を中心に―」(金崎肇監『広域地方都市』大明堂、1988)、289-300頁。
57）小林 肇『佐賀県配置家庭薬の成立過程と現状』私書版、1985、1-126頁。
58）田中方男「萩藩藩政村の一特殊産業に関する考察―伊佐売薬について―」(西村睦男編『藩領の歴史地理―萩藩―』大明堂、1968)、278-306頁。
59）土屋貞夫「売薬(行商)の習俗」(伊佐の売薬用具調査委員会編『伊佐の売薬用具』美祢市郷土文化研究会、1993、20-55頁。
60）渡辺 功「滋賀県の配置家庭薬業について」和歌山地理5、1985、18-27頁。
61）奥田修三「大和の売薬」(地方史研究協議会編『日本産業史大系6近畿地方篇』東大出版会、1960)、318-324頁。阪部達雄「大和売薬に関する地理学的研究」(奈良女子大学地理学教室編『奈良盆地』古今書院、1961)、208-216頁。
62）小村 弌「越後の毒消し」(地方史研究協議会編『日本産業史大系5中部地方篇』東大出版会、1960)、335-347頁。
63）櫛谷圭司「越後毒消し売りの行商活動について」理論地理学ノート6、1989、51-58頁。
64）高橋幹雄「東北の行商」(川本忠平他編『北海道と東北(日本地誌ゼミナール2)』大明堂、1960)、163-171頁。植村元覚「ニューイングランドにおける錫器行商の発展傾向」富大経済論集5-4、1960、110-123頁。橋本芳雄「氷見の人々の行商活動」富山県地学地理学研究論集5、1971、26-31頁他。

65) 本宮健次郎「愛媛県桜井(今治市)の漆器行商」新地理 8-3、1961、25-35 頁。
66) 溝口常俊「御勅使川扇状地畑作農村における行商活動」人文地理 28-2、1976、27-56 頁。
67) 溝口常俊「バングラデシュにおけるアルミ食器売りの行商活動」地理学評論 60 B-1、1987、83-102 頁。
68) 関えり子「千葉県北総における野菜行商」法政地理 16、1988、20-34 頁。
69) 茅原圭子・森栗茂一「福清華僑の日本での呉服行商について」地理学報 27、1989、17-44 頁。
70) 本書第 3 部第 8 章(中村周作「京都市域におけるうどん屋台営業の地域的展開—非常設店舗商業に関する序論的考察—」人文地理 45-2、1993、76-89 頁)。
71) 高橋克夫「テグス行商船について」日本民俗学 97、1975、13-16 頁。
72) 塚原美村『行商人の生活(生活史叢書 19)』雄山閣、1970、1-321 頁。
73) 北見俊夫「交易と交通」(和歌森太郎編:『経済伝承(日本民俗学講座 5)』朝倉書店、1976)、229-275 頁。
74) 鳥居泰彦・積田和「経済発展とインフォーマル・セクターの膨張」三田学会雑誌 74-5、1981、1-46 頁。
75) 原不二夫「ペナンの露天商(I)—都市における一つの就労形態と失業問題—」アジア経済 16-1、1975、80-88 頁。同「ペナンの露天商(II)—都市における一つの就労形態と失業問題—」アジア経済 16-2、1975、73-85 頁。
76) 熊谷圭知「インドネシアにおける近年の国内人口移動と都市化の動向について—途上国の都市・農村関係に関する予備考察—」史淵 121、1984、219-252 頁。マレー, A.・熊谷圭知他訳『ノーマネー、ノーハネー—ジャカルタの女露天商と売春婦—』木犀社、1994、1-283 頁。
77) 遠城明雄「露天商・行商と都市社会—福岡県の事例—」市場史研究 21、2001、43-55 頁。
78) 秋山健二郎・森秀人・山下竹史編『現代日本の底辺 2 行商人と日雇い』三一書房、1960、1-251 頁。
79) 石原 潤『定期市の研究』名古屋大出版会、1987、1-405 頁。
80) 応地利明:「南インドの定期市と売り手の定期市巡回行動パターン—ネラマンガラ定期市を中心に—」(中村賢二郎編『歴史のなかの都市—続都市の社会史—』ミネルヴァ書房、1986)、215-236 頁。
81) 仙道良次『秋田県の定期市』川井書店、1999、1-216 頁。
82) 池田明子「ベトナム・ハノイにおける鮮魚流通と露天商の取引ネットワーク」地理学評論 75-14、2002、858-886 頁。
83) 樋口節夫「京の縁日(市)・その地理的連鎖の問題—縁日商人研究 1 報—」立命館文学 96、1953、58-73 頁。同「京阪両都の露店—その経営立地の問題—」教育展望(京都府教育庁) 43、1954、84-96 頁。
84) 本書第 3 部第 10 章(中村周作「縁日市露店商の空間行動と生成過程」地理科学 54-4、1999、22-38 頁)。
85) 田辺健一「町の祭りと露店—岩手県花巻の例で—」東北地理 17-3、1965、166 頁。
86) 添田知道『てきや(香具師)の生活(生活史叢書 3)』雄山閣、1981、1-361 頁。
87) 秦孝治郎『露店市・縁日市』白川書院、1977、1-262 頁。
88) 神崎宣武『わんちゃ利兵衛の旅—テキヤ行商の世界—』河出書房新社、1984、1-238 頁。
89) B. マリノフスキー・J. デ. ラ. フエンテ(信岡奈生訳)『市の人類学』平凡社、1987、1-294 頁。
90) 黒田悦子「生業、市(いち)、商人—オアハカ地方経済の中のミヘ社会細描(メキシコ)—」国立民族学博物館研究報告 6-4、1982、797-814 頁。
91) 前掲 5)、197 頁。
92) 川本忠平「陸前気仙地方に於ける大工職出稼—3 つの農民出稼ぎの比較論—」東北地理 4-3、4、1952、3-9 頁他。岸本 実「日本の出稼ぎ地帯」(多田文男・石田龍次郎編『生産の地理(現代地理講座 7)』河出書房、1956)、91-105 頁。金崎 肇『出稼』古今書院、1967、1-182 頁。石川友紀「第 2 次世界大戦前の沖縄県からの出稼ぎについて」人文地理 25-4、1973、76-93 頁。山本一雄「西但馬地方における酒造出稼ぎの変容」立命館地理学 3、1991、31-46 頁他。なお、松田は、戦前の職種別出稼ぎ内容について、行政資料をもとに整理している(松田松男『戦後日本における酒造出稼ぎの変貌』古今書院、1999、42-61 頁)。

93) 松田松男「「伝統型」農民出稼ぎ・「産業予備軍型」農民出稼ぎの出身基盤の変化について—秋田県山内村の場合—」人文地理 30-3、1978、71-83 頁。
94) 河島一仁「出稼職人の集団構造とその地域的展開—「紀州鍛冶」を例に—」人文地理 35-6、1983、19-37 頁。
95) 河野正直「但馬地方に於ける出稼の地理的考察—主として百日稼について—」地学雑誌 46-547、1934、427-441 頁。
96) 前掲 94)。
97) 菅野康二「会津地方における草屋根葺き職人(茅手)の出稼ぎ—南会津地方と西会津地方の比較—」人文地理 29-3、1977、69-86 頁他。
98) 本書第 3 部第 9 章(中村周作「出稼ぎ者の移動行動と輩出構造—兵庫県浜坂町久斗山地区の事例—」人文地理 52-2、2000、1-18 頁)。
99) 小木曽豊「新潟県松之山町の出稼ぎに関する一考察」日本海学会誌 10、1986、15-24 頁。
100) 谷岡武雄「宇治茶の労働力の特色とその季節的移動」地理学評論 23、1950、1-7 頁。
101) 三浦紀行「南勢地方平坦部の農繁期における婦女子の移動労働」三重大学芸学部研究紀要 11、1954、57-66 頁。
102) 前掲 98)。川本忠平「津軽地方の出稼労働とその構造変化」歴史地理学紀要 14、1972、111-135 頁他。
103) 西川俊作「副業的・季節的労働者の移動」三田学会雑誌 58-3、1965、42-64 頁。品部義博「不況下における農村出稼の実態」労働科学 61-2、1985、83-93 頁。
104) 宇野忠義「最近における山形県の季節出稼ぎ急増の実態とメカニズム」農業総合研究 26-4、1972、113-143 頁。
105) 1990 年以降の成果には、以下のようなものがある。三宅博之「アジアから日本への出稼ぎ労働者の実態—バングラデシュ出身者の場合—」アジア経済 31-9、1990、27-49 頁。厳善平ほか「上海市における出稼ぎ労働者の就業と賃金」アジア経済 40-2、1999、19-49 頁。柏木健一「エジプトにおける海外出稼ぎと国内労働移動のメカニズム」アジア経済 44-10、2003、2-26 頁他。
106) 小倉充夫「ザンビアの移動労働者調査ノート」アジア経済 29-7・8、1988、111-118 頁。
107) 山下雄三『出稼ぎの社会学』、国書刊行会、1978、1-248 頁。大久保武「「海外出稼ぎ労働者」輸出当事国・第 3 世界の実情—バングラデシュの「国際労働力移動」—」農村研究 79、1994、68-81 頁。大島一二「中国広東省における出稼ぎ現象の実態—深圳市、梅州市・梅県の実態調査を中心—」農村研究 81、1995、98-109 頁。王耀明「中国における農村労働力の就業移動の実態と問題—福建省 9 地域 9 村の実態調査を中心に—」農村研究 83、1996、111-124 頁。
108) 浅野慎一「出稼農民層の兼業歴からみた出稼労働の一変容—秋田県湯沢市 T 部落を事例とした実証的研究—」北海道大学教育学部紀要 43、1984、180-243 頁。
109) 石川登「農民と往復切符—循環的労働移動とコミュニティ研究の前線—」民族学研究 58-1、1993、53-72 頁。三島禎子「ソニンケ社会における家族の連帯と規模—出稼ぎをめぐって—」国立民族学博物館研究報告 21-1、1996、77-118 頁。三島禎子「ソニンケにとってのディアスポラ—アジアへの移動と経済活動の実態—」国立民族学博物館研究報告 27-1、2002、121-157 頁。佐藤寛「「国民的出稼ぎ現象」の社会・経済的影響—北イエメンの 20 年—」国立民族学博物館研究報告 17-2、1992、369-407 頁。中川敏「学校者と出稼ぎ者—エンデの遠近両用眼鏡—」国立民族学博物館研究報告 23-3、1998、635-658 頁。
110) 前掲 94)。
111) 前掲 98)。
112) 和歌森太郎「山人」(大塚民俗学会編『日本民俗事典』弘文堂、1972)、765 頁。
113) 上田正徳「濃飛の山地における焼畑」(多田文男・石田龍次郎編『山地の地理(現代地理講座 2)』河出書房、

1956)、290-304頁。井上修次「火田民」(多田文男・石田龍次郎編『山地の地理(現代地理講座2)』河出書房、1956)、305-320頁他。
114) 幸田清喜「白峰の出作り」(多田文男・石田龍次郎編『山地の地理(現代地理講座2)』河出書房、1956)、270-289頁。吉田 森「加越国境地帯の出作」(飯山敏春他編『北信越地方(日本地誌ゼミナール4)』大明堂、1962)、116-125頁。長沢寛子「白峰村桑島における出作りの実態」金沢地理4、1985、20-26頁他。
115) 山口弥一郎「マタギの村」(多田文男・石田龍次郎編『山地の地理(現代地理講座2)』河出書房、1956)、210-222頁。千葉徳爾「津軽マタギの現状と系譜」(和歌森太郎編『津軽の民俗』吉川弘文館)、1970)、171-183頁。千葉徳爾『狩猟伝承 (ものと人間の文化史14)』法政大出版局、1975、1-327頁。椿 宏治「越後のマタギ」民族学研究32-4、1968、303-317頁他。
116) 千葉徳爾「マタギ」、前掲112)、669頁。
117) 丹野 正「東北地方山村における狩猟活動—とくにクマ狩りを中心に—」(加藤泰安、中尾佐助、梅棹忠夫編:『探検地理民族誌』中央公論社、1978)、467-494頁。
118) 今井一郎「八重山群島西表島におけるイノシシ猟の生態人類学的研究」民族学研究45-1、1980、1-31頁。
119) 煎本 孝「チペワイアンのトナカイ狩猟活動系—生態人類学的視点から—」国立民族学博物館研究報告5-3、1980、642-666頁。
120) 野中健一「『クマ』に挑む人々—オオスズメバチ・ハンティングとその食用慣行—」(網野善彦編『列島の文化史8』日本エディタースクール出版部、1992)、77-104頁。
121) 2005年10月、高千穂町の蜂の子採りグループ関係者への聴き取りによる。
122) 杉本 壽『木地師と木形子(郷土の研究9)』翠楊社、1981、40頁。
123) 山口弥一郎「東北地方の木地屋の分布」(山口弥一郎『山口弥一郎選集8 日本固有の生活を求めて』世界文庫、1976)、163-194頁。
124) 渡辺久雄『木地師の世界』創元社、1977、95-201頁。
125) 田畑久夫『木地屋集落—系譜と変遷—』古今書院、2002、1-341頁。
126) 千葉徳爾「炭焼」、前掲112)、373頁。
127) 福宿光一「非定住製炭者について」(『地域の探究—立正大学地理学教室創立60周年記念論文集—』古今書院、1985)、355-364頁。
128) 矢ヶ崎孝雄「白山麓白峰村の歩荷—山村と担夫交通—」金沢大教育学部紀要8、1960、88-105頁。
129) 金田英子「ネパール人ポーターの生活と移動」旅の文化研究所研究報告7、1998、15-22頁。
130) 三井田圭右「東北日本奥地山村におけるゼンマイ生産の実態とその集落維持的意義」地理学評論47-6、1974、370-386頁。
131) 池谷和信『山菜採りの社会誌—資源利用とテリトリー—』東北大学出版会、2003、1-204頁。
132) 丹野 正「多雪地帯の山村における山菜採集活動について」季刊人類学9-3、1978、194-239頁。
133) 中島弘二「脊振山麓東脊振村における伝統的環境利用—主体的環境区分をとおして—」人文地理38-1、1986、41-55頁。
134) 刀禰勇太郎「福井県漆掻き出稼人の歴史と現況をたずねて」山林864、1956、21-30頁。
135) 下中弥三郎編「かな山掘りの話」(下中弥三郎編『風土記日本5 東北・北陸篇』平凡社、1958)、191-206頁。向井義郎「中国山脈の鉄」(地方史研究協議会編『日本産業史大系7 中国・四国篇』東大出版会、1960)、164-203頁他。
136) 沖本常吉「職業集団と交易」(和歌森太郎編『西石見の民俗』吉川弘文館、1962)、60-61頁。
137) 和歌森太郎「修験道」(前掲110) 337-338頁。下中弥三郎編「修験者たち」(下中弥三郎編『風土記日本5 東北・北陸篇』平凡社、1958)、97-112頁。
138) 長野 覚「修験集団にみる山岳通行(情報・交通)の実態」歴史地理学紀要28、1986、125-150頁。
139) 斎藤晨二「養蜂における移動と分布」福井大教育学部紀要(3)19、1969、1-23頁。

140) 柚洞一央「日本の養蜂業における移動空間の狭域化と生産形態の多様化」地理学評論 79-13、2006、809-832 頁。
141) 澤田昌人「ヒト-ハチ関係の諸類型―ニホンミツバチの伝統的養蜂―」季刊人類学 17-2、1986、61-121 頁。
142) 佐治 靖「東日本におけるニホンミツバチの伝統的養蜂―会津盆地南縁山地の事例を中心として―」日本民俗学 202、1995、32-68 頁。
143) 市川光雄「東アフリカ、スイエイ・ドロボーの養蜂」季刊人類学 11-2、1980、117-152 頁。
144) 三隅治雄『さすらい人の芸能史』日本放送出版協会、1974、1-206 頁。郡司正勝『地芝居と民俗 民俗民芸双書』岩崎美術社、1977、1-273 頁。森本 泉「旅の吟遊詩人から「出稼ぎ者」へ―ネパールの楽士カーストガンバルダの国際ツーリズムへの包摂―」旅の文化研究所研究報告 9、1999、161-171 頁他。
145) 高柳金芳『江戸の大道芸』柏書房、1982、1-219 頁。阿久根進『サーカスの歴史―見世物小屋から近代サーカスへ―』西田書店、1977、1-283 頁。
146) 月原敏博「移動牧畜の類型と遷移に関する考察」人文研究 (大阪市立大) 52-8、2000、47-71 頁。片倉もとこ『「移動文化」考』岩波書店、1998、1-223 頁他。
147) 多田文男「内モンゴルの遊牧」(多田文男・石田龍次郎編『熱帯・寒帯・内陸の地理 (現代地理講座 6)』河出書房、1956)、253-266 頁。
148) 末尾至行「アフガニスタンの遊牧民」史泉 34、1967、1-19 頁。
149) 都竹武年雄『蒙古高原の遊牧』古今書院、1981、1-230 頁。
150) 利光有紀「"オトル"ノート―モンゴルの移動牧畜をめぐって―」人文地理 35-6、1983、68-79 頁。
151) 廣藤啓二「モンゴルとトゥワのトナカイ遊牧民」地理 42-7、1997、98-103 頁。
152) 月原敏博「ブータンの移牧と環境利用」地理 38-10、1993、57-63 頁。
153) 池谷和信「ナイジェリアにおけるフルベ族の移牧と牧畜経済」地理学評論 66A-7、1993、365-382 頁。
154) 小貫雅男『遊牧社会の現代』青木書店、1985、1-298 頁。
155) 鹿野勝彦「ヒマラヤ高地における移牧―高地シェルパの例を通して―」民族学研究 43-1、1978、85-97 頁。
156) 鹿野一厚「人間と家畜との相互作用からみた日帰り放牧の成立機構―北ケニアの牧畜民サンブルにおけるヤギ放牧の事例から―」民族学研究 64-1、1999、58-75 頁。
157) グールド/ホワイト (山本正三・奥野隆史訳)『頭の中の地図 ―メンタルマップ―』朝倉書店、1981、192 頁。[Gould, P. and White, R., Mental Maps, Penguin Books Ltd, 1974.]
158) 岡本耕平「行動地理学の歴史と未来」人文地理 50-1、1998、23-42 頁。
159) 若林芳樹「行動地理学の現状と問題点」人文地理 37-2、1985、148-166 頁。
160) Hägerstrand, T. "On the definition of migration", Scandinavian Population Studies, 1, 1969, pp. 63-72.
161) 櫛谷圭司「時間地理学研究の動向」人文地理 37-6、1985、533-551 頁。
162) 荒井良雄・川口太郎・岡本耕平・神谷浩夫編訳『生活の空間 都市の時間』古今書院、1989。荒井良雄・岡本耕平・神谷浩夫・川口太郎『都市の空間と時間』古今書院、1996。武田祐子「京都市北区住民の時空間内の行動パターン」人文地理 47-1、1995、66-83 頁他。
163) 武田祐子「保育園利用者の時空間プリズムと立地・配分モデリング」地理科学 53-3、1998、206-216 頁。
164) 宮澤仁「今後の保育所の立地・利用環境整備に関する一考察―東京都中野区における延長保育の拡充を事例に―」経済地理学年報 44-4、1998、310-327 頁。
165) 田子由紀「工場進出に伴う就業女性の生活変化に関する時間地理学的考察―神奈川県津久井町青野原地区を事例に―」人文地理 46-4、1994、372-395 頁。
166) 高橋伸夫編『日本の生活空間』古今書院、1990。
167) 杉浦芳夫「タイムジオグラフィ」(坂本英夫・浜谷正人編『最近の地理学』大明堂、1985)、94-101 頁。

168) 京大大学院アジア・アフリカ地域研究研究科・京大東南アジア研究所編(2006)：『京大式フィールドワーク入門』NTT出版、1-162頁。
169) 香月洋一郎(2002)：『記憶すること・記録すること　聞き書き論ノート』吉川弘文館、40-49頁。
170) 中田栄一(1966)：「聴き取り調査」(尾留川正平編『朝倉地理学講座2 地理学研究法』朝倉書店)、108-117頁。
171) 藤原健藏(1997)：「地誌研究とフィールドワーク」(『総観地理学講座2 地域研究法』朝倉書店)、1-30頁。
172) 市川健夫(1985)：『フィールドワーク入門 ―地域調査のすすめ―』古今書院、54-55頁。
173) 宮崎大学経済地理学ゼミで行った調査は、1999年が南郷町目井津地区(漁業、漁業集落研究)、2000年が延岡市島浦地区(漁業、漁業集落研究)、2001年が鹿児島県山川町(水産加工業研究)、2005年が川南町通浜地区(漁業、移住集落研究)、2006年が長崎県壱岐市勝本地区(ブルー・ツーリズム研究)、2007年が宮崎県全域(伝統魚介類食研究)、2008年が長崎県松浦市青島地区(ブルー・ツーリズム研究)であった。

第2章 1980年代前半期における水産物行商活動の展開

1. はじめに

　水産物流通において行商は、今日でも確固たる位置を占めている。しかしながら、近代以降、行商人およびその活動を取り巻く諸条件の変化は、その活動様式に大きな変容をもたらした。行商活動に今日みとめられるような多様化が始まったのは、明治時代中頃と言えよう。それ以前の行商取扱い品目は、塩、塩干物、鮮魚介類であった。塩は、問屋売買が中心であったが、流通の末端は、行商によっていた[1]。一方、塩干物や鮮魚介類行商の拠点となっていたのは、それらの生産地でもある漁村であった。交通機関の未発達であった当時の漁村は、おもな消費地である都市との位置関係によって、流通機構はもちろん、行商人の行動様式にも相違がみられた。

　鮮魚介類の場合、その流通圏は、鮮度を保持し、商品価値を維持するために、徒歩などでおよそ半日以内に到達できる行動圏内に限定されていた。このため、都市までの距離がその範囲内にある漁村では、都市消費者を目指す行商が多くみられた[2]。一方、この範囲の外縁には、都市への鮮魚流通圏外で、かつ、流通面で都市の問屋支配を受ける漁村が分布していた。ここでは、塩干物を都市市場に出す以外に、近在を回る行商がみられた。この行商は、前者以上に漁家の婦女子を中心とする伝統的な漁家分業の就業構造をみせる。これらに対し、都市の問屋支配を受けない遠隔地の漁村を拠点とする行商は、生業である漁業の延長として、流通部門を全面的に担うものであった。つまり、原則的に男性が捕獲した魚を女性が捌いたのである。ここでの鮮魚行商圏は、担い手が婦女子であり、家事に多くの時間をとられてしまうことや、背域との交通条件の悪さといった理由から、都市への鮮魚行商圏よりも一般に狭い領域に限定されるものであった[3]。また、当時の漁家労働の一つとして、生で売り尽くせない魚を塩干物に加工する作業があった。この塩干物は、普段蓄えておき、秋の収穫時や正月前といった農村の需要期に集中して行商された。これには、漁閑期に船を使用するものもみられた[4]。このように、都市の問屋支配を受けない地方漁村を拠点とする流通圏には、消費者側の「ケ」[5]の需要を満たす狭い範囲の鮮魚行商圏と「ハレ」[6]の需要を満たす、より広域の塩干物行商圏の重層構造が展開していた。

　ところでこの時期にはすでに、問屋の集中という形で消費地市場の萌芽がみとめられる。ここにも消費地問屋を拠点とする行商人の活動がみられた。

　以上のように、初期の水産物行商には、取扱い品目と行商領域の違いから、①塩行商、②都市に近接する漁村から都市への鮮魚行商、③都市への鮮魚搬入圏外の漁村から近在への鮮魚行商、④都市の問屋支配を受けない地方漁村からの鮮魚行商、⑤都市の問屋支配を受けない地方漁村からの塩干物行商、⑥消費地内にみられる行商という6タイプがみとめられた(表2-1)。なお、筆者は分類の都合上、上記①〜⑤の産地仕入れ行商を「産地型行商」、⑥を「消費地型行商」と呼ぶことにする[7]。

表 2-1 明治時代初期の水産物行商

行商領域\行商品目	都市市場圏					都市市場圏外		
	都市近接漁村	都市	都市への鮮魚搬入圏外の漁村	漁村近接農村	遠隔地農山村	遠隔地農山村	漁村近接農村	漁村
塩	○—————→		① ●	○————→	●	● ←—————	① ○	○
鮮魚介類	○ ② ↘ ● ⑥ ●		○ ③ ●	→		●	← ④ ○	
塩干物						● ←—————	⑤ ○	

○ 行商人の輩出地　● 行商先　表中の①〜⑥は、本文で示した行商の6タイプを表している。

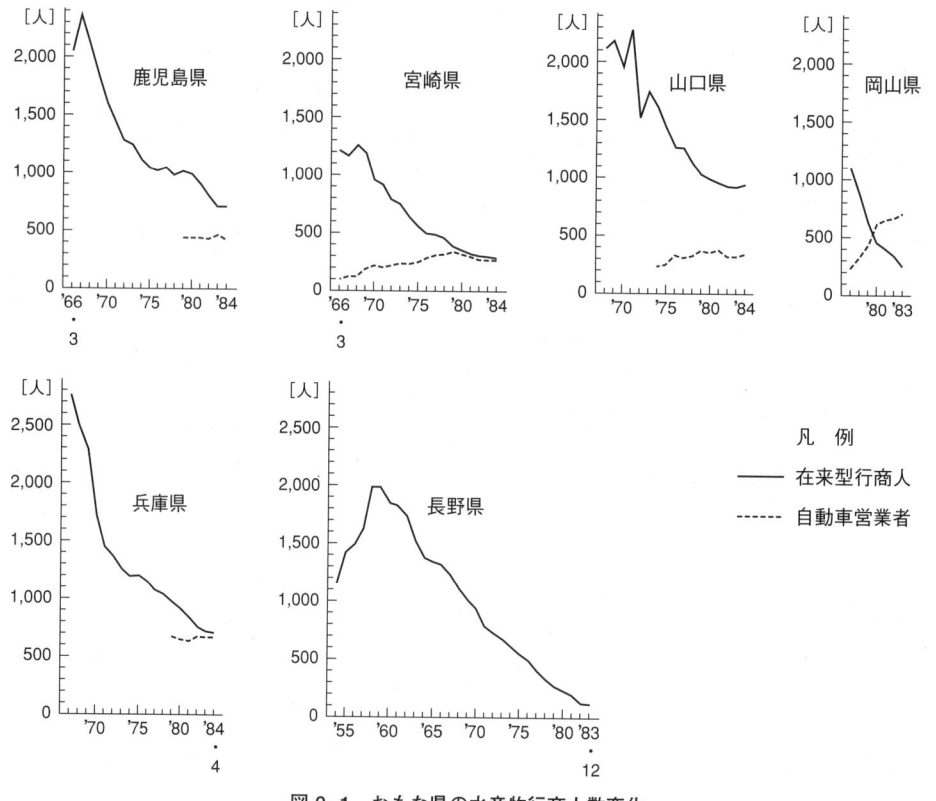

図 2-1 おもな県の水産物行商人数変化
各県食品衛生機関資料より作成。

凡例
—— 在来型行商人
----- 自動車営業者

このような行商のタイプの変容は、まず、1905(明治38)年の専売制度施行による塩行商の衰退、消滅として現われる。さらに、鉄道や乗合バスの発達に代表される交通機関の変革が、大きな影響をおよぼした。これによって、都市への鮮魚搬入圏が飛躍的に拡大したのはいうまでもない。特に地方の僻地漁村が都市流通圏に編入され、全国的規模に拡大した塩干物行商も現われた[8]。また、明治末期の産地市場における組合共同販売事業の開始[9]と消費地市場の整備[10]が、結果として流通機構内での行商の位置を低下させるはたらきを示した。その後、第二次世界大戦の戦時色が深ま

ると、船や漁民の徴用に伴なう漁業生産の減退、水産物の高騰が生じた。この対策として「価格統制」[11]、「配給統制」が実施され、産地、消費地共に行商活動を休業せざるを得なくなった[12]。

戦後の経済混乱期には、各地でヤミ市が開設され、行商も一時的なピークを迎えた[13]。しかし、1950(昭和25)年頃になると漁協共販体制の復活と消費地市場の整備が進み、行商人も仲買人もしくは仲買人傘下の小売人として、この機構内に組み入れられることになった。このため、仕入れに関する権利金の支払い義務が生じ、これを機とする行商人の減少を招いた。さらに、高度経済成長期に入ると、若年労働者層の都市への流出や漁村周辺での雇用機会の拡大などのために、全国的レベルで行商人数が急減した(図2-1)。しかしながら、営業形態の面ではこの時期、大きな進展がみられた。まず、運搬手段にリヤカーや自転車が加わる[14]。特に前者は、従来の「振り売り」[15]や「イタダキ」[16]にかわって女性行商の主流を占めるようになった。さらに、1965(昭和40)年前後には、モータリゼーションの浸透によって、単車や自動車を使った営業が現われてくる。これは、女性労働としての性格が強かった行商に、新たに単車、自動車を使用する男性行商人が進出してきたことを意味する。これらは特に、消費地市場を拠点とする者が多く現われてきた。自動車営業者数[17]は、漸増を続けてきたが、1980(昭和55)年頃を境に停滞傾向をみせ始めている(図2-1)。

行商は、微小なる商行為であり、その時期時期の経済状況を如実に反映してきた。そして、近年、行商人数が減少傾向を示す中にありながら、新たな営業形態を加えつつ多様な変化をみせてきたのである[18]。

筆者は、このように多様化している行商行動を行動パターンの析出という見地から究明する。

2. 研究の目的と方法

人間の空間行動様式の究明は、地理学における重要な課題の一つである。空間行動の中でも労働に関するそれは、人間生活において特別の地位を占めている[19]。このような見地から商業活動をみると、商行為者自身の空間行動として現われる行商活動は、すぐれた地理学的研究テーマといえよう。行商については、その取扱い品目が多岐にわたることもあって、従来より幅広い研究事例がみられるが、大別して行商圏およびその変遷史的研究や行商人の輩出構造を明らかにした研究に多くの蓄積がみられる。しかしながら、人間の空間行動という視点から行商行為を捉え、その行動様式について究明した研究はみられない。

そこで筆者は、わが国の津々浦々に広く活動を展開している水産物行商人の行動様式を事例として考察を進める[20]。

水産物行商は、前章で述べたように、衰退傾向をみせながらも新たな営業形態を加えるなど多様な変化をみせている。そこで、本章ではまず、①水産物行商の実態を把握するために、日本全域にわたる行商人の分布、および行商活動の地域的性格について述べ、②行商人の分布特性と輩出構造、および行商行動について対象地域を山陰地方に限定し、考察を進める。その上で、③多様化している行商行動の類型化を試みる。

研究方法として、まず全国にわたる行商人の分布を明らかにするために、最小地域単元として保健所管轄区を設定した。行商人は、大半の地域で営業を開始、継続するにあたって、居住地もしくは行商先を管轄する保健所への登録、許可ないし届出が義務付けられている。したがって、大半の都道府県食品衛生関係機関で、保健所管轄区ごとの行商人数が把握されている[21]。この資料

☆ 中央卸売市場（地方公共団体の開設した
　　地方卸売市場　大規模市場）
○ 消費地市場（市場面積 200 m² 以上）
● 産地市場（市場面積 330 m² 以上）
　　小規模市場（市場面積が地方卸売市場に
○ 消費地市場　満たないもの）
● 産地市場

図 2-2　水産物市場の分布
社団法人食料品流通改善協会編『全国食品卸売業総覧』、1979、1-790 頁より作成。

を入手した上で、資料の得られなかった計 334 保健所については、個別に問い合わせ全回答を得ることができた。この資料のほか、各地の実状を知るために、前述関係機関での聴き取りと行商等に関する条例細目の比較考察を行なった。また、山陰地方については、当地区内 21 保健所の資料から行商人の性別、年齢、居住地、おもな行商先などに関するデータを入手した。その上で、主要な行商人輩出地での関係者に対する聴き取り調査を行い考察を進める。

3．わが国における水産物行商

本節では、日本全域を対象として在来型行商人[22]および自動車営業者の分布とその地域的特色についてマクロスケールに論を展開する。

日本全域における在来型行商人と、自動車営業者の現時点での総数を推計する[23]。在来型行商人数は、保健所でその数が把握されていない岩手、岐阜、高知、沖縄の各県と奈良県の一部、資料精度上問題のある[24]千葉県および名古屋市を合わせた 69 地区を除いた 638 地区[25]で、計 19,850 名を

第 2 章　1980 年代前半期における水産物行商活動の展開　　　　　　　　　　　　　　　　47

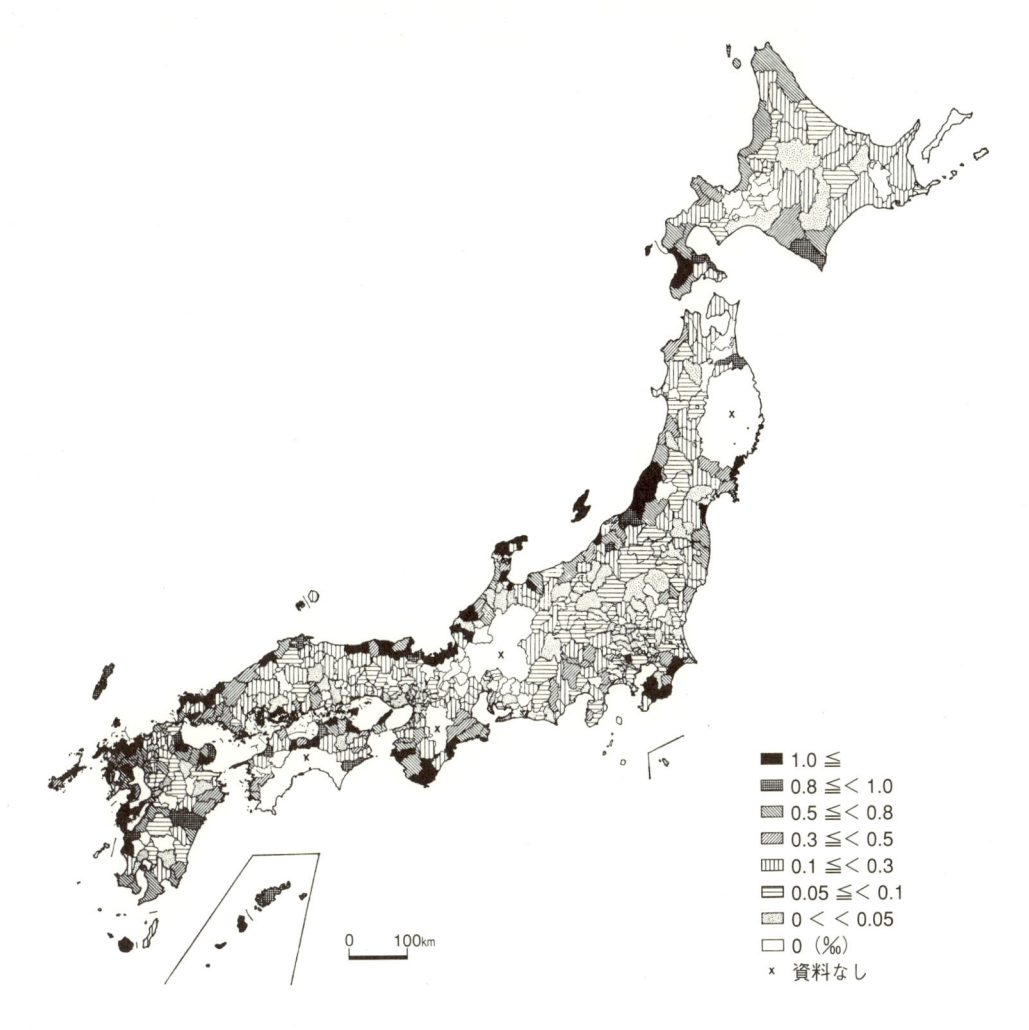

凡例:
- ■ 1.0 ≦
- 0.8 ≦ < 1.0
- 0.5 ≦ < 0.8
- 0.3 ≦ < 0.5
- 0.1 ≦ < 0.3
- 0.05 ≦ < 0.1
- 0 < < 0.05
- □ 0 (‰)
- × 資料なし

図 2-3　在来型行商人の分布
行商人率＝行商人数÷需要人口×1,000
資料) 行商人数：都道府県食品衛生関係機関および保健所資料
　　　人口：1980(昭和 55)年度国勢調査結果

数えることができる。一地区平均 31.1 名ということから単純に推計すると、わが国全体では約 2 万 2 千名の在来型行商人が活動していると考えられる。これに対して、自動車営業者は、保健所でその数が把握されていない沖縄県の 7 地区を除いて合計 15,466 名を数えることができた。

在来型行商、自動車営業のいずれも、その第 1 の拠点となるのは、主要な仕入れ地である水産物市場といえる。その分布を示したのが図 2-2 である。以下、本図と対照しながら在来型行商人および自動車営業者の分布とその特徴について考察する。

(1) 在来型行商人および自動車営業者の分布

図 2-3 および表 2-2 によると、在来型行商人率の高い地区は、海岸部に点在していることがわかる。これと産地市場の分布との関係をみると(表 2-3)、産地市場を有しない保健所区では、行商人率 0.20 ‰ (パーミル、千分比) 未満のところが圧倒的に多い。逆に産地市場を有する保健所

表 2-2　おもな在来型行商人の集中地区

	行商地域(都道府県)	行商人率(‰)	行商人数	卓越するタイプ		行商地域(都道府県)	行商人率(‰)	行商人数	卓越するタイプ
1	家島(兵庫)	6.69	65	産地型	37	徳之島(鹿児島)	1.30	77	産地型
2	豊浦(山口)	3.36	130	〃	38	魚津(富山)	1.29	64	〃
3	江差(北海道)	3.00	146	〃	39	鹿島(佐賀)	1.28	103	〃
4	与板(新潟)	2.99	140	〃	40	唐津(佐賀)	1.26	188	〃
5	平戸(長崎)	2.69	113	〃	41	萩(山口)	1.24	93	〃
6	鴨川(千葉)	2.62	108*	〃	42	小浜(長崎)	1.20	75	〃
7	津名(兵庫)	2.58	176	〃	43	東金(千葉)	1.20	95*	〃
8	輪島(石川)	2.57	99	〃	44	西条中央(愛媛)	1.18	64	〃
9	土庄(香川)	2.55	111	〃	45	鳥取(鳥取)	1.16	212	〃
10	屋久島(鹿児島)	2.43	38	〃	46	尾鷲(三重)	1.16	67	〃
11	村上(新潟)	2.33	180	〃	47	岩沼(宮城)	1.15	149	〃
12	勝浦(千葉)	2.12	192*	〃	48	有川(長崎)	1.15	57	〃
13	山代(石川)	2.09	162	〃	49	竹原(広島)	1.13	113	〃
14	松浦(長崎)	1.93	80	〃	50	丸亀(香川)	1.13	106	〃
15	門前(石川)	1.93	24	〃	51	大瀬戸(長崎)	1.12	48	〃
16	大島(山口)	1.90	61	〃	52	氷見(富山)	1.11	69	〃
17	敦賀(福井)	1.85	157	〃	53	木更津(千葉)	1.10	310*	〃
18	宮津(京都)	1.84	107	〃	54	日出(大分)	1.09	59	〃
19	古座(和歌山)	1.84	71	〃	55	厚狭(山口)	1.09	34	〃
20	川内(鹿児島)	1.79	143	〃	56	筑上(福岡)	1.08	80	〃
21	牛深(熊本)	1.78	58	〃	57	御坊(和歌山)	1.07	84	〃
22	相川(新潟)	1.70	156	〃	58	金津(福井)	1.06	113	〃
23	大田(島根)	1.69	84	〃	59	坂出(香川)	1.05	112	〃
24	壱岐(長崎)	1.66	68	〃	60	糸島(福岡)	1.04	69	〃
25	小浜(福井)	1.65	104	〃	61	新宮(和歌山)	1.03	78	〃
26	珠洲(石川)	1.62	61	〃	62	八戸(青森)	0.97	298	〃
27	松尾(千葉)	1.60	105*	〃	63	松江(島根)	0.89	172	〃
28	長門(山口)	1.59	81	〃	64	新発田(新潟)	0.84	164	〃
29	気仙沼(宮城)	1.48	169	〃		下関市	0.62	168	
30	本渡(熊本)	1.40	170	〃		福岡市	0.20	222	
31	鯖江(福井)	1.40	165	〃		東京区部	0.10	634	消費地型
32	豊岡(兵庫)	1.39	156	〃		横浜市	0.09	271	〃
33	大内(香川)	1.39	137	〃		京都市	0.07	109	〃
34	鶴岡(山形)	1.37	229	〃		桐生(群馬)	0.25	47	〃
35	伊予三島(愛媛)	1.36	107	〃		甲府(山梨)	0.17	43	〃
36	小杉(富山)	1.34	122	〃		松本(長野)	0.10	31	〃

＊千葉県では、更新手続きの必要がない届出制がとられているため実労働者数はこの数値をかなり下まわると思われる。
行商人数は各都道府県食品衛生関係機関および保健所資料、人口は1980年度国勢調査結果による。

表 2-3　産地市場の分布と在来型行商人率との関係

行商人率(‰)	産地市場の分布*1	
	無	有
0～0.20	278*2 (49.0%)	64 (11.5%)
0.20～0.50	51 (9.0%)	43 (7.6%)
0.50～	36 (6.3%)	94 (16.6%)

＊1　各保健所管轄区内での産地市場の有無
＊2　保健所数、（ ）内は全体比

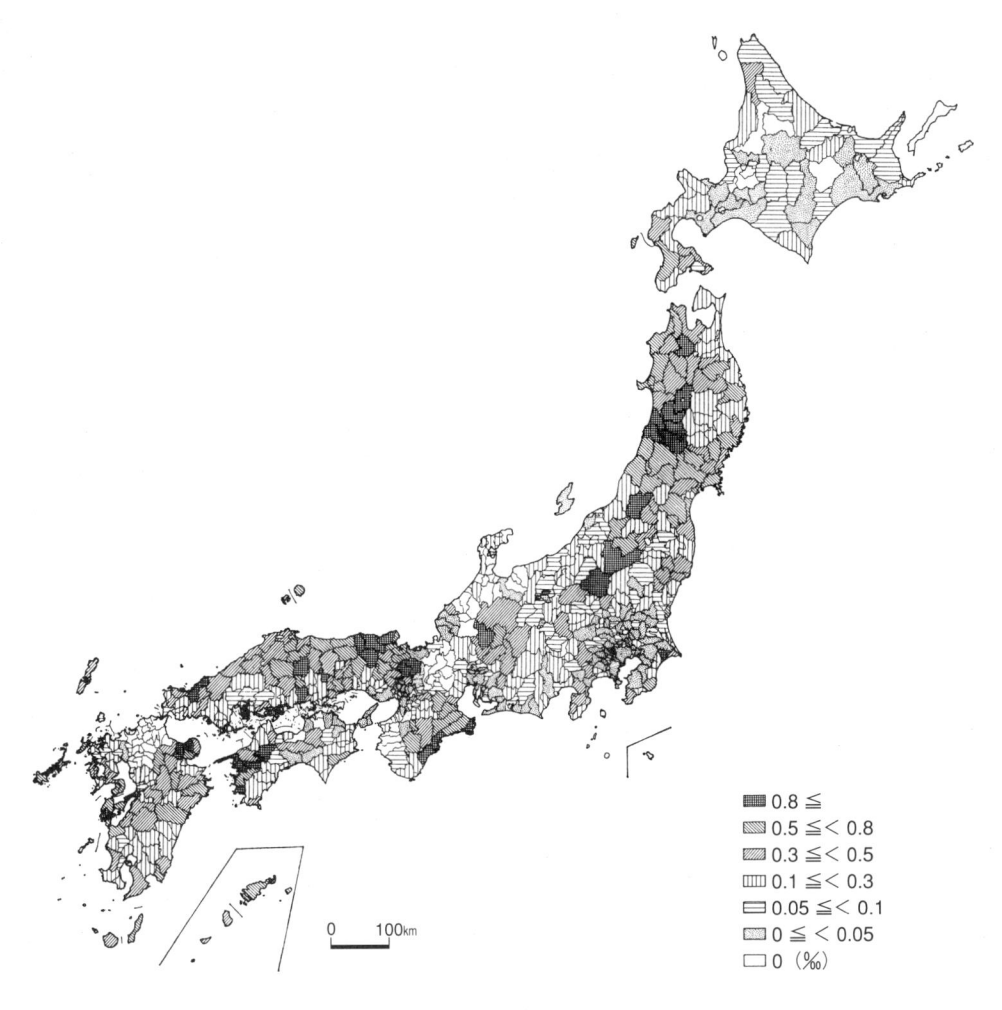

図 2-4　自動車営業者の分布

自動車営業者率＝自動車営業者数÷需要人口×1,000
資料）自動車営業者数：都道府県食品衛生関係機関および保健所資料
　　　人口：1980（昭和 55）年度国勢調査結果

区では、0.50‰ 以上という行商の盛んな地区が最も多く含まれるといった相関関係を示すことが理解される。ただし、この相関を弱める働きをする産地市場を有しながら行商人率の低い地区がかなりみられる。これは、道および県全体的な傾向として行商活動の不活発な北海道と静岡、愛知、兵庫、岡山の各県に約 6 割が含まれており、例外的な地区といえる。行商は、一般に移動距離が短く、産地で仕入れ近接消費地を行商先とする者が大半を占めることが理解される。特に山口県の北浦地方から北九州へ向かうものや淡路島の津名から大阪方面へ向かうもののように、大都市に近接する漁村に多くの行商人がみられる。一方、内陸部の消費地市場を拠点とする行商人は、京都市、桐生、甲府、松本など少数の集中地区を除いて大きな集団はみられない。

なお、図中資料なしの地区、つまり行政が関与していないものについてみてみる。高知、岐阜両県は、行政対応の必要がないほど行商人の少ない地域といわれる[27]。一方、岩手、奈良両県域では、県域内の産地ないし近接産地から行商人が入り込んでいることが確認されている。沖縄県で

表 2-4　おもな自動車営業者の集中地区

	営業地域(都道府県)	自動車営業者率 (‰)	自動車営業者数	卓越するタイプ		営業地域(都道府県)	自動車営業者率 (‰)	自動車営業者数	卓越するタイプ
1	篠ノ井（長野）	2.67	6	消費地型	26	浜　坂（兵庫）	0.86	28	産地型
2	周　山（京都）	2.04	27	〃	27	八　幡（愛媛）	0.85	73	〃
3	八日市場（千葉）	1.91	150	産地型	28	阿　新（岡山）	0.85	38	消費地型
4	御　荘（愛媛）	1.57	53	〃	29	本　荘（秋田）	0.83	86	産地型
5	野村農村（愛媛）	1.45	29	消費地型	30	横　手（秋田）	0.81	98	消費地型
6	萩（山口）	1.08	84	産地型	31	志　摩（三重）	0.81	74	産地型
7	湯　沢（秋田）	1.04	95	消費地型	32	宇　土（熊本）	0.81	61	〃
8	園　部（京都）	1.04	54	〃	33	宇　佐（大分）	0.81	55	〃
9	高　田（大分）	1.03	34	産地型	34	黒　石（青森）	0.80	117	消費地型
10	沼　田（群馬）	1.02	105	消費地型	35	宇　和（愛媛）	0.80	38	産地型
11	熊　野（三重）	0.99	51	産地型	36	益　田（岐阜）	0.80	34	消費地型
12	和田山（兵庫）	0.97	69	消費地型		石　巻（宮城）	0.76	182	産地型
13	田　島（福島）	0.97	41	〃		いわき市（福島）	0.49	166	〃
14	矢　島（秋田）	0.96	22	産地型		東京区部	0.02	144	消費地型
15	峰　山（京都）	0.95	69	〃		大　崎（宮城）	0.57	125	〃
16	福　渡（岡山）	0.95	19	消費地型		那珂湊（茨城）	0.65	121	産地型
17	久　万（愛媛）	0.92	20	〃		塩　釜（宮城）	0.74	116	〃
18	尾　鷲（三重）	0.90	52	産地型		酒　田（山形）	0.67	116	〃
19	豊　岡（兵庫）	0.89	100	〃		伊　勢（三重）	0.57	112	〃
20	角　館（秋田）	0.88	46	消費地型		鶴　岡（山形）	0.68	110	〃
21	長　井（山形）	0.87	65	〃		鳥　取（鳥取）	0.59	108	消費地型
22	郡　上（岐阜）	0.87	46	〃		仙　南（宮城）	0.53	100	〃
23	井　笠（岡山）	0.86	144	産地型		上　野（三重）	0.70	98	〃
24	大　曲（秋田）	0.86	103	消費地型		能　代（秋田）	0.77	92	産地型
25	牛　深（熊本）	0.86	28	産地型		松　坂（三重）	0.50	88	〃

自動車営業者数は、各都道府県食品衛生関係機関および保健所資料。
人口は、1980（昭和55）年度国勢調査結果による。

は、かつて糸満漁民の漁業移住に際して、現地の住民との交流に女性行商人が活躍していた[28]。ここでは戦後、気温が高く魚が腐敗しやすいといった理由で、行政的には行商が認められていない。
　このような在来型行商人の分布に対して、新たな営業形態として現われてきた自動車営業者は、どのような分布を示すであろうか。
　図2-4および表2-4によると、自動車営業者の多い地域として、東北地方の中西部から群馬県北部へと至る地域や岐阜県中北部、三重県中南部、奈良県南部、山陰地方、四国中西部、中九州の各地をあげることができる。逆に自動車営業者の少ない地域としては、採算に見合うだけの顧客を得にくいと思われる北海道や北陸地方、産地から遠隔の滋賀県、自動車営業を認めていない福岡県の各域をあげることができよう。自動車営業者の多い地域を在来型行商人のそれと比較すると、在来型行商人が産地に偏在するのに対して、自動車営業者は、内陸部や僻地性の強い地域に多いといった対照をみせることが理解される。自動車営業の現われはじめた1965（昭和40）年当時には、すでに産地や大消費地およびその近郊において、既存の店舗や行商の商圏が確立していた。したがって、この新たな営業形態の入り込む余地は、新興団地などを除いて極めて少なかったのである。このため、その機動力を駆使して従来の店舗や行商の入り込めなかった内陸部や僻

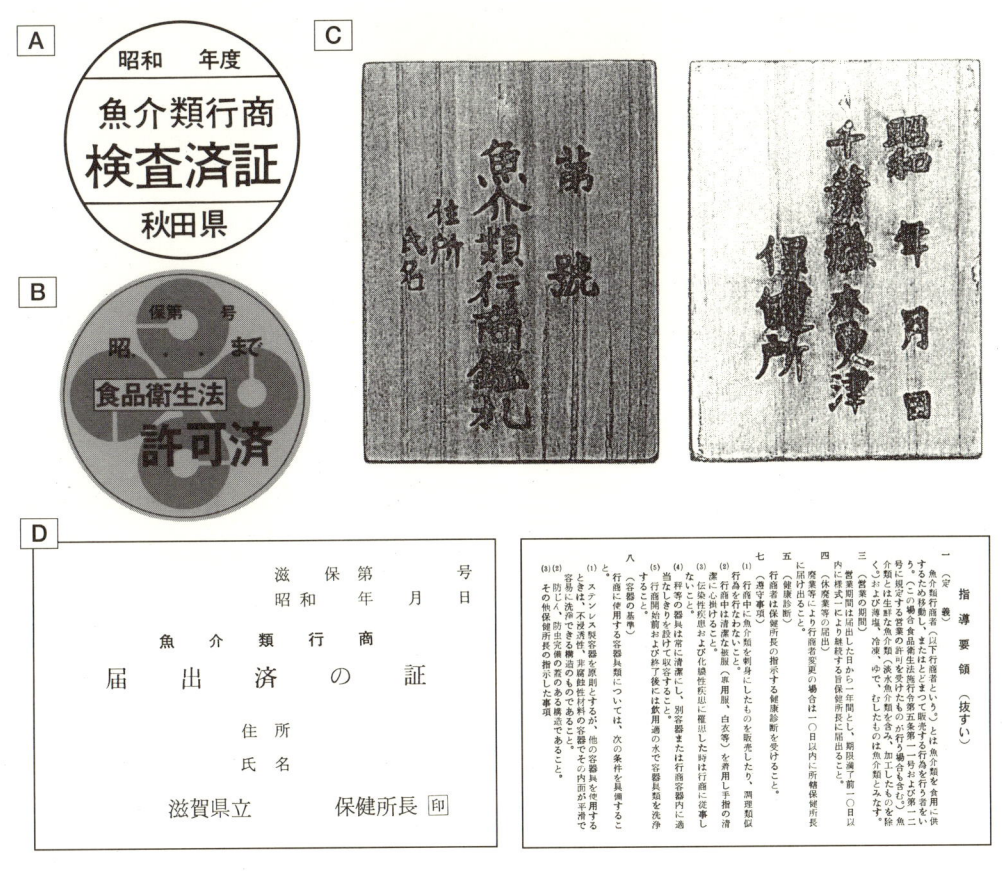

写真 2-1 各地の行商登録証(一例)
A：秋田県魚介類行商登録証、B：島根県自動車営業許可ステッカー、
C：千葉県魚介類行商鑑札(木札)(表・裏)、D：滋賀県魚介類行商届出証(表・裏)

地性の強い地域に、独自の商圏を開拓してきたものと考えられる。このように自動車営業者は、消費地立地の傾向が強く、市場分布との相関はあまりみとめられなかった。

(2) 行商形態および自動車営業の地域性

かつて行商は、「振り売り」や「カツギ」といった運搬方法がおもなものであった。1950(昭和25)年以降、各都道府県によって「行商条例」[29]が施行されると(**写真2-1**)、その衛生基準にしたがって、ブリキやステンレスの金属製容器が導入された。この結果、容器の重量が増し、「振り売り」や「かつぎ」は姿を消すことになった。今日では、比較的軽量の合成樹脂製容器も広く使用されている。徒歩行商では、リヤカー、手押し車のほか、一輪車の使われている例もある。[30]また、手押し車は、乳母車形式のものが多くみられるが、特殊なものとして、紀伊田辺では、引き出し付きの四輪車が使われている。この他、今日では自転車やバイクを使った行商も広くみられる。

次に自動車営業の地域性についてみてみる。その前に地方行政機関による自動車営業の取扱い経緯を概観する。自動車営業は、当初取扱い上行商の範疇に含める場合が多かった。これが顕在化する1965(昭和40)年以降に、新たに「自動車営業取扱い要綱」[31]を設けることで行商から分離し、魚介類販売業として店舗と同じ扱いへと移行したところが多い。現在でも行商として自動車営業

写真 2-2　函館市の自動車営業（1984 年 8 月撮影） 　　写真 2-3　青森市の自転車行商（1984 年 8 月撮影）

写真 2-4　高松市の行商人（1985 年 11 月撮影） 　　写真 2-5　福岡県新宮町の行商人（1982 年 8 月撮影）

を扱っているところとして、愛媛県、鳥取県、香川県などがある[32]。

　このような取扱い上の変化の中で、特に魚介類販売業への移行に際して、従来認められていた氷冷蔵方式から電気式、もしくはガス式（以後、機械式と総称）冷凍冷蔵施設の設置を義務付ける例が多く現われてくる。現在、機械式冷凍冷蔵施設の設置を義務付けているのは、北海道、青森、岩手、秋田、山形、宮城、福島、群馬、埼玉、東京、山梨、新潟、長野、富山、福井、岐阜、滋賀、京都、大阪、広島、山口、徳島、佐賀、大分、宮崎、沖縄などである。一方、氷冷蔵方式が認められているのは、栃木、千葉、神奈川、静岡、愛知、三重、和歌山、奈良、兵庫、鳥取、島根、岡山、香川、愛媛、長崎、熊本などである。こうしてみると、関東以西の各県に氷冷蔵方式を認めている例の多いことがわかる。逆に東北、北海道では、全域で機械式冷凍冷蔵庫の設置が義務付けられている。これは、当地方に他よりも人口密度の低い地域が多い、すなわち、顧客の分散が著しいという背景によるところが大きい。このため、採算をとるのに広い地域を長時間かけて回る必要があり、氷冷蔵方式では、魚が腐敗してしまう危険性が生じる。この他、関東以西でも大消費地を内包する都・府・県や広い県域を持つところで機械式冷凍冷蔵庫の設置を義務付けている例がみられる。逆に氷冷蔵方式が認められているのは、消費地と産地とが比較的近接している地区であることが理解される。

　このような冷蔵方法における地域性の他に、営業車には、魚介類専用車と野菜、肉、菓子などとの混載車とがみられる。聴き取りによると、魚介類専用車の多いのは、岩手、福島、東京、静岡、愛知、大阪、佐賀、鹿児島などである。また、混載車が多いのは、秋田、神奈川、山梨、岐阜、和歌山、奈良、兵庫、熊本などである。特に機械式冷凍冷蔵庫の設置が義務付けられている

第2章　1980年代前半期における水産物行商活動の展開　　53

ところでは、小型トラックは、その設備のために全て魚介類専用車となっている。このような地区には、長野県にみられるようなバス型の大型混載車が使用されている例もある。営業車が専用車になるか、混載車になるかは、行政対応のあり方と共に、消費者側の需要に対応する場合も多い。長崎、高知、千葉の各県のように都市部を回るものに小型専用車が多く、農村部を回るものに混載車が多くみられるといったこともその例と言えよう。

4．山陰地方の事例

　前節でも明らかにされたように、山陰地方は日本でも最も自動車営業の盛んな地区の一つであり、同時に海岸部を中心として多くの在来型行商人が活動しているところでもある。つまり、一般に在来型行商人と自動車営業者とが反比例的分布を示す中にあって、当地方は、数少ない両者ともに盛んな地方ともいえる（表2-5）。本節では、対象地域をこのような山陰地方に限定することで、前節において明らかになった分布の特性の裏付けを行なう。その上で、当地方にみられる主要な行商集団を取り上げ、行商人の行動と集団形成について概観する。

（1）行商人およびその活動の基本的性格

　日本海に対峙する山陰は、漁業の盛んな地方である。背域には山が迫り、大消費地を擁する大きな平野はみられない。であるからといって、水産物の需要に乏しいというわけではなく、古くから山間地域にまで塩サバが持ち込まれるなど、伝統的に水産物需要の大きな地方である[34]。かかる水産物を運搬・販売してきたのが行商人に他ならない。

　当地方には、1983（昭和58）年8月末日現在で、在来型行商人が1,207名[35]、自動車営業者が1,067名ある[36]。このうち、いわゆる「産地型行商人」が1,031名あり、「消費地型行商人」は、173名にすぎない。また、産地仕入れの自動車営業者（「産地型自動車営業者」）が501名、消費地市場仕入れの自動車営業者（「消費地型自動車営業者」）が539名数えられる。性別のうちわけでは、「産地型行商人」で女性が90.5％を占めているのに対して、「消費地型行商人」では男性が56.1％と女性を上回っている。一方、「産地型自動車営業者」では男性が65.5％を占めており、「消費地型自動車営業者」になると、これが87.0％を占めるに至っている（図2-5）。次に平均年齢についてみると、在来型行商人全体で61.5歳となっており、男女差はほとんどない。一方、自動車営業者は全体で47.7歳となっており、男性就業者の平均年齢が、女性よりも2歳強若くなっている。このように就業主体が、在来型行商では老年層、自動車営業では壮年層となっていることがわかる。自動車営業には若年齢層が多く含まれているのに対して、在来型行商人は、50歳以下で著しくその数が減じている。このことは、行商の就業主体が今でも終戦直後の混乱期に開業した者たちで構成されており、それ以降、特に高度経済成長期を経て行商人のなり手が急減したことに原因があると思われる[37]。この事実はまた、在来型行商人が今後とも減少していくことを示唆するものと言える。

　このような状況下にありながら、現に行商活動が存続しているのは、漁村における老年層の副業としての経済価値があるのと同時に消費者側の需要が衰えないことにも一因がある。ここで、消費者の行商人に対する意識についてみてみる。豊岡保健所管内の山陰本線沿線住民に対する無作為抽出による403回答のうち、魚介類を行商人から購入したことのある者が70.2％みられる[38]。その理由として、「家にいながら買えるので便利」（41.7％）、「魚が新鮮で安い」（36.3％）、「昔から

表 2-5 山陰地方における主要な行商人、自動車営業者の分布

	行商人輩出地	行商人数	自動車営業者輩出地	営業者数
兵庫県北部	津居山（豊岡市）	41	豊　岡（豊岡市）	22
	竹　野（竹野町）	22	香　住（香住町）	7
			八　鹿（八鹿町）	6
			津居山（豊岡市）	5
			竹　野（竹野町）	5
			諸　寄（浜坂町）	5
鳥取県	網　代（岩美町）	62	賀　露（鳥取市）	43
	賀　露（鳥取市）	22	網　代（岩美町）	27
	鳥　取（鳥取市）	13	境　港（境港市）	24
	酒　津（気高町）	13	鳥　取（鳥取市）	20
	境　港（境港市）	13	倉　吉（倉吉市）	14
			浦　富（岩美町）	11
			青　谷（青谷町）	11
			米　子（米子市）	9
			酒　津（気高町）	8
			岩　戸（福部村）	7
			湖　山（鳥取市）	7
			長和瀬（青谷町）	7
			八　橋（東伯町）	7
島根県	恵　曇（鹿島町）	56	松　江（松江市）	20
	大　社（大社町）	46	大　社（大社町）	10
	古　浦（鹿島町）	44	益　田（益田市）	9
	仁　万（仁摩町）	27	浜　田（浜田市）	8
	手　結（鹿島町）	20	古　浦（鹿島町）	7
	揖屋（東出雲町）	14		
	浜　田（浜田市）	14		
山口県北部	松　谷（豊浦町）	43	萩（萩市）	33
	小　串（豊浦町）	24	椿　東（萩市）	14
	三見浦（萩市）	23		
	仙　崎（長門市）	22		
	萩（萩市）	21		
	宇　賀（豊浦町）	20		
	阿　川（豊北町）	11		

山陰地方21保健所台帳資料による。
行政市町は、1983年現在。

の顔馴染だから」(13.2％)、「魚以外のものも買え、注文することができるので便利」(6.9％)などがあがっている。新鮮さや便利さは、店舗との競合における行商の優位点である。また、「昔からの顔馴染」や「他の商品も扱い注文サービスも可」といった回答は、行商人が長年にわたって築き上げてきた消費者に対する信用の厚さを物語るものである。これは、在来型行商を前近代的な経営形態とする単なる合理主義的観点のみで捉えられない存在意義を示すデータと言える。

（2）在来型行商人および自動車営業者の分布

本項では、在来型行商人と自動車営業者の居住地分布を集落レベルで捉え、その特徴について

第 2 章　1980 年代前半期における水産物行商活動の展開　　　　　　　　　　55

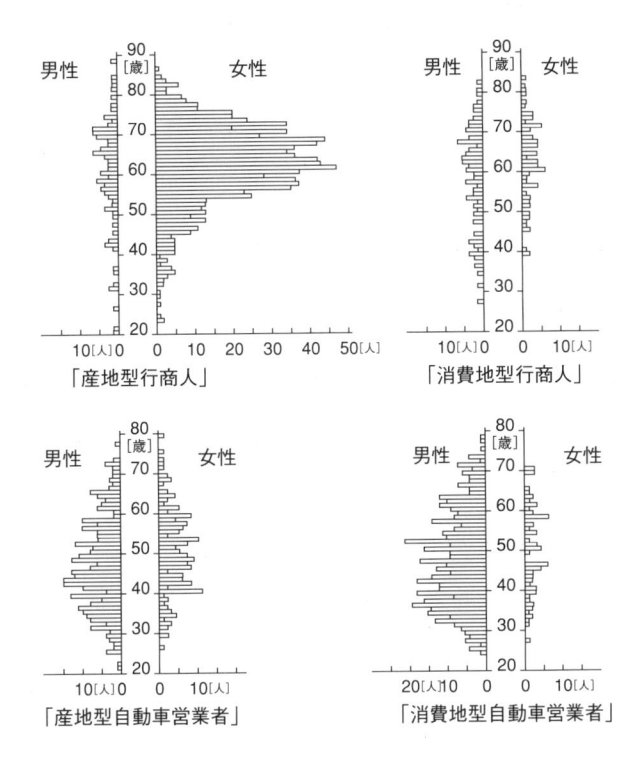

図 2-5　山陰地方における在来型行商人および自動車営業者の年齢構成
1983 年 8 月末日現在
山陰地方 21 保健所台帳資料より作成。

　考察する。
　行商人の分布をみると(**図 2-7**)、当地方には、大きく分けて 9 つの行商圏がみられる。すなわち、東からまず、兵庫県の海岸部から内陸部にかけての地域、鳥取県東部の海岸から鳥取市、八頭郡へと続く地域、鳥取県中部の沿岸から倉吉市にかけての地域、境港から米子、日野郡へと続く地域、鹿島町の漁村から松江へと至る地域、大社、温泉津・大田から出雲にかけての地域、萩市三見浦から江津までの地域、萩市大井から長門市を経て美祢へと至る地域、長門市から豊浦を経て下関、北九州へと続く地域である。全国レベルの分布で示されたように、行商人が主要産地に集中するという傾向は、当地方にも当てはまることがわかる。やはり、内陸部にはほとんどその分布がみられないところに、行商活動の限界を指摘できよう。鉄道などを利用することで、移動距離の伸長は認められるものの、今日でも行商人が、産地漁村と背域の地方都市などを結ぶ経済的紐帯を成していることが理解される。
　これに対して、自動車営業者の分布をみると(**図 2-8**)、これも大きな産地と主な消費地をなす地方都市に多く集まっていることがわかる。しかしながら、それにもまして、内陸山間地に至るまで営業者が、少数ずつ著しく分散していることを指摘することができる。自動車営業者の居住集落数と行商人のそれとを地区ごとに比較してみると(**表 2-6**)、全体で自動車営業者数が行商人数を 200 名近く下回るにもかかわらず、居住集落数でははるかに上回っている。前章において、自動車営業者率が内陸地や僻地性の強い地域に高いことを明らかにしたが、その理由を山陰地方の事例から理解することができる。当地方では自動車営業者は、産地、都市およびその近郊から

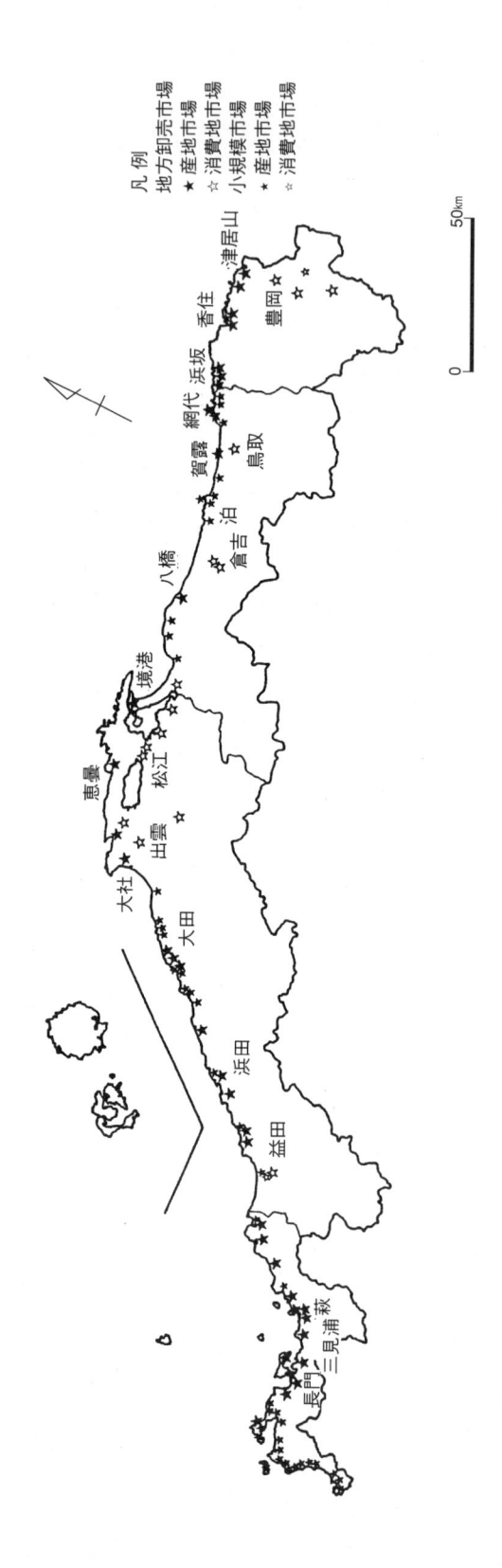

図 2-6 山陰地方における水産物市場の分布

資料）食料品流通改善協会『全国食品卸売業総覧』，1979。

第 2 章　1980 年代前半期における水産物行商活動の展開

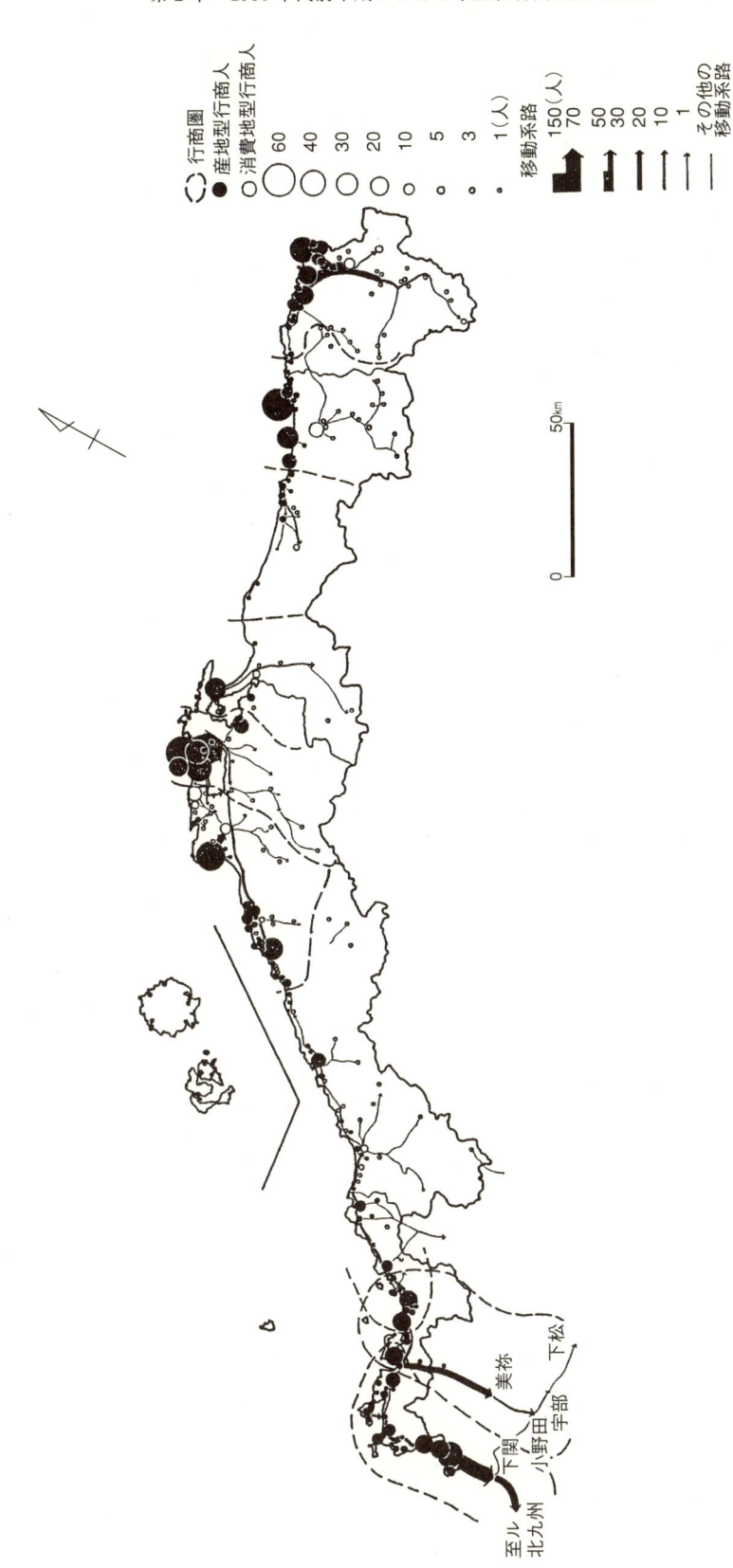

図 2-7　山陰地方における在来型行商人の分布
各保健所台帳資料より作成。

58　第1部　研究の視点と方法および水産物行商活動の全国的展開

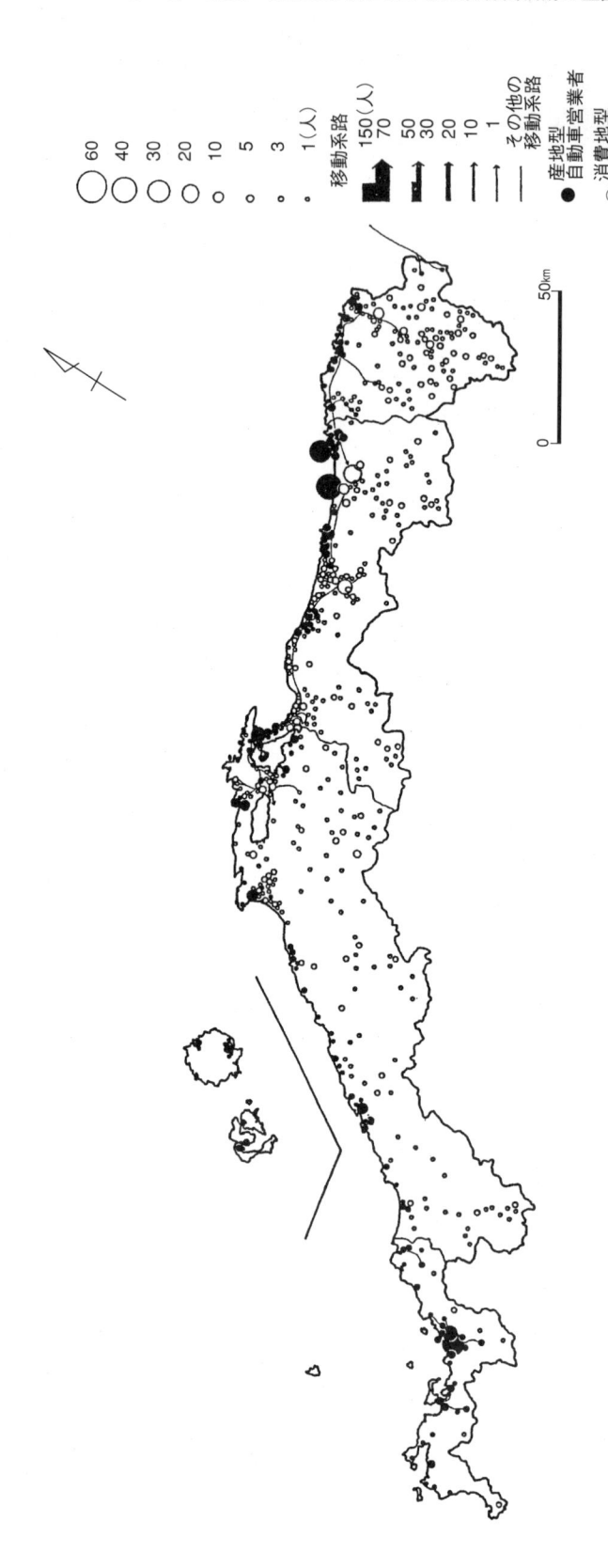

図2-8　山陰地方における自動車営業者の分布
各保健所台帳資料より作成。

第2章　1980年代前半期における水産物行商活動の展開

表2-6　居住集落数の比較

営業種類＼地域	兵庫県北部	鳥取県	島根県	山口県北部
行商人	51	57	105	45
自動車営業者	118	181	187	37

山陰地方21保健所台帳資料による。

内陸山間地に至るまで、比重の違いはあっても、ほぼ均等に分布している。このことはつまり、自動車営業が内陸地にまでよく浸透していることを意味しており、需要者の少ない内陸地ほど結果として自動車営業者率が高くなっているのである。

（3）在来型行商人および自動車営業者の行動と集団形成

本項では、山陰地方にみられる行商者集団構成員の行動と集団形成について、主要な4集団の事例をもとに論を進める。なお、この4集団については、保健所、漁協、行商人に対する聴き取り調査を実施した。さらに、自動車営業者の行動についても、具体的な事例をあげながらみてみる。

a.「北但連合通商自治会」

これは、国鉄の香住・生野間を利用する行商人によって構成される組合である。浜坂を午前4時36分に出発する普通列車の前2両が行商専用車両となっている。この列車への乗降を駅ごとにみてみると、西から餘部で2名、鎧8名、香住9名、柴山9名、佐津1名、竹野16名がそれぞれ乗車し、城崎で5名下車、かわって津居山から来た28名が乗車する。豊岡で34名下車し、うち8名は出石へと向かう。さらに、国府で11名下車し、うち1名が関宮へと向かう。その後、八鹿で7名、養父で4名、和田山で5名の他、朝来町内で2名下車し、最終的に生野へ5名が入り込んでいる。当組合は、国鉄の斡旋にしたがって、このように海岸部の産地から内陸部の消費地へと向かう行商人によって結成されたものである。

b. 香住町柴山の行商者集団

当地区には、「北但連合通商自治会」の下部組織である「行商組合」がある。調査時点で鉄道利用行商人6名に地元回り行商人を加えた25名ほどの組合員があり、その大半を女性が占めている。この「行商組合」にかつて一時期、男性の自動車営業者の加入が急増し、女性行商人との軋轢が生じた。このため、主として男性の自動車営業者が分離して「惣菜組合」を結成し、今日に至っている。これらはいずれも柴山港漁協での仕入れに関する組合である。

c. 鹿島町恵曇の行商者集団

恵曇は、松江の北西約10kmに位置する漁村である。当地区は、バス路線ができる以前から、日本海と宍道湖を結ぶ運河（佐陀川）の定期船によって、松江との往来が盛んであった。この当時から行商人は、漁家の婦人層を中心として、おもに松江の旅館、料亭などへの卸を行ない、「振り売り」は少なかった。1971（昭和46）年に松江温泉街が新設され、それ以後、この温泉街への卸が中心となっている。現在、159名の行商登録者があり、常時130名程度の実労者がみられる。恵曇漁協では、春から秋にかけて午前5時から、冬場は5時30分、もしくは6時からせりが始まる。行商人は、そこで仕入れた後、漁協前に2台、古浦に1台来る「魚商人専用バス」に乗り込み、松江へと向かう（**写真2-6**）。そうして卸を終えると三々五々帰路につく。

写真 2-6　鹿島町恵曇から松江市へ向かう魚商人専用バス（左）と乗り込む行商人（右）（1983 年 11 月撮影）
　　　　当時は同型のバスが 3 台走っていた。おもに松江の温泉街に魚を卸す。

　このように恵曇は、観光温泉街という大きな需要地に最も近接しているという場所的優位性を生かして、山陰一の卸行商人輩出地を形成した。

d.「北長門通商組合」

　これは、国鉄の大井（萩市）から美祢、さらに小野田へと向かう行商人によって構成される組合である。調査時点で 30 名で構成されているが、組合を結成した 1950（昭和 25）年当時には、220 名の組合員があった。平均年齢が 67 歳と高く、組合員は年々減少しつつある。組合員は行商の他に、列車中や駅頭で卸をしたり、現地に店舗を開いている者もある。大井駅を午前 6 時 52 分発の普通列車、1 両目が行商専用車両となっている。この列車への乗降を駅ごとにみてみる。東から大井で 1 名、萩 2 名、三見浦（萩市）6 名、野波瀬（三隅町）3 名、長門で 16 名が乗車する。その後、長門渋木で 1 名、於福（美祢市）2 名、重安（同市）1 名、美祢で 17 名が下車している。さらに小野田で 3 名、宇部 3 名、下松へと向かう者が 1 名ある。行商人は、車中で駅ごとに乗り込んで来る仲間や内陸地から出向いてくる行商人と商品を交換、売買することで品数を揃え、目的地へと向かうのである。

　以上、山陰地方にみられる 4 つの行商者集団についてみてきた。これらの集団の形成契機は、仕入れ地を同じくするか、目的地までの利用交通機関を共にするということであった。また、行商者集団には、柴山にみられるように地元回りのものと鉄道やバスなどを利用して遠隔の消費地へと向かう集団との並存する例が多くみられた。

　一方、自動車営業は、極めて規則的な日周期性、もしくは週周期性のある行動を示す。決まった時刻に同じ場所を通ることによって、固定客の信用を得ることができ、販売行動の継続が可能となる。自動車営業は、行政的には許可を得た県全域を販売領域とし得るが、販売時間と顧客の確保のために、移動範囲（縄張り）が固定化される性格を持っている。

　自動車営業の仕入れについてみてみる。山陰地方では行商人の場合、大半が産地仕入れであったが、自動車営業では産地・消費地市場仕入れがほぼ半々であった。ただし、産地市場と消費地市場が近接している地域では、その両方から仕入れる者がでてくる。たとえば、鳥取県泊村では自動車営業者が 6 名あり、そのうち、地元の泊村漁協で仕入れる者が 5 名ある。この中の 3 名と地元仕入れをしない 1 名が、近接する消費地市場である倉吉魚市場へも出向き仕入れる。残る 2 名は、それぞれ境港の産地市場と鳥取市の消費地市場へ出向く。仕入れ後は、泊村内に帰って営業する者が 4 名、仕入れ地に近い倉吉市内を回る者が 2 名みられる。このように産地漁村の自動

写真2-7 境港駅を出る行商人(帰路)
(1983年8月撮影)

写真2-8 江津市の自動車営業
(1983年8月撮影)

車営業者でさえ、わざわざ遠距離の消費地市場へ出向くのは、消費地市場の方が、一つの産地市場で仕入れるよりも品数を揃えやすいためである。また場合によっては、同じ魚でも産地で買うより、他の大量にとれた産地から入ってくる消費地市場の方が安い場合のあることもその理由となっている。この意味で、自動車営業は、地元でとれた物を売り歩くという在来型行商よりも、むしろ一定の品数を要する店舗的な性格を持つと言えよう。

5. 在来型行商人および自動車営業者の行動に関する考察

前節では、山陰地方にみられる在来型行商人および自動車営業者の行動について、いくつかの地域事例をあげて概観した。前述のように、行商行動は今日多様化を示し、明治時代前期にみられた6タイプだけでは捉えきれない状況が現出している。すなわち、塩行商の消滅、鮮魚行商圏の拡大、地方僻地漁村の都市流通圏への編入などが大きな変化をもたらした。そこで本節では、今日みられる行商行動を行商人の行動パターンとして把握するために、まず、山陰地方に展開するような地方漁村と消費地市場の双方を核とする圏構造モデルを設定し、考察を進める。

図2-9は、在来型行商の地域構造モデルである。行商行動の拠点は、大部分の行商人の仕入れ地となる産地市場および消費地市場である。したがって、ここではまず、産地市場を内包する第i領域として漁村域が設定される。その外縁に第ii領域として、漁村に近接する農村域が設定されよう。この第ii領域は、徒歩行商における日帰り行商圏に符合するものである。この日帰り行商を越えた地域が第iii領域である。この領域は、かつては鮮魚搬入圏外であり、塩干物のみ搬入されていたが、鉄道やバスなど利用交通手段の発達によって、新たに漁村からの日帰り行商圏に組み込まれた地域である。ちなみに、かつて漁家労働の一つであった塩干物の製造は、かなり早い時期に独立企業として大きな発展をみせた。このため、塩干物行商も、自家で製造した物を売り歩く形態から、業者から購入した物を売り歩く形態に変わり、店舗との競合によって従事者数を著しく減している。それでも行商圏自体の変化は認められず、第iii領域を中心とした展開を示している。この第iii領域の中には、多くの農村と共に、第iv領域の都市が含まれている。ここに設定される都市には、消費地市場が立地すると仮定される。したがって、都市およびその近郊地域を包含する第v領域は、産地市場と消費地市場との勢力競合領域として捉えることができる。さらに、産地市場勢力圏外の遠隔農山村で消費地市場に近い地域が、第vi領域として消費地市場

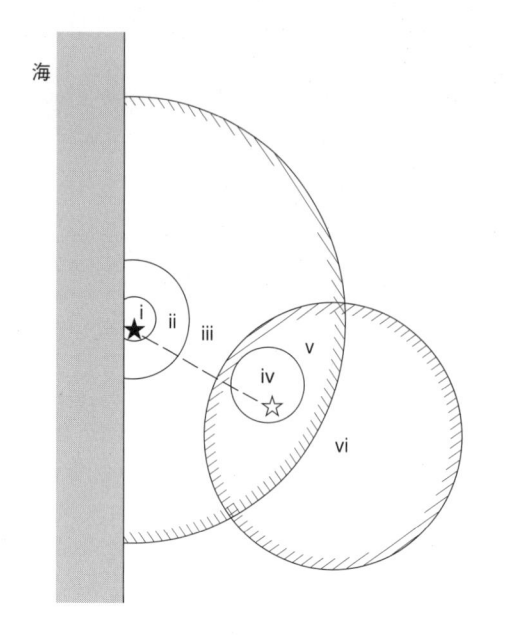

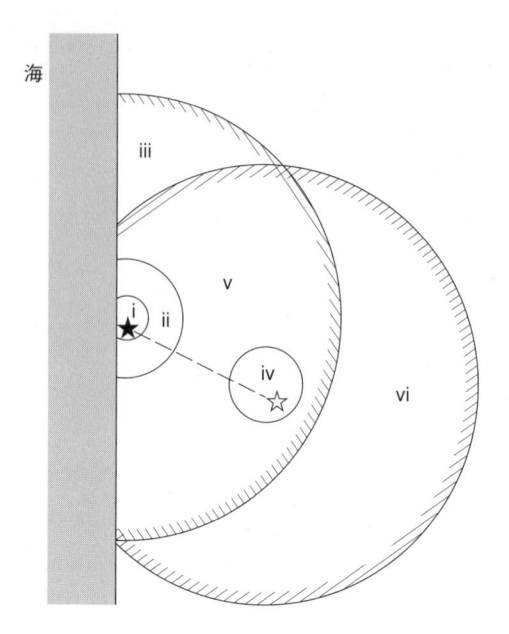

凡　例（図2-9, 10共通）

★…産地市場　　　　　　　iv：都市（大消費地）
☆…消費地市場　　　　　　v：産地市場と消費地市場との勢力競合領域
ⅰ：漁　村　　　　　　　　vi：消費地市場からの遠隔地行商圏
ⅱ：漁村の周辺集落　　　　▨ 産地市場勢力圏
ⅲ：漁村からの遠隔地行商圏　▨ 消費地市場勢力圏

図2-9　在来型行商地域構造モデル　　　図2-10　自動車営業地域構造モデル

勢力圏内に組み込まれてくる。

　このような在来型行商地域構造モデルに対して、自動車営業は、異なった地域構造を形成する（図2-10）。自動車営業と在来型行商との相違点は、前者における販売移動距離の伸長にあり、特にそれが消費地市場勢力圏の拡大として現われてくる。産地市場勢力圏の限界は、鉄道やバスを利用するものと自動車営業との間に大きな差はみられない。これに対して、消費地市場で仕入れた自動車営業者が販売距離を延ばし、産地市場勢力圏に食い込んでくる。この場合、理論上、産地市場勢力圏と消費地市場勢力圏とが等しい半径を有することになり、勢力領域の広さからみても、消費地市場を拠点とする業者が、活動の中心となることが理解される。

　上述のような地域構造モデル内に展開する在来型行商人および自動車営業者の行動を分類するに当たっての拠点となるのは、それぞれの居住地、仕入れ地および販売地である。また、在来型行商人の行動を規定する要因には、性別、年齢、利用交通手段、移動距離、顧客の数や質、顧客集落の分散状態、販売先における営業形態、他の小売業者との競合状態などが考えられる。ここでは、上述の3拠点間の行動について、それを規定する諸要因をもとに類型化を試みる。

　在来型行商の大分類としてあげられるのは、仕入れ地の違いによる「産地型行商」と「消費地型行商」であった。山陰地方の事例でもみられたように、「産地型行商人」は、伝統的な漁家分業の残象として、今日でも女性が大半を占めており、「消費地型行商人」には男性が多い。一方、自動

車営業者にも産地型と消費型とがみられる。これも「産地型自動車営業者」に女性が多く、「消費地型自動車営業者」に男性の多い傾向があるが、在来型行商人に比べると総じて男性就業者の比率の高いところに特徴がみられた。

これら4つの大分類の下に、いくつかの小分類をあげることができる。以下、山陰地方の事例をもとにして得られた小分類にしたがって、順次説明を加えていく。

1. 漁村ないしその近接集落に居住する行商人が、産地市場で仕入れ、地元の漁村およびその周辺集落を行商先とするものである。かつての「自家生産→販売」から「市場仕入れ→販売」へと転化したもので、女性就業者の最も多いタイプである。販売に際しては、リヤカー、手押し車の他、単車や稀には一輪車が使用される例もある。ほとんどの産地漁村にみられるものであり、販売移動距離が最も短い。背域の広狭により若干の差はあるが、津居山から城崎(3.4 km)や三見浦から三見市(2.5 km)などがその例としてあげられよう(これを仮にType Aとする)。

2. 漁村に居住する行商人が、産地市場で仕入れた後、鉄道やバスなどを利用して遠隔の都市や農村へ出向くものである。これにも女性就業者が多く、移動に際しては、肩担いあるいは背に負い、行商先では自転車やリヤカーなどを使用している。Type Aよりも専門化の進んだ形態といえ、目的地に到着後、振り売りや露天売りを行なわず、現地の業者に対する卸を専業とする者や自ら店舗を営業する者も現われてくる。山陰地方において最も移動距離の長い例として、三見浦から江津市へ至る(鉄道路線距離129.6 km)者が2名あるが、一般に移動距離が60 kmを越えるものは少ない(これをType Bとする)。

3. 産地市場から離れた農村、都市およびその近郊居住者で、漁村に縁故を持つ者、鮮魚店の仕入れに従事したことのある者、行商経験者などによって始められたものである。鉄道などを利用して産地市場まで出向くか、列車内、駅などで産地から来るType Bの行商人から仕入れ、居住集落周辺を回るものである。営業形態の面では、Type Bに類似するが、Type A、Bよりも男性就業者の多いところに特徴がある。このタイプの例として、兵庫県朝来町多々良木から竹野へ出向くもの(鉄道路線距離57.1 km)、豊岡市から竹野へ出向く者、松江市から恵曇へ出向く者などがみられる(これをType Cとする)。

以上の3タイプが、「産地型行商人」の行動パターンに含まれるものである。一方、「消費地型行商人」の行動パターンとして、以下の3タイプがみられる。

4. 都市ないしその近郊に居住する行商人が消費地市場で仕入れ、都市およびその近郊を回るものである。販売に際しては、自転車や単車を使用する者が多く、男性就業者が大半を占めるところに特徴が認められる。たとえば出雲市の場合、このタイプの行商人8名のうち、7名までが男性となっている(これをType Dとする)。

5. 都市に居住する行商人が、消費地市場で仕入れ、機動力のある大きな単車などを使用することで、「産地型行商人」の入り込めない遠隔の農山村へと至るものである。これも、Type Dと同じく、男性就業者が大半を占める。ただしこれは、背域の狭い山陰地方では、事例の少ないタイプである(これをType Eとする)。

6. 産地市場勢力圏外の遠隔地農山村に居住する行商人が、比較的近接する消費地市場で仕入

表 2-7 水産物行商行動の分類

Type		居住地	仕入れ地	販売地
産地型行商	Type A	i, ii	★	i, ii
	Type B	i, ii	★	iii, iv, v
	Type C	iii, iv, v	★, Type B	iii, iv, v
消費地型行商	Type D	iv, v	☆	iv, v
	Type E	iv	☆	vi
	Type F	vi	☆	vi
産地型自動車営業	Type A′	i, ii	★	i, ii
	Type B′	i	★ ― (☆)	iii, iv, v
	Type C′	iii, iv, v	★ ― (☆)	iii, iv, v
消費地型自動車営業	Type D′	iv, v	☆ ― (★)	iv, v
	Type E′	iv	☆	vi
	Type F′	vi	☆	vi

凡例：図 2-9, 10 に同じ。

れ、地元を回るものである。この例として、八頭郡域から鳥取市へ出向くものが10名(うち最も遠隔の者で市場までの直線距離26 km)、大原郡、飯石郡から松江、出雲などへ出向くもの6名などをあげることができる(これをType Fとする)。

次に自動車営業者の行動パターンについてみてみる。

7. 漁村に居住する者が、産地市場で仕入れ、漁村およびその周辺集落を回るものである。一般に男性就業者の多い自動車営業の中にあって、このタイプには、漁家副業としての女性就業者がかなり多く含まれている。このタイプの極端な例として、鳥取県岩美町網代では、自動車営業者26名のうち、女性が25名を占めている(これをType A′とする)。
8. 漁村に居住する者が、産地市場で仕入れ、遠隔の農村や都市を回るものである。このタイプにもかなり多くの女性就業者が含まれている。この例としては、三見浦から北九州門司区に至るもの(直線距離55 km)などがある(これをType B′とする)。
9. 産地市場勢力圏内の遠隔農村もしくは都市を含む産地市場勢力圏と消費地市場勢力圏の競合領域に居住する者が、産地市場で仕入れ、居住地周辺を回るものである。このタイプには、居住地に店舗を兼業する者が多く含まれており、ほとんどが男性就業者である。例えば、倉吉市には34名の自動車営業者があり、そのうち産地のみで仕入れる者が7名(境港4名、八橋2名、賀露1名)みられる(これをType C′とする)。

一方、「消費地型自動車営業」にも以下の3タイプが認められる。

10. 都市ないしその近郊に居住する者が、消費地市場で仕入れ、居住地である都市およびその近郊を回るものである。先述の倉吉市の例では、34名中このタイプに含まれるものが15名みられる(これをType D′とする)。
11. 都市に居住する者が、消費地市場で仕入れ、「産地型自動車営業者」の入り込まない遠隔の農山村を回るものである。機動性を生かせることと店舗など競合する業者が少ないことか

第 2 章　1980 年代前半期における水産物行商活動の展開

ら、このタイプには多くの営業者がみられる（これを Type E′ とする）。
12. 産地市場勢力圏外の遠隔地農山村に居住する者が、比較的近接する消費地市場で仕入れ、地元を回るものである。内陸地に分散的な分布を示す業者の多くがこのタイプに含まれるものである（これを Type F′ とする）。なお、Type D′、E′、F′ 共に女性就業者は極めて少ない（**表 2-7**）。

　ただし、自動車営業の場合、産地市場と消費地市場が近接している地域で、機動力を生かし、その双方から仕入れるものが認められる。これらは、Type C′、D′ などに多くみられるものであるが、仕入れにおける比重の置き方によって区分することが可能である。また、自動車営業では、特に個人経営か農協などの団体による経営か、自動車営業専業か店舗との兼業かといったことが、先にあげた在来型行商人の行動を規定する諸要因と共に、その行動を規定する要因となっている。

6．結　び

　本章では、水産物行商を例として、行商活動の変容を踏まえた上で、今日みとめられる行商人の行動様式の究明を試みた。水産物行商の多様化が始まったのは、明治時代の中期であった。それ以前の水産物行商には、①塩行商、②都市に近接する漁村から都市への鮮魚行商、③都市への鮮魚搬入圏外の漁村から近在への鮮魚行商、④都市の問屋支配を受けない地方漁村からの塩干物行商、⑥消費地内にみられる行商の 6 タイプがみとめられた。これらは、様々な状況の変化に伴ない変容をみせる。特に塩行商の消滅、交通機関の発達による鮮魚行商圏の拡大、近代的流通機構への編入などの影響が大きかった。このような歴史的過程を踏まえた上で、今日認められる行商の実態と行商人の行動様式について、以下のようにまとめることができる。

1. 現在、日本全域で在来型行商人がおよそ 2 万 2 千名、自動車営業者がおよそ 1 万 5 千名活動していることがわかった。
2. 行商人の集中地区は、主要産地市場の分布とほぼ符合しており、大消費地に近接する漁村にも顕著な集中がみられる。これに対して、自動車営業者は、内陸部や僻地性の強い地域に多くの分布がみられる。
3. 営業形態についてみると、行商ではかつての「振り売り」や「かつぎ」は今日、ほとんどみられない。合成樹脂もしくは金属製容器が広く使用され、運搬手段もリヤカー、手押し車、自転車、単車が中心となっている。
4. 自動車営業には、氷冷蔵式ものと機械式冷凍冷蔵庫を設置したものとがみられる。特に前者は、関東以西に多く、後者は東北、北海道を中心とした分布を示している。これは、東日本の方が西日本よりも一般に顧客集落の分散が著しいことから、商品を捌くのに時間がかかるためである。これとは別に、自動車営業には、魚介類専用車と野菜、肉、菓子などとの混載車とがある。都市を回るものに小型の専用車が多く、農山村部を回るものに混載車が多くみとめられるのは、消費者の需要に対応した結果といえよう。
5. 山陰地方において、在来型行商人と自動車営業者の分布についてみると、前者は主要産地に集中し、内陸地にはほとんどみられない。これに対して、後者は内陸山間地に至るまで、少数ずつながら著しい分散を示すことがわかった。

6. 行商者集団の形成契機となるのは、仕入れ地を同じくするか、目的地までの交通機関を共にするということであった。また、漁村を拠点とする行商人には、地元回りのものと鉄道やバスなどを利用して遠隔の消費地へと向かうものとの並存している例が多くみられた。また、自動車営業は、その性格として一定の品数を揃える必要があり、消費地市場仕入れの方が有利であることが理解された。

7. 在来型行商人および自動車営業者は、その行動様式から「産地型行商」、「消費地型行商」、「産地型自動車営業」、「消費地型自動車営業」という4つの大分類がみられる。山陰地方の事例でみると、年齢的には就業主体が在来型行商人は老年層、自動車営業者は壮年層といったように異なっている。また、性別でみると、「産地型行商人」に最も女性が多く、「消費地型行商人」、「産地型自動車営業者」、「消費地型自動車営業者」の順に男性営業者が増えてくることがわかった。

このような大分類の下に、計12の小分類の行動様式が認められた。

以上のことから、水産物行商を例とした行商人の行動様式を究明するという目的をある程度達成し得たと考える。しかしながら、これはあくまで山陰地方にみられるような地方漁村を核とする行商行動であり、大消費地をも含むあらゆる地域に適応し得る分類に高める必要がある。また、行商人数の減少傾向は、今後とも継続するものと思われる。行商人数や行商形態がどのように推移し、変化をみせるかについても、未だに事例報告のされていない「消費地型行商」に関する研究と共に、本稿を終えた段階での課題としたい。

＜注および文献＞

1) これに関しては、民俗学の分野で多く扱われている。たとえば、柳田国男「塩雑談」(『定本柳田国男集』14、筑摩書房、1962)、474-479頁。野間吉夫「山国の塩」民間伝承23-4、1959、210-212頁。柴田伊右衛門「塩売と女魚売」民間伝承23-4、1959、222-223頁。北見俊夫「塩と交易」(『市と行商の民俗』岩崎美術社、1970)、74-95頁など。

2) 川崎巨泉「堺のひるあみ売り」土の鈴18、1923、67-68頁。野間吉夫「谷山ヨメジョ(魚売り女)聞書」旅と伝説11-8、1938、41-45頁。北山易美「担い売とカンメ売」鹿児島民俗12-3、1971、12-15頁などにその例がみられる。

3) その行商圏は、背域との交通条件がよい場合でも、水揚げ地から半径12、13km以内に収まるものが多い。本書第3部第5章。

4) 輪島の海女の灘廻りや徳島県由岐町阿部、山形県飛島などで船を使う行商がみられた。沖谷忠幸「舳倉島の海女の灘廻り」社会経済史学4-12、1935、81-95頁。長井政太郎「飛島の物々交換」社会経済史学13-2、1943、3-14頁。瀬川清子「イタダキの村」(瀬川清子『販女―女性と商業―』未来社、1971)、216-245頁。

5) ハレの対語で、普段、日常などの意味。大塚民俗学会編『日本民俗事典』、弘文堂、1972、588頁。

6) 年中行事、神祭および人生儀礼としての様々な祝儀などを指す。前掲5)、588頁。

7) 「産地型行商」、「消費地型行商」共に筆者の命名につき、「　」を付した。これらは、仕入れ地の相違だけでなく、内容的に大きな違いのあることを後述する。

8) このような事例としては、丹後野原部落からの干物行商や愛媛県松前町の「おたた」などがある。田中方男「漁村余剰労働力の消化形態に関する一報告―丹後野原部落における海産物行商の実態―」人文地理17-2、1965、84-93頁。賀川英夫「おたた考」松山高商商経研究会研究彙報3、1940、181-186頁。

松前町役場編「おたた」(『松前町誌』、1979) 1096-1120頁他。
9) 鹿児島県編「水産物市場と流通機構の拡大」(『鹿児島県水産史』、1968)、488-514頁。
10) 岩切成郎「水産物の流通と価格形成」(岩切成郎・柏尾昌哉・倉田亨・志村賢男・中井昭『漁業経済論』文人書房、1964)、295-344頁。
11) 水産物の公定価格決定は、1940(昭和15)年3月のうなぎに始まり、8月に塩干物、翌年9月に鮮魚介類が実施された。卸売市場制度五十年史編纂委員会編『卸売市場制度五十年史 第2巻本編II』社団法人食品需給研究センター、1979、976-980頁。
12) 京都市においては、1943(昭和18)年8月に店舗の再配置と家庭登録の調整が実施され、当時597名いた行商人や40軒に上る配給登録のない小店舗が打撃を受けた。前掲11)、1037-1038頁。
13) たとえば、萩、長門を中心とする鉄道利用行商組合である「北長門通商組合」組合長古谷英郎氏によると、終戦直後、下関で開かれた集会に山口県下から約2万人の行商人が集結したという。ちなみに、1984年現在山口県下には959名の行商人がある。
14) 清水馨八郎「九十九里浜鮮魚自転車行商の発生とその販売圏――交通手段の変革と漁村の変貌の一例――」人文地理 5-6、1954、28-36頁。
15) 天秤棒の両端に竹篭を下げて肩にになう運搬方法。前掲5)、630-631頁。
16) 頭上運搬のこと。前掲5)、39頁。
17) 車を使う行商を従来のものと区別する意味で、行政用語で、「店舗営業」との対比において使われる「自動車営業」を採用した。
18) 特殊な事例であるが、鳥取県岩美町網代では、1973(昭和48)年のオイルショックに端を発する重油高騰に伴ない漁家収入が減じると、家計を補なうべく新たに婦人層による行商が活発になった(漁協での聴き取りによる)。このように行商の持つ不況に強いという性格は、その存在意義を今後とも保持していく基本的要件になると考えられる。
19) J. Maier, R. Paesler, K. Ruppert, F. Scheffer(石井素介、水岡不二雄、朝野洋一訳)『社会地理学』古今書院、1982、121-193頁。
20) 人間の行動は、知覚、認知、意思決定という心理的側面を経た後、行為として実際の空間に現われるものである。ただし、本章は、マクロスケールの研究ということもあり、空間的行為として現出した行商行動の究明を試みる。
21) 都道府県によって関係機関は、名称、活動内容とも異なっている。
22) 自動車営業を除いた徒歩、自転車、単車などを利用する行商を、前者と区別する意味で「在来型行商」とする。なお、本章で以後に出てくる行商は、全てこの「在来型」を指す。
23) 調査が広域にわたったこともあって、入手資料に若干の時間差があるが、全て1983(昭和58)年度末から1985(同60)年2月末にかけてのものである。
24) 千葉県と名古屋市には、昭和58年度現在でそれぞれ1,914名と591名の行商人がある。しかしながら、この両地区は届出制をとっており、極論すると、開業時に届出さえすれば、その行商人が死亡するまで有効期間が続く。実際に廃業届を出す者がほとんどみられないことから、その実労働者数はかなり少ないものと思われる。
25) ここでいう地区は、保健所管轄区もしくは政令指定都市域を指す。
26) 兵庫県は、淡路島と但馬地方が特に行商の盛んな地域であるが、その他の地域は一般に行商が不活発といえる。
27) 高知県では藩政時代より、カツオを中心とする水産物の流通を藩が支配し、自由交易が禁じられていた。このことと県域の80％を占める山地で、魚食文化が普及していなかったことが、行商人の進出を拒んだと思われる。中井昭「明治期における高知県の魚揚場制度」(山本大編『高知の研究4 近世・近代編』清文堂、1982)、387-459頁。宮川逸雄「土佐の料理」(山本大編『高知の研究7 民俗篇』清文堂、1982)、

255-297頁。
28) 大島襄二編『魚と人と海』日本放送出版協会、1977、72-103頁。
29) 各県によって条例名は異なる。
30) 石川県富来町にその例がみられる。立命館大学地理学教室有志「富来町の経済構造―第一次産業を中心として―」地理23-11、1978、132-138頁。
31) これも各県によって名称は異なる。
32) なお、鳥取県、香川県では、自動車営業の魚介類販売業への移行を検討中である。
33) 山陰地方は、山陰道旧5カ国(現在の鳥取・島根両県域)のみを指す場合(山崎謹哉・佐伯岩男・田村正夫『日本地誌要説』古今書院、1981、48頁)と山口県北部、但馬、丹後、若狭まで加える考え方がある(香川幹一『新日本地理(上)』古今書院、1968、109頁)。本章では、行商圏との関連から行商人が多く利用する山陰本線とその支線を含んだ但馬地方、鳥取県、島根県、および山口県北部を対象地域とした。
34) 野正大「塩鯖」山陰民俗28、1977、17-21頁。
35) うち、2県にまたがる二重登録者が1名ある。
36) うち、2県にまたがる二重許可者が8名ある。
37) 地域は異なるが、1958(昭和33)年頃福井県越前町の行商人(328名)のうち、就業主体であった30、40歳代の者が、全体の62％を占めている(刀禰勇太郎『日本の漁村―その生きる道―』海文堂、1959、35-41頁)。このことからみて、当時の就業主体が27年経た今日でも依然、中心層を成していることが推測される。
38) 田村静雄「但馬地方における魚介類行商人における魚介類販売の実態調査」豊岡保健所会議資料、1978、1-13頁。

第3章　地方ごとにみた水産物行商活動の変容
—1980年代前半期以降の20年間を中心に—

1．はじめに

　前章では、1983～85年時点におけるわが国全域を対象とした水産物行商人の分布と活動の地域的展開、およびその行動上の特徴について論究した。それによると、当時、いわゆる在来型行商人が全国で約22,000名、自動車営業者が約15,000名あった。彼らの分布は、前者が主要産地市場や大都市に近接する漁村などに顕著な集中をみせたのに対し、後者は従来の鮮魚流通の空白地であった内陸部や僻地性の強い地域に集中するなど大きな違いがみとめられた。

　前回調査で明らかになった在来型行商人を地方ごとにみると北海道・東北地方が2,789名(北海道797名、青森県445名、秋田県181名、宮城県622名、山形県458名、福島県286名)、関東地方が4,141名(茨城県291名、栃木県87名、群馬県135名、埼玉県66名、東京都639名、神奈川県534名、千葉県2,377名)、中部地方が3,991名(新潟県1,567名、富山県455名、石川県629名、福井県561名、山梨県200名、長野県121名、静岡県411名、愛知県638名)、近畿地方が2,587名(三重県547名、和歌山県567名、奈良県5名、滋賀県17名、京都府448名、大阪府252名、兵庫県751名)、中国地方が2,624名(鳥取県269名、島根県459名、岡山県255名、広島県685名、山口県956名)、四国地方が1,776名(愛媛県649名、香川県937名、徳島県180名)、九州地方が4,589名(福岡県1,034名、佐賀県619名、長崎県940名、大分県367名、熊本県499名、宮崎県291名、鹿児島県839名)あった。

　自動車営業者を地方ごとにみると、北海道・東北地方が4,284名(北海道331名、青森県571名、岩手県422名、秋田県808名、宮城県904名、山形県633名、福島県615名)、関東地方が1,800名(茨城県277名、栃木県146名、群馬県317名、埼玉県201名、東京都265名、神奈川県57名、千葉県542名)、中部地方が1,828名(新潟県256名、富山県1名、石川県131名、福井県9名、山梨県118名、長野県255名、静岡県356名、愛知県303名、岐阜県399名)、近畿地方が2,568名(三重県708名、和歌山県215名、奈良県212名、滋賀県157名、京都府489名、大阪府88名、兵庫県699名)、中国地方が2,203名(鳥取県399名、島根県321名、岡山県679名、広島県439名、山口県365名)、四国地方が738名(愛媛県497名、香川県6名、徳島県146名、高知県95名)、九州地方が2,258名(佐賀県66名、長崎県470名、大分県489名、熊本県507名、宮崎県290名、鹿児島県436名)あった。

　本章では、2001～2004年に実施した実地調査[1]をもとに、全都道府県における水産物行商の前回調査時からの変容、およびその活動形態、活動内容の実態について分析検討を行う。

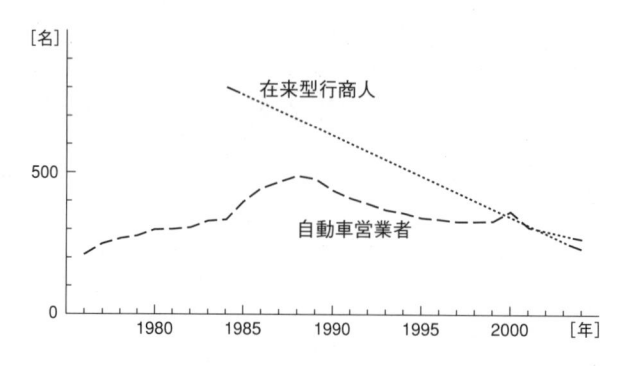

図 3-1 北海道における在来型行商人・自動車営業者数の変化
折れ線グラフの点線部分は資料欠。
北海道保健福祉部食品衛生課、道内 26 保健所、および札幌市、旭川市、小樽市、函館市各保健所などの資料により作成。

2．在来型行商および自動車営業活動の変容

（1）北海道

　北海道には在来型行商に関する条例法規として、「食品の製造販売行商等衛生条例[2]」があり、営業者は、これに基づいて、住所地保健所における登録を経て営業を行っている。この登録の有効期間は、かつての 1 年から 2 年に延長されている。
　自動車営業は、食品衛生法[3]の下、「食品衛生法施行条例[4]」に基づき、営業地保健所において許可を得て営業を行っている。この許可の有効期間は、かつての 2 年から 5 年に延長されている。なお、北海道における自動車営業車には、機械式冷凍冷蔵施設の設置が義務づけられている。自動車営業車の様式に関して個別保健所に問い合わせることで得られた情報によると、魚介類専売車と肉、乳類、野菜、雑貨などとの混載型車両のどちらが多いかについては半々であるが、一般に道西沿岸部で魚介類専売車が多く、都市部、内陸部から東部沿岸にかけて混載型車両が多くなっている。また、専売車は、軽トラックやワゴンの改造型車が多く、混載型車両は、客が中に入れるバス型が多くなっている。
　図 3-1 をもとに、営業者数の変化についてみてみよう。北海道では、在来型行商人の数的変化をとらえるデータが得られなかったので、各保健所に問い合わせた前回調査（1984 年）と今回（2004 年）のデータを比較することで、その変容の把握を試みる。その結果、数的には前回の 797 名から 229 名となった。20 年間での減少率が 71.3％、年当たり 3.6％の大幅減となっている。一方、自動車営業者は、道のデータ上では 1976 年の 208 名から始まり、前回調査時（1984 年）で 331 名、その後、1988 年の 488 名をピークに減少に転じ、2004 年現在で 262 名となった。前回調査からの 20 年間での減少率が 20.8％、年当たり 1.0％の微減となっている。
　図 3-2、図 3-3 をもとに、営業者の保健所区別分布をみてみる。在来型行商人で営業者が多いのは、江別管内（59 名）、江差管内（55 名）、渡島管内（44 名）などであり、全域的に大幅に数を減じている中にあって、増加しているのが江別（増加率 22.0％）、苫小牧（同 45.5％）、およびわずか 3 名ではあるが、札幌市の 3 管内となっており、注目される。図をみると、大消費地である札幌市周辺と主要魚介類産地をなす渡島半島に営業者が集中しており、他の地域では、顧客分散度の大

第3章　地方ごとにみた水産物行商活動の変容　　　　　　　　　　　　　　71

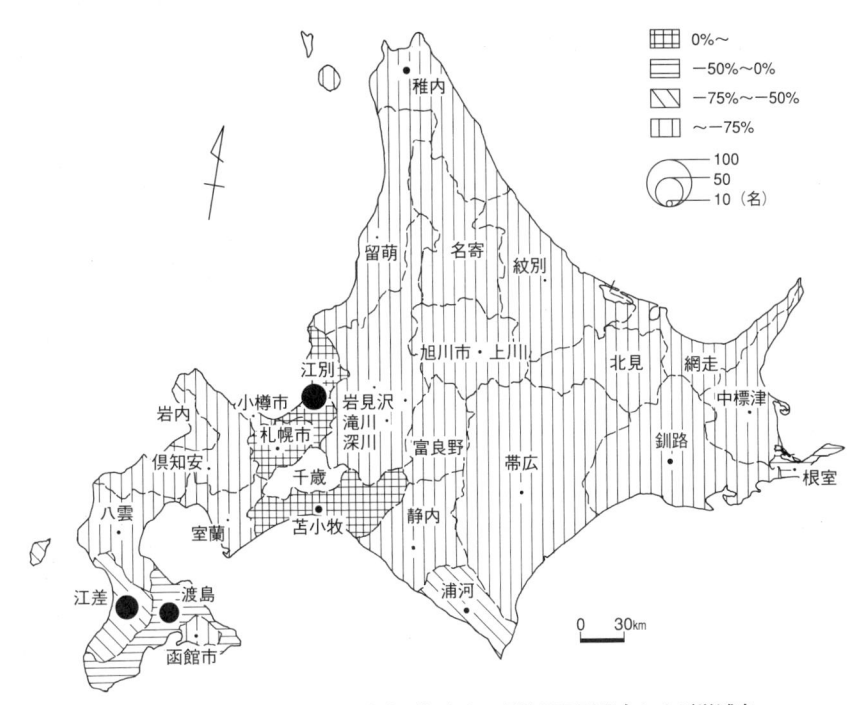

図3-2　北海道における在来型行商人の保健所区別分布および増減率
増減率：1984～2004年の期間での総数に対する増減数の割合。保健所管轄区は、2004年現在。一部改変（岩見沢・滝川・深川保健所管轄区、および旭川市・上川保健所管轄区を合併表記）。北海道内26保健所、および札幌市、旭川市、小樽市、函館市各保健所の資料により作成。

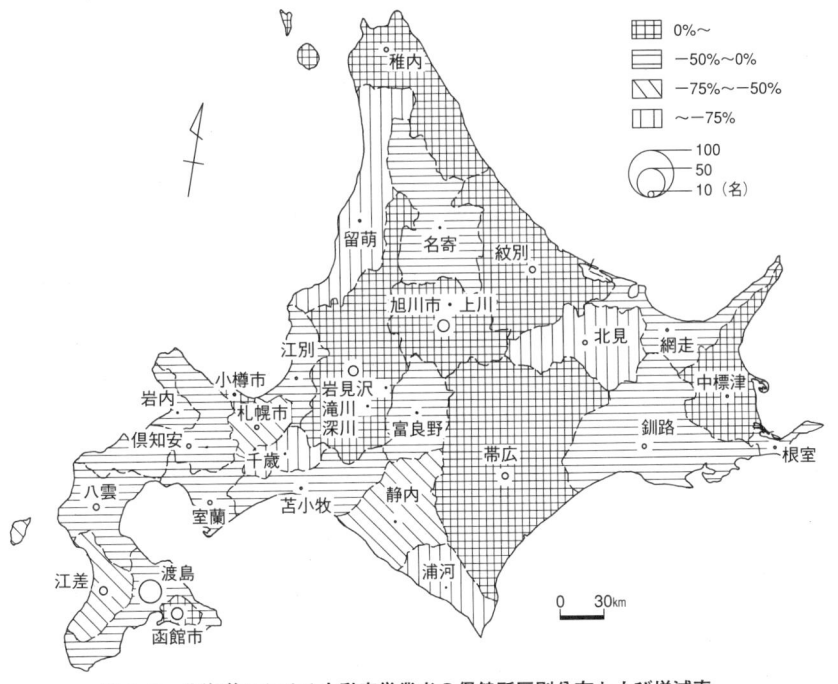

図3-3　北海道における自動車営業者の保健所区別分布および増減率
増減率：1984～2004年の期間での総数に対する増減数の割合。保健所管轄区は、2004年現在。一部改変（岩見沢・滝川・深川保健所管轄区、および旭川市・上川保健所管轄区を合併表記）。北海道内26保健所、および札幌市、旭川市、小樽市、函館市各保健所の資料により作成。

きさもあって、行商活動がほとんどみられなくなった。なお、『日本の民俗』には、かつて青函連絡船を使って青森から米を持ち込み、帰りに水産物を持ち帰る運び屋行商人の往来と、小樽、余市などから札幌などの内陸の都市に、鉄道の専用車両を利用して水産物をブリキ缶に入れて運ぶ「ガンガン部隊」の活躍が記されている[5]。

　自動車営業者が多いのは、渡島管内(52名)、函館市管内(27名)、旭川市・上川管内(26名)、岩見沢・滝川・深川管内(21名)などである。逆に大幅に減少しているのが千歳(減少率80%)、浦河(同80%)、留萌(同78.6%)、北見(同77.1%)各管内であり、産地、および地方都市に多く、僻地性の強い地域で大きく減少しているという状況は、自動車営業の一般的性格からは逸脱した事例となっている。

（2）青森県

　青森県には在来型行商に関する条例法規として、「青森県魚介類行商及びアイスクリーム類行商に関する条例[6]」があり、営業者は、これに基づいて、住所地保健所における登録を経て営業を行っている。この登録の有効期間は、かつての1年から3年に延長されている。

　自動車営業は、食品衛生法に係る「食品衛生法施行条例[7]」の下、「自動車による食品の移動販売に関する取扱要領[8]」に基づき、これも住所地保健所において許可を得て営業を行っている。この許可の有効期間は、かつての2年から6年に延長されている。なお、自動車営業車には、機械式冷凍冷蔵施設の設置が義務づけられている。自動車営業車の様式について、各保健所の回答によると、沿岸部の五所川原管内とむつ管内で魚介類専売車が、それ以外の地域では、肉、乳類、野菜、菓子などとの混載型車両が多くなっている。また、混載型車両が多いことから、各地域でバス型車両が多く使われている。

　図3-4をもとに、営業者数の変化についてみてみよう。在来型行商人は、県の資料が残っている中での最大が1966年の2,034名であり、前回調査時(1984年)で445名であったが、2004年現在で50名となった。前回調査からの20年間での減少率が88.8%、年当たり4.4%の大幅減となっている。一方、自動車営業者については、県として数的変化を把握していない。各保健所に問い合わせた前回調査時(1984年)で571名であったが、2004年現在では199名となった。こちらは、20年間での減少率が65.1%、年当たり3.3%の大幅減となっている。

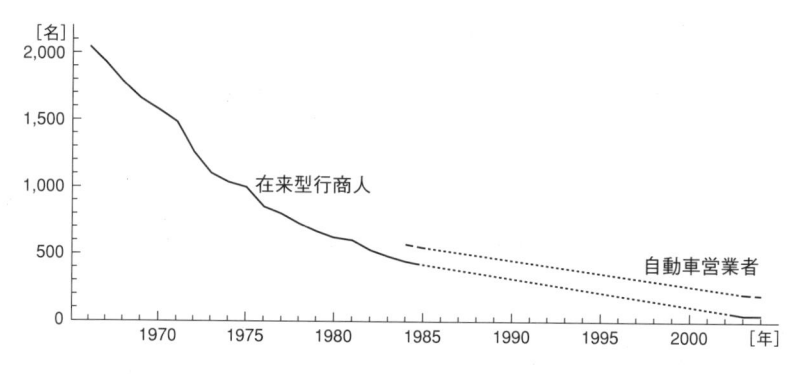

図3-4　青森県における在来型行商人・自動車営業者数の変化
折れ線グラフの点線部分は資料欠。
青森県健康福祉部薬務衛生課、県内6保健所などの資料により作成。

第3章 地方ごとにみた水産物行商活動の変容

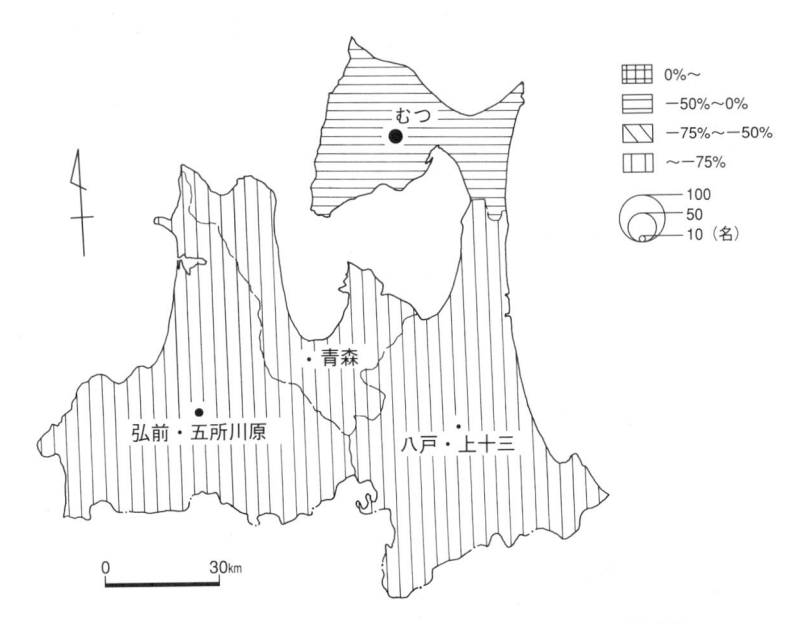

図 3-5 青森県における在来型行商人の保健所区別分布および増減率
増減率：1984〜2004年の期間での総数に対する増減数の割合。保健所管轄区は、2004年現在（一部合併表記）。
青森県内6保健所などの資料により作成。

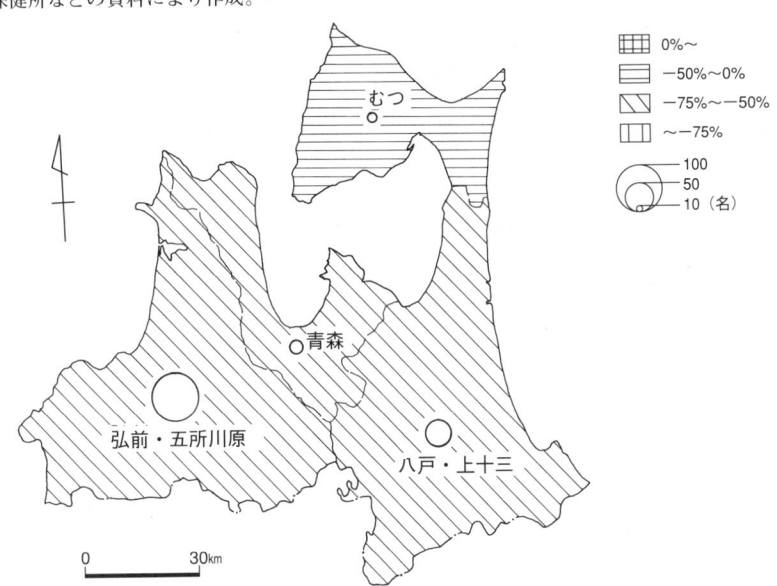

図 3-6 青森県における自動車営業者の保健所区別分布および増減率
増減率：1984〜2004年の期間での総数に対する増減数の割合。保健所管轄区は、2004年現在（一部合併表記）。
青森県内6保健所などの資料により作成。

　図3-5、図3-6をもとに、営業者の保健所区別分布をみてみる。在来型行商人は、全域的に減少傾向が著しいが、中でも営業者が多いのは、むつ管内(26名)と弘前・五所川原管内(14名)である。青森県によると、むつ管内でも下北半島の先端にあたる大間町や特に佐井町福浦地区に多くの営業者がみられるとのことであった。一方、前回調査時で最大の287名を数えた八戸・上十三管内がわずか5名(減少率98.3％)となった他、青森管内(同88.4％)弘前・五所川原管内(同84.1％)

で大幅減少となっている。なお、郷土誌などの文献によると、かつて、八戸方面から十和田市に入る「ニシン売り」、「カツギ」と称されるニシン、イワシ、ホッケなどの行商人があった[10]。また、八戸市内では、湊から町へ魚を売り歩く「イサバ」や列車を利用して近郷近在を回る「ガンガラ部隊」があった[11]。陸奥湾沿岸漁村から山間の集落に入って、フノリと米の物々交換を行っていた[12]など、各地での往時の行商活動の展開に関する記述がみられる。

自動車営業者が多いのは、弘前・五所川原管内(107名)、八戸・上十三管内(50名)などであるが、青森管内(減少率73.7％)のように大幅に減少したところもある。

(3) 岩手県

岩手県には在来型行商に関する条例法規がない。したがって、県ではその活動実態が把握されていないという状況は、前回調査時(1984年)と同じであった。

自動車営業は、食品衛生法に係る「食品衛生法施行条例[13]」の下、「移動食品営業に係る営業施設基準[14]」に基づき、住所地保健所において許可を得て営業を行っている。この許可の有効期間は、かつての2年から5年に延長されている。なお、自動車営業車には、機械式冷凍冷蔵施設の設置が義務づけられている。自動車営業車の様式について、各保健所の回答によると、花巻管内や大船渡管内で魚介類専売車が目立つ以外は、肉、乳類、野菜、菓子などとの混載型車両が圧倒的に多い。また、車両も前者(魚介類専売車)の軽トラック改造型に対し、後者(混載型)の普通トラック改造型車が圧倒的に多くなっている。

岩手県では、関係条例のない在来型行商人だけでなく、自動車営業者の数も把握されていない。在来型行商人数については、今回各保健所に問い合わせた結果でも不明、もしくは0が多かった

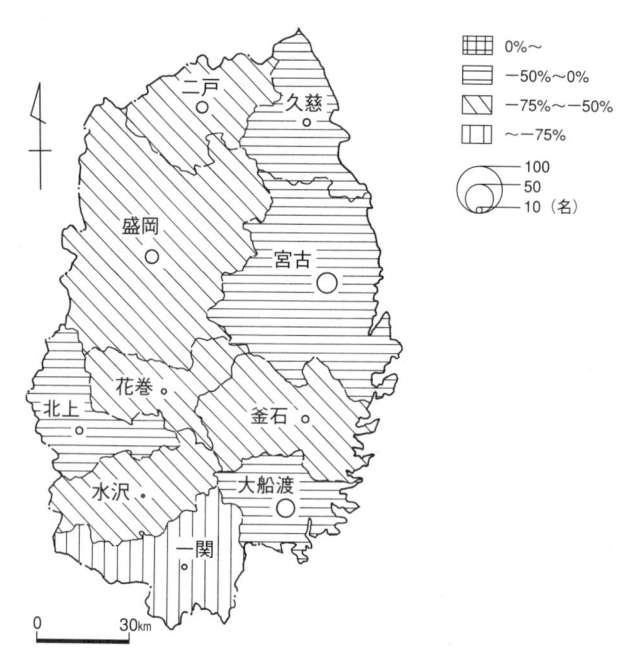

図3-7 岩手県における自動車営業者の保健所区別分布および増減率
　　　増減率：1984～2004年の期間での総数に対する増減数の割合。
　　　保健所管轄区は、2004年現在。
　　　岩手県内10保健所などの資料により作成。

が、大船渡管内で1名という回答があった。一方、自動車営業者は、各保健所から得たデータによると、前回調査時(1984年)の422名が2004年現在で184名となった。20年間での減少率が56.4％、年当たり2.8％の減少となっている。

　図3-7をもとに、自動車営業者の保健所区別分布をみてみる。営業者が多いのは、宮古管内(41名)、大船渡管内(37名)などの沿岸地域であり、減少率が大きくなっているのが一関管内(87.7％)、釜石管内(72.3％)、花巻管内(70.0％)などである。ちなみに、県南の一関管内では、隣接する宮城県の業者が多く入り込んでいるとのことであった。[15]

(4) 秋田県

　秋田県には在来型行商に関して、「魚介類行商の衛生管理指導要綱」[16]があり、営業者は、これに基づいて、営業地保健所における1年更新の登録を経て営業を行っている。

　自動車営業は、食品衛生法に係る「食品衛生法施行条例」[17]の下、「自動車による食品の移動営業に関する取扱い要領」[18]に基づき、営業地保健所において許可を得て営業を行っている。この許可の有効期間は、かつての2年から5年に延長されている。なお、自動車営業車には、機械式冷凍冷蔵施設の設置が義務づけられている。自動車営業車の様式について、各保健所の回答によると、魚介類専売車が多い大館管内以外は、すべて肉、乳類、野菜、菓子などとの混載型車両が多くなっている。また、車両は、魚介類専売車の多い大館や都市部(秋田中央管内)などを回るものが混載型であっても軽トラック改造型、他の地域では普通トラック改造型が多くなっている。

　図3-8をもとに、営業者数の変化についてみてみよう。秋田県では、在来型行商人の数的変化をとらえるデータが得られなかったので、各保健所に問い合わせた前回調査(1984年)と今回(2004年)のデータを比較することで、その変容の把握を試みる。その結果、数的には前回181名あったものが、わずか1名ということで、全県域においてほぼ消滅した。20年間での減少率が99.4％、年当たり5.0％の大幅減となっている。一方、自動車営業者は、県のデータ上では1982年の715名から始まり、前回調査時(1984年)で808名、その翌年の85年の817名をピークに減少に転じ、2004年現在で296名となった。こちらは、前回調査からの20年間での減少率が63.4％、年当たり3.2％の減少となっている。

　図3-9、図3-10をもとに、営業者の保健所区別分布をみてみる。在来型行商人は、先述のとおり全域的に消滅の状況にある。かつて営業者の多かった秋田中央・大曲管内(74名)、本荘管内

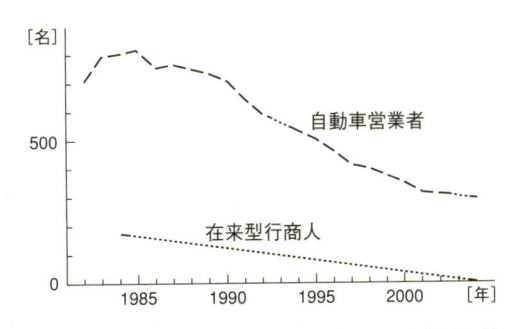

図3-8　秋田県における在来型行商人・自動車営業者数の変化
折れ線グラフの点線部分は資料欠。
秋田県生活環境文化部生活衛生課、県内8保健所などの資料により作成。

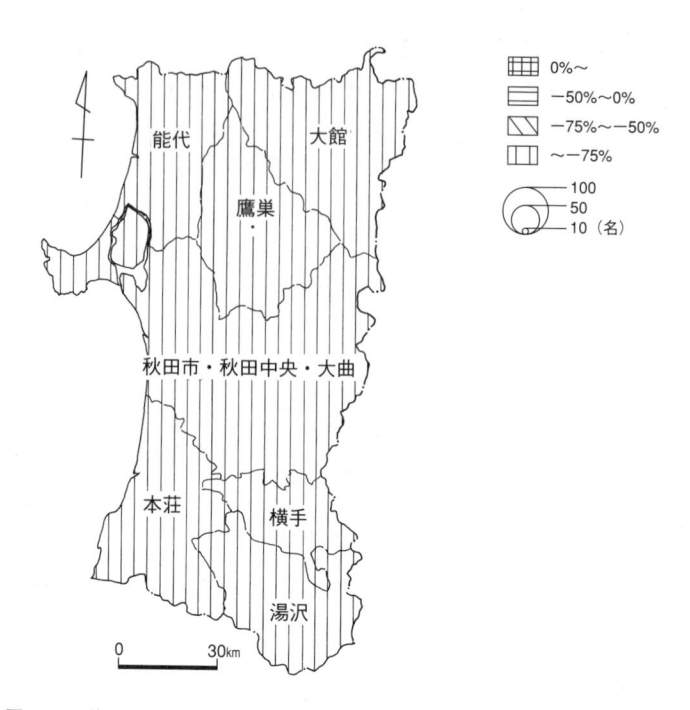

図 3-9 秋田県における在来型行商人の保健所区別分布および増減率
増減率：1984〜2004年の期間での総数に対する増減数の割合。
保健所管轄区は、2004年現在。一部改変（秋田中央・大曲保健所管轄区を合併表記）。
秋田県内8保健所などの資料により作成。

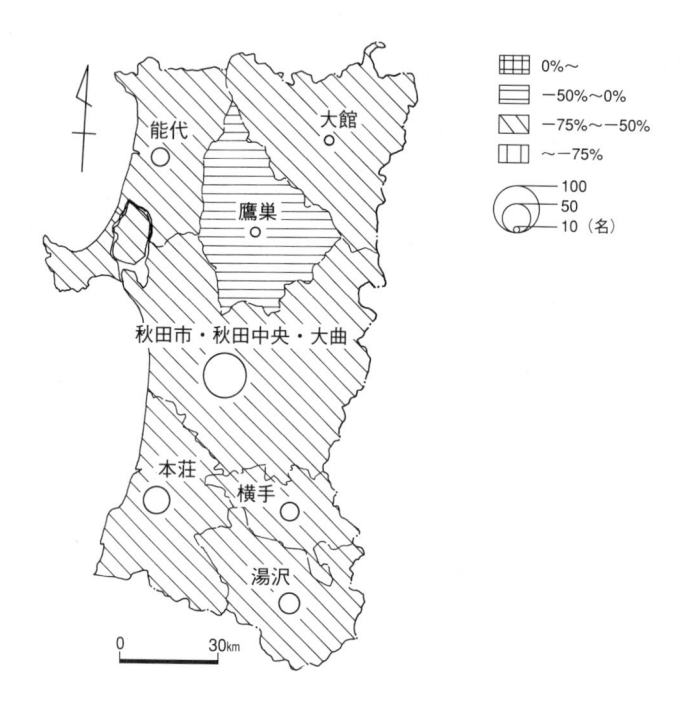

図 3-10 秋田県における自動車営業者の保健所区別分布および増減率
増減率：1984〜2004年の期間での総数に対する増減数の割合。
保健所管轄区は、2004年現在。一部改変（秋田中央・大曲保健所管轄区を合併表記）。
秋田県内8保健所などの資料により作成。

(49名)などでも、のきなみ営業者が0となり、唯一の営業者が鷹巣管内に存在するのみである。

　自動車営業者が多いのは、秋田中央・大曲管内(100名)、本荘管内(49名)など県中南部沿岸を中心とする地域であり、逆に少ないのが鷹巣管内(15名)や大館管内(19名)などの北部内陸地域である。

(5) 宮城県

　宮城県には在来型行商に関する条例法規として、「食品衛生取締条例」[19]があり、政令指定都市である仙台市もこれを準用している。営業者は、これに基づいて住所地保健所における登録を経て営業を行っている。この登録の有効期間は、かつての2年から4年に延長されている。自動車営業は、食品衛生法に係る「食品衛生法施行条例」[20]の下、「自動車による食品営業許可取扱要領」[21]があり、仙台市も同様の条例、および取扱要領[22]を有している。営業者は、これらに基づいて営業地保健所において許可を得て営業を行っている。この許可の有効期間は、かつての3年から施設の状況によって5～8年に延長されている。なお、自動車営業車には、機械式冷凍冷蔵施設の設置が義務づけられている。自動車営業車の様式について県によると、山間部を回る業者が多いので、現地の需要に応じた肉、乳類、野菜、菓子などとの混載型車両が多いとのことであった[23]。

　図3-11をもとに、営業者数の変化についてみてみよう。在来型行商人は、県の資料が残っている中での最大が1981年の782名であり、前回調査時(1984年)で622名であったが、2002年現在で173名となった。前回調査からの18年間での減少率が72.2％、年当たり4.0％の大幅減となっている。一方、自動車営業者は、県のデータ上では1981年の860名から始まり、前回調査時(1984年)の904名をピークに減少に転じ、2002年現在で406名となった。こちらは、18年間での減少率が55.1％、年当たり3.1％の減少となっている。

　図3-12、図3-13をもとに、営業者の保健所区別分布をみてみる。在来型行商人が多いのは、気仙沼管内(73名)と岩沼支所管内(48名)であり、沿岸部に集中していることがわかる。他の地域では営業者が少なくなっているが、特に大きく減少しているのが登米(減少率100％)、大崎(同86.4％)、塩釜(同82.2％)、石巻(同80.9％)などの管内である。『日本の民俗』によると、かつて、雄勝町大須地区から追波川、北上川流域農村へ、女川町針浜地区から女川の町場へ、名取市閖上地区や松島湾沿岸の漁村から仙台市方面へといった県内各地にみられた「ショイコ」行商人の活躍が記されている[24]。

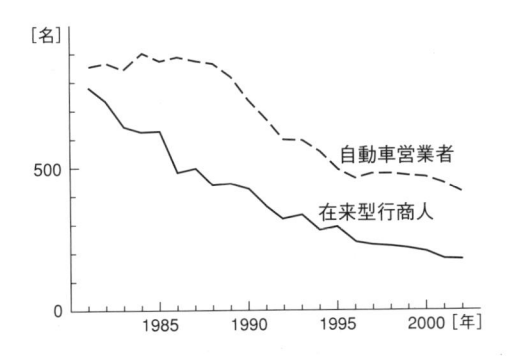

図3-11　宮城県における在来型行商人・自動車営業者数の変化
宮城県環境生活部生活衛生課(現食と暮らしの安全推進課)などの資料より作成。

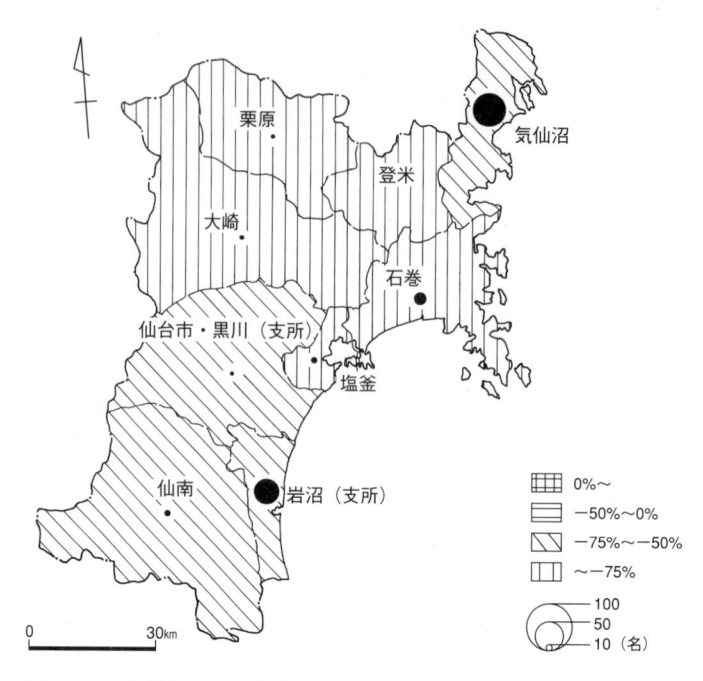

図 3-12 宮城県における在来型行商人の保健所区別分布および増減率
増減率：1984～2002 年の期間での総数に対する増減数の割合。
保健所管轄区は、2003 年現在。一部改変（支所管轄区も一部表記。仙台市・黒川塩釜支所を合併表記）。
宮城県環境生活部生活衛生課（現食と暮らしの安全推進課）などの資料により作成。

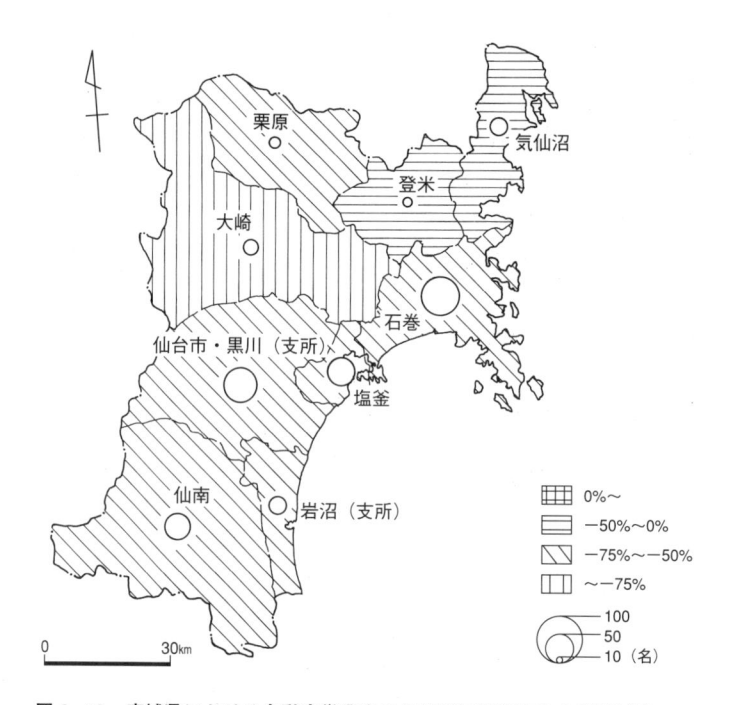

図 3-13 宮城県における自動車営業者の保健所区別分布および増減率
増減率：1984～2002 年の期間での総数に対する増減数の割合。
保健所管轄区は、2003 年現在。一部改変（支所管轄区も一部表記。仙台市・黒川塩釜支所を合併表記）。
宮城県環境生活部生活衛生課（現食と暮らしの安全推進課）などの資料により作成。

第3章　地方ごとにみた水産物行商活動の変容　　　　　　　　　　　　　　　79

自動車営業者が多いのは、石巻(85名)、仙台市・黒川支所(73名)、塩釜(57名)、仙南(49名)などの管内である。逆に大幅に減少したのが大崎管内(減少率76.0%)である。

(6) 山形県

山形県には在来型行商に関する条例法規として、「山形県魚介類行商取締条例[25]」があり、営業者は、これに基づいて、住所地保健所における登録を経て営業を行っている。この登録の有効期間は、かつて2年であったが、1999年より4年に延長されている。

自動車営業は、食品衛生法に係る「食品衛生法施行条例[26]」の下、「自動車による食品営業の取扱要綱[27]」に基づき、これも住所地保健所において許可を得て営業を行っている。この許可の有効期間は、かつての3年から5年に延長されている。なお、自動車営業車には、機械式冷凍冷蔵施設の設置が義務づけられている。自動車営業車の様式について県によると、魚介類専売車と肉、乳類、野菜などとの混載型車両のどちらもあるが、バス型の後者の方が多いということであった[28]。

図3-14をもとに、営業者数の変化についてみてみよう。在来型行商人は、県の資料が残っている中での最大が1978年の661名であり、前回調査時(1983年)で458名であったが、2002年現在で105名となった。前回調査からの19年間での減少率が77.1%、年当たり4.1%の大幅減となっている。一方、自動車営業者は、県のデータ上では1978年の438名から始まり、前回調査時(1983年)で633名、その後、1985年の661名をピークに減少に転じ、2002年現在で307名となった。こちらは、前回調査からの19年間での減少率が51.5%、年当たり2.7%の減少となっている。

図3-15、図3-16をもとに、営業者の保健所区別分布をみてみる。在来型行商人が圧倒的に多いのが、沿岸部の庄内管内(95名)であり、それ以外の地域では全て減少率90%を超える急減をみた。山形県域にかつてみられた在来型行商活動についても、いくつかの文献に記述がある。たとえば、飛島から年2回、春船と秋船に海産物を積んで庄内地方、最上郡からさらに秋田県由利郡に至る地域の常連客である「ダンカ(檀家)」宅へ出向き、農産物と物々交換を行っていた[29]。また、鶴岡市加茂地区から鶴岡市街へ「アバ(女性のこと)」、「ガンガラ部隊」などと呼ばれた行商人、宮野浦、十里塚、浜中、加茂、由良、三瀬、小波渡、堅苔沢、暮坪、大岩川、小岩川、鼠ヶ関などの漁村から農村への「アバ」行商や、鉄道を利用して秋田、新潟両県にまたがって活動をする行商人が多くみられた[31]。

自動車営業者が多いのは、庄内管内(125名)、村山管内(89名)、置賜管内(62名)であり、沿岸から内陸に至るまで、多くの営業者の存在がみとめられる。

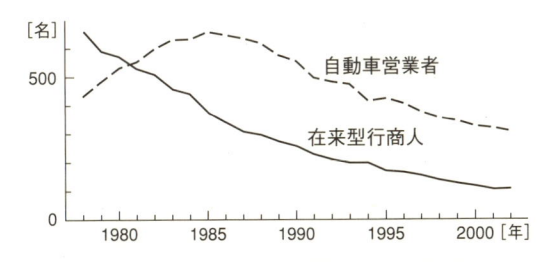

図3-14　山形県における在来型行商人・自動車営業者数の変化
山形県総務部危機管理室食品安全対策課などの資料により作成。

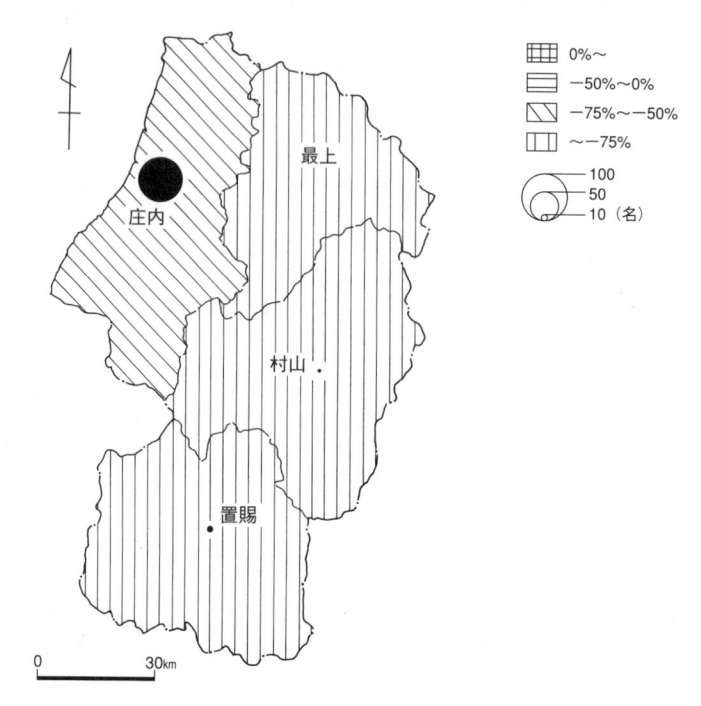

図 3-15　山形県における在来型行商人の保健所区別分布および増減率
　　増減率：1983〜2002 年の期間での総数に対する増減数の割合。
　　保健所管轄区は、2003 年現在。
　　山形県総務部危機管理室食品安全対策課などの資料により作成。

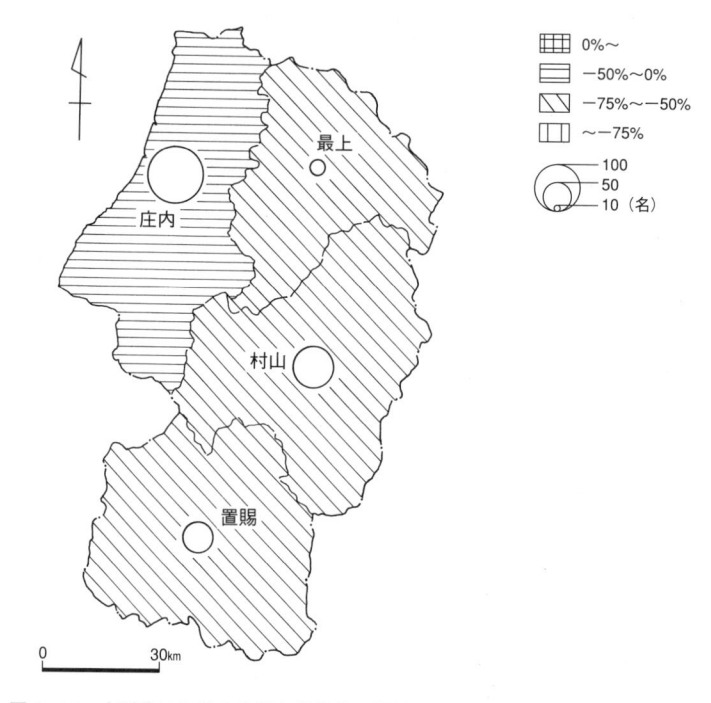

図 3-16　山形県における自動車営業者の保健所区別分布および増減率
　　増減率：1983〜2002 年の期間での総数に対する増減数の割合。
　　保健所管轄区は、2003 年現在。
　　山形県総務部危機管理室食品安全対策課などの資料により作成。

第3章　地方ごとにみた水産物行商活動の変容

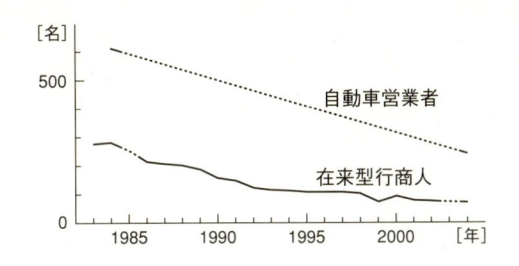

図3-17　福島県における在来型行商人・自動車営業者数の変化
折れ線グラフ中の点線部分は資料欠。
福島県保健福祉部健康衛生領域食品安全グループ、いわき市、郡山市、および県内6保健所などの資料により作成。

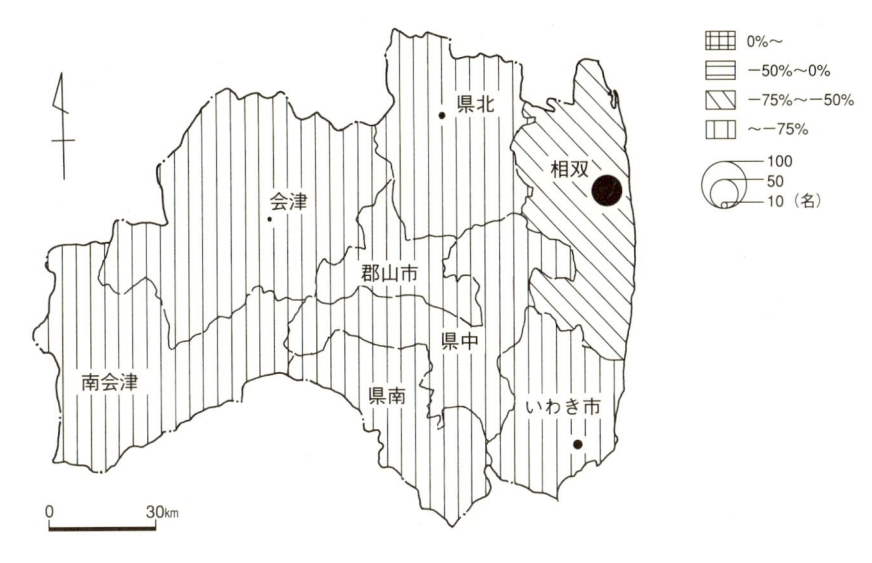

図3-18　福島県における在来型行商人の保健所区別分布および増減率
　増減率：1984～2004年の期間での総数に対する増減数の割合。
　保健所管轄区は、2004年現在。
　いわき市、郡山市、および福島県内6保健所の資料により作成。

（7）福島県

　福島県には在来型行商に関する条例法規として、「福島県魚介類行商取締条例」[32]があり、中核市であるいわき市、郡山市も同様の条例を有している。営業者は、これらに基づいて、住所地保健所における2年更新の登録[33]を経て営業を行っている。自動車営業は、食品衛生法に係る「食品衛生法施行条例」[34]の下、「自動車による飲食店営業等に関する要綱」[35]に基づき、営業地保健所において許可を得て営業を行っている。この許可の有効期間は、かつての3年から5年に延長されている。なお、自動車営業車には、機械式冷凍冷蔵施設の設置が義務づけられている。自動車営業車の様式について各保健所の回答によると、県南管内やいわき市管内で魚介類専売車が多い他は、全域的に肉、乳類、野菜、菓子などとの混載型車両が多く、県中管内でバス型がみられる以外は、ほとんどの地域で普通、ないし小型トラックの改造型車両が使われている。

　図3-17をもとに、営業者数の変化についてみてみよう。在来型行商人は、県の資料が残っている中での最大が前回調査時（1984年）の286名であったが、2004年現在で69名となった。前回

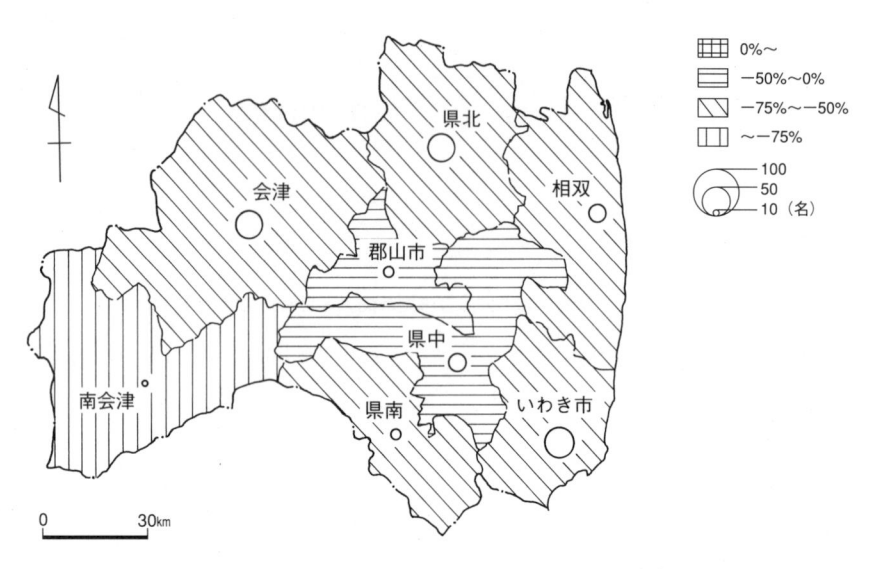

図 3-19 福島県における自動車営業者の保健所区別分布および増減率
増減率：1984～2004 年の期間での総数に対する増減数の割合。
保健所管轄区は、2004 年現在。
いわき市、郡山市、および福島県内 6 保健所の資料により作成。

調査からの 20 年間での減少率が 75.9％、年当たり 3.8％の大幅減となっている。一方、自動車営業者については、県として数的変化を把握していない。各保健所に問い合わせた前回調査時(1984年)で 615 名であったが、2004 年現在では 240 名となった。こちらは、20 年間での減少率が 61.0％、年当たり 3.0％の大幅減となっている。

図 3-18、図 3-19 をもとに、営業者の保健所区別分布をみてみる。在来型行商人が圧倒的に多いのが、相双管内(48 名)であり、いわき市管内(11 名)がそれに続いている。逆に、それ以外の地域では、ほぼ活動が消滅の状況にある。福島県域にかつてみられた在来型行商活動についても、郷土誌などに記述がある。たとえば、浜通りのいわき市小名浜、四倉地区などから「ハンマ(早馬)」、「ハンマ追い」などと呼ばれた人々が、中通り地方に海産物を運んだ[36]。小名浜から平の町へ海産物を持ち込んだ「ボテフリ(棒手振り)」と称される女性行商人が活躍していた[37]。

自動車営業者が多いのは、沿岸部のいわき市管内(51 名)、都市部の県北管内(46 名)、内陸中心の会津管内(45 名)というように、多様な展開を示している。逆に、大幅に数を減じているのが山間僻地を多く抱える南会津管内(減少率 78.0％)であり、ここも僻地に強い自動車営業という一般的な性格とは異なる状況を呈している。

（8）茨城県

茨城県には、在来型行商に関する条例法規として、「茨城県食品衛生条例」[38]があり、営業者は、これに基づいて、住所地保健所において許可を得て営業を行っている。この許可の有効期間は、かつての 1 年から 3 年に延長されている。

自動車営業は、食品衛生法、および「茨城県食品衛生条例」の下、「茨城県食品移動営業取扱要綱」[39]に基づき、これも住所地保健所において許可を得て営業を行っている。この許可の有効期間も、かつての 2 年から 5 年に延長されている。なお、自動車営業車は、氷冷蔵方式の保冷車でも

第3章　地方ごとにみた水産物行商活動の変容

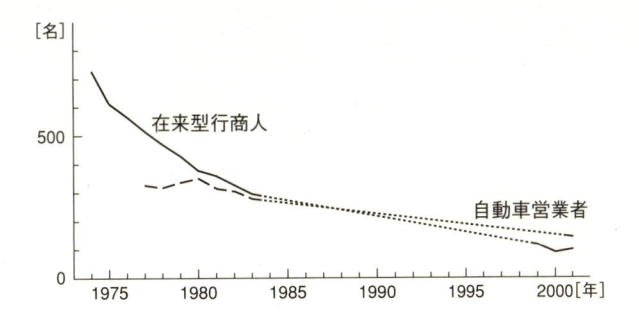

図 3-20　茨城県における在来型行商人・自動車営業者数の変化
折れ線グラフの点線部分は資料欠。
茨城県保健福祉部生活衛生課などの資料により作成。

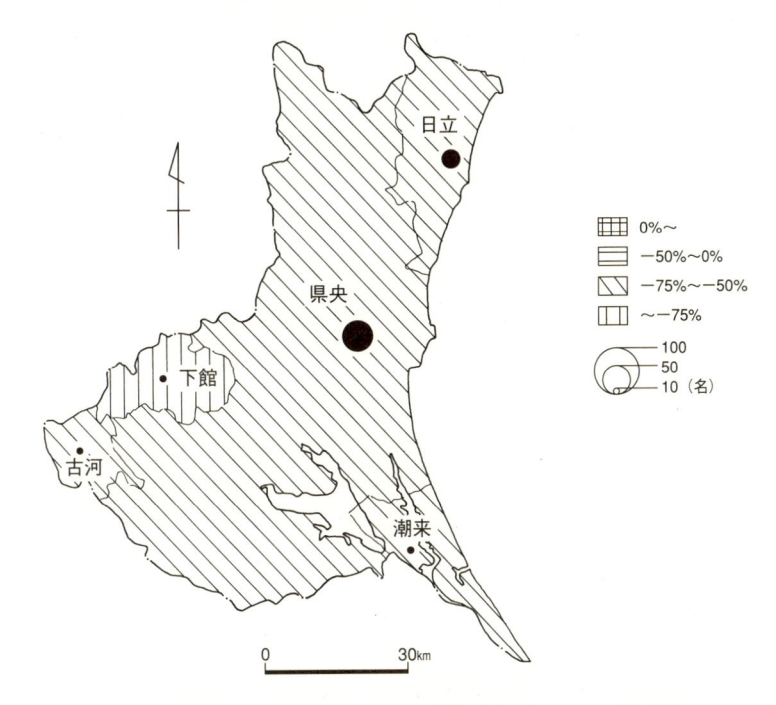

図 3-21　茨城県における在来型行商人の保健所区別分布および増減率
増減率：1982～2001年の期間での総数に対する増減数の割合。
保健所管轄区は、2002年現在（一部改変；大宮など7保健所区を県央地区として合併表記）。
茨城県保健福祉部生活衛生課などの資料により作成。

可とされている。

　図3-20をもとに、行商人、および自動車営業者数の変化についてみてみよう。在来型行商人は、県の資料が残っている中での最大が1974年の724名であり、前回調査時(1982年)で291名であったが、2001年現在で97名となった。19年間での減少率が66.7％、年当たり3.5％の大幅減となっている。一方、自動車営業者は、県の資料中での最大が1980年の348名であり、1982年時で277名、2001年現在で147名となった。こちらは、19年間での減少率が46.9％、年当たり2.5％の減少となっている。

　図3-21、図3-22をもとに、営業者の保健所区別分布をみてみる。在来型行商で営業者が多い

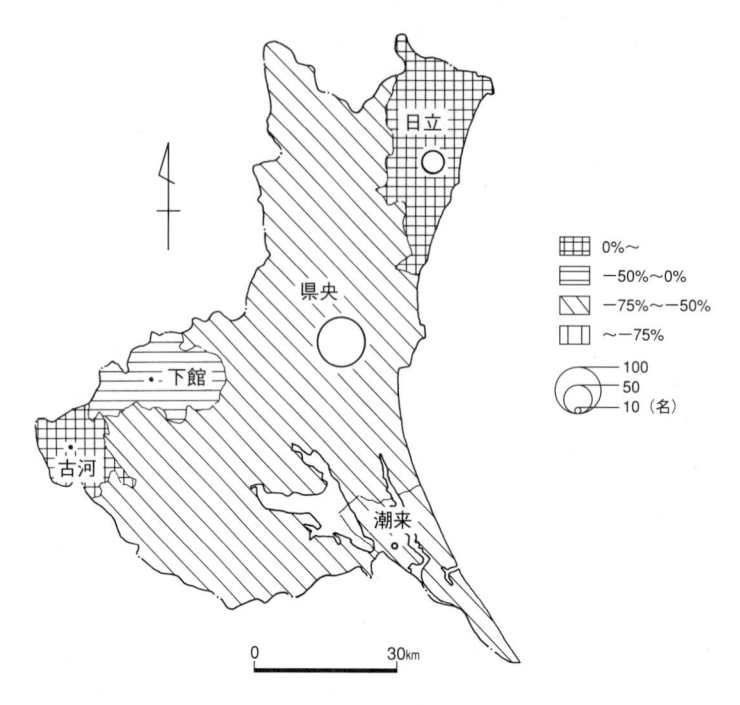

図3-22　茨城県における自動車営業者の保健所区別分布および増減率
増減率：1982～2001年の期間での総数に対する増減数の割合。
保健所管轄区は、2002年現在(一部改変；大宮など7保健所区を県央地区として合併表記)。
茨城県保健福祉部生活衛生課などの資料により作成。

のは、県央(53名)[40]、日立管内(31名)といった漁業拠点を含む地域である。往時の行商活動について、『日本の民俗』の記述によると、県北の大津港から県内各地、さらに福島県南部地域、那珂湊から福島、栃木、群馬の各県域、大洗町から県内各地、さらに千葉県域に至るサンマ、イワシなどの行商があり、カツオなどは近隣の町場への行商がみられた[41]。

自動車営業者が多いのも在来型行商人と同じく、県央(90名)、日立管内(42名)である。なお、自動車営業の場合、その機動力を生かして、隣の栃木県域にまで出向く営業者もある[42]。

（9）栃木県

栃木県には、在来型行商に関する条例法規として、「栃木県食品衛生条例」[43]があり、中核市である宇都宮市も同様の条例を有している。営業者は、これらに基づいて、住所地保健所において2年更新で許可を得て営業を行っている。

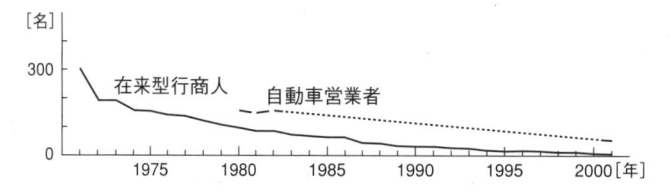

図3-23　栃木県における在来型行商人・自動車営業者数の変化
折れ線グラフの点線部分は資料欠。
栃木県保健福祉部生活衛生課、宇都宮市保健所などの資料により作成。

第 3 章　地方ごとにみた水産物行商活動の変容

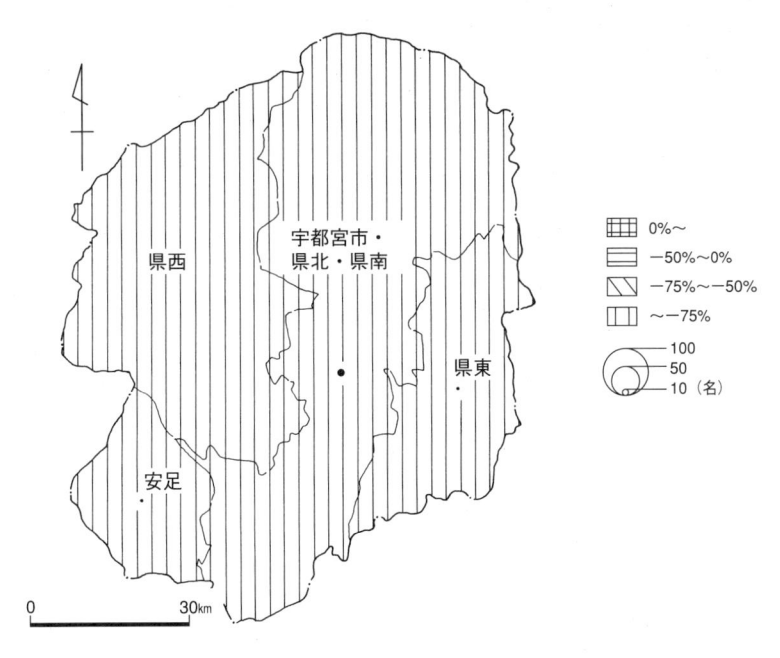

図 3-24　栃木県における在来型行商人の保健所区別分布および増減率
増減率：1981～2001 年の期間での総数に対する増減数の割合。
保健所管轄区は、2002 年現在（一部改変；宇都宮市、県北、県南保健所管轄区を合併表記）。
栃木県保健福祉部生活衛生課、宇都宮市保健所などの資料により作成。

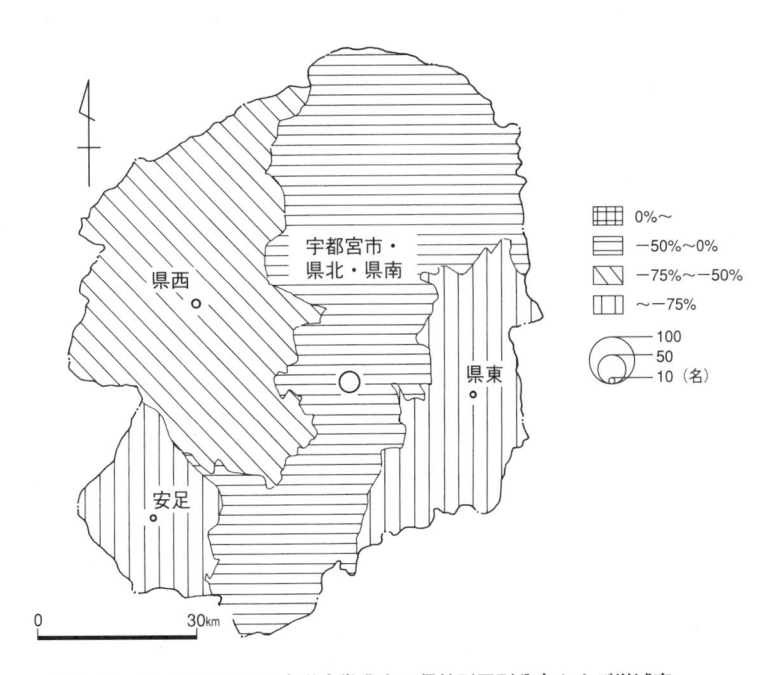

図 3-25　栃木県における自動車営業者の保健所区別分布および増減率
増減率：1981～2001 年の期間での総数に対する増減数の割合。
保健所管轄区は、2002 年現在（一部改変；宇都宮市、県北、県南保健所管轄区を合併表記）。
栃木県保健福祉部生活衛生課、宇都宮市保健所などの資料により作成。

自動車営業は、食品衛生法の下、「食品営業自動車の営業許可等の取扱要領」[44]に基づき、県内者は住所地保健所、他県者は営業地保健所において許可を得て営業を行っている。この許可の有効期間は、かつての2年から5年に延長されている。なお、自動車営業車は、氷冷蔵方式の保冷車でも可とされており、魚介類専売車もあるが、菓子その他との混載型車両も多くなっている。

図3-23をもとに、行商人、および自動車営業者数の変化についてみてみよう。在来型行商人は、県の資料が残っている中での最大が1971年の309名であり、前回調査時（1981年）で87名であったが、2001年現在でわずか8名となった。20年間での減少率が90.8％、年当たり4.5％の大幅減となっている。一方、自動車営業者は、1980年の161名をピークとして、翌1981年時で146名であったものが、2001年現在で56名となった。こちらは、20年間での減少率が61.6％、年当たり3.1％の減少となっている。

図3-24、図3-25をもとに、営業者の保健所区別分布をみてみる。在来型行商人は、宇都宮市・県北・県南管内の5名が最大となっており、県全域を通じて活動が、ほぼ消滅に近い状況となっている。これに対し、自動車営業は、県東、県西、安足3管内における前回調査時からの平均減少率が80.2％に達し、ほぼ壊滅に近い状況を呈する中で、宇都宮市・県北・県南管内のみわずか1名の減少（減少率5.9％）に止まっている点が注目される。

（10）群馬県

群馬県には、在来型行商に関する条例法規として、「群馬県食品衛生条例」[45]があり、営業者は、これに基づいて住所地保健所において許可を得て営業を行っている。この許可の有効期間は、かつて3年であったものが5年に延長されている。

自動車営業は、食品衛生法の下、「群馬県食品営業自動車の営業許可等の取扱要綱」[46]に基づき、住所地保健所において許可を得て営業を行っている。この許可の有効期間もかつての3～4年から5年に延長されている。なお、自動車営業車には機械式電気冷蔵施設の設置が義務づけられており、野菜、肉、菓子などとの混載型車両が多くなっている。

図3-26をもとに、行商人、および自動車営業者数の変化についてみてみよう。在来型行商人

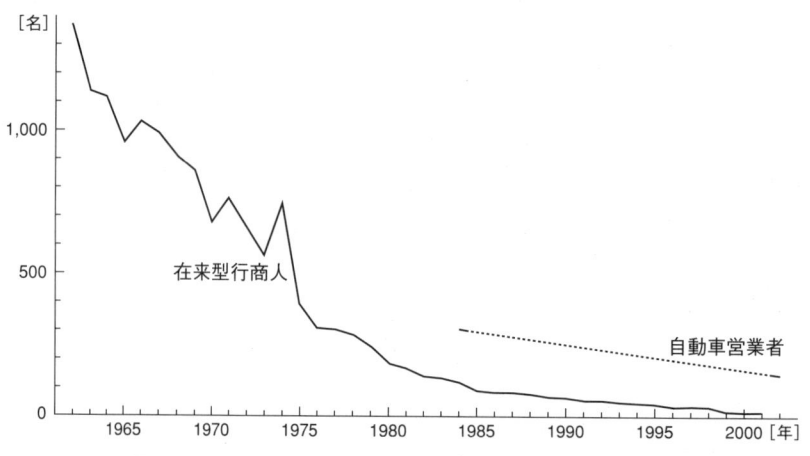

図3-26 群馬県における在来型行商人・自動車営業者数の変化
折れ線グラフの点線部分は資料欠。
群馬県保健福祉部衛生食品課などの資料により作成。

第3章　地方ごとにみた水産物行商活動の変容

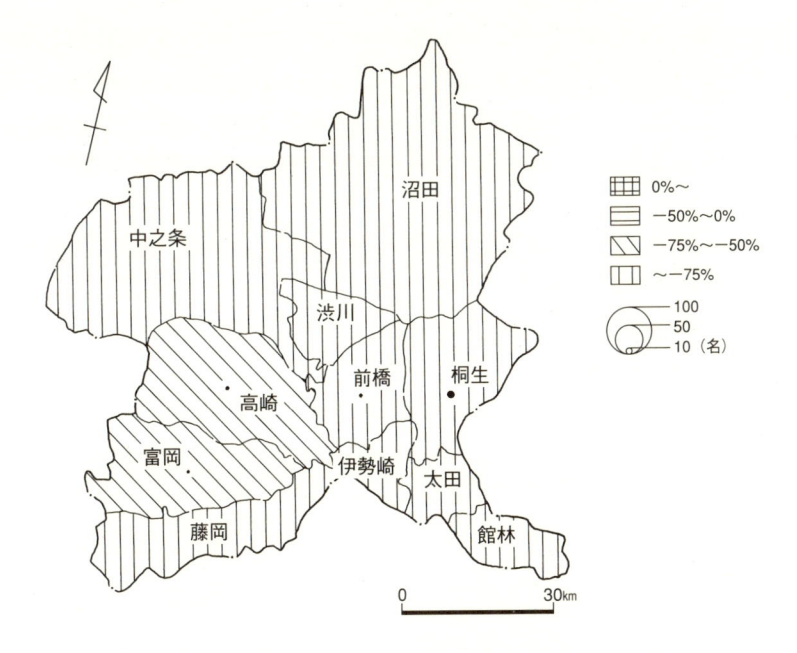

図3-27　群馬県における在来型行商人の保健所区別分布および増減率
　　　増減率：1982～2001年の期間での総数に対する増減数の割合。
　　　保健所管轄区は、2002年現在。
　　　群馬県保健福祉部衛生食品課などの資料により作成。

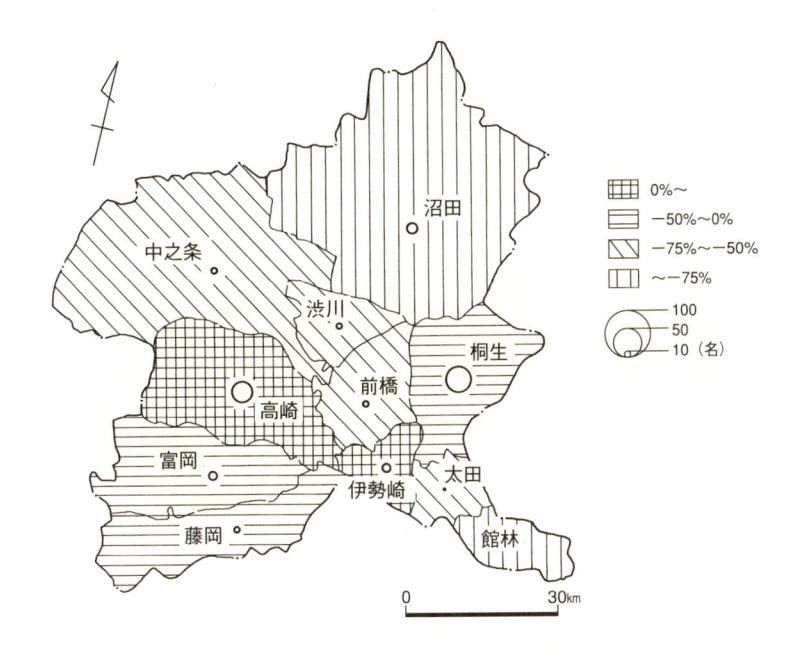

図3-28　群馬県における自動車営業者の保健所区別分布および増減率
　　　増減率：1984～2001年の期間での総数に対する増減数の割合。
　　　保健所管轄区は、2002年現在。
　　　群馬県保健福祉部衛生食品課などの資料により作成。

は、県の資料が残っている中での最大が1962年の1,275名であり、前回調査時(1982年)で135名となり、さらに2001年現在でわずか13名となった。19年間での減少率が90.4％、年当たり4.8％の大幅減となっている。一方、自動車営業者は、前回調査(1984年)時で317名であったものが、2002年現在で144名となった。こちらは、18年間での減少率が54.6％、年当たり3.0％の減少となっている。

図3-27、図3-28をもとに、営業者の保健所区別分布をみてみる。在来型行商人で営業者が最大なのは、桐生管内(6名)であるが、全11管内のうち、7管内までが営業者0の地区であり、前出の栃木県同様、県全域的にほぼ消滅に近い状況となっていることがわかる。

自動車営業が多いのは、桐生管内(43名)、高崎管内(35名)などである。特に注目されるのが、前回調査時よりも営業者が増加した高崎管内(増加率2.9％)、伊勢崎管内(同33.3％)といった都市部での活動の活発化である。逆に、広い山間消費地を抱え、かつて県内最大の営業者(105名)を誇った沼田管内がわずか15名(減少率85.7％)となっており、僻地に強い自動車営業の基本的性格からは逸脱した事例となっている。

(11) 埼玉県

埼玉県には、在来型行商に関する条例法規として、「食品衛生に関する条例[47]」があり、政令指定都市となったさいたま市にも同様の条例がある。営業者は、これらに基づいて営業地保健所において許可を得て営業を行っている。この許可の有効期間は、かつて2年であったものが5年に延長されている。

自動車営業は、食品衛生法の下、「食品衛生法施行条例[48]」に基づき、これも営業地保健所の許可を得て営業を行っている。この許可の有効期間もかつての2年から5年に延長されている。なお、自動車営業車には機械式電気冷蔵施設の設置が義務づけられており、他県から流入してくる営業者も多くみとめられる[49]。

図3-29をもとに、行商人、および自動車営業者数の変化についてみてみよう。在来型行商人は、県の資料が残っている中での最大が1973年の373名であり、前回調査(1983年)時で66名となり、さらに2001年現在でわずか8名となった。18年間での減少率が87.9％、年当たり4.9％の大幅減となっている。一方、自動車営業者は、前回調査時(1983年)で201名、その後増加したが、1987年の236名をピークとして減少に転じ、2001年現在で100名となった。こちらは、前回調査時からの18年間での減少率が50.2％、年当たり2.8％の減少となっている。

図3-30、図3-31をもとに、営業者の保健所区別分布をみてみる。在来型行商人で営業者が最大なのは、戸田・蕨管内と加須・幸手管内の各2名であり、全20管内のうち、14管内までが営

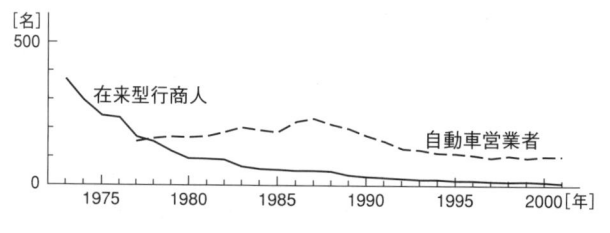

図3-29　埼玉県における在来型行商人・自動車営業者数の変化
埼玉県健康福祉部生活衛生課などの資料により作成。

第3章　地方ごとにみた水産物行商活動の変容

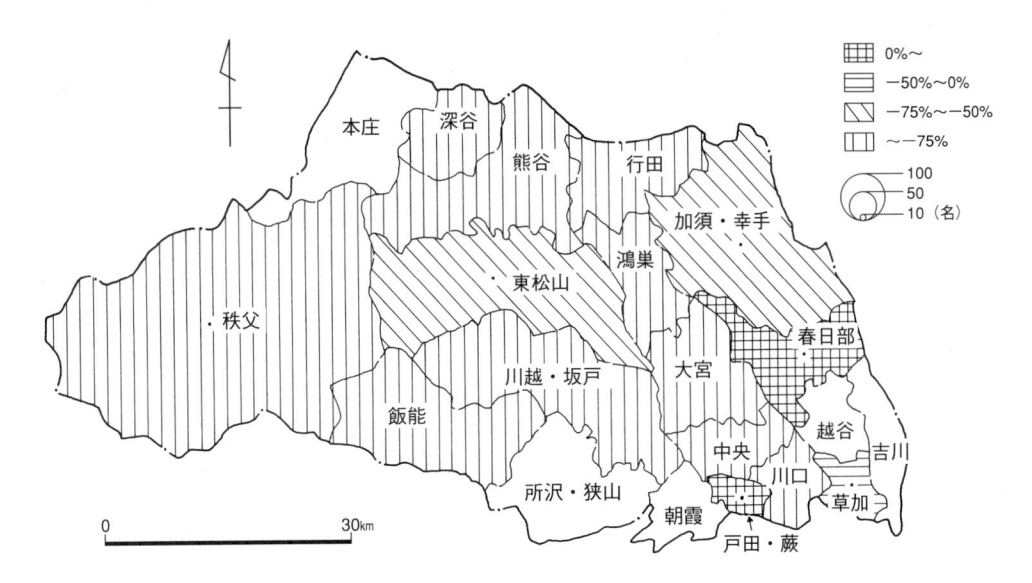

図3-30　埼玉県における在来型行商人の保健所区別分布および増減率
　増減率：1983〜2001年の期間での総数に対する増減数の割合。
　保健所管轄区は、2002年現在。
　埼玉県健康福祉部生活衛生課などの資料により作成。

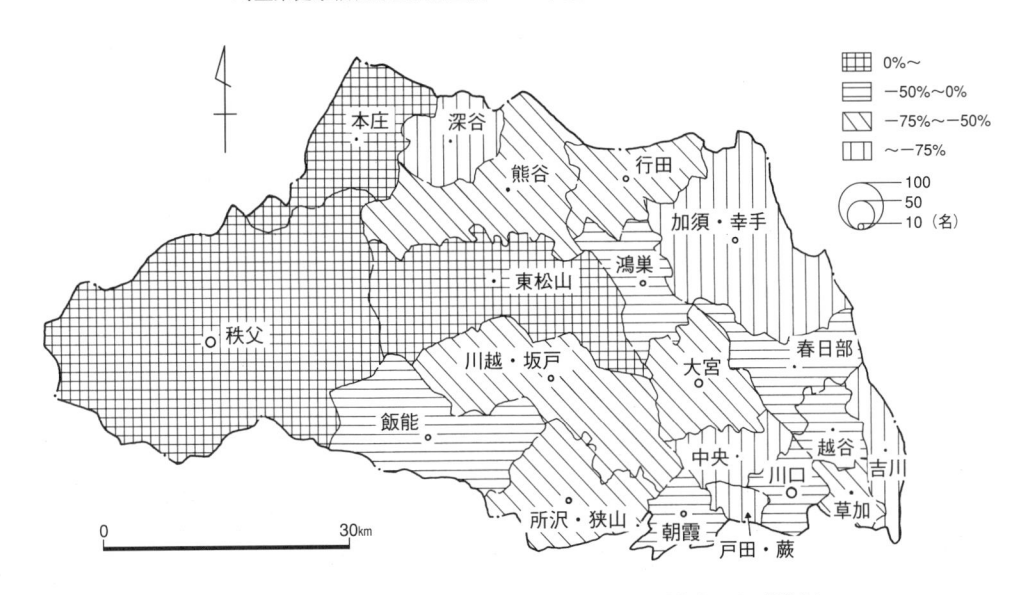

図3-31　埼玉県における自動車営業者の保健所区別分布および増減率
　増減率：1983〜2001年の期間での総数に対する増減数の割合。
　保健所管轄区は、2002年現在。
　埼玉県健康福祉部生活衛生課などの資料により作成。

業者0ということで、栃木県や群馬県と同様に県全域的にほぼ消滅に近い状況となっていることがわかる。

　自動車営業が多いのは、川口管内(16名)、秩父管内(16名)、大宮管内(14名)である。特に秩父管内では、前回調査時(4名)から営業者が4倍に増加しており注目される。図3-31でわかるように、自動車営業者は、県西部の山間地域で増えているのに対して、県央、県東の都市地域で

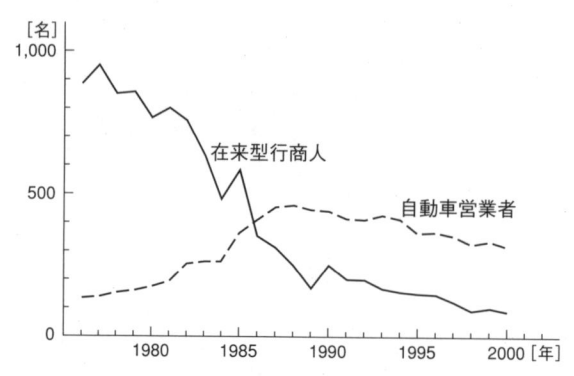

図 3-32　東京都における在来型行商人・自動車営業者数の変化
東京都健康局食品医薬品安全部食品監視課などの資料により作成。

の減少が著しくなっており、僻地に強い自動車営業の基本的性格に則った展開がみとめられる。

（12）東京都

　東京都には、在来型行商に関する条例法規として、「食品製造業等取締条例」[50]があり、営業者は、これに基づいて住所地保健所において1年更新の届出をして営業を行っている。
　自動車営業は、食品衛生法、および食品製造業等取締条例の下、「食品移動販売車の営業許可等に係る取扱要綱」[51]に基づき、住所地保健所において許可を得て営業を行っている。この許可の有効期間は、かつての2年から5年に延長されている。なお、自動車営業車には、機械式電気冷蔵施設の設置が義務づけられており、かつては三崎からのマグロ専用車が多くみられた[52]。
　図3-32をもとに、行商人、および自動車営業者数の変化についてみてみよう。在来型行商人は、都の資料が残っている中での最大が1977年の948名であり、前回調査(1983年)時で639名、さらに2000年現在で93名となった。17年間での減少率が85.4％、年当たり5.0％の大幅減となっ

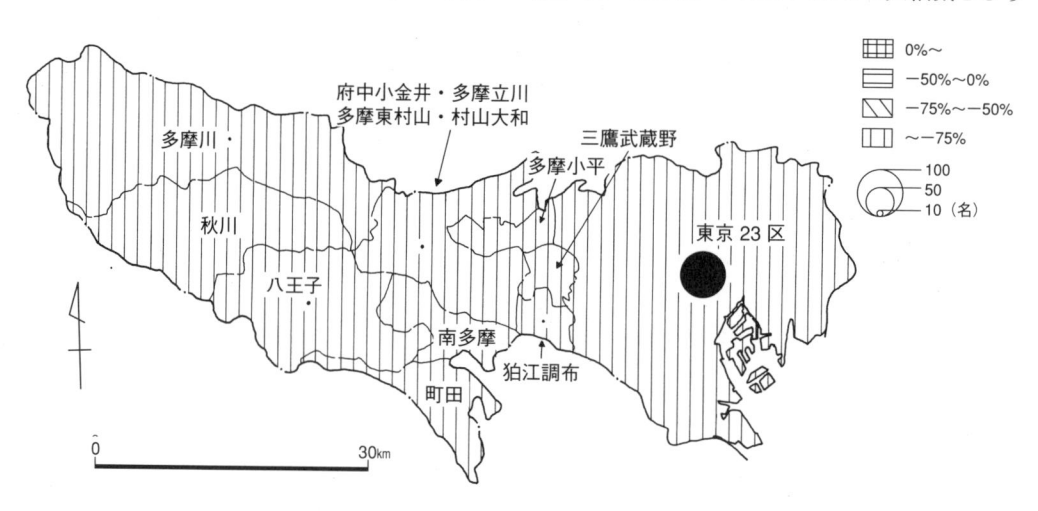

図 3-33　東京都における在来型行商人の保健所区別分布および増減率
増減率：1983～2000年の期間での総数に対する増減数の割合。
保健所管轄区は、2001年現在(一部改変；府中小金井、多摩立川、多摩東村山、村山大和保健所管轄区を合併表記、島嶼部を割愛)。
東京都健康局食品医薬品安全部食品監視課などの資料により作成。

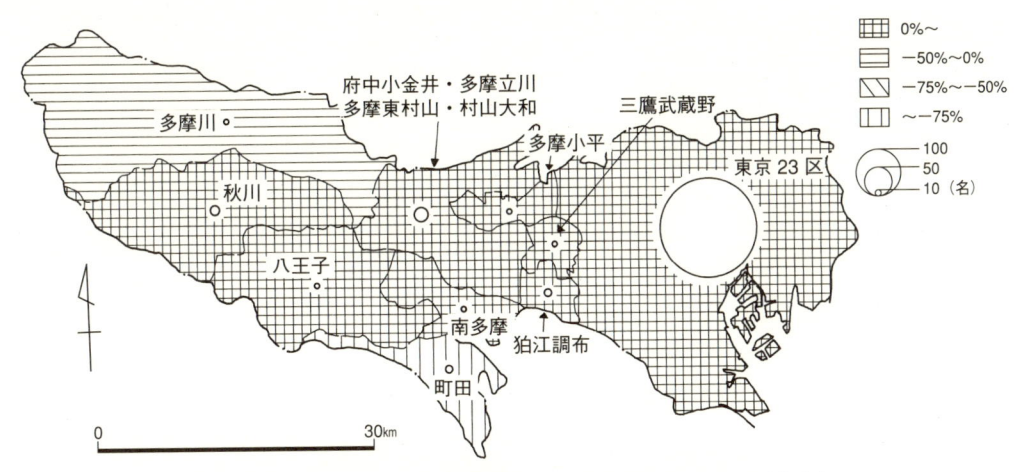

図 3-34　東京都における自動車営業者の保健所区別分布および増減率
増減率：1983～2000年の期間での総数に対する増減数の割合。
保健所管轄区は、2001年現在（一部改変；府中小金井、多摩立川、多摩東村山、村山大和保健所管轄区を合併表記、島嶼部を割愛）。
東京都健康局食品医薬品安全部食品監視課などの資料により作成。

ている。一方、自動車営業者は、前回調査時（1983年）で265名、その後増加したが、1988年の462名をピークとして減少に転じ、2000年現在で319名となった。こちらは、関東地方の他県と違って前回調査時からみると、結果的に営業者が増加しており、17年間での増加率が20.4％、年当たり1.2％の増となっている。

図 3-33、図 3-34 をもとに、営業者の保健所区別分布をみてみる。在来型行商人は、23区部に84名が集中している。区部で多いのが、江戸川区（31名）、世田谷区（13名）、足立区（11名）であり、都心周辺、特にその東縁に集中している。なお、区部以外では、わずか9名と壊滅的状況にある。

自動車営業者も、23区部に227名が集中している。区部で多いのが、足立区（37名）、江東区（26名）、大田区（24名）、これに次ぐのが中央区、港区、世田谷区（各13名）であり、都心からその周辺にかけて、在来型行商人の分布と比べて営業者の分散が著しい。区部以外でも、数的には少ないものの全域的に営業活動が展開していることが理解される。

（13）神奈川県

神奈川県には、在来型行商に関する条例法規として、「魚介類行商等に関する条例」[53]があり、政令指定都市である横浜市と川崎市、中核市である横須賀市、相模原市も同様の条例を有している。営業者は、これらに基づいて営業地保健所において許可を得て営業を行っている。この許可の有効期間は、かつての3年から5年に延長されている。なお、神奈川県の場合、これらの条例下で規定される魚介類行商の概念が、他の都県と大きく違う点がある。すなわち、当県では、行商の運搬用具として一般にみられる人力により持ち運ぶ用具、自転車、軽車両、原動機付自転車の他に、他都道府県では自動車営業に含まれる排気量800cc以下、最大積載量500kg以下の軽、および小型自動車も行商に含まれている。なお、これらの軽、および小型自動車行商車は、氷冷蔵方式の保冷車で可とされている[54]。

自動車営業は、食品衛生法の下、「移動食品営業の取扱要綱」[55]に基づき、営業地保健所において

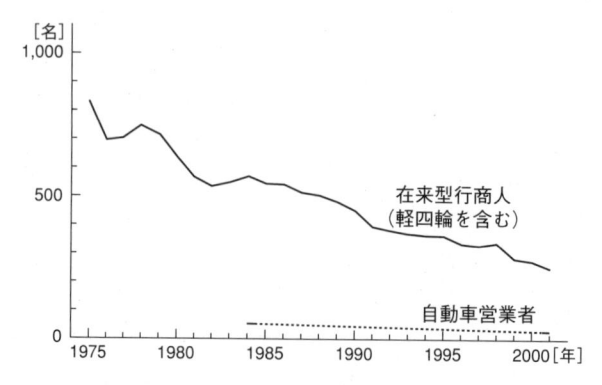

図 3-35　神奈川県における在来型行商人・自動車営業者数の変化
折れ線グラフの点線部分は資料欠。
神奈川県衛生部生活衛生課などの資料により作成。

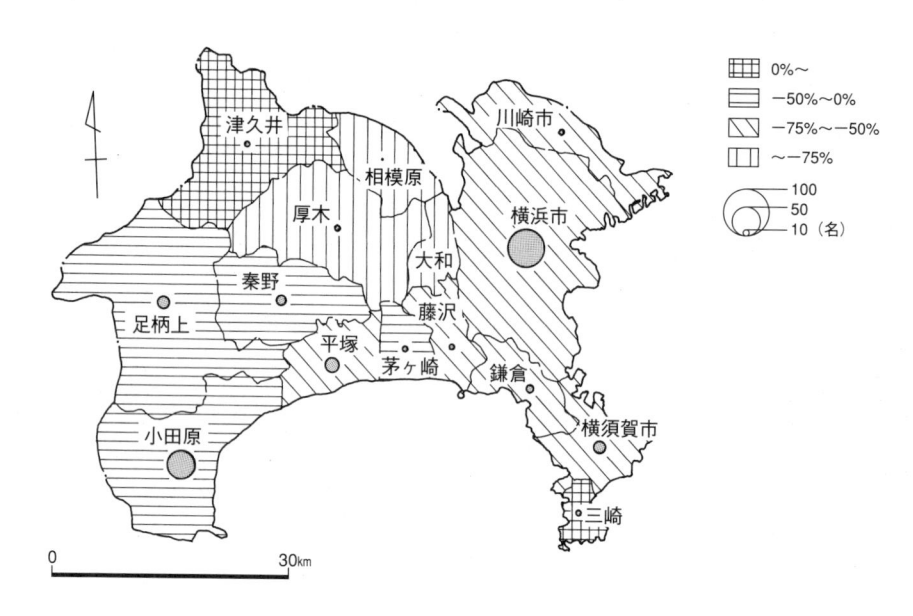

図 3-36　神奈川県における在来型行商人・自動車営業者の保健所区別分布および増減率
増減率：1982～2001 年の期間での総数に対する増減数の割合。
保健所管轄区は、2001 年現在。
神奈川県衛生部生活衛生課などの資料により作成。

許可を得て営業を行っている。この許可の有効期間は、かつての3年から5年に延長されている。なお、自動車営業車には、機械式電気冷蔵施設の設置が義務づけられており、前述した魚介類行商に含まれない排気量 800 cc 以上の大型車が使われていることもあって、肉などとの混載型車両が主体となっている[56]。

図 3-35 をもとに、行商人、および自動車営業者数の変化についてみてみよう。行商人は、県の資料が残っている中での最大が 1975 年の 833 名であり、前回調査(1982 年)時で 534 名となり、さらに 2001 年現在で 248 名となった。19 年間での減少率が 53.6％、年当たり 2.8％の減少となっている。ただし、この中には小型自動車営業者も含まれているので、実態は不明ではあるが、在来型行商人に絞れば、その減少率はより大きくなることが推測される。一方、排気量 800 cc 以上

の自動車営業者は、前回調査時(1984年)で57名であったものが、2001年現在で27名となった。17年間での減少率が52.6％、年当たり3.1％の減少となっている。

図3-36をもとに、営業者の保健所区別分布をみてみる。なお、先述したように神奈川県の場合、行商の中に自動車営業の一部が含まれてしまう関係でこの両者を区別することができないため、図中では、合併表記せざるを得なかった。図をみると、在来型行商人、および自動車営業者が多いのは、横浜市(75名)、小田原管内(56名)、平塚管内(28名)、足柄上管内(23名)、横須賀市(22名)などである。これらの活動活発地域は、横浜市のような主要消費地や小田原のような主要魚介類産地、およびその後背地であることが理解される。

神奈川県における往時の行商について、『日本の民俗』によると、当地でボテ、ボテフリと呼ばれた行商人の存在が記されており、平塚市須賀地区から厚木、茅ヶ崎、藤沢、八王子、さらに山梨県北都留郡に至るもの、小田原、湯河原から足柄上・下郡に至るものなどが取り上げられている[57]。

(14) 千葉県

千葉県には、在来型行商に関する条例法規として、「魚介類行商販売営業取締条例」[58]があり、政令指定都市である千葉市と中核市である船橋市にも同様の条例がある。営業者は、これらに基づいて、住所地保健所に届出をして営業を行っている。

なお、この届出が必要なのは、開業時のみであり、更新手続きは不要となっている。

自動車営業は、食品衛生法の下、「食品衛生法施行条例」[59]に基づき、住所地保健所において許可を得て営業を行っている。この許可の有効期間は、かつての新規2年、更新が施設の状況によって3〜5年であったものが、一律に5〜6年となった。なお、自動車営業車は、氷冷蔵方式の保冷車でも可とされており、肉、野菜などとの混載型車両が多くなっている[60]。

図3-37をもとに、行商人、および自動車営業者数の変化についてみてみよう。在来型行商人は、県の資料が残っている中での最大が1977年の2,471名であり、前回調査時(1984年)で1,911名、さらに2002年には977名となった。18年間での減少率が48.9％、年当たり2.7％の減少となっている。ただし千葉県の場合、在来型行商人は、更新手続き不要の開業時届出制のため、数

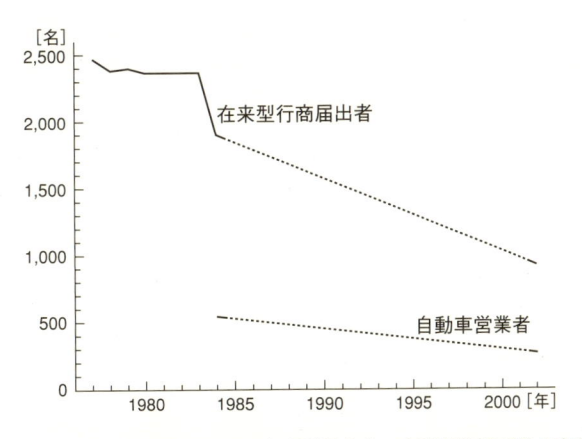

図3-37 千葉県における在来型行商人・自動車営業者数の変化
　　　折れ線グラフの点線部分は資料欠。
　　　千葉県健康福祉部衛生指導課などの資料により作成。

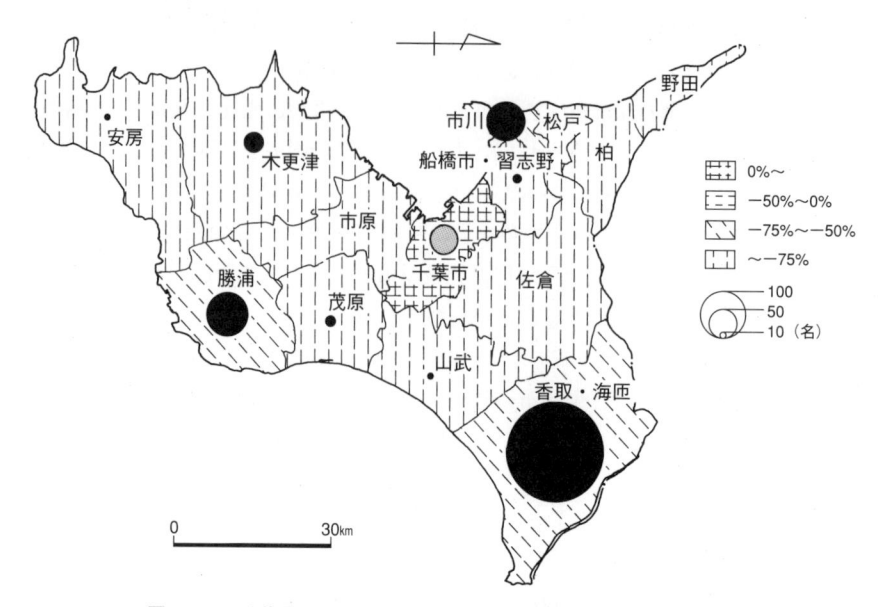

図 3-38　千葉県における在来型行商人の保健所区別分布および増減率

千葉市の数値は行商届出数、他の県保健所管内の数値は保健所の調査による。
増減率：1983～2002年の期間での総数に対する増減数の割合。
保健所管轄区は、2003年現在（一部改変；船橋市・習志野、香取・海匝保健所管轄区を合併表記）。
千葉県健康福祉部衛生指導課などの資料により作成。

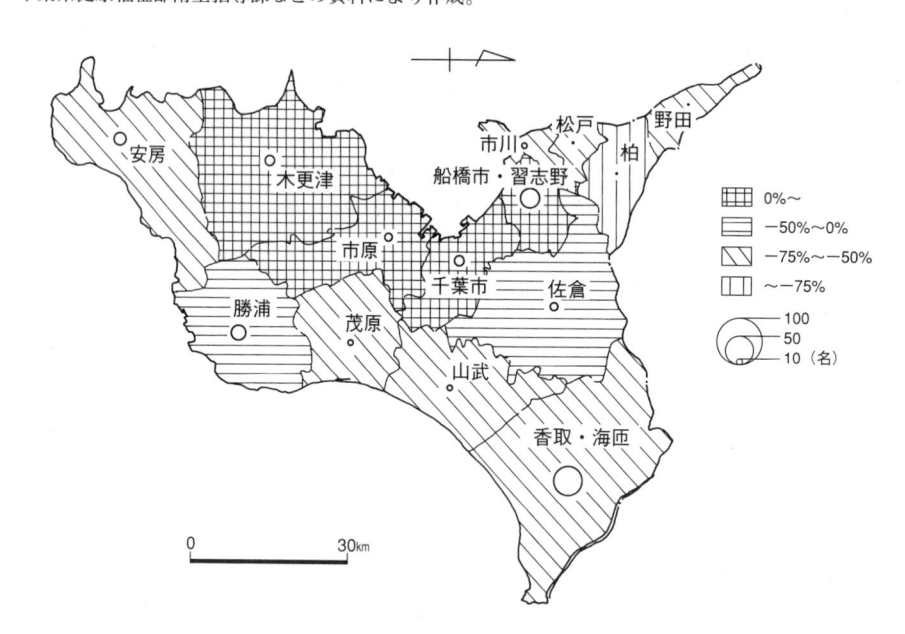

図 3-39　千葉県における自動車営業者の保健所区別分布および増減率

増減率：1983～2002年の期間での総数に対する増減数の割合。
保健所管轄区は、2003年現在（一部改変；船橋市・習志野、香取・海匝保健所管轄区を合併表記）。
千葉県健康福祉部衛生指導課などの資料により作成。

値中に、実質的な廃業者がかなり含まれていることが予想される。県でも長年にわたってその実態をつかむことができないでいたが、2002年に、各保健所を通じて追跡実態調査を実施した。その結果、政令指定都市である千葉市を除く県全域で、在来型行商人は437名であった。ほぼ実労

者数と考えられるこの数値は、届出者数の47.2％に相当するものであり、清水馨八郎の先駆的行商研究で取り上げられた行商活発地域としての千葉県の実態が初めて明らかにされた。

千葉県における往時の行商について、『日本の民俗』の記述によると、市原市今津朝山地区から近郷近在を回るものをボッカヤマと呼び、九十九里浜地区から長生郡山間部を回るものをイワシヤと呼んでいた。

自動車営業者は、前回調査時(1984年)で542名であったものが、2003年現在で240名となった。19年間での減少率が55.7％、年当たり2.9％の減少となった。

図3-38、**図3-39**をもとに、営業者の保健所区別分布をみてみる。県による実態調査で明らかになった数を示した**図3-38**をみると、在来型行商人が多いのは、香取・海匝管内(205名)、勝浦管内(81名)、市川管内(75名)など沿岸の魚介類産地であり、かつて届出数が116名もあった佐倉管内や、野田、柏、松戸管内といった内陸地域で営業者が0となるなど、地域的変容が大きくなっている。

自動車営業者が多いのも、香取・海匝管内(59名)、船橋市・習志野管内(39名)、勝浦管内(29名)など沿岸の魚介類産地である。特に東京湾岸に並ぶ地域が増加しており(船橋市・習志野管内(増加率39.3％)、千葉市(同5.6％)、市原管内(同62.5％)、木更津管内(同54.5％))、都市地域における自動車営業活動の活発化が理解される。一方で、野田、柏、松戸管内は、在来型行商と同様に自動車営業活動も不活発地域となっている。

(15) 新潟県

新潟県には在来型行商に関する条例法規として、「新潟県食品衛生条例」があり、中核市である新潟市も同様の条例法規を有している。営業者は、これらに基づいて、住所地保健所において2年更新で許可を得て営業を行っている。なお、新潟県において特筆すべきは、当県が秋田県と並んで全国でも有数の定期市開市県であり、在来型行商に関する条例においても、いわゆる行商形態である「振り売り」と定期市出店者である「臨時定置」とが分けて記載されている点である。

自動車営業は、食品衛生法の下、「新潟県自動車による移動食品営業の取扱要綱」に基づき、これも住所地保健所において許可を得て営業を行っている。なお、自動車営業については、許可の

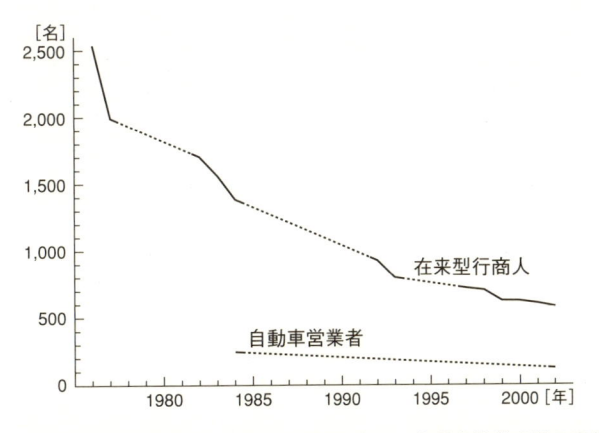

図3-40 新潟県における在来型行商人・自動車営業者数の変化
折れ線グラフの点線部分は資料欠。
新潟県福祉保健部生活衛生課、新潟市市民局保健福祉部食品衛生課などの資料により作成。

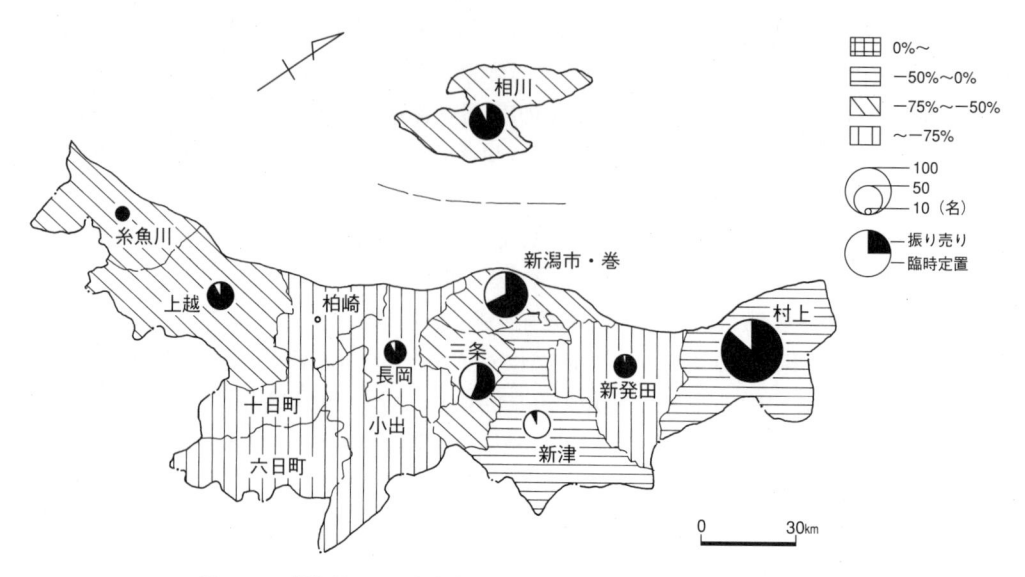

図 3-41 新潟県における在来型行商人の保健所区別分布および増減率

増減率：1984〜2002 年の期間での総数に対する増減数の割合。
保健所管轄区は、2003 年現在（一部改変；新潟市と巻保健所管内を合併表記）。
新潟県福祉保健部生活衛生課、新潟市市民局保健福祉部食品衛生課などの資料により作成。

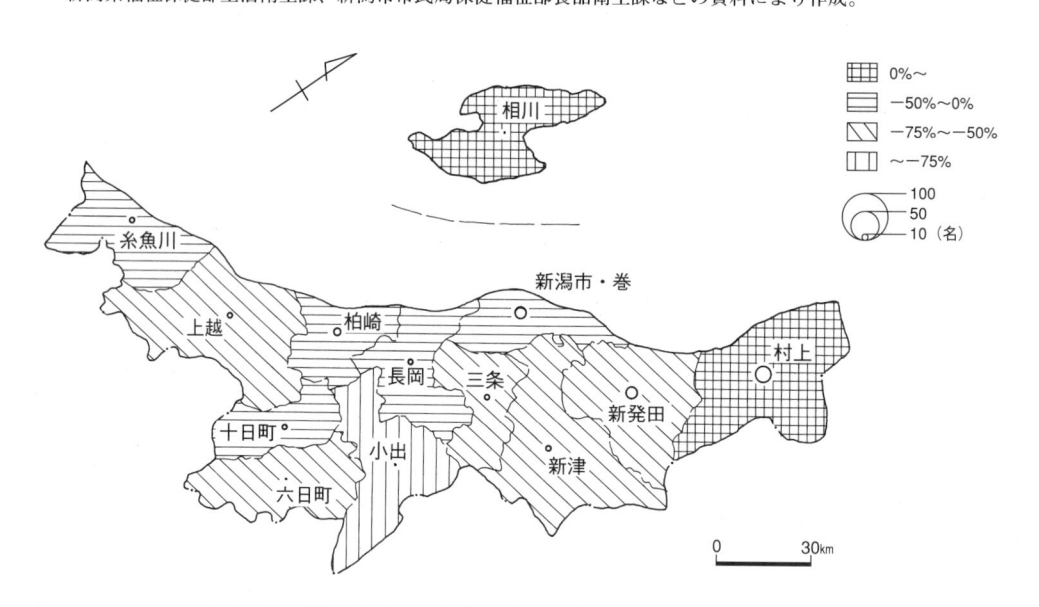

図 3-42 新潟県における自動車営業者の保健所区別分布および増減率

増減率：1984〜2002 年の期間での総数に対する増減数の割合。
保健所管轄区は、2003 年現在（一部改変；新潟市と巻保健所管内を合併表記）。
新潟県福祉保健部生活衛生課、新潟市市民局保健福祉部食品衛生課などの資料により作成。

有効期間が、かつての 2 年から 1995 年に 4 年、さらに 98 年より現行の 5 年に延長されている。自動車営業車には機械式電気冷蔵施設の設置が義務づけられており、肉、野菜、菓子などとの混載型、魚介類専売型の双方がみとめられる。

図 3-40 をもとに、行商人、および自動車営業者数の変化についてみてみよう。振り売りと臨時定置を含む在来型行商人については、県の資料が残っている中での最大が 1976 年の 2,544 名で

あり、前回調査(1984年)時で1,567名であったが、2002年現在で590名となった。18年間での減少率が62.4％、年当たり3.5％の大幅減となっている。一方、自動車営業者は、1984年の256名が2002年末には138名となった。18年間の減少率が46.1％、年当たり2.6％の減となっている。

図3-41、図3-42をもとに、営業者の保健所区別分布をみてみる。在来型行商で営業者が多いのは、村上管内(139名)、新潟市・巻管内(93名)、相川管内(74名)、三条管内(71名)であり、内陸部の小出、六日町、十日町管内は0となった。減少率が特に大きいのは、柏崎管内(98.0％)、新発田管内(77.4％)、長岡管内(76.6％)、糸魚川管内(73.1％)などである。また、全域的に振り売りが多い中で、臨時定置が県央部の新津、三条、新潟市・巻管内で107名(全体比の75.0％)となっており、魚介類販売に関する限りでは、当該地域が定期市の中心となっていることがわかる。なお、『新潟県史』によると、行商人は、イサバ、カツギ、スケゴ、ボテフリ、アネコなどと呼ばれ、かつて新潟県内各地で魚介類と農産物との物々交換が行われていた。[65]

自動車営業者が多いのは、村上管内(30名)、新潟市・巻管内(23名)、新発田管内(22名)であり、全域的に減少傾向がみとめられる中で、村上管内のみ前回調査時より7名の増加(増加率30.4％)となっており注目される。自動車営業も内陸部で減少率が大きくなっており、小出管内(93.3％)、六日町管内(71.4％)、三条管内(71.4％)などでは激減している。

(16) 富山県

富山県には在来型行商に関する条例法規として、「富山県魚介類行商取締条例」[66]があり、中核市である富山市も同様の条例法規を有している。営業者は、これらに基づいて、住所地保健所において1年更新で許可を得て営業を行っている。

自動車営業は、食品衛生法の下、「富山県食品衛生条例」[67]に基づき、これも住所地保健所において許可を得て営業を行っている。なお、自動車営業については、許可の有効期間がかつての2年から2000年より現行の5年に延長されている。自動車営業車には機械式電気冷蔵施設の設置が義務づけられているが、かつて認められなかった軽四輪での営業や、貯水タンク等施設を設置することで切り身など調理加工が許されることになった。

図3-43をもとに、行商人、および自動車営業者数の変化についてみてみよう。在来型行商人は、県の資料が残っている中での最大が1970年の665名であり、前回調査(1984年)時で455名であったが、2002年現在で130名となった。18年間での減少率が71.4％、年当たり4.0％の大幅減となっている。一方、自動車営業者はもともと少なく、1984年当時、農協の営業車が1台ある

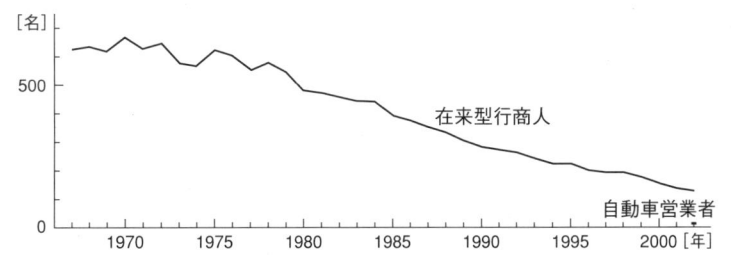

図3-43　富山県における在来型行商人・自動車営業者数の変化
富山県厚生部食品生活衛生課、富山市保健所などの資料により作成。

98　第1部　研究の視点と方法および水産物行商活動の全国的展開

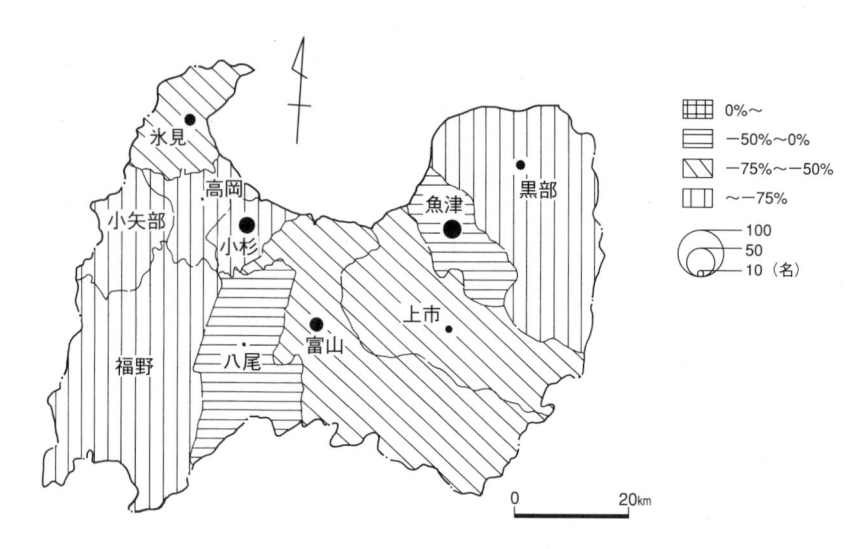

図 3-44　富山県における在来型行商人の保健所区別分布および増減率
増減率：1984〜2002年の期間での総数に対する増減数の割合。
保健所管轄区は、1984年当時。
富山県厚生部食品生活衛生課、富山市保健所などの資料により作成。

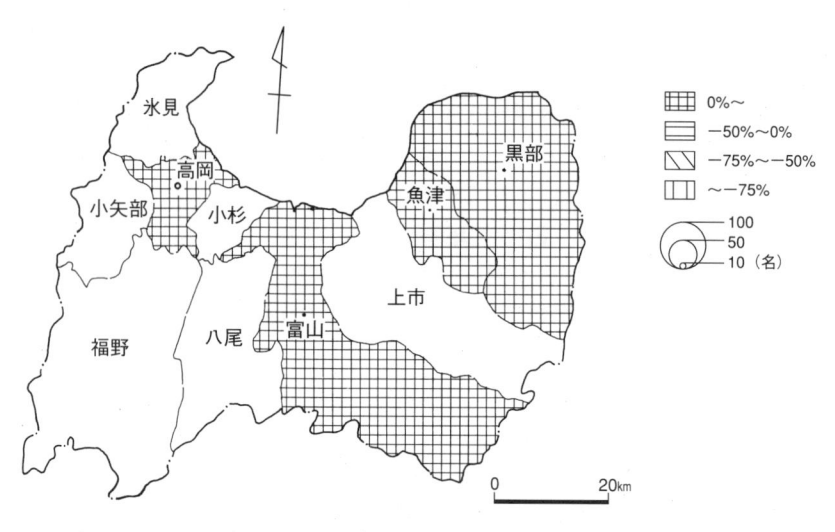

図 3-45　富山県における自動車営業者の保健所区別分布および増減率
増減率：1984〜2002年の期間での総数に対する増減数の割合。
保健所管轄区は、1984年当時。
富山県厚生部食品生活衛生課、富山市保健所などの資料により作成。

のみであったが、上記のような規制緩和もあって、2002年現在で12名に増えている。
　図3-44、図3-45をもとに、営業者の保健所区別分布をみてみる。在来型行商で営業者が多いのは、旧魚津管内(32名)、旧小杉管内(30名)といった漁業地区であり、県西内陸の砺波(旧福野・旧小矢部)管内では0となっている。なお、『富山県史』によると、行商人は、富山県内では昔から多くはなかったが、その中でも県東の朝日町宮崎地区と魚津市経田地区が中心的輩出地であった。[68] しかし、今回の調査では、漁村を多く含む地区や都市部でも減少率が大きくなっている。かつて在来型行商人の活動が盛んであった旧黒部管内(80.6％)、旧小杉管内(75.8％)、旧富山管内

(73.0％)などがその例である。

　自動車営業は、県全域を通じて活動不活発地域ということができるが、その中でも旧高岡管内が前回調査の1984年次の0から7へと増加し、活動の中心となっている[69]。

（17）石川県

　石川県では、在来型行商に関する指導要領である「魚介類行商者指導要領」が2000年に廃止され、「石川県食品衛生施行条例」の下、「食品の営業許可等に係る取扱要領」が施行された[70]。営業者は、これに基づいて、住所地保健所に届出をして営業を行っている。

　石川県の場合、自動車営業に関する条例法規が施行されておらず、自動車による魚介類販売業自体を認めていない。ただし、実際に営業者がないというわけではなく、現状では魚介類行商の届出を行うなどして、氷冷蔵の保冷車で営業している例が多い。このように、魚介類行商の実体にそぐわない業態が現出しているため、県では、現在、自動車による魚介類販売業に関する条例法規を作成中であり、近々、施行される予定である[71]。

　在来型行商は、更新が不要な届出制のため、前回調査(1984年)当時629名の営業者があったが、実労者数は不明であった。その状況は今も変わらず、県では行商人数を把握していない。ちなみに、各保健所に問い合わせた中で、回答が得られたところでは、大幅に減少した地域もあるが、南加賀保健所管内376名（前回調査時よりの増加率44.6％）、能登北部保健所管内205名（同3.5％）など増えた地域もある。これらの地域では、自動車営業者数の増加が、全体数を押し上げていることが予想される[71]。

　自動車営業者数も、県、および保健所では把握していない。1984年当時130名の実労者があり、魚介類行商届出数の増加状況からみて、自動車営業者自体も増加していると考えられるが、現状は不明である。

（18）福井県

　福井県には在来型行商に関する条例法規として、「福井県食品衛生条例」[73]があり、営業者は、これに基づいて、住所地保健所における登録を経て営業を行っている。この登録の有効期間は、かつての2年から5年に延長されている。

図3-46　福井県における在来型行商人・自動車営業者数の変化
折れ線グラフの点線部分は資料欠。
福井県福祉環境部食品安全・衛生課などの資料により作成。

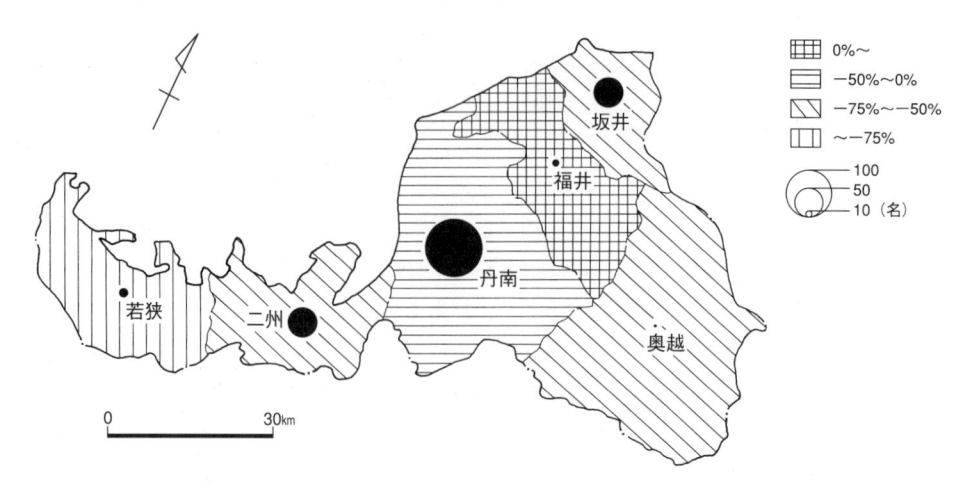

図3-47 福井県における在来型行商人の保健所区別分布および増減率
増減率：1984～2001年の期間での総数に対する増減数の割合。
保健所管轄区は、2003年現在。
福井県福祉環境部食品安全・衛生課などの資料により作成。

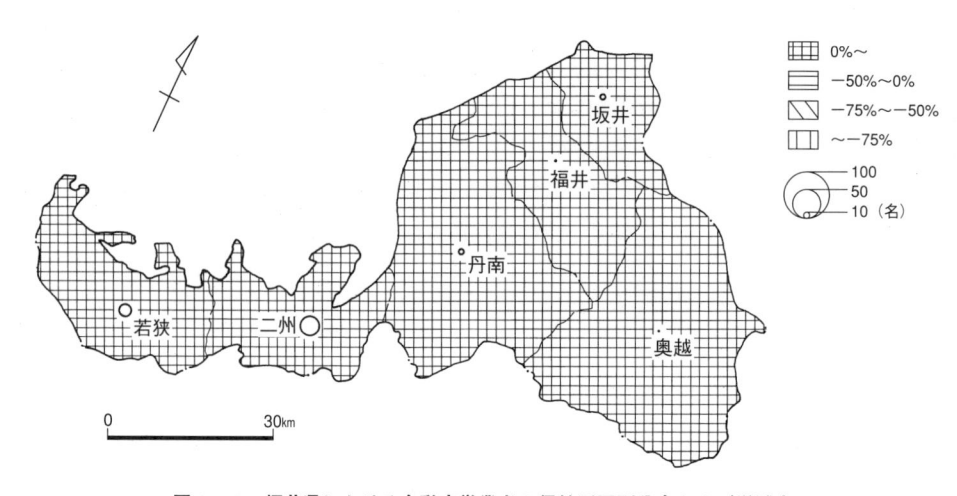

図3-48 福井県における自動車営業者の保健所区別分布および増減率
増減率：1984～2001年の期間での総数に対する増減数の割合。
保健所管轄区は、2003年現在。
福井県福祉環境部食品安全・衛生課などの資料により作成。

　自動車営業は、「食品衛生法施行条例」下、「自動車による食品の移動販売に関する取扱要領」[74]に基づき、これも住所地保健所において、現在は5年更新で許可を得て営業を行っている。なお、自動車営業車には機械式電気冷蔵施設の設置が義務づけられている。
　図3-46をもとに、行商人、および自動車営業者数の変化についてみてみよう。在来型行商人については、県の資料では、1964年からデータがあるが、1989年以前は、魚介類行商ではなく、「食品行商」という、より大きな枠組みの登録者数となっている。ただし、前回調査(1984年8月末)の魚介類行商人数561名と、資料(1985年3月末)に現れる食品行商人数562名にほとんど差がないので、食品行商＝魚介類行商とみてよかろう。したがって、県の資料が残っている中での在来型行商の数的ピークは、1964年の1,139名ということになる。これが、前回調査(1984年)時

561名となり、2001年現在で233名となった。17年間での減少率が58.5％、年当たり3.4％減少している。一方、自動車営業者は、1984年当時わずか9名であったものが2001年現在で77名と約8.6倍に増えたことが注目される。

図3-47、図3-48をもとに、営業者の保健所区別分布をみてみる。在来型行商で営業者が多いのは、丹南管内(113名)、二州管内(51名)、坂井管内(49名)であるが、前回104名を数え、かつての京都など向かう「塩サバ街道」の起点として知られていた若狭管内がわずか13名へ激減(減少率87.5％)している。なお、刀禰によれば、小浜近辺から市街へ、あるいは遠く丹波・京都まで出向く「若狭背負」と称される魚行商があったし、越前町では1957年時点で、374名の魚行商があった。[75] 県全域的に減少傾向がみられる中で、数的には少ないものの福井管内のみ増加(増加率20.0％)となっている点が注目される。

写真3-1　小浜市の自動車営業車
(2006年11月撮影)

自動車営業者は、県全域で増加傾向にあるが、特に多いのは、二州管内(37名)、若狭管内(21名)である(**写真3-1**)。

(19) 山梨県

山梨県には在来型行商に関する条例法規として、「山梨県食品行商条例」[76]がある。営業者は、これに基づいて、住所地保健所への届出を経て営業を行っている。この届出の有効期間は、1年であったものが2003年より5年に延長された。

自動車営業は、食品衛生法の下、「食品営業自動車の営業許可等の取扱要領」[77]に基づき、これも住所地保健所において許可を得て営業を行っている。この許可の有効期間は、2年であったものが2000年より5年に延長されている。なお、自動車営業車には機械式電気冷蔵施設の設置が義務づけられており、肉、野菜、菓子などとの混載型車両が多くみられる。

図3-49をもとに、行商人、および自動車営業者数の変化についてみてみよう。在来型行商人は、県の資料が残っている中での最大が1979年の365名であり、前回調査(1984年)時で200名であったが、2002年現在ではわずか34名となった。18年間での減少率が83.0％、年当たり4.6％の大幅減となっている。一方、自動車営業者は、1984年当時の118名から2003年現在で93名(減少率21.2％、年当たり1.1％)の微減となっている。

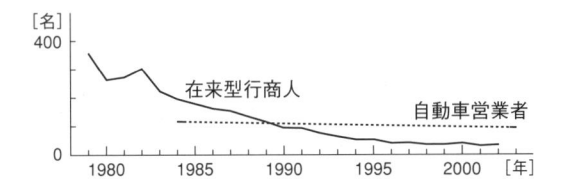

図3-49　山梨県における在来型行商人・自動車営業者数の変化
折れ線グラフの点線部分は資料欠。
山梨県福祉保健部衛生薬務課などの資料により作成。

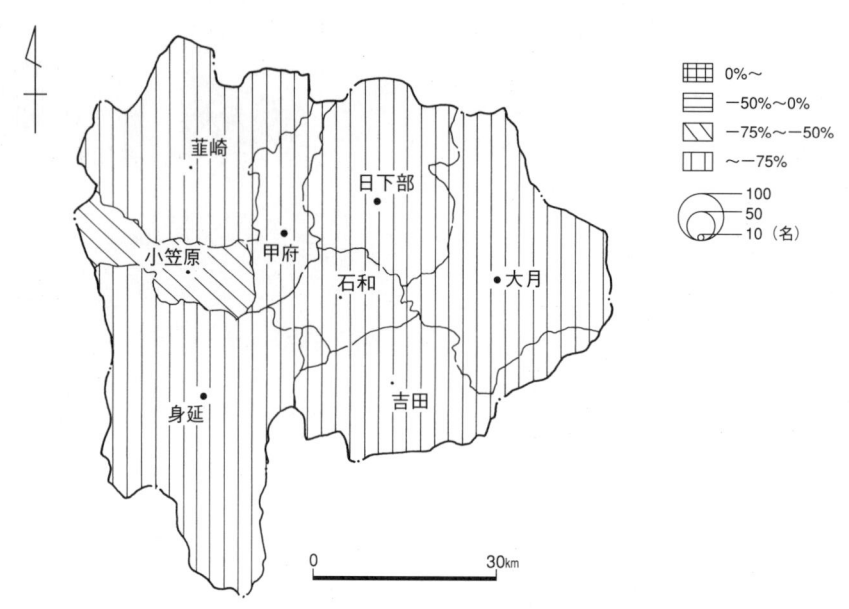

図 3-50 山梨県における在来型行商人の保健所区別分布および増減率
増減率：1984〜2002年の期間での総数に対する増減数の割合。
保健所管轄区は、2003年現在。
山梨県福祉保健部衛生薬務課などの資料により作成。

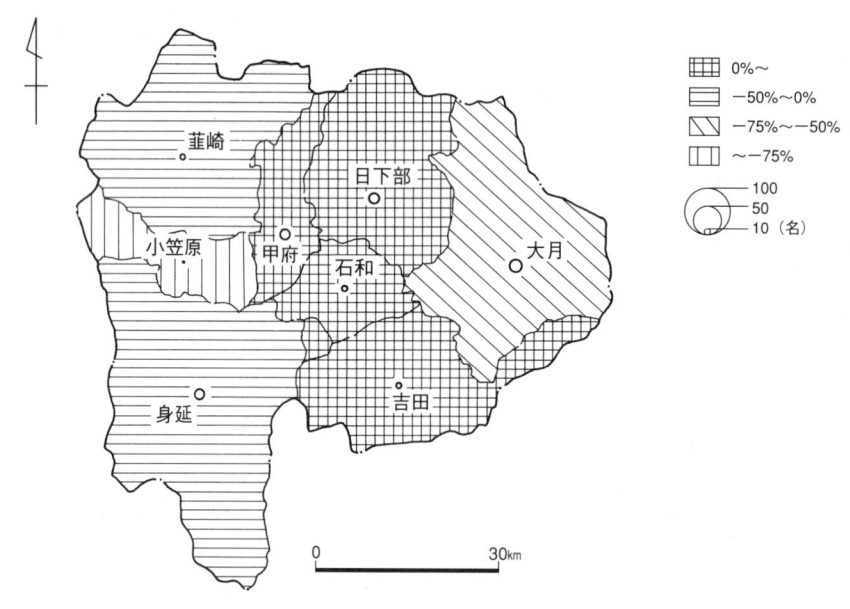

図 3-51 山梨県における自動車営業者の保健所区別分布および増減率
増減率：1984〜2003年の期間での総数に対する増減数の割合。
保健所管轄区は、2003年現在。
山梨県福祉保健部衛生薬務課などの資料により作成。

　図3-50、図3-51をもとに、営業者の保健所区別分布をみてみる。在来型行商人は、県全域的に激減したことが理解される。かつて営業者が30名を超える行商活発地域であった甲府管内（前回調査時からの減少率89.7％）、日下部管内（同81.8％）、身延管内（同78.4％）とも一様に大幅減と

なった。

往時の水産物行商について、『山梨県史』によると、山梨県内には主に静岡県からの行商人の入り込みがあった。イサバと呼ばれる彼らが扱っていた物は、カツオブシ、ニボシ、シラス、チリメン、桜エビなどの干物や塩漬けイルカ肉などであり、新潟県からワカメ売りが来ることもあった[78]。

自動車営業者が多いのは、大月管内(20名)、甲府管内(16名)、日下部管内(15名)、身延管内(15名)である。特に甲府、日下部、石和、吉田の4管内が増加しているのに対し、小笠原管内のみ減少率75.0％と激減しており、隣接する地域にあっても状況に大きな違いのみられる点が注目される。

(20) 長野県

長野県には在来型行商に関する条例法規として、「食品衛生に関する条例」[79]があり、中核市である長野市も同様の条例法規を有している。営業者は、これらに基づいて、住所地保健所で許可を得て営業を行っている。この許可の有効期間は、かつて2年であったものが3年に延長された。

自動車営業は、食品衛生法の下、「移動営業車取扱要綱」[80]に基づき、これも住所地保健所において許可を得て営業を行っている。自動車営業についても、許可の有効期間がかつての2年から5年に延長されている。なお、自動車営業車には機械式電気冷蔵施設の設置が義務づけられており、車両内に客が立って入れるような大型のバス型混載車が多くみられる[81]。

図3-52をもとに、行商人、および自動車営業者数の変化についてみてみよう。在来型行商人は、県の資料が残っている中での最大が1959年の1,990名であり、前回調査(1984年)時で121名に減っていたが、2002年現在ではわずか23名となった。18年間での減少率が81.0％、年当たり4.5％の大幅減となっている。一方、自動車営業者は、1984年当時の255名が2002年現在で88名となった。18年間の減少率が65.5％、年当たり3.6％の大幅減となっている。

図3-53、図3-54をもとに、営業者の保健所区別分布をみてみる。在来型行商人は、営業者が0となった北信管内の他、佐久管内、木曽管内、松本管内、長野市・長野管内で減少率が80％を超えており、県全域的に激減したことが理解される。前回調査時で最大の行商人数(35名)を誇っていた松本管内で5名となったのを始め、全ての保健所管内で、営業者が5名以下となっており、ほぼ消滅に近い状況と言える。

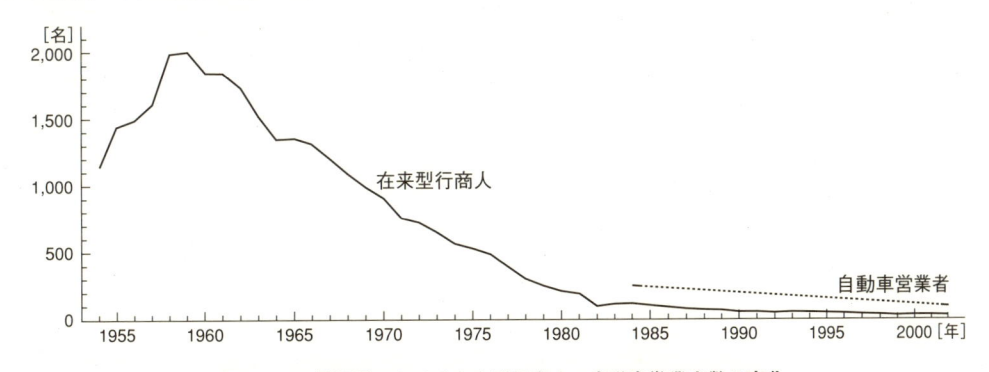

図3-52 長野県における在来型行商人・自動車営業者数の変化
折れ線グラフの点線部分は資料欠。
長野県衛生部食品環境水道課、長野市保健所生活衛生課などの資料により作成。

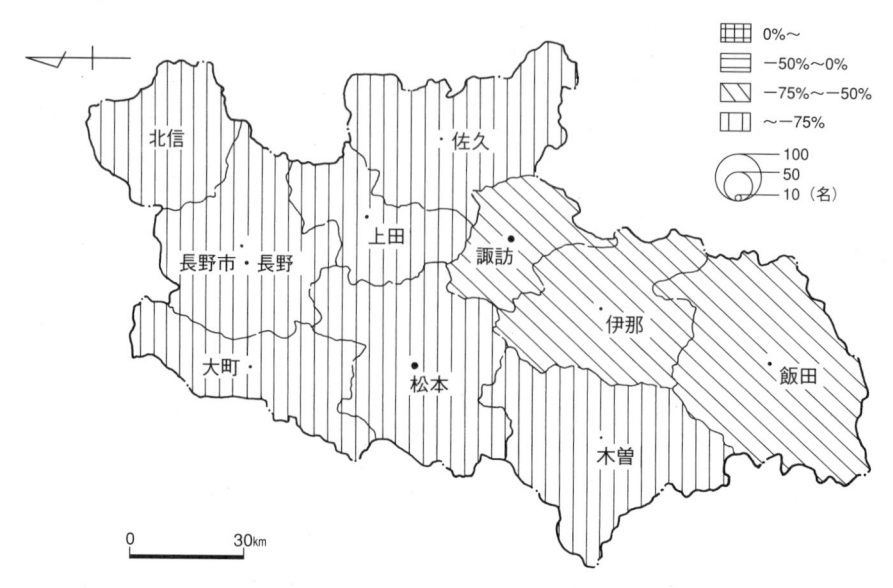

図3-53　長野県における在来型行商人の保健所区別分布および増減率
増減率：1984～2002年の期間での総数に対する増減数の割合。
保健所管轄区は、2003年現在（一部改変；長野市と長野保健所管内を合併表記）。
長野県衛生部食品環境水道課、長野市保健所生活衛生課などの資料により作成。

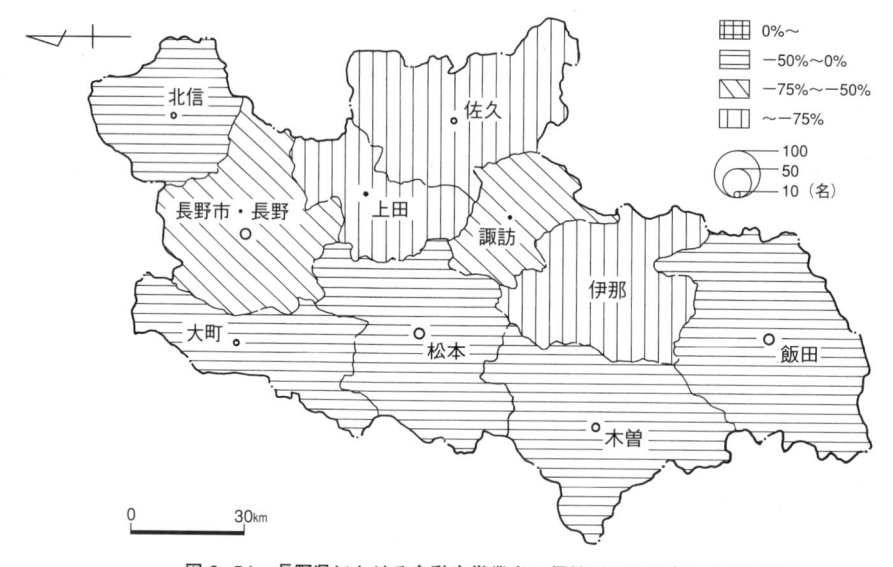

図3-54　長野県における自動車営業者の保健所区別分布および増減率
増減率：1984～2002年の期間での総数に対する増減数の割合。
保健所管轄区は、2003年現在（一部改変；長野市と長野保健所管内を合併表記）。
長野県衛生部食品環境水道課、長野市保健所生活衛生課などの資料により作成。

　かつて、行商が盛んであった頃の状況について、『長野県史』をもとに地方ごとにみてみる。東信地方では、新潟県から各地に行商人が入っていた他、上田、小諸など都市部からの行商もあった[82]。南信地方でも新潟県から各地に行商人が入っていた他、伊那、高遠、諏訪、岡谷など都市部からの行商や、地域によっては三重、愛知県などから干物などの行商が入っていた[83]。中信地方で

も新潟県の特に糸魚川や、富山、岐阜県からの行商の他、松本、大町、諏訪などの都市部からの行商、三重、高知などからの干物行商が入っていた[84]。北信地方でも新潟県から各地に行商人が入っていた他、長野市、飯山市、更埴市など都市部からの行商人の入り込みがあった[85]。

自動車営業者が多いのは、長野市・長野管内(16名)、松本管内(15名)、飯田管内(15名)である。しかし、これも営業者が0となった伊那管内の他、上田管内、佐久管内で減少率が80％を超えており、減少傾向が著しくなっている。一方で、飯田管内、木曽管内、松本管内など、山間地域を含む地域では、減少率が50％未満に止まっている。これについて、県衛生部によると、都市部を回る自動車営業は激減しているが、特に県南山間部には隣県などからの混載型の自動車営業車が入っている。山間部では住民の高齢化が進み、地形的な険しさもあって買い物行動も容易ではないため、宅配事業に安定した需要があるとのことであった[86]。

(21) 静岡県

静岡県には在来型行商に関する条例法規として、「静岡県魚介類等行商取締条例[87]」があり、中核市である静岡市、浜松市も同様の条例法規を有している。営業者は、これらに基づいて住所地保健所において3年更新で許可を得て営業を行っている。

自動車営業は、静岡県衛生部長通知「自動車による魚介類の販売について[88]」に基づき、営業地保健所で許可を得て営業を行っている。この許可の有効期間は、かつて3年であったものが5年に延長されている。なお、自動車営業は、氷冷蔵方式の保冷車も可とされているが、魚介類専売車のみで肉、野菜、菓子などとの混載車は認められていない。

図3-55をもとに、行商人、および自動車営業者数の変化についてみてみよう。在来型行商人は、県の資料が残っている中での最大が1969年の500名であり、前回調査(1984年)時で411名であったが、2002年現在では54名となった。18年間での減少率が86.9％、年当たり4.8％の大幅減となっている。一方、自動車営業者は、1984年当時の356名が2002年現在で187名となった。18年間の減少率が47.5％、年当たり2.6％の減となっている。

図3-56、図3-57をもとに、営業者の保健所区別分布をみてみる。在来型行商では、前回調査時から営業者が0の御殿場管内だけでなく、最も減少率が小さい東部管内でさえ78.0％ということで、県全域で激減傾向がみられる。その中でも比較的営業者が多いのが、東部管内(13名)、北遠・西部管内(11名)、志太榛原管内(10名)、静岡市(10名)である。

かつて行商が盛んであった頃の状況を若干の文献からみてみる。吉川によると、伊豆地方には、近在を回る女性行商(ボテー)と遠方へ出向く男性行商(イサバ)があり、ボテーは当初、頭上運搬、

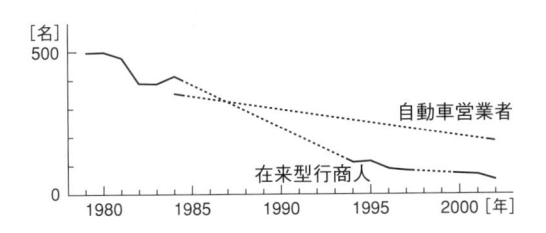

図3-55 静岡県における在来型行商人・自動車営業者数の変化

折れ線グラフの点線部分は資料欠。
静岡県健康福祉部生活衛生総室、静岡市保健所食品衛生課、浜松市保健所生活衛生課などの資料により作成。

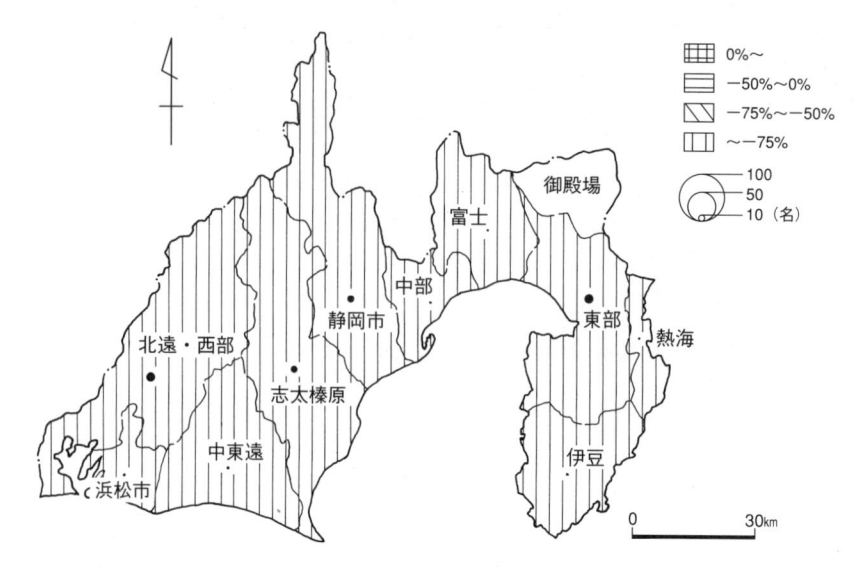

図 3-56　静岡県における在来型行商人の保健所区別分布および増減率
増減率：1984～2002 年の期間での総数に対する増減数の割合。
保健所管轄区は、2002 年現在（一部改変；北遠保健所管内と西部保健所管内を合併表記）。
静岡県健康福祉部生活衛生総室、静岡市保健所食品衛生課、浜松市保健所生活衛生課などの資料により作成。

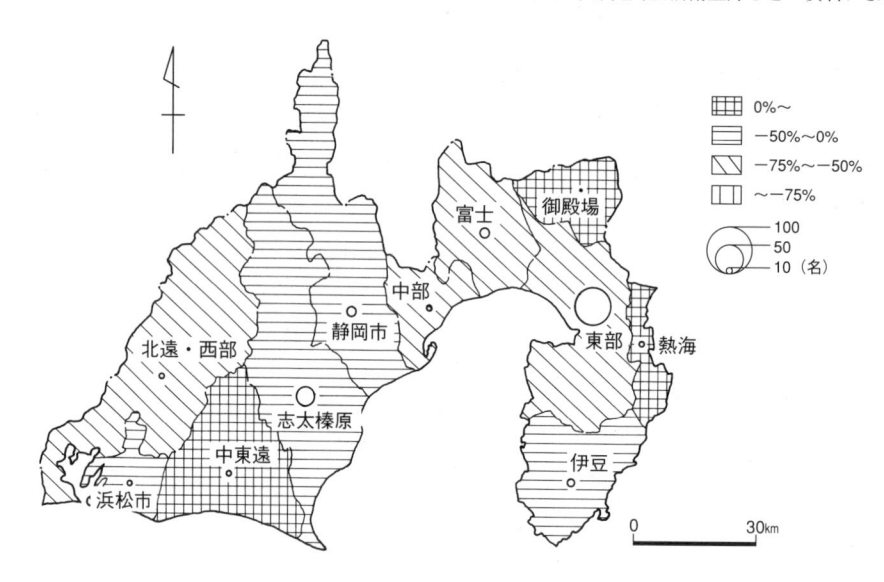

図 3-57　静岡県における自動車営業者の保健所区別分布および増減率
増減率：1984～2002 年の期間での総数に対する増減数の割合。
保健所管轄区は、2002 年現在（一部改変；北遠保健所管内と西部保健所管内を合併表記）。
静岡県健康福祉部生活衛生総室、静岡市保健所食品衛生課、浜松市保健所生活衛生課などの資料により作成。

もしくは背負運搬で、後に行政指導でブリキ函を使うようになるとリヤカー、バス、鉄道などを利用するようになった。これに対し、イサバは当初、肩担い運搬、後自転車、オートバイ、四輪車へと運搬手段が変わった[89]。

　また、『静岡県史』によると、行商は、伊豆地方各地で盛んであったが、特に沼津市から内陸に入った行商人の中には、そのままその地に定着して鮮魚店を開く者が多くみられた[90]。

第3章　地方ごとにみた水産物行商活動の変容　　　　　　　　　　　　　　　107

自動車営業者が多いのは、東部管内(74名)、志太榛原管内(36名)、富士管内(15名)、静岡市(15名)である。営業者の減少率が大きくなっているのは、北遠・西部管内(63.3%)や富士管内(61.5%)であり、一方で、熱海、御殿場、中東遠の3管内で前回調査時より営業者が増加するなど、地域的状況は一様ではない。

（22）愛知県

愛知県には在来型行商に関して、「魚介類行商指導要領」が施行されており、政令指定都市である名古屋市には、「名古屋市食品衛生法等施行細則」の下、「魚介類行商の取締要綱について[91]」がある。営業者は、これらに基づいて住所地保健所への届出を経て営業を行っていた。この届出の有効期間は、県が1年、名古屋市が更新不要という大きな違いがあった。ただし、県では2000年をもって行商実労者が0となり、上記指導要領も廃止された。

自動車営業は、食品衛生法の下、「食品衛生に係る営業の基準に関する条例[92]」が施行され、政令指定都市である名古屋市には、「自動車による魚介類販売業の取扱い要領[93]」がある。営業者は、これらに基づき、住所地保健所で許可を得て営業を行っている。この許可の有効期間は、かつての4年から、施設設備の状況によって5～8年へと延長されている。なお、自動車営業は、氷冷蔵方式の保冷車も可とされており、魚介類専売車が多い。

行商人、および自動車営業者数の変化についてみてみよう。在来型行商人は、前回調査時(1984年)ですでに減少が著しく、名古屋市を除く愛知県全体でわずか47名であったが、先述のとおり、2000年には0となり、完全に消滅した。名古屋市の場合は、更新不要の届出制であり、営業者数の中に、かなりの廃業者が含まれる可能性が高いという点でデータの信憑性に問題がある。この

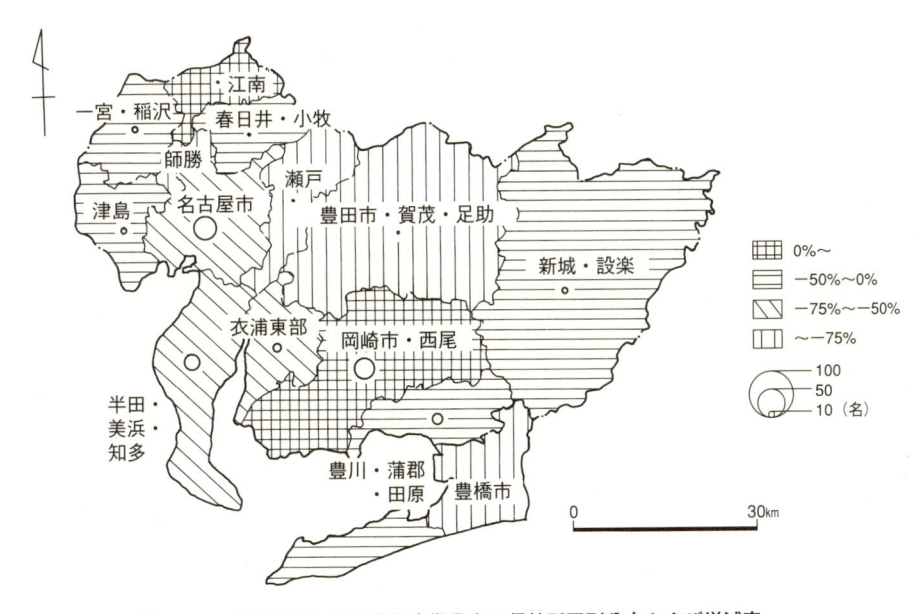

図3-58　愛知県における自動車営業者の保健所区別分布および増減率
増減率：1984～2002年の期間での総数に対する増減数の割合。
保健所管轄区は、2003年現在(一部改変；豊田市保健所管内と加茂・足助保健所管内、岡崎市保健所管内と西尾保健所管内、半田・美浜保健所管内と知多保健所管内を合併表記)。
愛知県健康福祉部生活衛生課、名古屋市健康福祉局健康部食品衛生課、豊橋市保健所生活衛生課、豊田市保健所保健衛生課、岡崎市保健所生活衛生課などの資料により作成。

数値も前回調査時の591名から2002年現在で61名へ大きく減少した。61名中の実労者数は不明であるが、市内柳橋、中川などの地方市場関係者で魚介類行商の届けを出して活動している者があるとのことであった。[94]

自動車営業は、1984年当時の303名が2002年現在で161名となった。18年間の減少率が46.9％、年当たり2.6％の減となった。

図3-58をもとに、自動車営業者の保健所区別分布をみてみる。営業者が多いのは、名古屋市（39名）、岡崎市・西尾管内（34名）、半田・美浜・知多管内（26名）などである。これに対し、もともと少なかった豊橋市や師勝管内では営業者が0となった他、減少率が大きいのが瀬戸管内（87.5％）や豊田市・加茂・足助管内（83.3％）といった内陸地域である。一方で営業者が増加している地域として、岡崎市・西尾管内（増加率88.9％）や0から2になった江南管内があり、県全域的な状況は一様ではない。

（23）岐阜県

岐阜県、および中核市である岐阜市は、内陸に位置し、古来在来型行商人の入り込みがほとんどなかったということで、これに関する条例法規が施行されていない。したがって、その実態は不明であるが、県によるところでは、営業者数は限りなく0に近いということであった。[95]

自動車営業者は、食品衛生法の下、「露店営業・自動車営業等の取扱い要綱」[96]に基づいて、住所地保健所で許可を得て営業を行っている。この許可の有効期間は、かつての3年が5年に延長されている。自動車営業車には機械式電気冷蔵施設の設置が義務づけられている。消費地の需要に対応して、山間部を回るものに肉、野菜、菓子、雑貨などとの混載型車が多く、都市の店舗への卸し、配達などには魚介類専売車がみられる。[97]

図3-59をもとに、自動車営業者数の変化についてみてみよう。営業者は、1984年当時399名であったものが、2003年現在で134名となった。19年間の減少率が66.4％、年当たり3.5％の大幅減となっている。

図3-60をもとに、自動車営業者の保健所区別分布をみてみる。営業者が多いのは、岐阜市・岐阜地域・本巣・山県・揖斐管内（40名）や中濃管内（19名）、郡上管内（18名）、飛騨管内（16名）である。特に岐阜市だけ抽出してみると、営業者が前回調査時の0から14名へと県内で唯一急増しており注目される。逆に減少が著しいのが関管内（減少率86.1％）、恵那管内（同80.4％）、益田管内（同79.4％）、東濃管内（78.3％）である。こうしてみると、岐阜県の自動車営業は、中心的都市と北部山間部において活発な営業が残っていることが理解される。

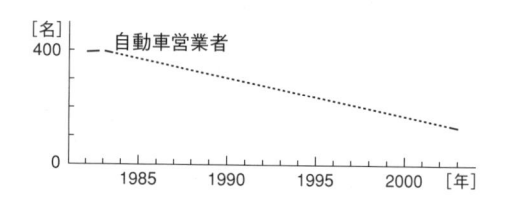

図3-59 岐阜県における自動車営業者数の変化
折れ線グラフの点線部分は資料欠。
岐阜県健康福祉環境部生活衛生課、岐阜市保健所食品保健課などの資料により作成。

第3章　地方ごとにみた水産物行商活動の変容

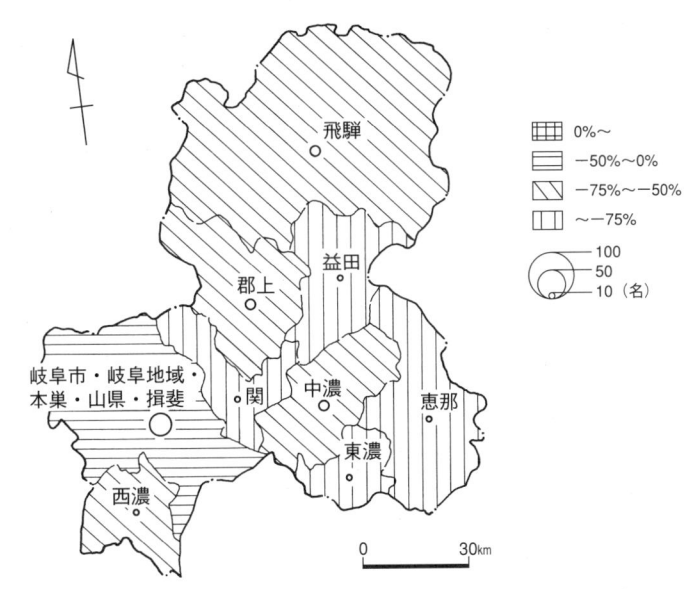

図 3-60　岐阜県における自動車営業者の保健所区別分布および増減率

増減率：1984～2003年の期間での総数に対する増減数の割合。
保健所管轄区は、2003年現在（一部改変；岐阜市と岐阜地域・本巣・山県・揖斐管内を合併表記した他、支所を保健所区として表記）。
岐阜県健康福祉環境部生活衛生課、岐阜市保健所食品保健課などの資料により作成。

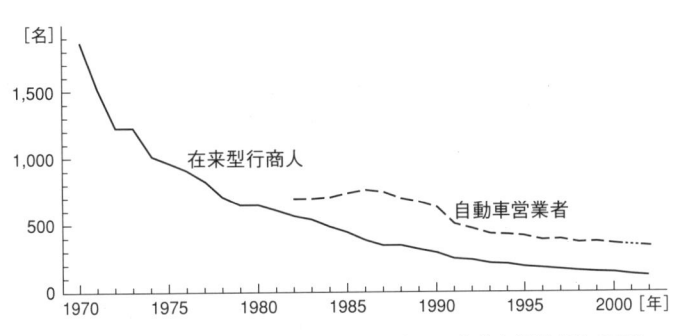

図 3-61　三重県における在来型行商人・自動車営業者数の変化

折れ線グラフの点線部分は資料欠。
三重県健康福祉部薬務食品環境課などの資料により作成。

（24）三重県

　三重県には、在来型行商に関する条例法規として「三重県魚介類行商営業条例」[98]があり、営業者は、これに基づいて、住所地保健所における1年更新の許可を得て営業を行っている。

　自動車営業は、食品衛生法に係る「食品衛生の措置基準等に関する条例」[99]の下、「自動車による食品の調理販売営業取扱要領」[100]に基づき、営業地保健所における許可を得て営業を行っている。この許可の有効期間は、かつての3年が5年に延長されている。なお、三重県における自動車営業車は、氷冷蔵の保冷車でも可とされている。

　図3-61をもとに、営業者数の変化についてみてみよう。在来型行商人は、県の資料が残っている中での最大が1970年の1,859名であり、前回調査時（1983年）で547名あったが、2002年現在で126名となった。前回調査からの19年間での減少率が77.0％、年当たり4.1％の大幅減となっ

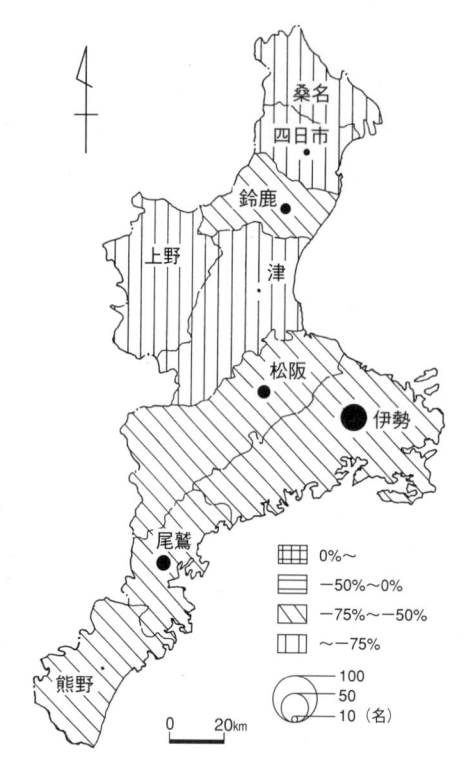

図 3-62 三重県における在来型行商人の保健所区別分布および増減率
増減率：1983～2002 年の期間での総数に対する増減数の割合。保健所管轄区は 2003 年現在。
三重県健康福祉部薬務食品環境課などの資料により作成。

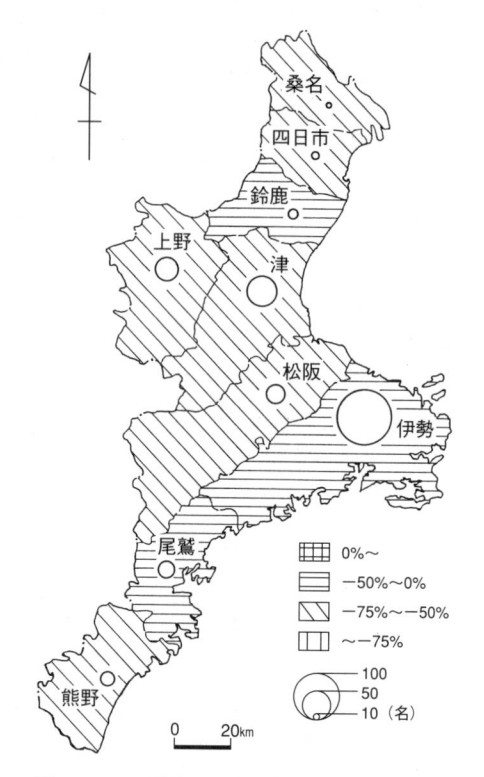

図 3-63 三重県における自動車営業者の保健所区別分布および増減率
増減率：1983～2002 年の期間での総数に対する増減数の割合。保健所管轄区は 2003 年現在。
三重県健康福祉部薬務食品環境課などの資料により作成。

ている。一方、自動車営業者は、県の資料上1982年の704名から始まり、翌年の前回調査時(1983年)で708名となった。その後漸増し、1986年にピークの761名となった。しかし、それ以降は減少に転じ、2002年現在で348名となっている。こちらは、前回調査からの19年間での減少率が50.8％、年当たり2.7％の減少となっている。

図3-62、図3-63をもとに、営業者の保健所別分布をみてみる。在来型行商人が多いのは、伊勢管内(52名)、尾鷲管内(24名)、松阪管内(20名)などの魚介類産地を抱える地域である。一方で、内陸の上野管内が営業者0となった他、県央から県北にかけての地域での減少が特に著しい。往時の在来型行商について、『日本の民俗』によると、度会郡南島町から山越えで宮川村、飯高町川俣地区、松坂、さらに遠く奈良方面にまで海産物を持ち込むカッチンボと称される行商人があった[101]。

自動車営業者が多いのは、伊勢管内(114名)、津管内(59名)、上野管内(45名)などであり、在来型行商に比べて内陸地域まで活発な活動がみとめられる。その中で、県北3管内での営業者が少なくなっている点が逆に目立っている。

（25）和歌山県

和歌山県には、在来型行商に関する条例法規として「和歌山県魚介類行商条例」[102]があり、営業者

第3章 地方ごとにみた水産物行商活動の変容　　　　　　　　　111

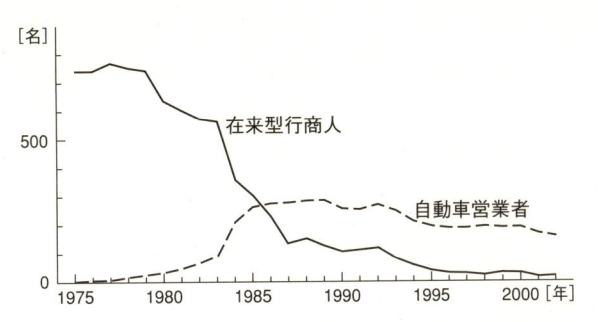

図3-64　和歌山県における在来型行商人・自動車営業者数の変化
和歌山県環境生活部生活衛生課などの資料により作成。

は、これに基づいて、住所地保健所における2年更新の許可を得て営業を行っている。

　自動車営業は、食品衛生法に係る「食品衛生法施行条例」[103]の下、「食品移動販売車による営業許可の取扱要綱」[104]に基づき、これも住所地保健所における許可を得て営業を行っている。この許可の有効期間は、かつての3年から5ないし6年に延長されている。なお、和歌山県における自動車営業車は、氷冷蔵の保冷車でも可とされており、野菜、雑貨などとの混載型車両が多くなっている[105]。

　図3-64をもとに、営業者数の変化についてみてみよう。在来型行商人は、県の資料が残っている中での最大が1977年の771名であり、前回調査時(1984年)で567名あったが、2002年現在で、わずか12名となった。前回調査からの18年間での減少率が97.9％、年当たり5.4％の大幅減

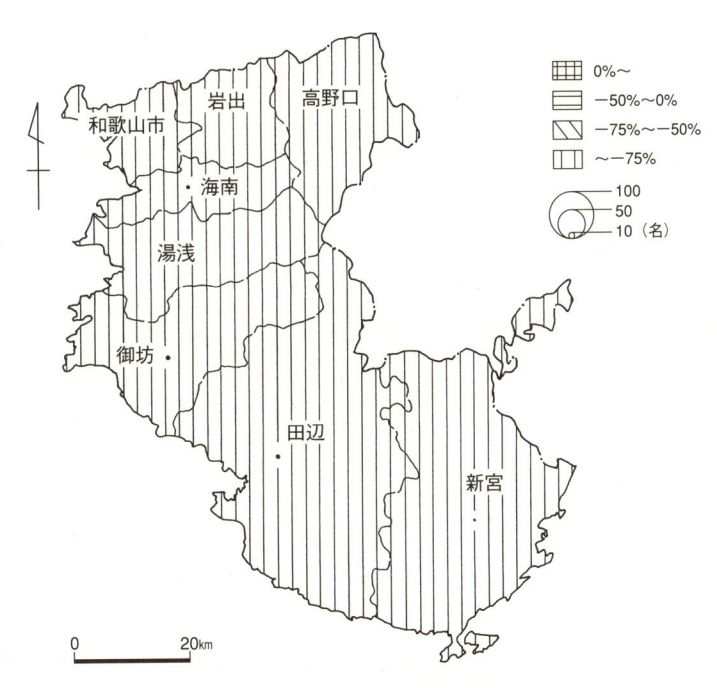

図3-65　和歌山県における在来型行商人の保健所区別分布および増減率
増減率：1984〜2002年の期間での総数に対する増減数の割合。
保健所管轄区は2004年現在。
和歌山県環境生活部生活衛生課などの資料により作成。

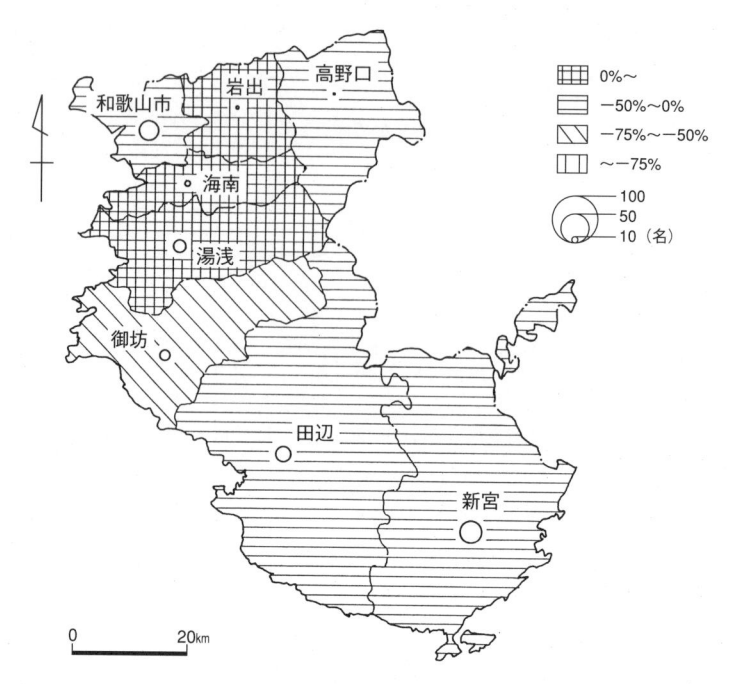

図 3-66 和歌山県における自動車営業者の保健所区別分布および増減率
増減率：1984～2002 年の期間での総数に対する増減数の割合。
保健所管轄区は 2004 年現在。
和歌山県環境生活部生活衛生課などの資料により作成。

となった。一方、自動車営業者は、県の資料では 1976 年の 6 名に始まり、1985 年時で 215 名、その後漸増し、1989 年には 288 名となった。しかし、その後は漸減に転じ、2002 年現在で 154 名となった。こちらは、前回調査からの 17 年間での減少率が 28.4％、年当たり 1.5％の減少となっている。

図 3-65、図 3-66 をもとに、営業者の保健所区別分布をみてみる。在来型行商人は、県全域的に前回調査時からの減少率が 75％を超える大幅減少となった。中で田辺管内の 5 名が最大となっている。

自動車営業者が多いのは、和歌山市管内(38 名)、田辺管内(25 名)、湯浅管内(20 名)、古座管内(20 名)などである。特に県北の岩出、海南、湯浅の 3 管内は、数的には少ないものの増加傾向にあることが注目される。

(26) 奈良県

奈良県には、在来型行商に関して「魚介類の行商の指導について」[106]に基づいて保健所が指導を行っているが、営業活動を行うに当たって保健所への届出、登録、許可等が義務づけられていない。

自動車営業は、食品衛生法に係る「奈良県食品衛生法施行条例」[107]の下、「自動車による食品の移動販売に関する取扱要領」[108]の基づき、営業地保健所における許可を得て営業を行っている。この許可の有効期間は、かつての 2 年から 5 年に延長されている。なお、奈良県における自動車営業車は、暫定的措置としてではあるが、氷冷蔵も認められている。業態としては、県内業者の場合、

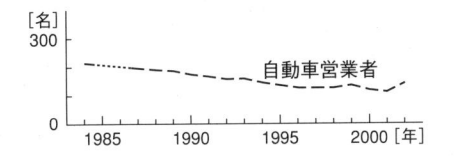

図 3-67 奈良県における自動車営業者数の変化
折れ線グラフの点線部分は資料欠。
奈良県福祉部健康局生活衛生課などの資料により作成。

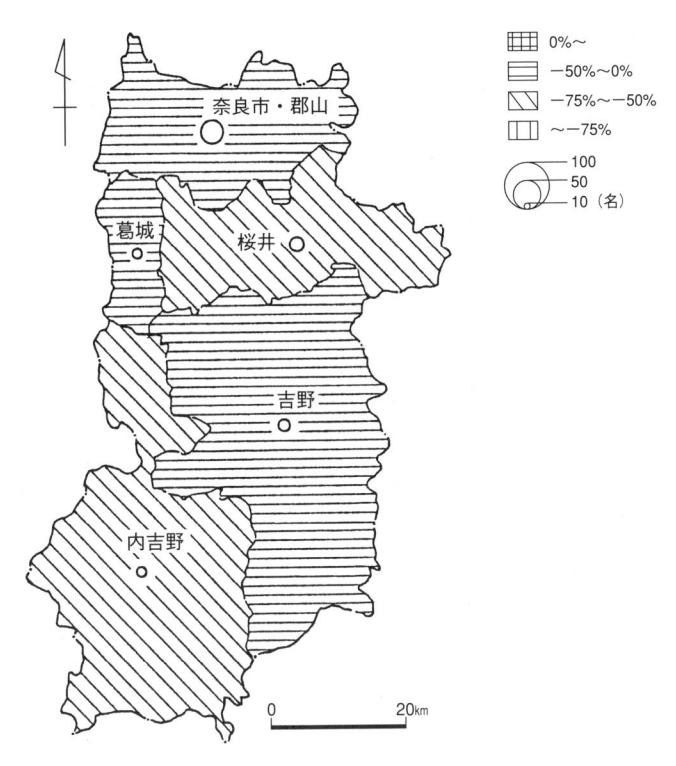

図 3-68 奈良県における自動車営業者の保健所区別分布および増減率
増減率：1984〜2002 年の期間での総数に対する増減数の割合。
保健所管轄区は 2003 年現在。
奈良県福祉部健康局生活衛生課などの資料により作成。

肉、乳類、野菜、雑貨などとの混載型車両(いわゆる移動スーパー)が大半を占めるが、新たな展開として、近年、三重県尾鷲地方から吉野郡へのマグロ専売車が入っているとのことであった。

奈良県では、在来型行商の営業に当たって、保健所への申請が不要のため、保健所において営業者数を把握していない。前回調査において個別保健所に問い合わせたところでも不明という回答がほとんどであったが、唯一内吉野保健所から5名という回答を得ることができた。県として営業者数を把握していない状況は、今回調査でも変わらず、在来型行商人の数は不明ということであった。なお、かつての状況について『日本の民俗』によると、吉野地方へ熊野方面からサンマやサバが行商人によって持ち込まれ、家々では買いだめをし塩漬けなどにして保存していたという記述がみられる。

図 3-67 をもとに、自動車営業者の変化についてみてみよう。営業者は、前回調査時(1984年)

で212名あったが、その後漸減し、2002年現在で121名となった。18年間での減少率が42.9％、年当たり2.4％の減少となっている。

図3-68をもとに、自動車営業者の保健所区別分布をみてみる。営業者数の最大が奈良市・郡山管内の44名であり、最小が葛城管内の15名となっている。こうしてみると、奈良県における自動車営業者は、都市部、山間部にかかわりなく、比較的均等な分布がみられることがわかる。さらに、増減率で中心地区である奈良市・郡山管内をみると、営業者は、奈良市内で大きく減少しているにもかかわらず、近郊住宅地区を多く抱える郡山管内で大きく増加しており、注目される。

(27) 滋賀県

滋賀県には、かつて在来型行商に関して「滋賀県魚介類行商指導要綱」[111]があり、営業者は、これに基づいて、管轄保健所に1年更新で届出をして営業を行っていた。

自動車営業は、食品衛生法の下、「滋賀県食品衛生基準条例」[112]に基づき、営業地保健所における許可を得て営業を行っている。この許可の有効期間は、かつての3年から5年に延長されている。なお、滋賀県における自動車営業車には、機械式電気冷蔵施設の設置が義務づけられている。

図3-69をもとに、営業者数の変化についてみてみよう。滋賀県の場合、内陸に位置し隔海度

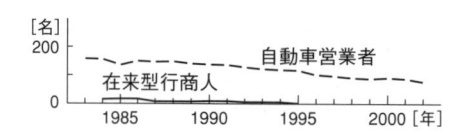

図3-69　滋賀県における在来型行商人・自動車営業者数の変化
滋賀県県民文化生活部生活衛生課などの資料により作成。

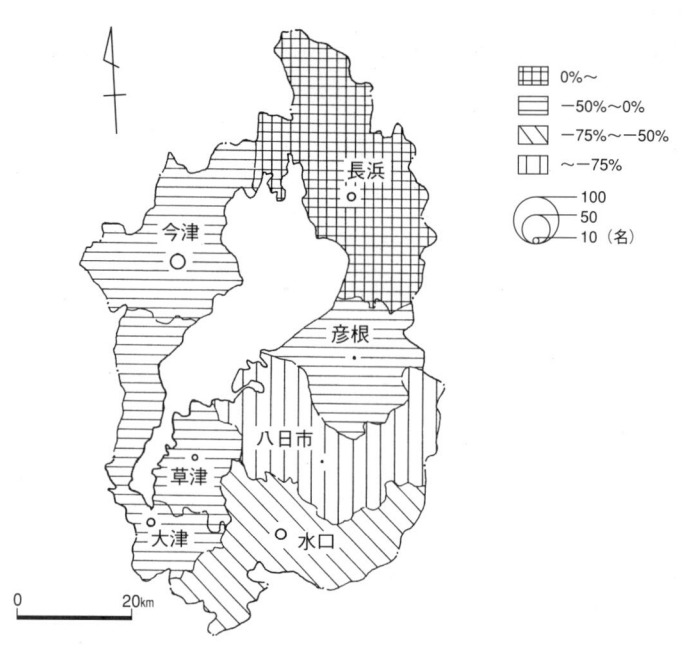

図3-70　滋賀県における自動車営業者の保健所区別分布および増減率
増減率：1984～2002年の期間での総数に対する増減数の割合。
保健所管轄区は2003年現在。
滋賀県県民文化生活部生活衛生課などの資料により作成。

が大きいこともあって、もともと在来型行商人は少なかった。それでも、前回調査の 1984 年には、県全体で 17 名の営業者があった。彼らは、主に淡水魚を扱い、鮮度が落ちやすいため、自転車やバイクによる近距離行商を行っていた[113]。しかし、これらの営業者も年々減り、ついに 1995 年には営業者が 0 となって、今日に至っている。一方、自動車営業者は、前回調査時(1984 年)の 157 名から 2002 年現在で 75 名となった。こちらも、18 年間の減少率が 52.2％、年当たり 2.9％の減少となっている。

先述のとおり、滋賀県では、現在、在来型行商活動はみとめられない。ただ、琵琶湖で捕れた魚を漁師から仕入れて近在を売り歩くセンバ(魚商人)[114]やボテフリ(棒手振り)と称される営業活動は、かなり昔からあったことが文献にある。例えば、今在家や北小松では男性行商人が多くみられた[115]。堅田から坂本への行商人は、ボテフリから自転車、バイクへと移動手段が変わった[116]。吉川方面から自転車で永原、江部、久野部、野洲方面に出向く女性のセンバが 10 名近くあった[117]。草津市志那からの旧常盤村を回っていたセンバは、自転車、バイク、自動車へと移動手段が変わった[118]などである。

図 3-70 をもとに、自動車営業者の保健所区別分布をみてみる。営業者が多いのは、今津管内(25 名)、水口管内(16 名)、長浜管内(13 名)などであり、都市部よりも僻地に強い自動車営業の特徴が明らかである。

(28) 京都府

京都府には、在来型行商に関する条例法規として「食品行商衛生条例」[119]があり、政令指定都市である京都市もこれを準用している。営業者は、これに基づいて、住所地保健所における 1 年更新の登録を経て営業を行っている。

自動車営業は、食品衛生法の下、「食品衛生法施行細則」[120]に基づき、営業地保健所における許可を得て営業を行っている。この許可の有効期間は、かつての 2 年から 5 年に延長されている。なお、京都府における自動車営業車は、氷冷蔵の保冷車でも可とされている。

京都府では、経年変化を捉えるデータが得られなかったので、前回調査の 1984 年と今回のデータを比較することで、その変容の把握を試みる。その結果、在来型行商人は、448 名から 2002 年現在で 127 名となった。18 年間での減少率が 71.7％、年当たり 4.0％の大幅減となっている。一方、自動車営業者は、489 名から 2002 年現在で 212 名となった。こちらは、18 年間での減少率が 56.6％、年当たり 3.1％の減少となっている。

図 3-71、図 3-72 をもとに、営業者の保健所区別分布をみてみる。在来型行商人が多いのは、宇治管内(42 名)の他、宮津管内(37 名)、舞鶴管内(13 名)、京都市管内(15 名)、峰山管内(11 名)である。宮津、舞鶴、峰山といった魚介類産地や大消費地である京都市で営業者が多いのは当然と考えられる。ただ、京都市に準ずる消費地とはいえ、内陸の宇治管内に営業者が集中している理由については、保健所においても不明ということであった。京都府における往時の在来型行商についても『日本の民俗』にいくつかの記述がある。例えば、宮津市栗田地区から綾部市大又地区へのコンブ、ダシジャコ行商、伊根町平田地区や丹後町袖志地区から宮津、舞鶴、さらに福井県の小浜、高浜にまで出向いた船による行商があった[121]。

自動車営業者が多いのは、在来型行商同様沿岸部の峰山管内(60 名)、舞鶴管内(28 名)、宮津管内(22 名)と大消費地の京都市管内(30 名)である。ただし、自動車営業の場合は、在来型行商活動

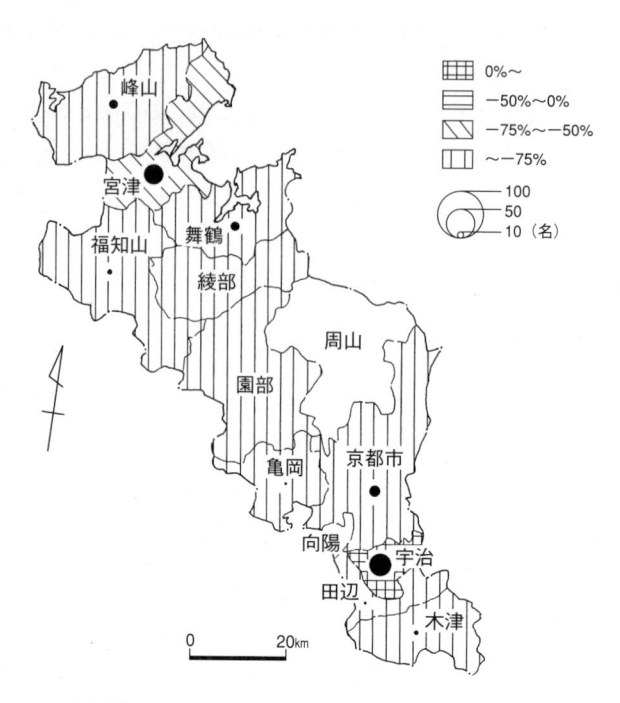

図 3-71　京都府における在来型行商人の保健所区別分布および増減率
増減率：1984〜2002 年の期間での総数に対する増減数の割合。
保健所管轄区は、2003 年現在。
京都府保健福祉部生活衛生課、京都市保健福祉局保健衛生推進室生活衛生課などの資料により作成。

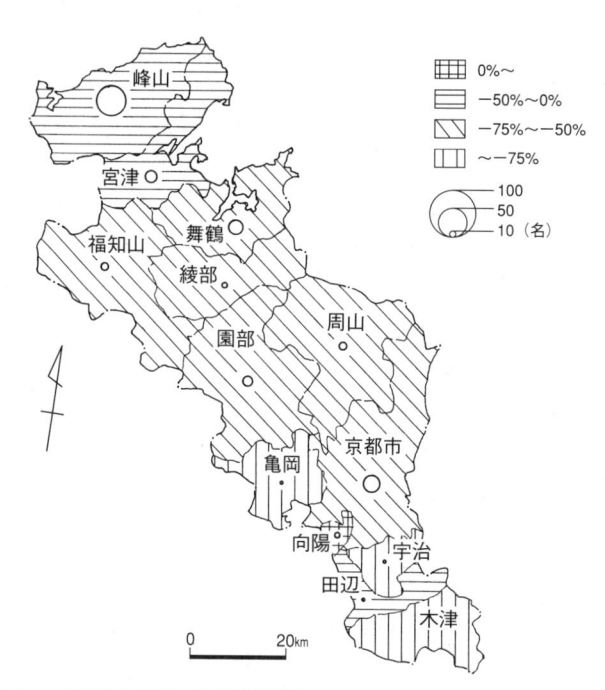

図 3-72　京都府における自動車営業者の保健所区別分布および増減率
増減率：1984〜2002 年の期間での総数に対する増減数の割合。
保健所管轄区は、2003 年現在。
京都府保健福祉部生活衛生課、京都市保健福祉局保健衛生推進室生活衛生課などの資料により作成。

第3章　地方ごとにみた水産物行商活動の変容

が消失した内陸諸管内でも少なからず営業活動がみとめられる。

（29）大阪府

　大阪府では、在来型行商の活動を認めていない。しかし、それに類するものとして「鮮魚配達従業員」を認めており、これに関して「魚介類販売業中店舗を持たない者の取扱いについて[122]」があり、大阪市などもこれを準用している。営業者は、これに基づき、管轄保健所に1年更新で届出をして営業を行っている。ただし、配達従業員は、基本的に店舗や消費者から注文を受けて、市場から品物を配達する者であり、いわゆる行商人ではない。なお、配達従業員には、第1類と第2類の区別があり、前者が店舗兼業者、後者が配達専業者である。大阪府下18保健所に個別に問い合

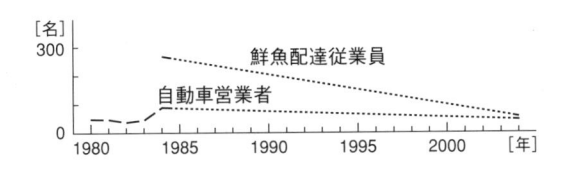

図3-73　大阪府における鮮魚配達従業員・自動車営業者数の変化
折れ線グラフの点線部分は資料欠。
大阪府健康福祉部食の安全推進課、大阪市、堺市、東大阪市、高槻市および各保健所などの資料より作成。

図3-74　大阪府における鮮魚配達従業員の保健所区別分布および増減率
増減率：1984～2004年の期間での総数に対する増減数の割合。
保健時管轄区は、2004年現在（一部改変；高槻市保健所管内と茨木保健所管内を合併表記）。
大阪府健康福祉部食の安全推進課、大阪市、堺市、東大阪市、高槻市および各保健所などの資料より作成。

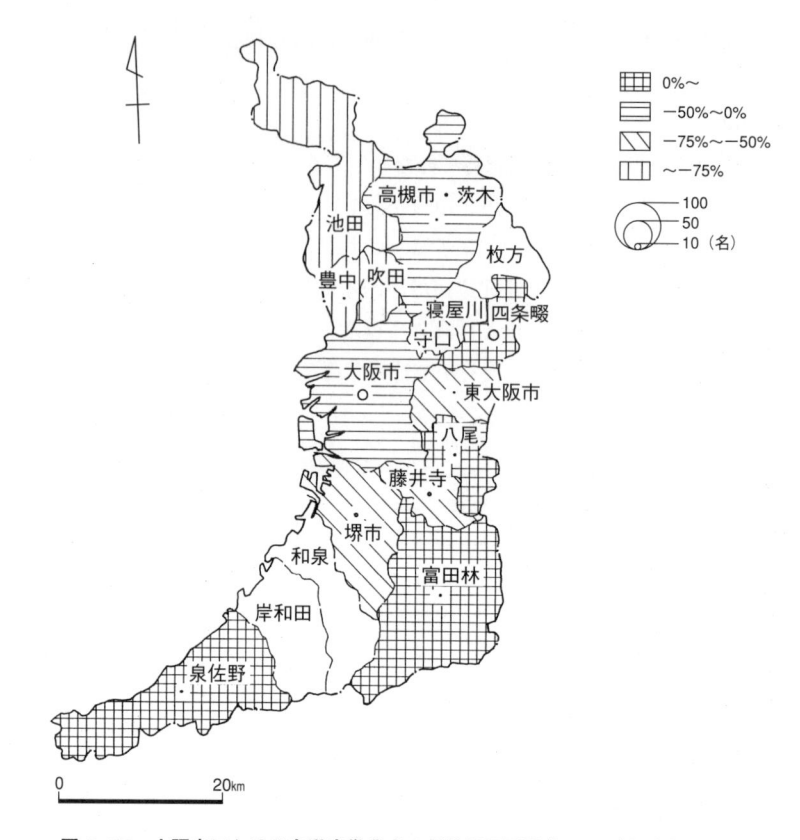

図 3-75 大阪府における自動車営業者の保健所区別分布および増減率
増減率：1984～2004年の期間での総数に対する増減数の割合。
保健時管轄区は、2004年現在(一部改変；高槻市保健所管内と茨木保健所管内を合併表記)。
大阪府健康福祉部食の安全推進課、大阪市、堺市、東大阪市、高槻市および各保健所などの資料より作成。

わせて判明したところで、前者が24名、後者が28名と拮抗した業者数となっている。この配達従業員は、自転車利用者が多いが、中には氷冷蔵で、野菜などとの混載型車両を使っている者もある[123]。

自動車営業は、「食品衛生法施行条例」[124]の下、「自動車による食肉、魚介類および乳類販売業の指導取締りについて」[125]に基づき、営業地保健所で許可を得て営業を行っている。この許可の有効期間は、かつて2年であったものが5年に延長されている。なお、自動車営業車には、規定上機械式電気冷蔵施設の設置が義務づけられていないが、府として、衛生上の観点から設置を指導しているとのことであった[126]。大阪府下18保健所については、自動車営業車の車型についても個別に問い合わせることで、一部回答を得ることができた。それによると、魚介類専売車が多いのは、堺市、豊中管内といった都市中心部であり、肉、乳類、野菜、雑貨などとの混載型車両が多いのは、四条畷、藤井寺、富田林、泉佐野管内といった府の周辺部にあたる地域であった。

図3-73をもとに、営業者数の変化についてみてみよう。鮮魚配達従業員は、前回調査時(1984年)で252名あったが、2004年現在で52名となった。20年間での減少率が79.4％、年当たり4.0％の大幅減となっている。一方、自動車営業者は、府の資料が残っている中での最大が前回調査時(1984年)の88名であったが、2004年現在で44名となった。20年間での減少率が50.0％、年当たり2.5％の減少となっている。

図3-74、図3-75をもとに、営業者の保健所区別分布をみてみる。鮮魚配達従業員が多いのは、泉佐野管内(20名)、大阪市管内(12名)であるが、府全域的に減少傾向が著しい。なお、寝屋川管内は営業者が前回の0名から1名に増えている。

自動車営業者が多いのは、大阪市管内(17名)と四条畷管内(15名)であるが、こちらも府全体として活動不活発地域となっていることがわかる。

(30) 兵庫県

兵庫県には、在来型行商に関する条例法規として「魚介類行商条例[127]」があり、政令指定都市である神戸市もこれを準用している。営業者は、これに基づいて、住所地保健所における登録を経て営業を行っている。この登録の有効期間は、かつての1年から2年に延長されている。

自動車営業は、食品衛生法の下、「食品衛生法基準条例[128]」に基づき、これも住所地保健所で許可を得て営業を行っている。この許可の有効期間は、かつて新規2年、更新3年であったものが、一律に5年更新となった。なお、兵庫県における自動車営業車は、氷冷蔵式の保冷車でも可とされており、肉、乳類、野菜、雑貨などとの混載型車両が多いということであった。[129]

図3-76をもとに、営業者数の変化についてみてみよう。在来型行商人は、県の資料が残っている中での最大が1964年の2,845名であり、前回調査時(1982年)で751名であったが、1999年現在で312名となった。前回調査からの17年間での減少率が58.5%、年当たり3.4%の大幅減となっている。一方、自動車営業者は、県の資料中での最大が1978年の710名であり、82年で699名であったが、2000年現在で381名となった。こちらは、前回調査からの18年間での減少率が45.6%、年当たり2.5%の減少となっている。

図3-77、図3-78をもとに、営業者の保健所区別分布をみてみる。在来型行商で営業者が多いのは、淡路島北部の津名管内(126名)、豊岡管内(51名)、家島諸島を抱える福崎管内(46名)である。一方で、都市部や内陸部での営業者の減少が顕著にみられ、全29管内のうちの11管内で営業者が0となった。なお、もともと数は少ないが、宝塚管内(営業者1名を維持)と柏原管内(0から2名へ増加)が目立っている。往時の在来型行商について、『日本の民俗』にいくつかの記述が

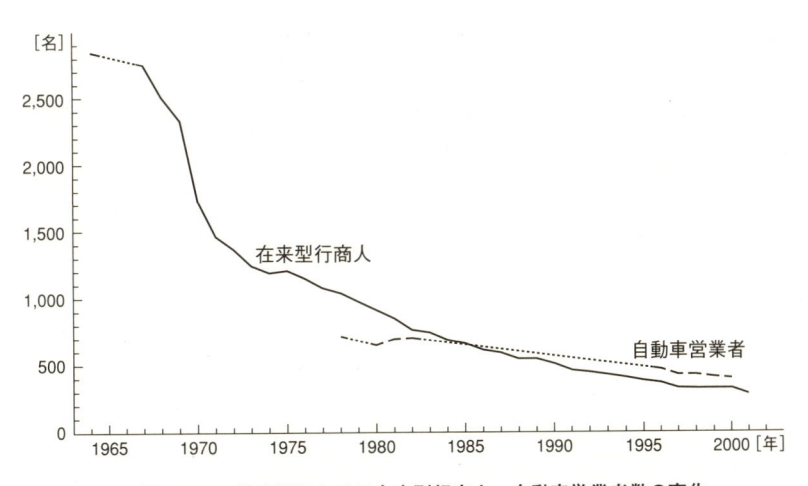

図3-76 兵庫県における在来型行商人・自動車営業者数の変化
折れ線グラフの点線部分は資料欠。
兵庫県健康生活部健康局生活衛生課、神戸市保健所などの資料により作成。

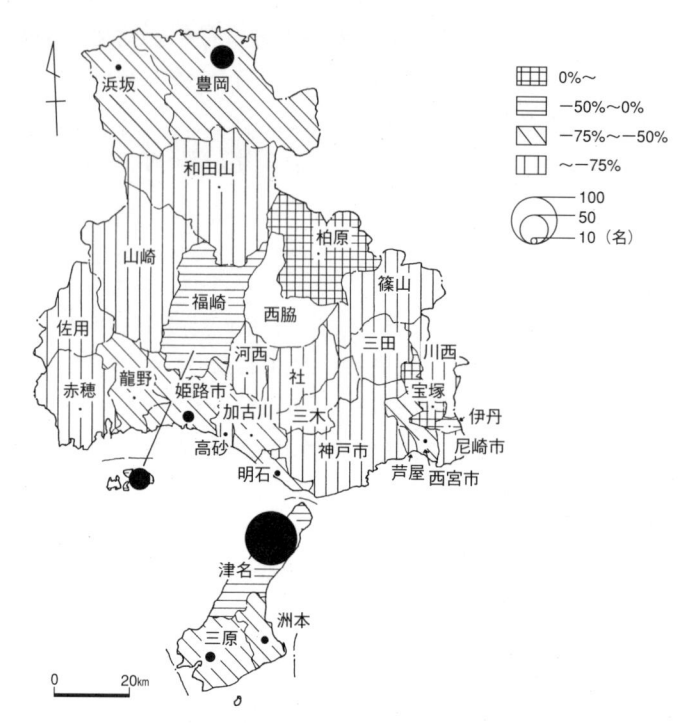

図 3-77　兵庫県における在来型行商人の保健所区別分布および増減率
増減率：1982～1999 年の期間での総数に対する増減数の割合。保健時管轄区は、2001 年現在。
兵庫県健康生活部健康局生活衛生課、神戸市保健所などの資料により作成。

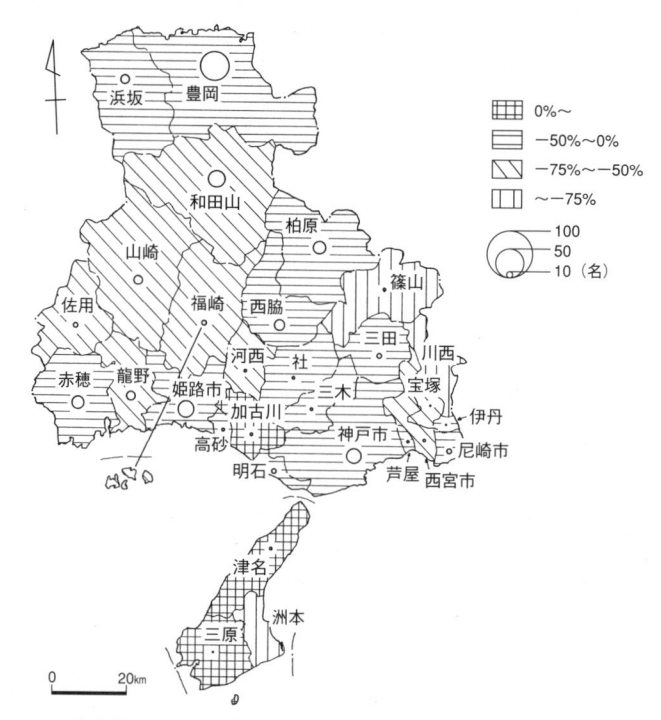

図 3-78　兵庫県における自動車営業者の保健所区別分布および増減率
増減率：1982～2000 年の期間での総数に対する増減数の割合。保健時管轄区は、2001 年現在。
兵庫県健康生活部健康局生活衛生課、神戸市保健所などの資料により作成。

ある。例えば、浜坂町から養父郡八鹿町妙見地区へ天秤棒で担う鮮魚行商、高砂市や姫路市曽根、大塩、的形地区から宍粟郡波賀町水谷地区への干物行商、龍野市や姫路市から揖保郡新宮町市野保地区への干物行商、洲本市由良地区における頭上運搬での鮮魚行商、家島における雑魚類の振り売りなどがあった。[130]

自動車営業者が多いのは、豊岡管内(65名)、和田山管内(37名)、姫路市管内(34名)、神戸市管内(32名)であり、山陰地方、あるいは瀬戸内海側の都市部を中心に活動展開がみとめられるが、在来型行商と違って、淡路島3管内に少ないことがわかる。

(31) 鳥取県

鳥取県には、水産物行商に関する条例法規として「鳥取県魚介類行商条例」[131]があり、これに基づいて営業者は、住所地保健所において2年更新で許可を得て営業を行っている。一方、自動車営業は、食品衛生法の下、「食品衛生法施行条例」[132]に基づき、住所地保健所で5年更新で許可を得て営業を行っている。在来型行商では、蓋付きの金属、または合成樹脂製容器の使用と氷冷蔵が義務づけられている。

図3-79をもとに、業者数の変化をみると、在来型行商人は、1983年時点で269名であったが、2000年度末で50名となり、17年間の減少率が81.4％、年当たり4.8％の大幅減となっている。

自動車営業では、氷冷蔵式も認められており、混載車ではなく魚介類専売車が多い。その営業者数は、1983年当時の399名が2000年度末で226名となっており、17年間の減少率が43.4％、年当たり2.6％の減少を示した。

図3-80、図3-81をもとに、保健所区別分布を見ると、在来型行商人では鳥取保健所管内が42名と多く残っているが、他はほとんど壊滅的状態となっており、特に(旧)根雨保健所管内では、営業者が0となった。一方、自動車営業者も一様に減少しているが、その中でも鳥取保健所管内の97名、米子保健所管内51名、倉吉保健所管内50名と主要都市部への集中が顕著である。

鳥取保健所資料より作成した営業者の性別・年齢階梯別構成図(図3-82)によると、在来型行商人42名全員が女性であり、平均年齢が72.0歳であった。また、その半分の21名が岩美町網代から出ており、かつて多かった鳥取市内の主要漁業集落である賀露町は、わずか4名に減っている。一方、自動車営業者は、性別で男性が52％とほぼ半々であり、平均年齢は61.4歳であった。こ

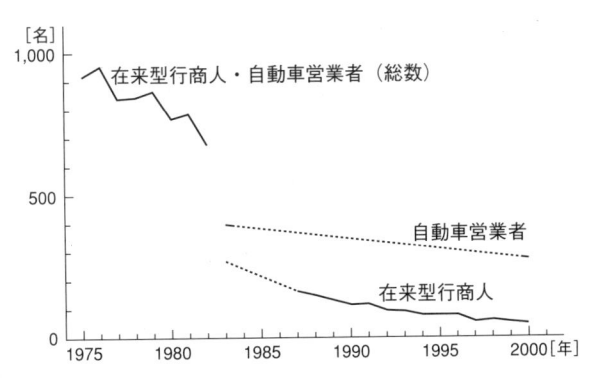

図3-79 鳥取県における在来型行商人・自動車営業者数の変化
折れ線グラフの点線部分は資料欠。
鳥取県生活環境部県民生活課などの資料により作成。

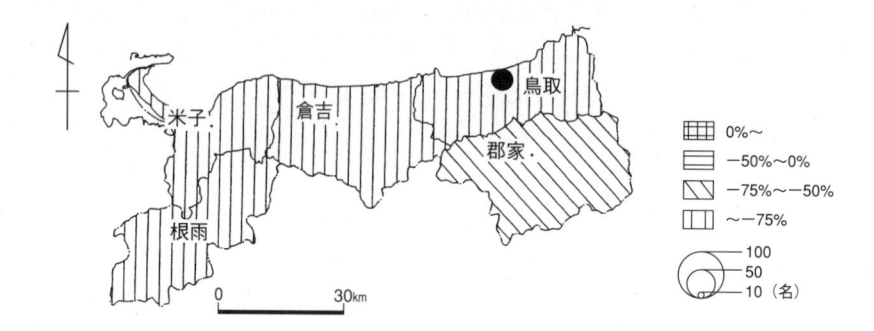

図3-80 鳥取県における在来型行商人の保健所区別分布および増減率
増減率：1983～2000年の期間での総数に対する増減数の割合。
保健所管轄区は、1983年当時のもの。
鳥取県生活環境部県民生活課などの資料により作成。

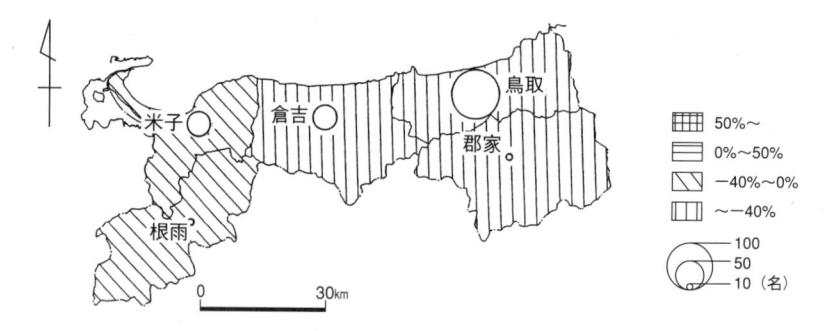

図3-81 鳥取県における自動車営業者の保健所区別分布および増減率
増減率：1983～2000年の期間での総数に対する増減数の割合。
保健所管轄区は、1983年当時のもの。
鳥取県生活環境部県民生活課などの資料により作成。

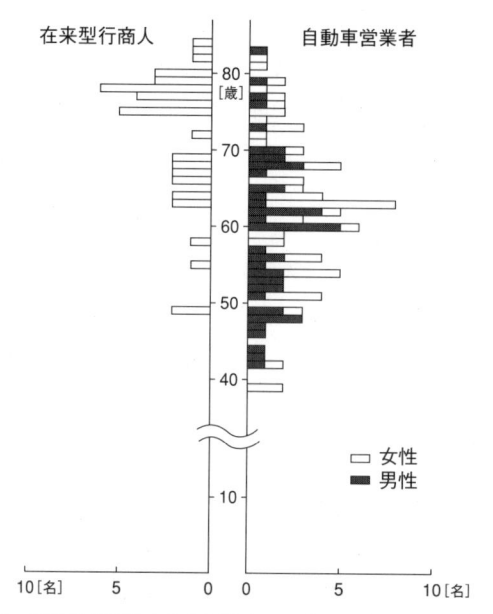

図3-82 鳥取保健所管内在来型行商人・自動車営業者の性別年齢構成
鳥取保健所資料により作成。

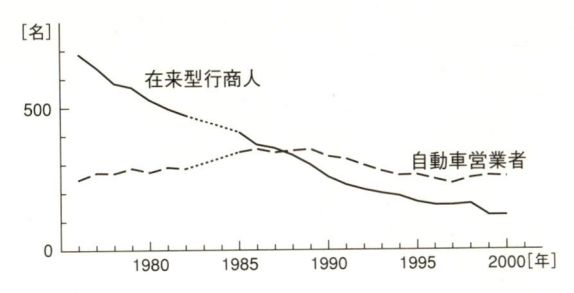

図 3-83　島根県における在来型行商人・自動車営業者数の変化
　　　折れ線グラフの点線部分は資料欠。
　　　島根県健康福祉部薬事衛生課などの資料により作成。

ちらは、鳥取市賀露町17名、岩美町浦富16名、同町網代15名などが中心的輩出地となっており、「産地型自動車営業者」の割合の高さに特徴がみられる。

（32）島根県

　島根県には、魚介類行商に関する条例法規として「島根県魚介類行商条例[133]」があり、これに基づいて営業者は、住所地保健所において3年更新で登録し、営業を行っている。一方、自動車営業は、食品衛生法の下、「食品衛生法施行条例」および「食品営業自動車取扱要領[134]」に基づき、住所地保健所において、5年更新の許可を得て営業を行っている。在来型行商では、容器材質に関する規制はないが、清潔に保つこと、汚臭、汚液の防止が義務づけられている。

　図3-83をもとに、業者数の変化についてみると、島根県食品衛生係の資料が残っている中では、1976年の692名が最大であったが、2000年末でわずか121名となっている。24年間の減少率が82.5％、年当たり3.4％の大幅減となった。

　自動車営業では、氷冷蔵式も認められており、肉、野菜、菓子などとの混載型ではなく、魚介類専売車が使われている。その営業者数は、1989年時点の354名が2000年末で257名となり、11年間の減少率が27.4％、年当たり2.5％となっている。

　図3-84をもとに、在来型行商人の保健所区別分布をみると、1976年当時も189名、2000年

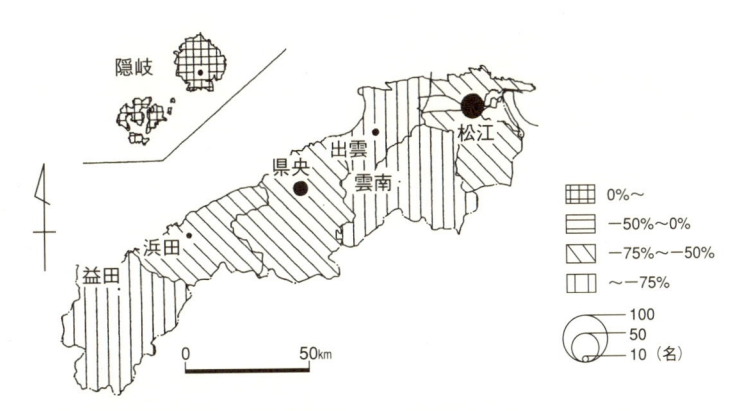

図 3-84　島根県における在来型行商人の保健所区別分布および増減率
　　　増減率：1982～2000年の期間での総数に対する増減数の割合。
　　　保健所管轄区は、2000年現在のもの。
　　　島根県健康福祉部薬事衛生課などの資料により作成。

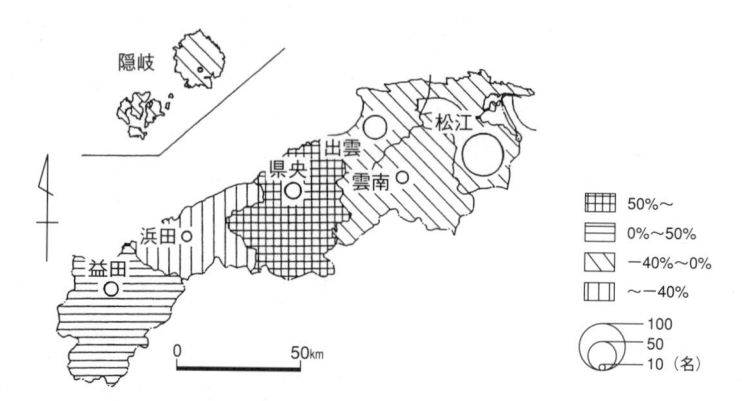

図3-85 島根県における自動車営業者の保健所区別分布および増減率
増減率：1982〜2000年の期間での総数に対する増減数の割合。
保健所管轄区は、2000年現在のもの。
島根県健康福祉部薬事衛生課などの資料により作成。

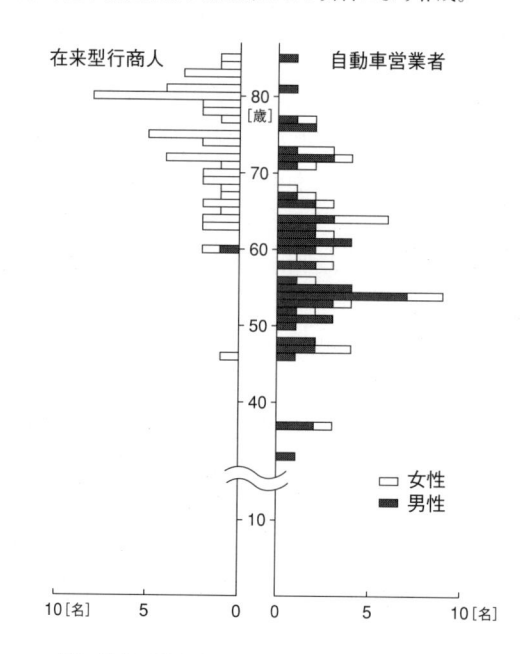

図3-86 松江保健所管内在来型行商人・自動車営業者の性別年齢構成
松江保健所資料により作成。

でも51名と、数は減じているものの県内でも圧倒的多数を占めているのが松江保健所管内である。ただ、前回調査時からの増減率でみると、隠岐保健所管内が0％であり、営業活動の継続がみとめられる。

　自動車営業の保健所区別分布をみると(**図3-85**)、中心都市である松江保健所管内への集中が著しいが、特に県央保健所管内で増加(増加率51.4％)している点が注目される。

　図3-86は、松江保健所に問い合わせて作成した営業者の性別・年齢階梯別構成図である。これによると、在来型行商人51名うち、男性はわずか1名、平均年齢が73.7歳、その内の82％までが鹿島町恵曇から松江市に出る者であった。なお、1976年当時、当該区間には3台の「魚商人専用バス」が出ていたが、これは利用者の減少によって1998年頃に廃止された。[135] 一方、自動車営

業者は、男性が69.5％、平均年齢は59.4歳となっている。こちらは、松江市や鹿島町、鳥取県西部の沿岸地区の他、内陸部まで営業者居住地の分散がみとめられる。

(33) 岡山県

岡山県には、水産物行商に関する条例法規として、「岡山県魚介類行商条例」[136]があり、これに基づいて営業者は、住所地保健所において2年更新で登録し、営業を行っている。一方、自動車営業は、食品衛生法の下、「食品衛生法施行条例」[137]に基づき、住所地保健所において、5年更新の許可を得て営業を行っている。在来型行商では、金属または合成樹脂製容器の使用と10℃以下での冷蔵保存が義務づけられている。

図3-87をもとに、業者数の変化をみると、在来型行商人は、1977年時点で1,100名を数えたが、2000年度末ではわずか71名となり、23年間の減少率が93.5％、年当たり4.1％の大幅減となった。

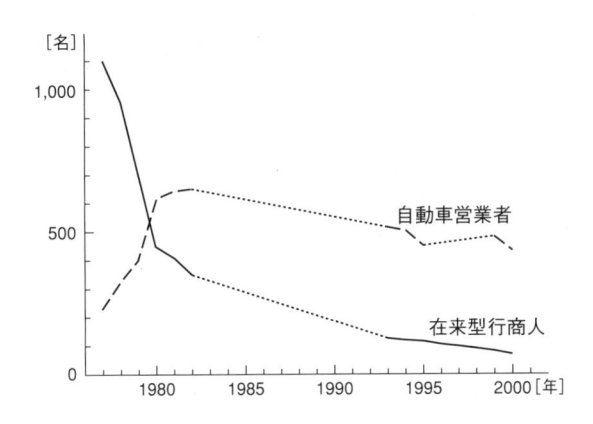

図3-87 岡山県における在来型行商人・自動車営業者数の変化
折れ線グラフの点線部分は資料欠。
岡山県保健福祉部環境衛生課、岡山市保健部生活衛生課などの資料により作成。

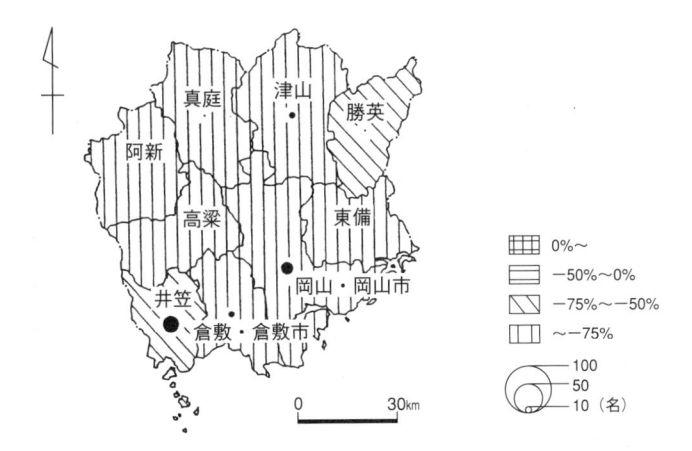

図3-88 岡山県における在来型行商人の保健所区別分布および増減率
増減率：1982〜2000年の期間での総数に対する増減数の割合。
保健所管轄区は、2000年現在のもの（一部改変）。
岡山県保健福祉部環境衛生課、岡山市保健部生活衛生課などの資料により作成。

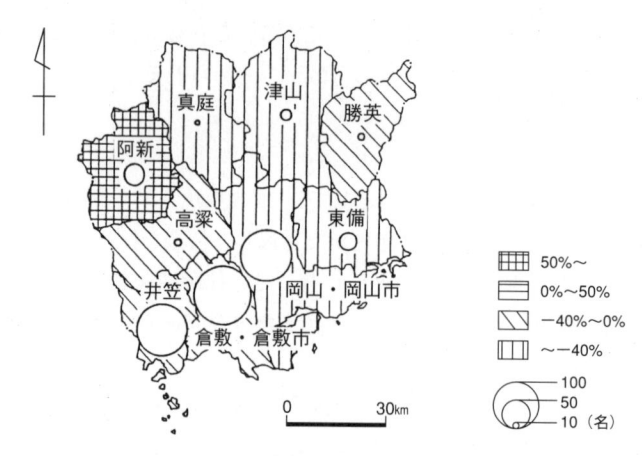

図3-89 岡山県における自動車営業者の保健所区別分布および増減率
増減率：1982～2000年の期間での総数に対する増減数の割合。
保健所管轄区は、2000年現在のもの（一部改変）。
岡山県保健福祉部環境衛生課、岡山市保健部生活衛生課などの資料により作成。

　自動車営業では、氷冷蔵式が認められている。その営業者は、1982年当時の650名が2000年度末で437名となり、18年間の減少率が32.8％、年当たり1.8％となっている。

　図3-88、図3-89をもとに、保健所区別分布を見ると、在来型行商人では県内一円で減少率が大きくなっているが、その中でも井笠保健所管内の30名、岡山保健所管内の16名などが集中地域となっている。一方で活動不活発地域である阿新・高梁・東備各保健所管内は、営業者が0となった。

　自動車営業は、倉敷保健所管内の112名、井笠管内の98名、岡山市管内53名、岡山保健所管内44名が集中地域となっているが、増減率でみると、阿新保健所管内が唯一70.0％の大幅増となっている点で注目される。こうしてみると、在来型行商、自動車営業ともに産地や主要都市部への集中が顕著であるが、特に後者は、一部の山間地でも盛んな営業活動がみとめられることが理解された。

（34）広島県

　広島県には、水産物行商のみに関する条例法規はないが、「食品衛生に関する条例」[138]に基づいて、住所地保健所において、5年ごとの施設認定を経て営業を行っている。一方、自動車営業は、「食品衛生法に基づく営業の基準等に関する条例」[139]により、住所地保健所において、5年ごとに許可を得て営業を行っている。在来型行商では、金属または合成樹脂製容器の使用が義務づけられている。

　図3-90をもとに、業者数の変化をみると、在来型行商人は、1969年には2,100名を数えたが、1999年度末では359名となり、30年間の減少率が82.9％、年当たり2.8％を示した。なお、広島県では、自動車営業活動はみとめられるが、県として許可件数を把握しておらず、その実態は不明である。

　図3-91をもとに、保健所区別分布をみると、在来型行商では、島嶼部を含む呉市・呉保健所管内の132名、福山市・福山保健所管内の73名、尾道保健所管内の56名などが集中地域を形成しており、消費地である沿岸都市部、および産地である島嶼部に顕著な集中と営業活動の残存が

第3章　地方ごとにみた水産物行商活動の変容

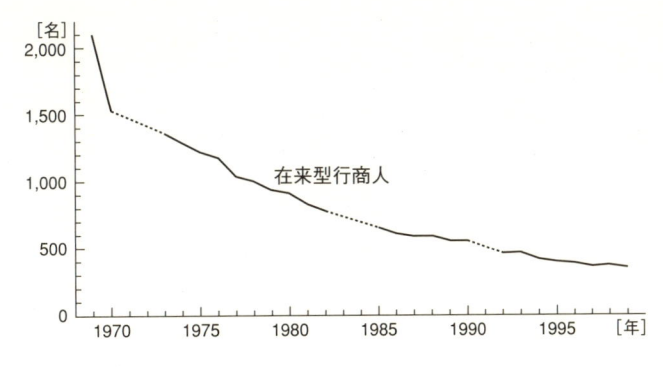

図3-90　広島県における在来型行商人数の変化
折れ線グラフの点線部分は資料欠。
広島県福祉保健部食品衛生室などの資料により作成。

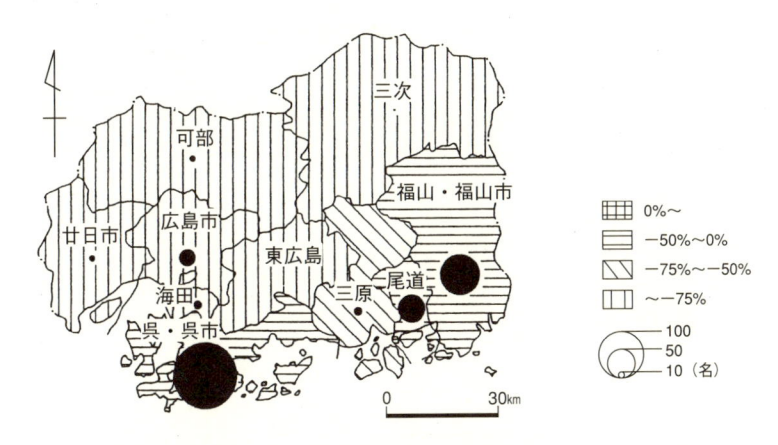

図3-91　広島県における在来型行商人の保健所区別分布および増減率
増減率：1982～1999年の期間での総数に対する増減数の割合。
保健所管轄区は、1999年現在のもの（一部改変）。
広島県福祉保健部食品衛生室などの資料により作成。

みとめられた。一方で、活動不活発地域である東広島保健所管内では営業者が0となった。

（35）山口県

　山口県には、水産物行商に関する条例法規として「山口県魚介類行商取締条例」[140]があり、これに基づいて、業者は営業地保健所において2年更新の許可を得て営業を行っている。一方、自動車営業は、食品衛生法の下、「食品衛生法施行細則」[141]等に基づき、これも営業地保健所において5年更新の許可を得て営業を行っている。在来型行商では、断熱材を巡らした金属、または合成樹脂等容器の使用と砕氷冷却が義務づけられている。

　図3-92をもとに、行商人数の変化についてみてみよう。在来型行商の場合、終戦直後、下関で開かれた行商人の集会に県下一円から2万人が集まったという話も残っているが、山口県生活衛生課の資料が残っている中では、1971年当時の2,330名が最大であった。その後減少し、1999年度末では390名となっており、28年間での減少率は83.3%、年当たり3.0%の大幅減を示した。

　自動車営業では、冷蔵・冷凍設備の設置が義務づけられているが、氷冷蔵式も認められている。

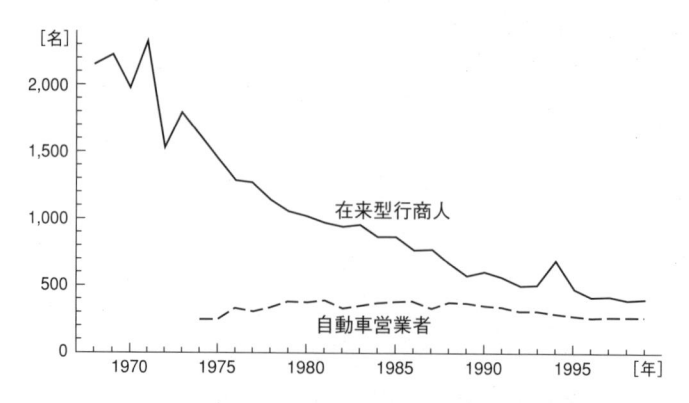

図 3-92 山口県における在来型行商人・自動車営業者数の変化
　　山口県環境生活部生活衛生課などの資料により作成。

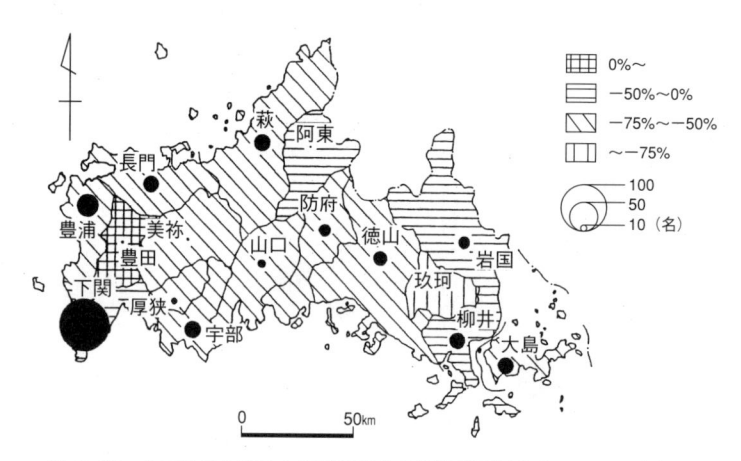

図 3-93 山口県における在来型行商人の保健所区別分布および増減率
　　増減率：1982～1999 年の期間での総数に対する増減数の割合。
　　保健所管轄区は、1982 年当時のもの。
　　山口県環境生活部生活衛生課などの資料により作成。

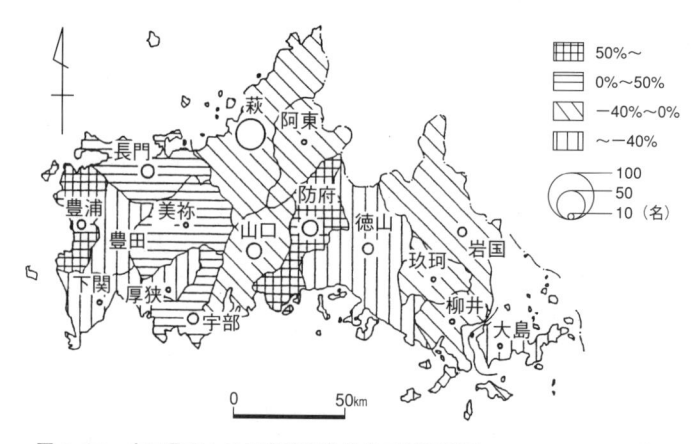

図 3-94 山口県における自動車営業者の保健所区別分布および増減率
　　増減率：1982～1999 年の期間での総数に対する増減数の割合。
　　保健所管轄区は、1982 年当時のもの。
　　山口県環境生活部生活衛生課などの資料により作成。

その営業者数は、1981年には390名であったが、1999年度末には270名と減少しており、18年間の減少率が32.8％、年当たり1.8％となっている。

図3-93をもとに、保健所区別分布をみると、在来型行商では下関市の98名が最大であり、宇部、柳井管内が50名を越えるなど、瀬戸内海側の沿岸部諸地域に多いことがわかる。しかしながら、1972年当時、瀬戸内海側よりもむしろ多かったのが、豊浦、長門、萩といった山陰側沿岸部の諸管内であった。当時、合計304名を数えたこの地域の営業者数は、1999年には102名に激減している。この減少は、しかし、高齢化から当然予想された結果であり、むしろ瀬戸内海側都市近郊地域の業者が高齢化の進む中で健闘しているということができる。見方を変えるならば、この期間に在来型行商活動の中心が、魚介類産地の集中する長門(山陰)地方から、人口稠密で魚介類消費の多い周防(瀬戸内)地方へと大きくシフトしたということができようし、それだけ山陰側での営業者の減少が著しかったということもいえる。なお、在来型行商活動不活発地域であった玖珂保健所管内は、営業者が0となった。

自動車営業の保健所区別分布をみると(図3-94)、1972年で82名、1999年で63名と数は減少しているものの主要魚介類産地である萩保健所管内が県内最大であることに変わりはないが、特に営業者数が増加しているという点で、防府保健所管内(増加率61.1％)と豊浦保健所管内(同88.9％)が注目される。一方で、自動車営業活動不活発地域である豊田保健所管内は、営業者が0となった。

(36) 愛媛県

愛媛県には在来型行商に関する条例法規として、「愛媛県食品行商条例[142]」があり、中核市である松山市も同様の条例法規を有している。営業者は、これらに基づいて、仕入地保健所において2年更新で許可を得て営業を行っている。

自動車営業は、食品衛生法の下、「食品衛生法施行条例[143]」に基づき、これも仕入地保健所において許可を得て営業を行っている[144]。この許可の有効期間は、かつての2年から5年に延長されている。なお、当県における自動車営業は、氷冷蔵の保冷車でも可とされているが、魚介類専売車が大半を占め、肉、野菜、雑貨などとの混載型車両は少ない[145]。

図3-95をもとに、行商人、および自動車営業者数の変化についてみてみよう。愛媛県では、

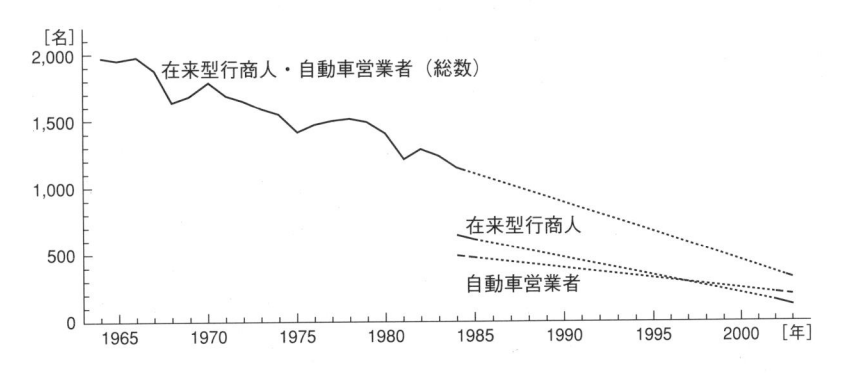

図3-95 愛媛県における在来型行商人・自動車営業者数の変化
折れ線グラフの点線部分は資料欠。
愛媛県保健福祉部健康衛生局薬務衛生課、松山市保健所衛生指導課などの資料により作成。

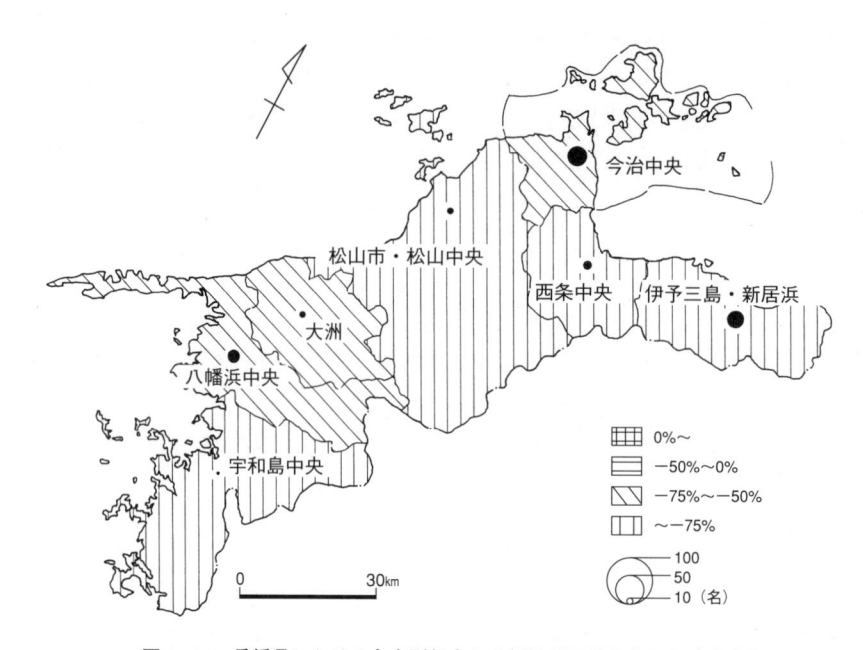

図 3-96　愛媛県における在来型行商人の保健所区別分布および増減率

増減率：1984〜2003 年の期間での総数に対する増減数の割合。
保健所管轄区は、2003 年現在(一部改変；伊予三島、新居浜保健所管轄区、および松山市、松山中央保健所管轄区を合併表記)。
愛媛県保健福祉部健康衛生局薬務衛生課、松山市保健所衛生指導課などの資料により作成。

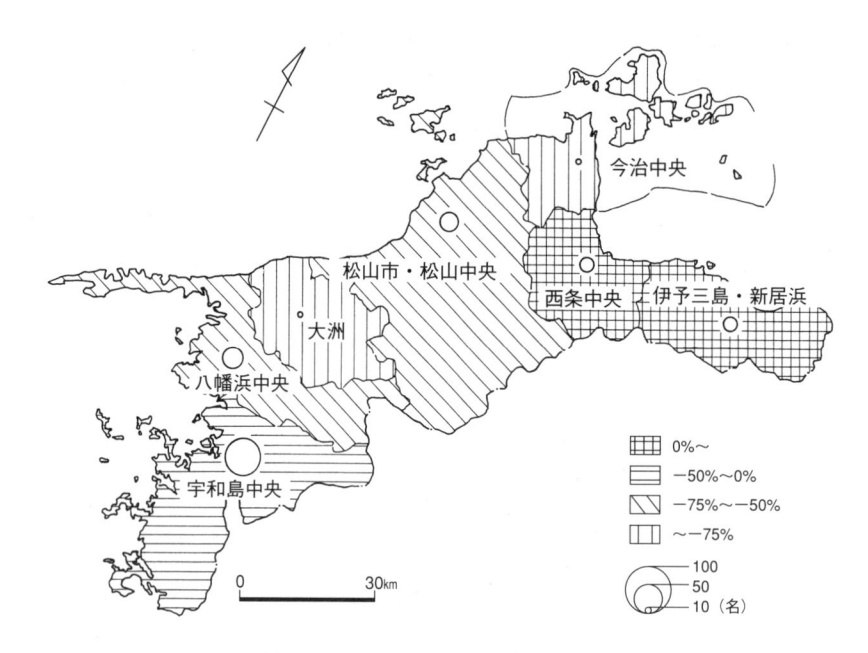

図 3-97　愛媛県における自動車営業者の保健所区別分布および増減率

増減率：1984〜2003 年の期間での総数に対する増減数の割合。
保健所管轄区は、2003 年現在(一部改変；伊予三島、新居浜保健所管轄区、および松山市、松山中央保健所管轄区を合併表記)。
愛媛県保健福祉部健康衛生局薬務衛生課、松山市保健所衛生指導課などの資料により作成。

1999年まで統計上、在来型行商人中に自動車による営業者が含まれる形になっていた。その総数ついては、県の資料が残っている中での最大が1964年の1,971名であり、前回調査(1984年)時で1,146名であったが、2003年現在で335名となった。なお、前回調査では、個別保健所に問い合わせることで、在来型行商人と自動車営業者の数を分けて把握することができた。それによると、在来型行商人は、当時、649名であったが、2003年現在で123名となった。19年間での減少率が81.0％、年当たり4.3％の大幅減となっている。一方、自動車営業者は、1984年時の497名が2003年には212名となった。19年間の減少率が57.3％、年当たり3.0％の減となっている。

　図3-96、**図3-97**をもとに、営業者の保健所区別分布をみてみる。在来型行商人は、全域的に減少傾向が著しい。その中でも営業者が多いのは、今治中央管内(38名)、伊予三島・新居浜管内(28名)、八幡浜中央管内(24名)である。なお、『愛媛県史』などによると、当県における古来著名な水産物行商人として、松山近郊、松前地区からの「オタタ」があげられている。「オタタ」は、平安時代以前から頭上運搬によって魚を売り歩いていた漁師の妻や娘を指す言葉であり、江戸、明治時代を通じて松山城下などを主要な販売先とする近距離日帰り行商で活躍していた。1875(明治8)年には、320名におよぶ近距離日帰り行商人があったとされるが、1894(明治27)年以降鉄道の開通に伴い行商圏を拡大させ、後、昭和初期には日持ちのする塩干物や缶詰に商品換えすることで、北は樺太から南は台湾以南まで、飛躍的に活動範囲を広げている。1930(昭和5)年には1,500名を越える行商人があったとされるが、戦時色が濃くなる1939(昭和14)年には400名ほどに激減した[147]。ちなみに、**図3-95**から、今日ではこの「オタタ」が、ほぼ消滅の状況にあることが理解される。

　自動車営業者が多いのは、宇和島中央管内(70名)、八幡浜中央管内(41名)、松山市・松山中央管内(35名)などであり、県域中央部で減少し、縁辺部で活動が活発なことがわかる。特に東端の伊予三島・新居浜管内では、19年間での増減率が＋56.3％と業者が急増しており、注目されるところである。

(37) 香川県

　香川県には在来型行商に関する条例法規として、かつて「香川県魚介類行商条例」[148]があり、中核市である高松市も同様の条例法規を有していた。営業者は、これらに基づいて、住所地保健所において届出を行っていたが、更新不要の届出制であったため、その実態の把握が難しい状況にあっ

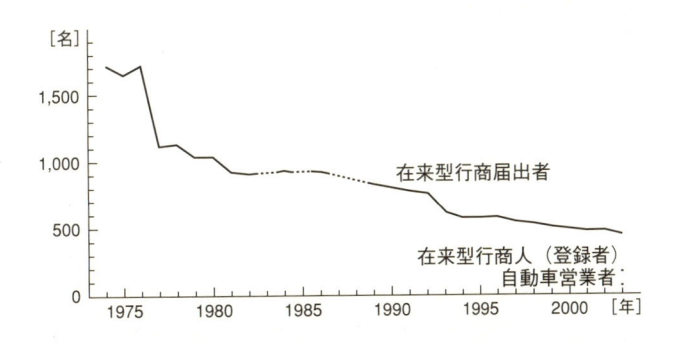

図3-98　香川県における在来型行商届出者数の変化
折れ線グラフの点線部分は資料欠。
香川県健康福祉部生活衛生課、高松市保健所生活衛生課などの資料により作成。

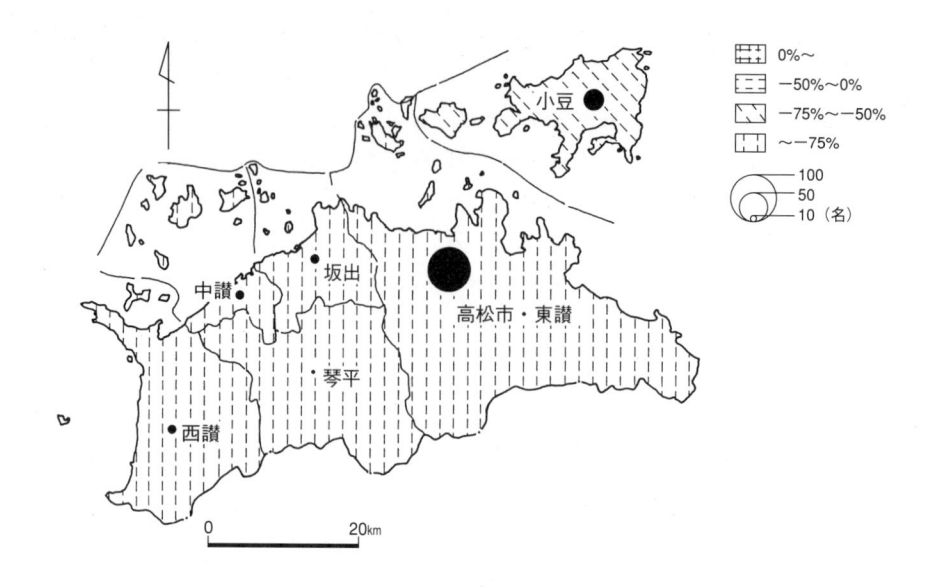

図 3-99　香川県における在来型行商人の保健所区別分布および増減率
増減率：1984〜2003 年の期間での総数に対する増減数の割合（ただし、1984 年時は届出者数、2003 年時は登録者数）。
保健所管轄区は、2003 年現在（一部改変；高松市、東讃保健所管轄区を合併表記）。
香川県健康福祉部生活衛生課、高松市保健所生活衛生課などの資料により作成。

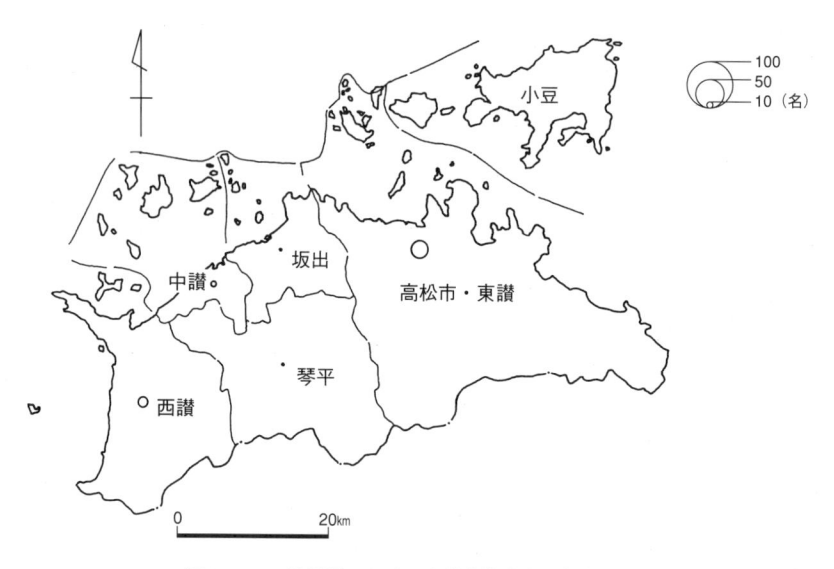

図 3-100　香川県における自動車営業者の保健所区別分布
営業者数データ、および保健所管轄区は、2003 年現在（一部改変；高松市、東讃保健所管轄区を合併表記）。
香川県健康福祉部生活衛生課、高松市保健所生活衛生課などの資料により作成。

た。そこで、県では 2003（平成 15）年に「香川県魚介類行商に関する条例」[149]を施行し、同様の条例を新設した高松市ともども、営業者の住所地保健所への登録制へと移行することになった。ちなみに、この登録では、新たに 5 年を期限として更新することが義務づけられた。

　登録制の採用に関する新聞記事によると、「水産物行商は、近年営業者の減少傾向が著しく、他県では行政による規制の強化から消滅の危機にすらある。しかし、瀬戸内海沿岸では彼女らは"イ

タダキさん"と称され、約650年の歴史を持つとされる伝統文化であり、県として街の風物詩を守っていきたい」との趣旨が記されている[150]。

自動車営業は、2000(平成12)年に施行された「食品衛生法に基づく公衆衛生上必要な基準に関する条例[151]」に基づき、これも住所地保健所において5年更新の許可を得て営業を行っている。なお、自動車営業車には、機械式冷凍冷蔵施設の設置が義務づけられている。

図3-98をもとに、行商人数の変化についてみてみよう。在来型行商人は、県の資料が残っている中での最大が1975、77年の1,720名であり、前回調査(1984年)時で937名であったが、2003年現在で448名となった。19年間での減少率が74.0％、年当たり3.9％の大幅減となっている。ただし、香川県の場合、在来型行商人は、更新手続き不要の開業時届出制のため、数値中に、実際には廃業している者がかなり含まれていることが予想される。県でも長年にわたってその実態をつかむことができないでいたが、2003年の条例改正に伴う登録制の導入によって、初めて、県全体で173名という実労者数が明らかになった。ちなみに、この数は、同年の行商届出者総数(448名)の38.6％に当たるものであり、届出者の6割強の廃業が判明したわけである。一方、自動車営業者は、前回調査(1984年)時点では、県で把握されておらず、数も不明であったが、2003年現在で62名となっている。

図3-99、図3-100をもとに、営業者の保健所区別分布をみてみる。在来型行商人が多いのは、高松市・東讃管内(91名)と小豆管内(38名)である。中でも中心都市である高松市保健所管内に57名の集中がみとめられる。

自動車営業は、県全域を通じて数的に多いとはいえないが、その中でも高松市・東讃管内(28名)と西讃管内(18名)が活動の中心であることがわかる。一方で、離島部の小豆管内で0名となっており、一般的に僻地に強い自動車営業の特徴からは逸脱した事例となっている。

(38) 徳島県

徳島県には在来型行商に関する条例法規として、「徳島県魚介類行商取締条例[152]」があり、営業者は、これに基づいて、住所地保健所における登録を経て営業を行っている。この登録は、1年更新となっている。

自動車営業は、「食品衛生法施行条例」の下、「特殊形態で営業する施設の取扱要領[153]」に基づき、

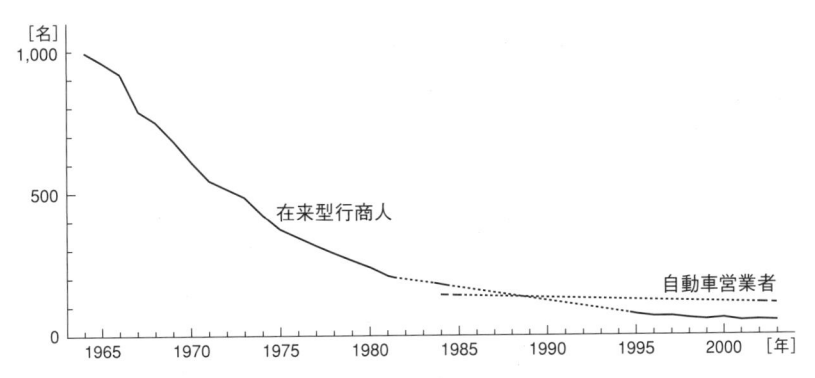

図3-101 徳島県における在来型行商人・自動車営業者数の変化
折れ線グラフの点線部分は資料欠。
徳島県保健福祉部生活衛生課などの資料により作成。

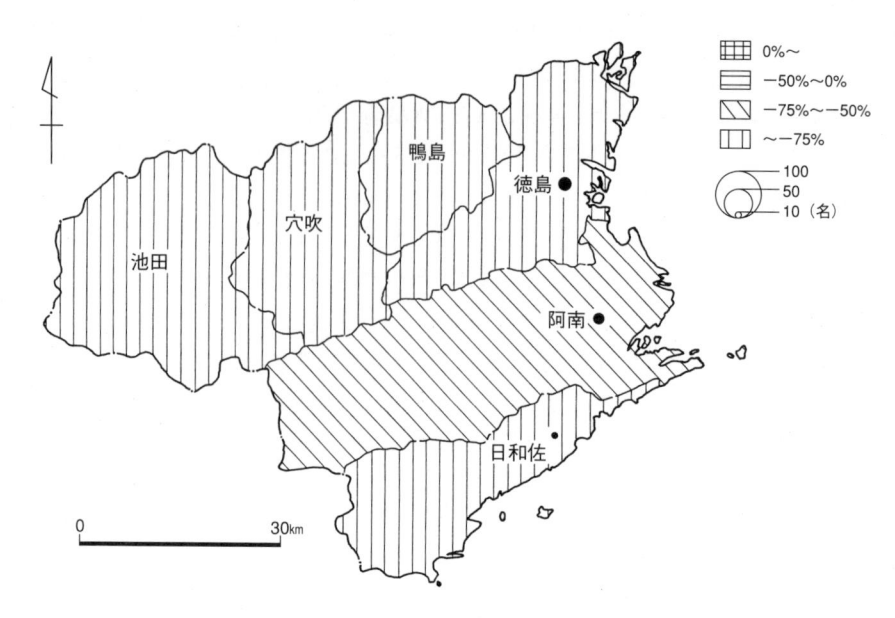

図3-102　徳島県における在来型行商人の保健所区別分布および増減率
増減率：1984～2003年の期間での総数に対する増減数の割合。
保健所管轄区は、2003年現在。
徳島県保健福祉部生活衛生課などの資料により作成。

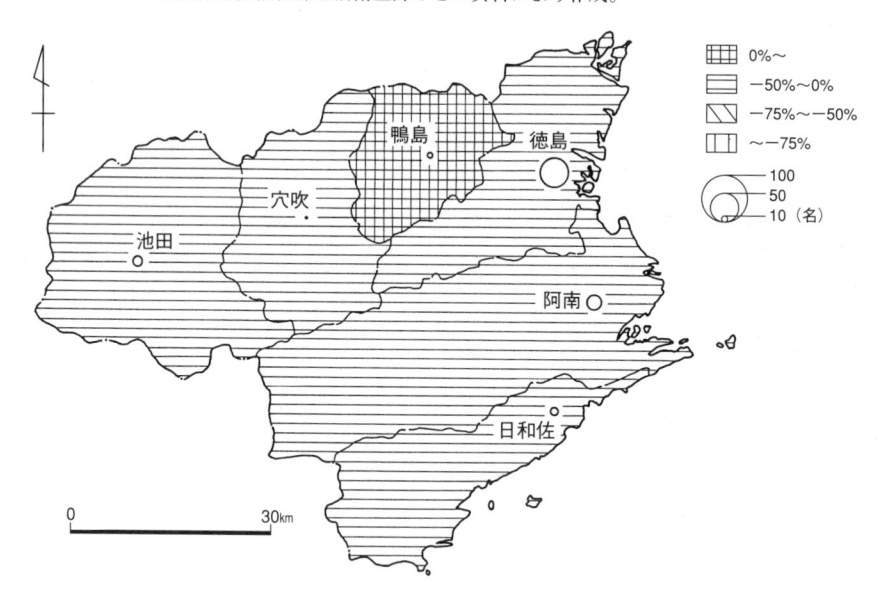

図3-103　徳島県における自動車営業者の保健所区別分布および増減率
増減率：1984～2003年の期間での総数に対する増減数の割合。
保健所管轄区は、2003年現在。
徳島県保健福祉部生活衛生課などの資料により作成。

これも住所地保健所において、現在は5年更新で許可を得て営業を行っている。なお、自動車営業は、氷冷蔵の保冷車で可とされている。

　図3-101をもとに、行商人、および自動車営業者数の変化についてみてみよう。在来型行商人については、県の資料が残っている中での最大が1964年の995名であり、前回調査(1984年)時

で180名であったが、2003年には44名となった。19年間での減少率が75.6％、年当たり4.0％の大幅減となっている。一方、自動車営業者は、1984年当時の146名が2003年現在で106名となった。こちらは、19年間での減少率が27.4％、年当たり1.4％の減少となっている。

図3-102、図3-103をもとに、営業者の保健所区別分布をみてみる。在来型行商人は、徳島県全域で一様に減少しており、特に内陸の鴨島、穴吹、池田の3管内は営業者が0になった。沿岸部でも減少傾向が著しいが、中で徳島管内(20名)、阿南管内(17名)が比較的多い営業者を抱えている。徳島県の往時の行商に関して『日本の民俗』によると、海部郡由岐町阿部、伊座利などの漁村からは、安永年間に船で大坂へ出たのが始まりで、最盛期には瀬戸内海、関東、北陸、甲信地方から、九州、朝鮮、遼東半島にまで行商に出た。営業者は、「イタダキさん」と称される女性行商人が多かったが、後には男性業者も参入し、戦前を通じて各地で活躍した。[154]

自動車営業者が多いのは、徳島管内(47名)、阿南管内(25名)などであるが、内陸の池田管内で14名みられる他、数的には多くないが、鴨島管内で前回調査時から25.0％の増加となっている点が注目される。

(39) 高知県

高知県には在来型行商に関する条例法規がない。したがって、実際には、漁村周辺でかなり高齢の女性行商人がみられるが、県、および中核市である高知市、および各保健所においてもその実態を全く把握していないということで、この状況は前回調査(1984年)時と同じであった。[155]高知県の明治・大正期の在来型行商活動について、『日本の民俗』によると、行商人には、それぞれ縄張りがあり、行商圏が確立していた。たとえば、幡多郡北部から高吾北地方・土佐郡奥地などへは、愛媛や瀬戸内海の島々からの行商人が、県中央部から香美・長岡郡の奥地へは、赤岡、野市、十市など香美郡南部の行商人が活躍していた。特に赤岡商人は、県境を越えて徳島県の祖谷・木頭村地方にまで進出していた。また、嶺北地方(長岡郡・土佐郡北部)へは、香川県や徳島県脇町の行商人が入り、安芸郡東部には、徳島県の行商人が多く入り込んでいた。[156]

自動車営業は、食品衛生法下、「高知県食品衛生法施行条例」[157]に基づき、住所地保健所において、5年更新で許可を得て営業を行っている。なお、自動車営業車は、氷冷蔵の保冷車も可とされており、都市部で魚介類専売車、山間部で肉、野菜、菓子などとの混載型車両が多い傾向がある。武市によると、特にスーパーマーケット傘下の営業者は、肉、魚、惣菜類等の食料品から石けん、ティッシュ等の生活用品に至るまで、ありとあらゆる商品を扱っている。[158]

図3-104をもとに、自動車営業者数の変化についてみてみよう。自動車営業者は、前回調査(1984年)時で95名を数えたが、その後漸増し、1997年に現時点でのピークとなる204名となった。ただし、1997年以降は漸減し、2002年現在で195名となっている。結果として、前回調査

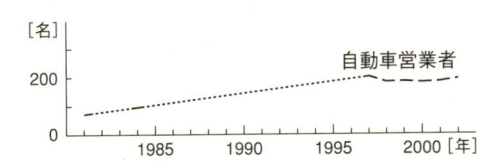

図3-104　高知県における自動車営業者数の変化
折れ線グラフの点線部分は資料欠。
高知県健康福祉部食品・衛生課、高知市保健所生活食品課などの資料により作成。

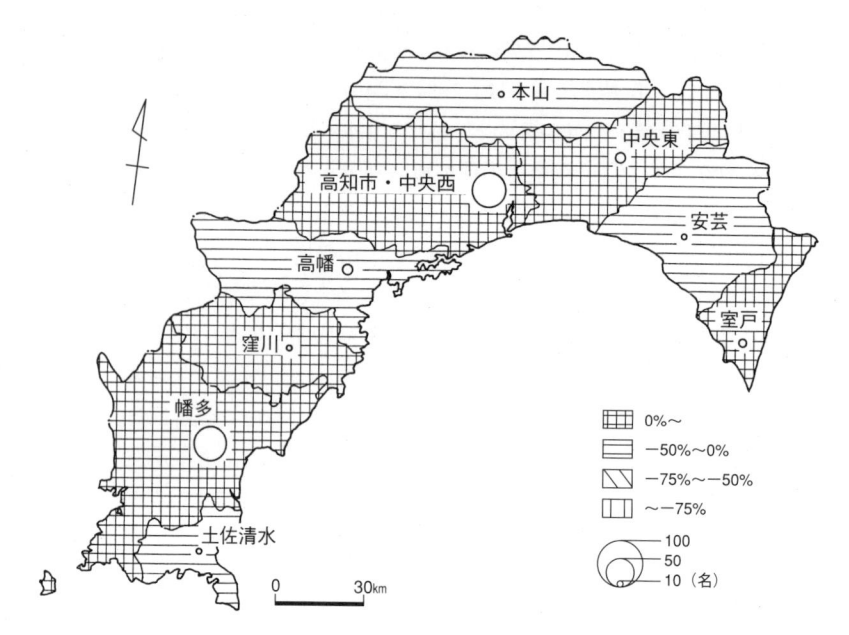

図 3-105　高知県における自動車営業者の保健所区別分布および増減率
増減率：1984〜2003 年の期間での総数に対する増減数の割合。
保健所管轄区は、2003 年現在(一部改変；高知市、中央西保健所管轄区を合併表記)。
高知県健康福祉部食品・衛生課、高知市保健所生活食品課などの資料により作成。

時からの 19 年間の増減率が＋105.3％、年当たり 5.5％の大幅な増加をみせており注目される。
　図 3-105 をもとに、営業者の保健所区別分布をみてみる。自動車営業者は、県全域で増加傾向にあるが、特に営業者が集中しているのが、高知市・中央西管内(68 名)、幡多管内(60 名)である。この両管内でも、営業者数が前回調査時から大幅増加しているが、この他に室戸、中央東、窪川の 3 管内でも営業者が急増している。

（40）福岡県

　福岡県には、在来型行商に関する条例法規として「福岡県食品取扱条例」[159]があり、政令指定都市である福岡市、北九州市、および大牟田市も同様の条例を有している。[160]営業者は、これらに基づ

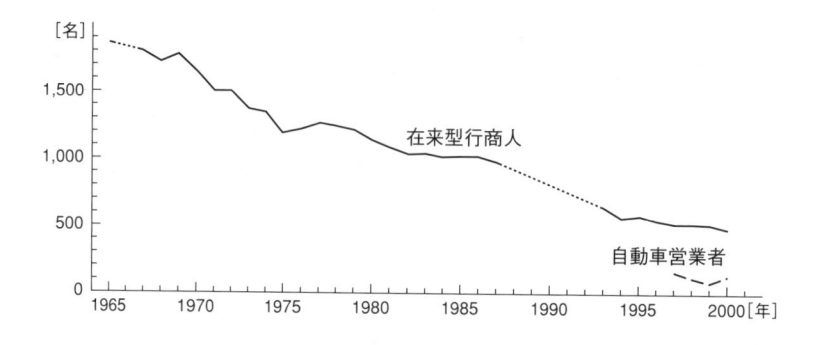

図 3-106　福岡県における在来型行商人・自動車営業者数の変化
折れ線グラフの点線部分は資料欠。
福岡県保健福祉部生活衛生課、福岡市保健福祉局生活衛生部生活衛生課、北九州市保健福祉局保健医療部生活衛生課、大牟田市保健所生活衛生課などの資料により作成。

第3章 地方ごとにみた水産物行商活動の変容

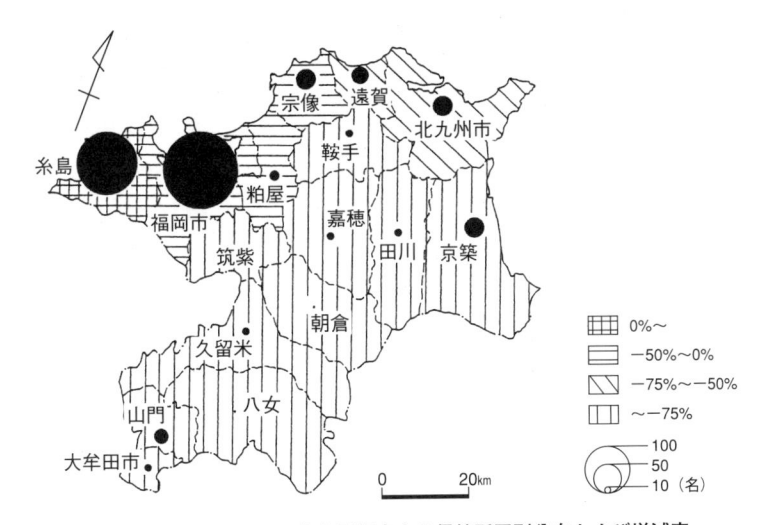

図 3-107 福岡県における在来型行商人の保健所区別分布および増減率
増減率：1983～2000年の期間での総数に対する増減数の割合。
保健所管轄区は、2002年現在。
福岡県保健福祉部生活衛生課、福岡市保健福祉局生活衛生部生活衛生課、北九州市保健福祉局保健医療部生活衛生課、大牟田市保健所生活衛生課などの資料により作成。

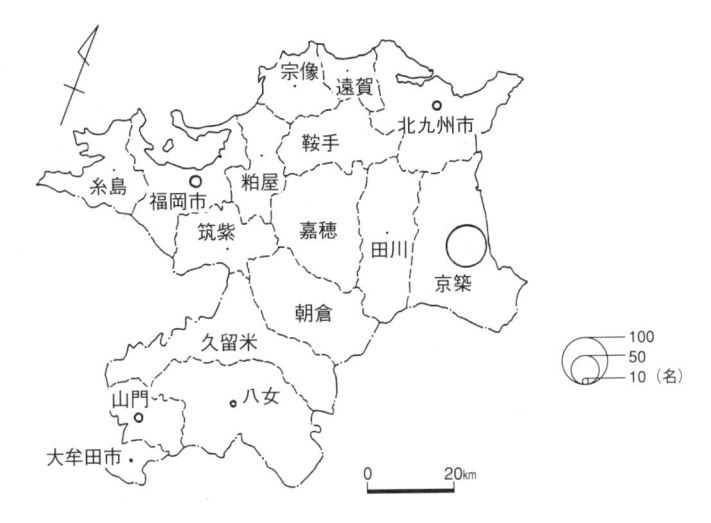

図 3-108 福岡県における自動車営業者の保健所区別分布
保健所管轄区は、2002年現在。
福岡県保健福祉部生活衛生課、福岡市保健福祉局生活衛生部生活衛生課、北九州市保健福祉局保健医療部生活衛生課、大牟田市保健所生活衛生課などの資料により作成。

いて、営業地保健所において2年更新の許可を得て営業を行っている。なお、在来型行商では、容器材質に関する規制はないが、氷塊等での冷蔵、取扱いにおける衛生面への配慮などが義務づけられている。

自動車営業については、従来、営業活動を認めていなかったが、1989（平成元）年の県衛生部長通知[161]により、5年更新の許可を得て営業が認められることとなり、福岡市、北九州市、大牟田市もこれに倣って営業を許可している。なお、自動車営業は、機械式電気冷蔵施設車の他、氷冷蔵方式も可とされるが、魚介類専売車のみで肉、野菜、菓子などとの混載車は認められていない。

図3-106をもとに、行商人、および自動車営業者数の変化についてみてみよう。在来型行商人は、福岡県生活衛生課等の資料が残っている中では、1965年の1,850名が最大であったが、2000年末で474名となった。35年間での減少率が74.4％、年当たり2.1％の減少を示した。年当たりの減少率を前回調査時の1983年以降でみると、3.2％とさらに大きくなる。一方、自動車営業者は、2000年末現在で128名となっており、過去4年間のデータではあるが、年による変動が大きくなっている。

図3-107、図3-108をもとに、営業者の保健所区別分布をみてみる。在来型行商で営業者の多いのは、福岡市(143名)と糸島管内(120名)であり、全域的に数を減じている中で、糸島管内のみ1983年比110.5％の大幅増を示しており、都市近郊からの行商の活発化を伺うことができる。自動車営業は総じて少なく、内陸部の大半の保健所管内のように営業者のみられない地区も多いが、その中で京築管内の72名が特筆すべき存在と言えよう。

(41) 佐賀県

佐賀県には、在来型行商に関する条例法規として「佐賀県食品衛生条例[162]」があり、営業者は、これに基づいて、営業地保健所において1年更新の登録を経て営業を行っている。なお、在来型行商では、断熱材を巡らした専用のアルミ合金製容器の使用、取扱いにおける衛生面への配慮などが義務付けられている。

自動車営業は、食品衛生法の下、「食品営業車の取扱要綱[163]」に基づき、これも営業地保健所において許可を得て営業を行っている。なお、自動車営業については、許可の有効期間が、かつての2年から6年に延長されている。また、佐賀県でも魚介類専売車が多くなっている[164]。

図3-109をもとに、行商人、および自動車営業者数の変化についてみてみよう。在来型行商人は、佐賀県生活衛生課の資料が残っている中では、1963年の1,250名が最大であったが、2001年末で256名となった。38年間での減少率が79.5％、年当たり2.1％の減少を示した。年当たりの減少率を1983年以降でみると、3.3％とさらに大きくなる。一方、自動車営業者は、データ上では1979年の15名から始まり、1987年の77名をピークに減少に転じ、2001年末で24名となった。ピーク時からの減少率が68.8％、年当たり4.9％の大幅減となっている。

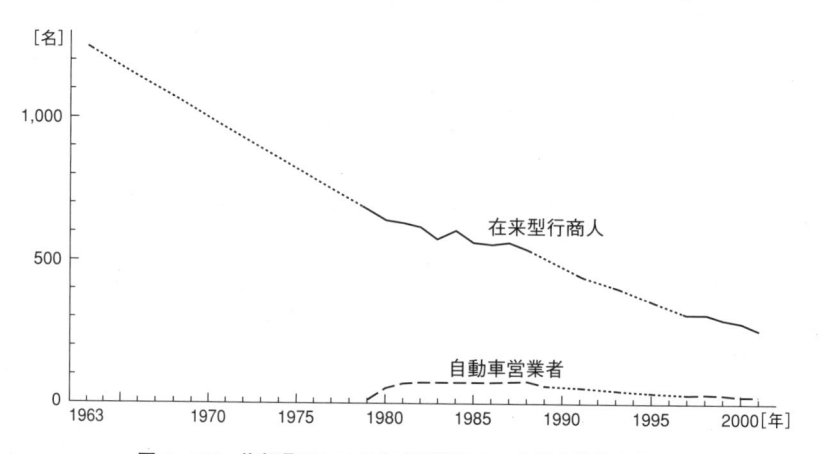

図3-109 佐賀県における在来型行商人・自動車営業者数の変化
折れ線グラフの点線部分は資料欠。
佐賀県厚生部生活衛生課などの資料により作成。

第3章　地方ごとにみた水産物行商活動の変容　　　　　　　　　　139

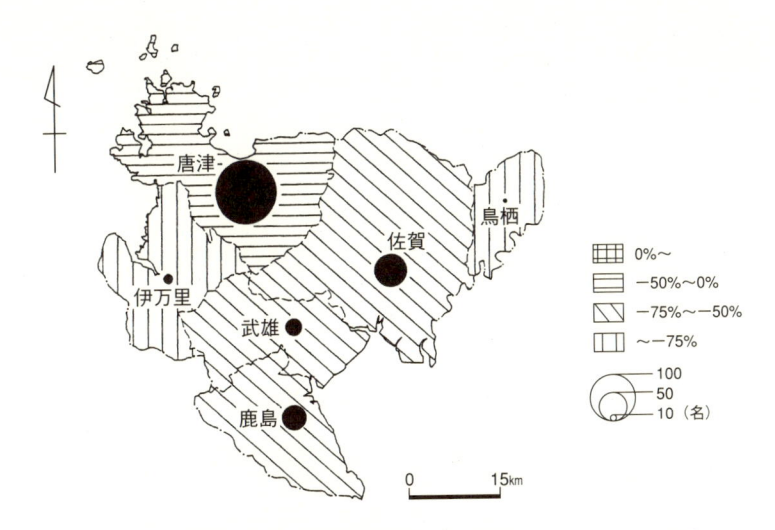

図3-110　佐賀県における在来型行商人の保健所区別分布および増減率
増減率：1983～2001年の期間での総数に対する増減数の割合。
保健所管轄区は、2002年現在。
佐賀県厚生部生活衛生課などの資料により作成。

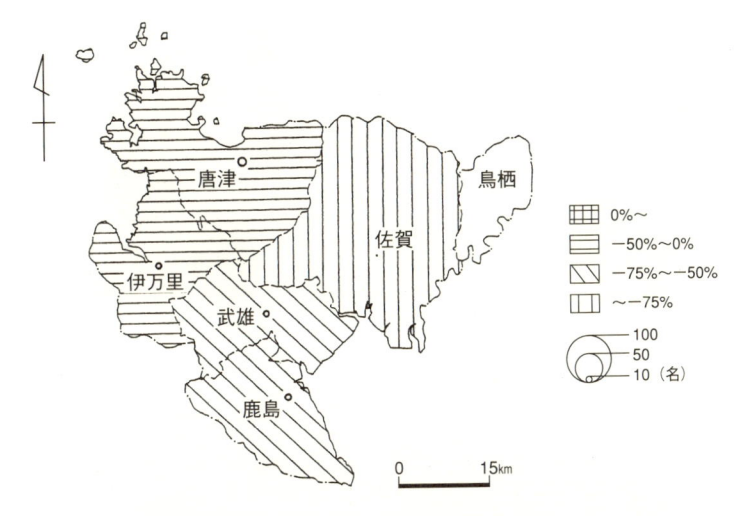

図3-111　佐賀県における自動車営業者の保健所区別分布および増減率
増減率：1983～2001年の期間での総数に対する増減数の割合。
保健所管轄区は、2002年現在。
佐賀県厚生部生活衛生課などの資料により作成。

　図3-110、図3-111をもとに、営業者の保健所区別分布をみてみる。在来型行商で営業者の多いのは、唐津管内(119名)と佐賀管内(52名)であり、伊万里、鳥栖管内で83年度比80％前後の減となった他、全域的に数を減じている。自動車営業は、唐津管内の10名が最大であり、県全域を通じて活動不活発地域となっている。

(42) 長崎県

　長崎県には、在来型行商に関する条例法規として「長崎県食品衛生に関する条例[165]」があり、営業

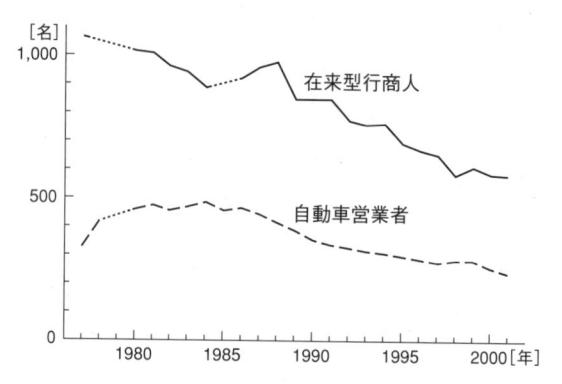

図 3-112　長崎県における在来型行商人・自動車営業者数の変化
　　　　　折れ線グラフの点線部分は資料欠。
　　　　　長崎県県民生活環境部生活衛生課などの資料により作成。

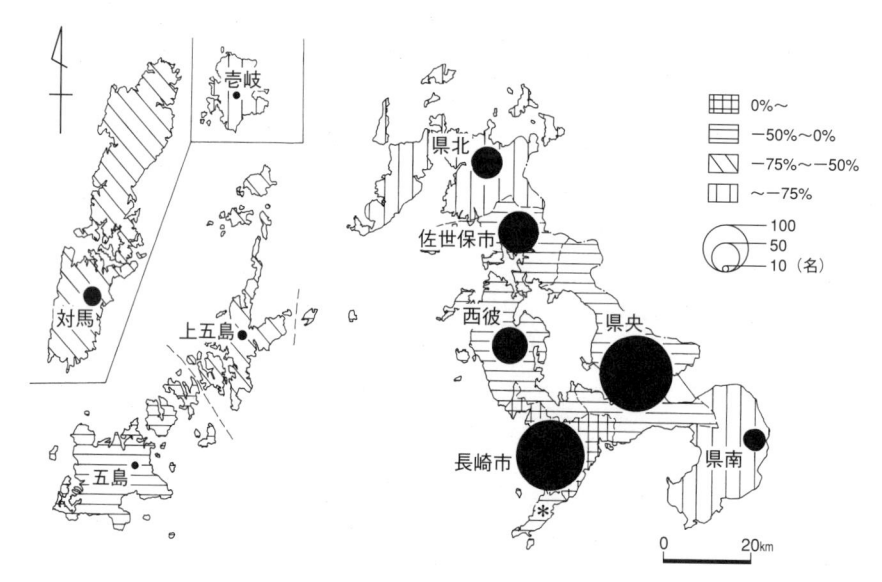

図 3-113　長崎県における在来型行商人の保健所区別分布および増減率
　　　　　増減率：1983～2001 年の期間での総数に対する増減数の割合。
　　　　　保健所管轄区は、2002 年現在。＊は、西彼保健所管轄区に属する。
　　　　　長崎県県民生活環境部生活衛生課などの資料により作成。

者は、これに基づいて、営業地保健所において登録を経て営業を行っている。この登録の有効期間は 1 年であったが、1997 年より 5 年に延長された。なお、在来型行商では、容器材質に関する規制はないが、衛生面への配慮から現在は、クーラーボックスが多く使用されている。[166]

　自動車営業は、食品衛生法の下、「自動車による食品の移動営業に関する取扱要綱」[167]に基づき、これも営業地保健所において許可を得て営業を行っている。この許可の有効期間もかつての 2 年から 6 年に延長されている。なお、自動車営業は、機械式電気冷蔵庫を設置した小型の魚介類専売車が多くなっている。[168]前回調査では、都市部で小型魚介類専売車、農村部で多様な需要に対応した肉、野菜、菓子などとの混載車が多いということであったが、この点の変化については、農村部を商圏としていた混載車の急減が背景にあると言えよう。

　図 3-112 をもとに、行商人、および自動車営業者数の変化についてみてみよう。在来型行商人

第3章　地方ごとにみた水産物行商活動の変容

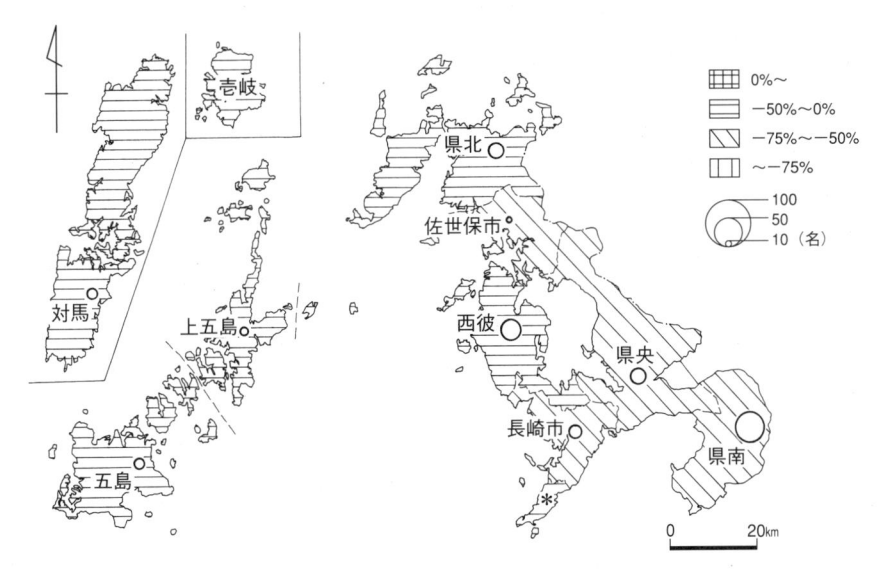

図3-114　長崎県における自動車営業者の保健所区別分布および増減率
増減率：1983〜2001年の期間での総数に対する増減数の割合。
保健所管轄区は、2002年現在。＊は、西彼保健所管轄区に属する。
長崎県県民生活環境部生活衛生課などの資料により作成。

は、長崎県生活衛生課の資料が残っている中では、1977年の1,065名が最大であったが、2001年末で577名となった。24年間での減少率が45.8％、年当たり1.9％の減少を示した。年当たりの減少率を1983年以降でみると、2.1％と大きくなる。

一方、自動車営業者は、データ上では1977年の335名から始まり、1984年の482名をピークに減少に転じ、2001年末で237名となった。ピーク時からの減少率が50.8％、年当たり3.0％の大幅減となっている。

図3-113、図3-114をもとに、営業者の保健所区別分布をみてみる。在来型行商で営業者が多いのは、県央管内(150名)、長崎市(136名)、佐世保市(74名)などであり、全域的に数を減じている中で、長崎市のみ1983年比223.8％の大幅増となった。一方、かつての集中地区であった県南、県北管内、離島の壱岐、上五島管内は軒並み83年度比75％前後の大幅減となった。自動車営業は、県南管内(50名)、西彼杵管内(41名)などに集中がみられ、かつて多かった県央、長崎市、佐世保市などは、軒並み83年度比60％台の減となった。

(43) 大分県

大分県には、在来型行商に関する条例法規として「大分県食品行商取締条例」[169]があり、営業者は、これに基づいて、営業地保健所において許可を得て営業を行っている。この許可の有効期間は、かつての2年から5年に延長されている。なお、在来型行商では、断熱材を巡らした専用の合金製、もしくは合成樹脂製容器の使用、取扱いにおける衛生面への配慮などが義務づけられている。

自動車営業は、食品衛生法の下、「自動車による食品営業取扱い要領」[170]に基づき、これも営業地保健所において許可を得て営業を行っている。[171]こちらの許可の有効期間は、かつて新規2年、更新3年とされていたが、現在は5年に統一されている。なお、自動車営業では、機械式電気冷蔵

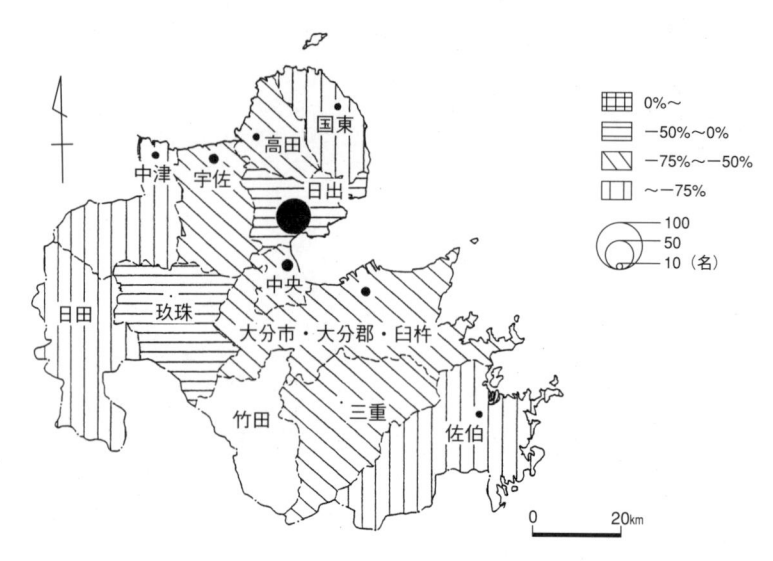

図 3-115　大分県における在来型行商人の保健所区別分布および増減率

増減率：1983～2001年の期間での総数に対する増減数の割合。
保健所管轄区は、2002年現在。一部改変(支所区も保健所区として表記、また、大分市・大分郡・臼杵保健所管内を合わせて表記)。
大分県生活環境部部生活衛生課、大分市保健所などの資料により作成。

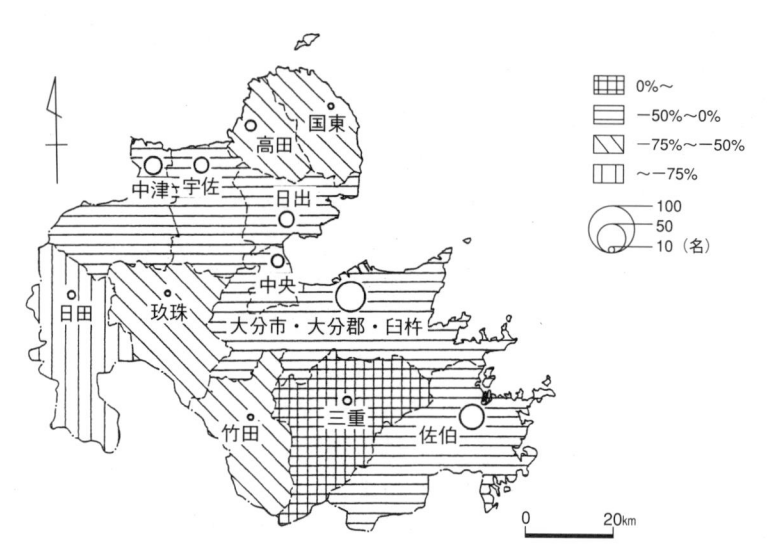

図 3-116　大分県における自動車営業者の保健所区別分布および増減率

増減率：1983～2002年の期間での総数に対する増減数の割合。
保健所管轄区は、2002年現在。一部改変(支所区も保健所区として表記、また、大分市・大分郡・臼杵保健所管内を合わせて表記)。
大分県生活環境部部生活衛生課、大分市保健所他13保健所の資料により作成。

施設の設置が義務づけられている。また、大分県では魚介類専売車と肉、野菜、菓子などとの混載車の両方がみられるが、近年、後者の減少が著しいとのことであった。[172)]

　大分県では、経年変化を捉えるデータが得られなかったので、前回調査の1983年と今回のデータを比較することで、その変容の把握を試みる。その結果、在来型行商人は、367名から2001年現在で133名となった。18年間での減少率が63.8％、年当たり3.5％の大幅減となっている。一

方、自動車営業者は、489名から2002年現在で273名となった。19年間での減少率が44.2％、年当たり2.3％の減少を示した。

図3-115、図3-116をもとに、営業者の保健所区別分布をみてみる。在来型行商では日出管内(56名)が群を抜いており、かつての集中地区であった大分、別府(中央管内)や県北地区では激減していることがわかる。一方、自動車営業では、大分市・大分郡・臼杵管内(52名)や佐伯管内(44名)など沿岸都市部に営業者の集中がみとめられるが、一方で、内陸の三重管内が、前回調査時の0から11へと増加しており注目される。

自動車営業では、魚介類専売車の割合が大きくなっているとのことであったが、専売車と混載車の地域的な展開についてふれる。個別に保健所に問い合わせたところ、沿岸の産地市場を抱える地域では専売車が大半を占めていることがわかった。つまり、自動車営業が魚介類店舗販売に対して補完的役割を果たしているのであり、実際に店舗経営者がその延長として自ら自動車営業を行っているという報告も得られた[173]。一方で、混載車が自動車営業者の半数以上を占めているのが、三重管内(11名中の6名)と竹田管内(10名中の5名)であり、いずれも内陸僻地の多様な需要に対応するものであることが理解された。

(44) 熊本県

熊本県には、在来型行商に関する条例法規として「熊本県特定食品衛生条例[174]」があり、営業者は、これに基づいて、営業地保健所において許可を得て営業を行っている。この許可の有効期間は、かつての2年から5年に延長されている。なお、在来型行商では、専用の金属製、もしくはプラスチック製容器の使用、取扱いにおける衛生面への配慮などが義務づけられている。

自動車営業は、食品衛生法の下、「自動車による食品の移動販売に関する取扱要領[175]」に基づき、これも営業地保健所において許可を得て営業を行っている。

こちらの許可の有効期間は、かつて新規2年、更新2〜4年とされていたが、現在は5年に統一されている。なお、自動車営業では、機械式電気冷蔵施設の設置が義務づけられている。

熊本県でも、経年変化を捉えるデータが得られなかったので、前回調査の1984年と今回の2002年のデータを比較することで、その変容の把握を試みる。その結果、在来型行商人は、499名から301名となっている。18年間での減少率が39.7％、年当たり2.2％減少している。一方、自動車営業者は、507名から363名となっている。18年間での減少率が28.4％、年当たり1.6％の減となっている。

図3-117、図3-118をもとに、営業者の保健所区別分布をみてみる。在来型行商で営業者の多いのは、天草管内(138名)、八代管内(85名)であり、全域的に数を減じている中で、有明管内のみ1984年比で5.6％の増となった。一方、もともと数の少なかった内陸部では、営業者0の地区が多くなっており、かつての集中地区であった水俣管内も大幅減となった。これに対し、自動車営業は、八代管内(77名)、天草管内(63名)、熊本市(61名)に集中がみられる。

熊本県の自動車営業については、保健所区ごとの魚介類専売車と肉、野菜、菓子などとの混載車の割合に関するデータを入手することができた(図3-117)。これをみると、熊本県では魚介類専売車の割合が、県全体で36.5％と少ないところに他県と異なる大きな特徴がある。その中でも八代管内が突出しており、混載車の割合が84.4％に達している。例外的に天草管内のみ専売車の割合が76.2％となっている。これは、産地市場を抱える天草管内において、軽トラックなど小型

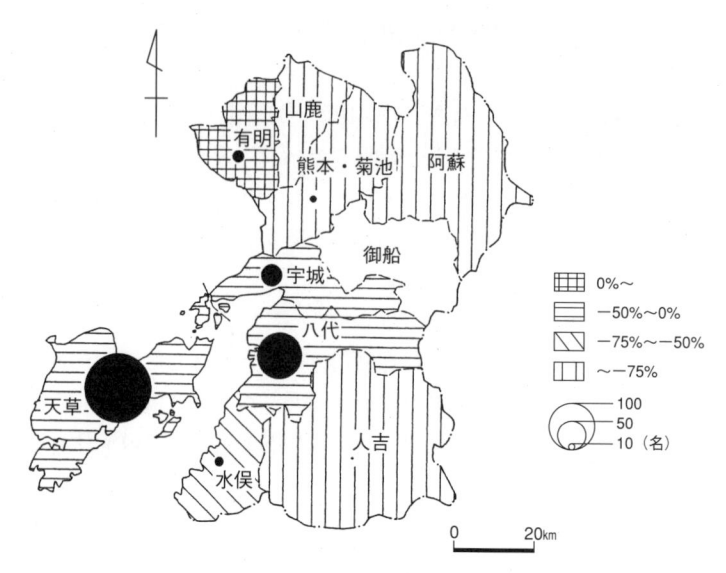

図 3-117　熊本県における在来型行商人の保健所区別分布および増減率
増減率：1984〜2002 年の期間での総数に対する増減数の割合。
保健所管轄区は、2002 年現在。一部改変(熊本市・菊地を合わせて表記)。
熊本県健康保健部生活衛生課、熊本市保健所食品保健課などの資料により作成。

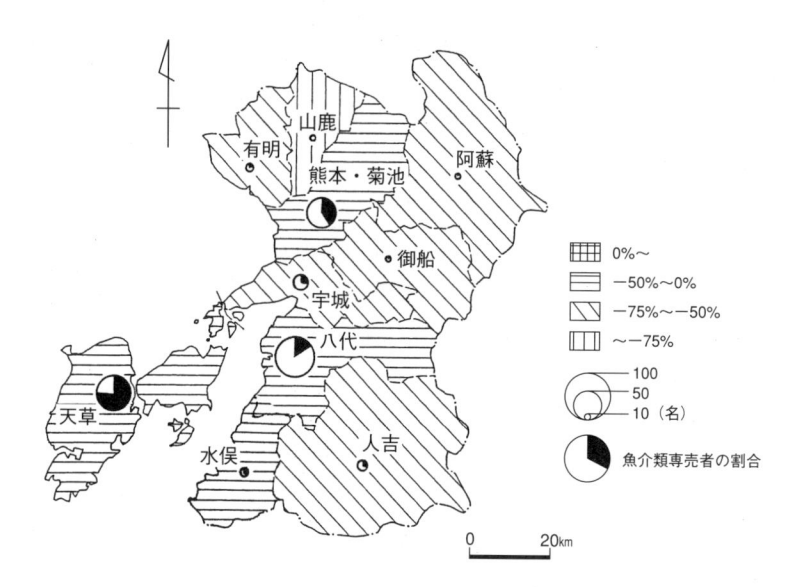

図 3-118　熊本県における自動車営業者の保健所区別分布および増減率
増減率：1984〜2002 年の期間での総数に対する増減数の割合。
保健所管轄区は、2002 年現在。一部改変(熊本市・菊地を合わせて表記)。
熊本県健康保健部生活衛生課、熊本市保健所食品保健課などの資料により作成。

の魚介類専用車が卓越するのに対し、他の都市や農村部を商圏とする場合には、主に熊本市の卸売市場で仕入れるために多様な需要に対応しやすく、2トンクラスの比較的大型の車に肉、野菜、菓子などを混載して営業している例が多いためである。[176]

（45）宮崎県

　宮崎県には、在来型行商に関する条例法規として「食品等取扱条例」[177]があり、営業者は、これに基づいて、営業地保健所において登録を経て営業を行っている。この登録の有効期間は、かつての1年から4年に延長されている。なお、在来型行商では、断熱材を巡らした容器と氷雪等による保冷、取扱いにおける衛生面への配慮などが義務づけられている。

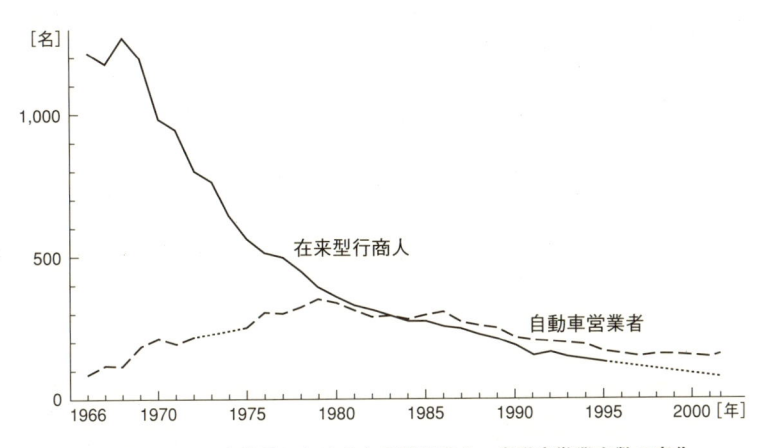

図3-119　宮崎県における在来型行商人・自動車営業者数の変化
折れ線グラフの点線部分は資料欠。
宮崎県福祉保健部衛生管理課、宮崎市保健所他県内8保健所などの資料により作成。

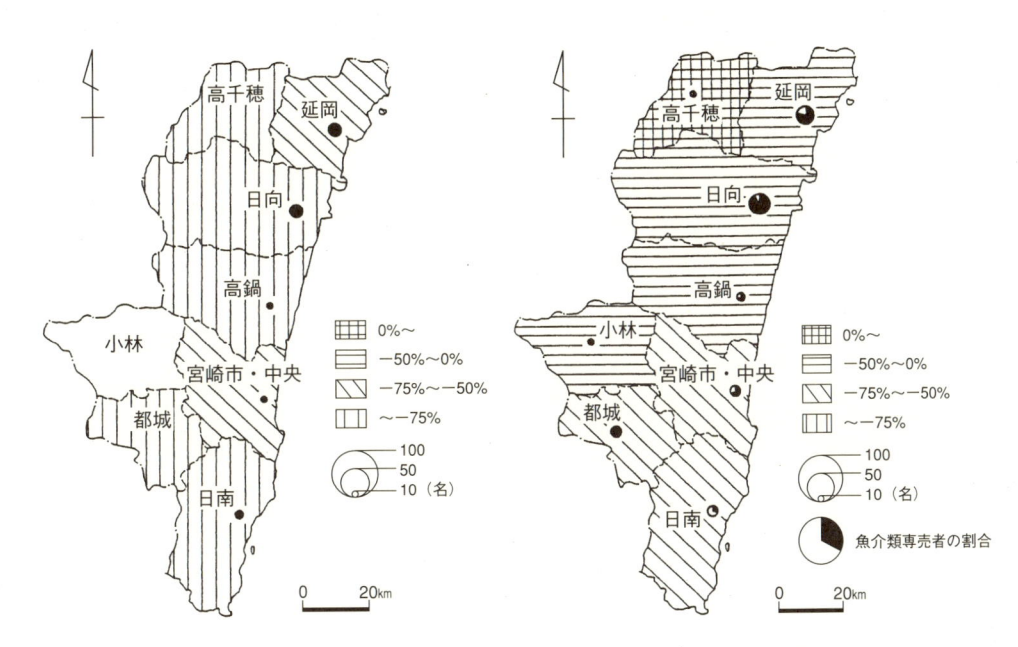

図3-120　宮崎県における在来型行商人の保健所区別分布および増減率
増減率：1983～2002年の期間での総数に対する増減数の割合。
保健所管轄区は、2002年現在。一部改変（宮崎市・中央保健所管内を合わせて表記）。
宮崎県福祉保健部衛生管理課、宮崎市保健所他県内8保健所などの資料により作成。

図3-121　宮崎県における自動車営業者の保健所区別分布および増減率
増減率：1983～2002年の期間での総数に対する増減数の割合。
保健所管轄区は、2002年現在。一部改変（宮崎市・中央保健所管内を合わせて表記）。
宮崎県福祉保健部衛生管理課、宮崎市保健所他県内8保健所などの資料により作成。

自動車営業は、食品衛生法の下、「食品衛生法施行条例」[178]に基づき、これも営業地保健所において許可を得て営業を行っている。こちらの許可の有効期間は、かつて新規2年、更新2～4年とされていたが、現在は5年に統一されている。なお、自動車営業では、機械式電気冷蔵施設の設置が義務づけられている。

図3-119をもとに、行商人、および自動車営業者数の変化についてみてみよう。在来型行商人は、宮崎県衛生管理課の資料が残っている中では1968年の1,270名が最大であったが、2002年現在でわずか79名となった。34年間での減少率が93.8％、年当たり2.8％減少した。年当たりの減少率を1983年以降でみると、3.8％の大幅減となる。一方、自動車営業者は、1979年の350名をピークに減少に転じ、2002年現在で157名となった。ピーク時からの減少率が55.1％、年当たり2.4％の減となっている。

図3-120、図3-121をもとに、営業者の保健所区別分布をみてみる。在来型行商では全域的に営業者が激減しているが、県北の日向、延岡管内がともに23名と集中地区を形成している。自動車営業も、県北の日向管内(40名)、延岡管内(33名)に集中がみられる他、営業者は5名と少ないものの高千穂管内で1983年比25％の増となった点が注目される。

宮崎県についても個別に保健所に問い合わせることで、保健所区ごとの魚介類専売車と肉、野菜、菓子などとの混載車の割合に関するデータを入手することができた(図3-121)。これをみると、日南管内のみ魚介類専売車が30.0％と、例外的に少なくなっているが、県全体では、魚介類専売車の割合が75.8％と高くなっている。これは、産地市場から軽トラックなどの小型専用車を使って営業を行う業者が多いためと判断される。

(46) 鹿児島県

鹿児島県には、在来型行商に関する条例法規として「鹿児島県食品行商取締条例」[179]があり、営業者は、これに基づいて、営業地保健所において許可を得て営業を行っている。この許可の有効期間は、かつての1年から5年に延長されている。なお、在来型行商では、金属製、もしくは合成樹脂製容器の使用、取扱いにおける衛生面への配慮などが義務づけられている。

自動車営業は、食品衛生法の下、「臨時営業等の取扱要領」[180]に基づき、これも営業地保健所において6年更新の許可を得て営業を行っている。なお、自動車営業は、機械式電気冷蔵施設車の他、

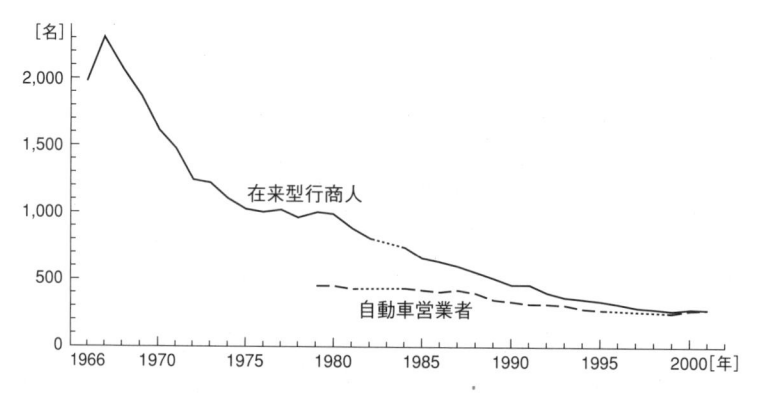

図3-122　鹿児島県における在来型行商人・自動車営業者数の変化
　　　折れ線グラフの点線部分は資料欠。
　　　鹿児島県保健福祉部生活衛生課などの資料により作成。

第3章 地方ごとにみた水産物行商活動の変容　　　　　　　　　　　　147

図 3-123　鹿児島県における在来型行商人の保健所区別分布および増減率
　　増減率：1983〜2001 年の期間での総数に対する増減数の割合。
　　保健所管轄区は、2002 年現在。
　　鹿児島県保健福祉部生活衛生課などの資料により作成。

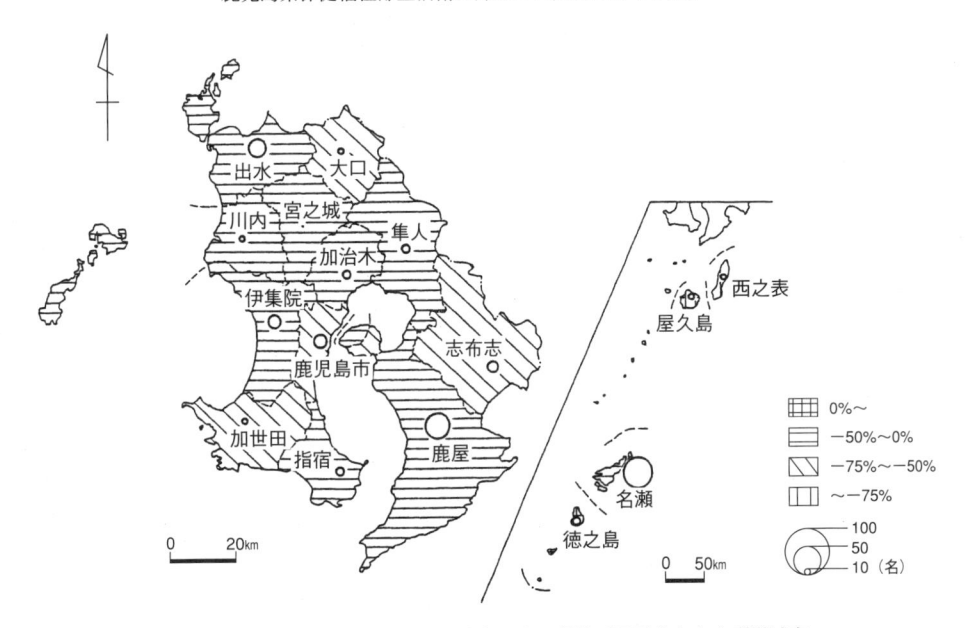

図 3-124　鹿児島県における自動車営業者の保健所区別分布および増減率
　　増減率：1983〜2001 年の期間での総数に対する増減数の割合。
　　保健所管轄区は、2002 年現在。
　　鹿児島県保健福祉部生活衛生課などの資料により作成。

氷冷蔵方式も可とされている。

　図 3-122 をもとに、行商人、および自動車営業者数の変化についてみてみよう。在来型行商人は、鹿児島県生活衛生課の資料が残っている中では 1967 年の 2,320 名が最大であったが、2001 年末で 287 名となった。34 年間の減少率が 86.7％、年当たり 2.6％減少した。年当たりの減少率を

前回調査の1982年以降でみると、3.5％の大幅減となる。一方、自動車営業者は、1979年の460名をピークに減少し、2001年末で278名となった。ピーク時からの減少率が39.6％、年当たり1.8％の減となっている。

図3-123、図3-124をもとに、営業者の保健所区別分布をみてみる。在来型行商では川内管内(87名)や離島部の名瀬管内(55名)、徳之島管内(44名)などの集中地域をあげることができるが、かつて103名を数えた出水管内が0になるなど、全域的に極端な減少がみられる[181]。自動車営業も、名瀬管内(50名)、鹿屋管内(42名)、出水管内(31名)に集中がみられる。この他、数的にはあまり多くはないが、特に屋久島管内や徳之島管内といった島嶼部で需要の大きさから、営業者の増加している地区がみとめられ注目される。また、鹿児島県も小型の魚介類専売車の多さに特徴があるとのことであった[182]。

(47) 沖縄県

沖縄県には、在来型行商に関する条例法規がない。とはいっても行商活動がなかったわけではない。かつて世界各地に出漁したことで知られる糸満漁民の漁獲物は、女性行商人によって捌かされ、那覇の町でもたくさんの女性行商人(「イユウイ(魚売り)アバー」)が活躍していた[183]。彼女らは、頭上運搬で魚を運んだことから「カミアチネー(頭商い)」と呼ばれていた[184]。そのかつての彼女たちが活躍していた状況が一変したのは、沖縄の本土復帰(1972年)以降のことである。県では、衛生上の見地から魚介類行商を認めず、営業者に罰則を加えて廃業させる方針をとっており、営業者は現在ほとんどみられない[185]。各保健所に問い合わせたところ、1990年頃まで、いわゆる女性行商がみられた[186]。例外的ではあるが、現在もバイクによる行商がみられるという回答も得られた[187]。

自動車営業は、食品衛生法に係る「食品衛生法施行条例」[188]の下、「食品移動販売車による営業の取扱規程」[189]に基づき、住所地保健所において許可を得て営業を行っている。この許可の有効期間は、施設状況により5〜7年となっている。なお、自動車営業車には、機械式冷凍冷蔵設備の設置が義務づけられている。自動車営業車の様式について、各保健所担当者によると[190]、営業活動のある4保健所管内の全てで魚介類専売車のみみられ、肉、乳類、雑貨などとの混載型車はみられなかった。車型としては、北部福祉保健所管内で軽トラック改造型、中部福祉保健所管内で普通トラック改造型、中央保健所管内で普通、軽自動車改造型、南部福祉保健所管内でワゴン型が多いという回答を得た。

図3-125は、自動車営業者の保健所区別分布を示している。これによると、営業者は、沖縄県全体でわずか14名、その全てが沖縄本島において活動している。うち、最大が那覇市を含む中央保健所管内の6名、次いで中部福祉保健所管内の5名、北部福祉保健所管内の2名、南部福祉保健所管内の1名となっている。一方で、離島部の八重山福祉保健所管内や宮古福祉保健所管内では営業者が0となっている。このうち、宮古福祉保健所管内では、かつて1名自動車営業があったが、10年ほど前に廃業したとのことであった[191]。

3．まとめ

分析の結果、以下のことが明らかになった。

法規上、在来型行商は、条例のない数県を除いて、各都道府県の関連条例および要綱に基づき、

第3章　地方ごとにみた水産物行商活動の変容　　　　　　　　　　　　　　　　149

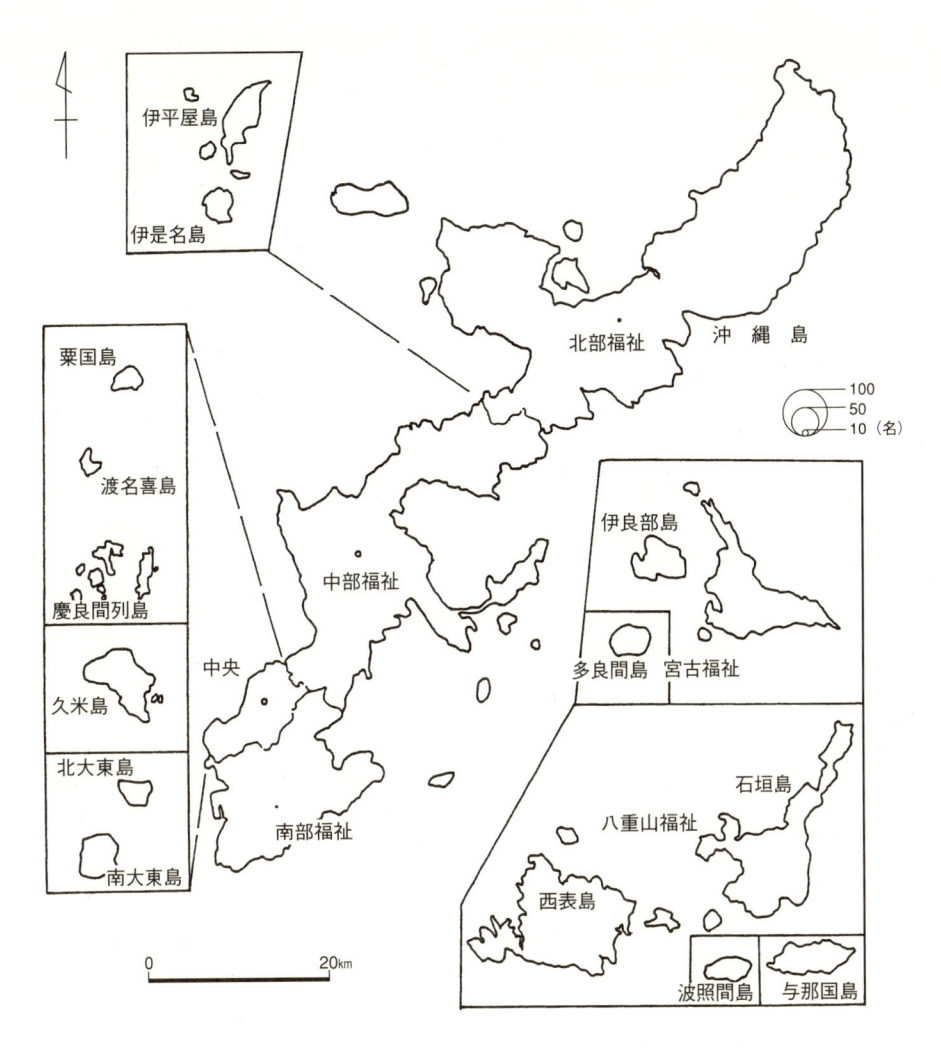

図3-125　沖縄県における魚介類自動車営業者の保健所区別分布
保健所管轄区は、2004年現在。沖縄県6保健所の資料により作成。

住所地、ないし営業地保健所における登録・許可・届出を経て営業を行っている。この登録・許可の有効期間は、都道府県により1～5年まで様々である。また、数的には少なくなっているが、届出制の場合は、期限なしとなっている。これに対し、自動車営業は、各都道府県の食品衛生法施行条例などに基づき、営業地、ないし住所地保健所における許可を得て営業を行っている。この許可の有効期間は、5年を中心に6～8年のところもある。

　行商形態、特に自動車営業に関してみると、現状で機械式冷凍冷蔵施設の設置が義務づけられているのが26都道府県(北海道、青森、岩手、秋田、宮城、山形、福島、群馬、埼玉、東京、神奈川、新潟、富山、福井、山梨、長野、岐阜、滋賀、京都、香川、佐賀、長崎、大分、熊本、宮崎、沖縄)、氷冷蔵の保冷車が認められているのが21府県(茨城、栃木、千葉、石川、静岡、愛知、三重、和歌山、奈良、大阪、兵庫、鳥取、島根、岡山、広島、山口、愛媛、徳島、高知、福岡、鹿児島)みられる。前回の調査より、一般に西日本各府県で氷冷蔵方式が多く認められ、東日本各都道県で機械式冷蔵設備を義務付けているところが多いことが明らかになった。その理由として、

消費者密度の違い、すなわち、人口稠密で商品を早く捌くことのできる西日本と人口が疎らで商品を捌くのに時間のかかる東日本といった消費地域の性格に違いがあることが推測された。今回の調査で、西日本でも機械式冷凍冷蔵庫の設置義務を課すところが若干増えているが、東北日本が機械式、西日本が氷冷蔵という基本的な形は変わっていないことがわかった。また、自動車営業における魚介類専売車と肉、乳類、野菜、菓子、雑貨などとの混載型車の活動地域をみてみると、小回りがきき、小資本で営業できる軽トラック改造型の専売車が沿岸魚介類産地や大都市部を商圏としているのに対し、移動スーパー形式で大型のバス・トラック改造車を使う混載型車が地方都市や広域の内陸部を商圏としていることが理解された。

今回の調査で判明した在来型行商人数は、合計6,776名となった。これを地方ごとにみると、北海道・東北地方が628名(北海道229名、青森県50名、岩手県1名、秋田県1名、宮城県173名、山形県105名、福島県69名)、関東地方が956名(茨城県97名、栃木県8名、群馬県13名、埼玉県8名、東京都93名、神奈川県248名、千葉県489名)、中部地方が1,125名(新潟県590名、富山県130名、福井県233名、山梨県34名、長野県23名、静岡県54名、愛知県61名)、近畿地方が629名(三重県126名、和歌山県12名、滋賀県0名、京都府127名、大阪府52名、兵庫県312名)、中国地方が991名(鳥取県50名、島根県121名、岡山県71名、広島県359名、山口県390名)、四国地方が340名(愛媛県123名、香川県173名、徳島県44名)、九州地方が2,107名(福岡県474名、佐賀県256名、長崎県577名、大分県133名、熊本県301名、宮崎県79名、鹿児島県287名)であり、前回調査での判明者数(22,437名)の1/3に落ち込んだ。

自動車営業者数は、合計8,391名となった。これも地方事にみると、北海道・東北地方が1,894名(北海道262名、青森県199名、岩手県184名、秋田県296名、宮城県406名、山形県307名、福島県240名)、関東地方が1,033名(茨城県147名、栃木県56名、群馬県144名、埼玉県100名、東京都319名、神奈川県27名、千葉県240名)、中部地方が890名(新潟県138名、富山県12名、福井県77名、山梨県93名、長野県88名、静岡県187名、愛知県161名、岐阜県134名)、近畿地方が1,335名(三重県348名、和歌山県154名、奈良県121名、滋賀県75名、京都府212名、大阪府44名、兵庫県381名)、中国地方が1,190名(鳥取県226名、島根県257名、岡山県437名、山口県270名)、四国地方が575名(愛媛県212名、香川県62名、徳島県106名、高知県195名)、九州・沖縄地方が1,474名(福岡県128名、佐賀県24名、長崎県237名、大分県273名、熊本県363名、宮崎県157名、鹿児島県278名、沖縄県14名)であり、前回調査での判明者数(15,565名)の約1/2となった。

在来型行商は、全域的な活動の衰退がみとめられるが、一部の地域で営業者が増加しているところもあり、注目される。自動車営業者数も減少しているが、高齢化の進む内陸山間地や大都市内部でも商圏内をきめ細かく巡回するサービスに根強い需要があることがわかった。全域を通じて沿岸魚介類産地にのみ残っている在来型行商人に対して、自動車営業者は、沿岸部から都市部、内陸部に至るまで比較的均等に分布していることがわかった。

<注および文献>

1) 調査は、2001年8月に中国地方、01年8月と03年8月に近畿地方、02年8～9月に九州地方、02年9月と03年1月に関東地方、03年8月に中部地方、03年9月に四国地方、03年11～12月と04年8月に北海道・東北地方、04年9月に沖縄県で行った。現地では、各都道府県庁、および政令指定都市、中

核市などの食品衛生機関を訪問し、営業者数に関する統計、関連条例、施行細則等の資料、現地状況に関する若干の聴き取り、図書館などにおける郷土誌等関連文献の入手を行った。

2) 北海道「食品の製造販売行商等衛生条例」(昭和29年8月2日北海道条例第46号、改正平成13年3月30日条例第25号)、同「食品の製造販売行商等衛生条例施行規則」(昭和29年10月2日北海道規則第122号、改正平成13年3月30日規則第23号)。

3) 「食品衛生法」(昭和22年12月24日法律第233号、改正平成10年6月12日法律第101号)。

4) 北海道「食品衛生法施行条例」(平成12年3月29日北海道条例第10号、改正平成16年3月31日条例第33号)、同「食品衛生法施行細則」(昭和24年1月11日北海道規則第5号、改正平成16年3月12日規則第18号)。

5) 高倉新一郎『日本の民俗1 北海道』第一法規、1974、137-142頁。

6) 青森県「青森県魚介類行商及びアイスクリーム類行商に関する条例」(昭和34年1月8日青森県条例第3号)、同「青森県魚介類行商及びアイスクリーム類行商に関する条例施行規則」(昭和34年3月25日青森県規則第23号)。

7) 青森県「青森県食品衛生法施行条例」(平成12年3月24日青森県条例第18号)、同「青森県食品衛生法施行細則」(昭和48年5月1日青森県規則第31号)。

8) 青森県「自動車による食品の移動販売に関する取扱要領」(昭和42年6月30日)。

9) 青森県健康福祉部薬務衛生課による。

10) 青森県史編さん民俗部会編『青森県史 民俗編 資料 南部』青森県、2001、91-92頁。

11) 正部家種康『みちのく南部風土記』伊吉書院、1998、145-146頁。

12) 森山泰太郎『日本の民俗2 青森県』第一法規、1972、122頁。

13) 岩手県「食品衛生法施行条例」(平成12年3月28日岩手県条例第30号、改正平成16年38日条例第1号)、同「食品衛生法施行細則」(昭和48年5月15日岩手県規則第38号、改正平成16年2月27日規則第5号)。

14) 岩手県「移動食品営業に係る営業施設基準」(昭和44年3月28日)。

15) 一関保健所による。

16) 秋田県「魚介類行商の衛生管理指導要綱」(昭和46年11月6日環第848号)。

17) 秋田県「食品衛生法施行条例」(平成12年3月29日秋田県条例第54号)、同「食品衛生法施行細則」(昭和33年2月28日秋田県規則第7号)。

18) 秋田県「自動車による食品の移動営業に関する取扱い要領」(昭和46年11月6日環第847号、改正平成元年5月19日環第219号)。

19) 宮城県「食品衛生取締条例」(昭和30年7月11日宮城県条例第27号)、同「食品衛生取締条例施行規則」(昭和30年9月7日宮城県規則第40号)。

20) 宮城県「食品衛生法施行条例」(平成12年3月28日宮城県条例第33号)、同「食品衛生法施行細則」(昭和27年8月20日宮城県規則第57号)。

21) 宮城県「自動車による食品営業許可取扱要領」(平成元年3月27日環第1395号)。

22) 仙台市「仙台市食品衛生法の施行に関する条例」(平成12年3月17日仙台市条例第8号)、仙台市「自動車による食品営業許可取扱要領」(平成元年3月31日衛環環号外)。

23) 宮城県環境生活部生活衛生課(現食と暮らしの安全推進課)による。

24) 竹内利美『日本の民俗4 宮城県』第一法規、1974、100-101頁。

25) 山形県「山形県魚介類行商取締条例」(昭和30年10月14日県条例第43号、改正平成7年3月17日条例第12号)、同「山形県魚介類行商取締条例施行規則」(昭和30年11月1日県規則第57号、改正平成11年4月1日規則第39号)。

26) 山形県「食品衛生法施行条例」(平成12年3月21日山形県条例第23号、改正平成16年2月27日条例第

4号)、同「食品衛生法の施行に関する規則」(昭和48年5月18日山形県規則第39号、改正平成16年2月27日規則第8号)。

27) 山形県「自動車による食品営業の取扱要綱」(昭和43年4月3日環第5号、改正平成13年3月2日保薬第2380号)。

28) 山形県総務部危機管理室食品安全対策課による。

29) 戸川安章『日本の民俗6 山形県』第一法規、1973、93-96頁。

30) 新山形風土記刊行会編『新山形風土記』創土社、1982、147頁。

31) 山形県編『山形県史 本篇6』山形県、1975、273-277頁。

32) 福島県「福島県魚介類行商取締条例」(昭和43年10月15日福島県条例第35号)、同「福島県魚介類行商取締条例施行規則」(昭和44年1月21日福島県規則第3号)。

33) いわき市「いわき市魚介類行商取締条例」(平成10年12月28日いわき市条例第46号、改正平成13年6月29日いわき市条例第42号)、同「いわき市魚介類行商取締条例施行規則」(平成11年3月31日いわき市規則第49号、改正平成13年6月29日いわき市規則第53号)。郡山市「郡山市魚介類行商人の登録に関する条例」(平成11年3月24日郡山市条例第18号)、同「郡山市魚介類行商人の登録に関する条例施行規則」(平成11年3月30日郡山市規則第12号)。

34) 福島県「福島県食品衛生法施行条例」(平成12年3月24日福島県条例第80号)、同「福島県食品衛生法施行細則」(昭和33年3月6日福島県規則第13号)。

35) 福島県「自動車による飲食店営業等に関する要綱」(平成12年4月1日施行)。

36) 福島県篇『福島県史第24巻 各論編10民俗2』福島県、1967、166頁。

37) 草野日出雄『写真でつづる実伝・いわきの漁民』はましん企画、1978、162-165頁。

38) 茨城県「茨城県食品衛生条例」(昭和40年10月11日条例第41号、最終改正平成12年3月28日条例第9号)、同「茨城県食品衛生条例施行規則」(昭和40年11月1日茨城県規則第102号)。

39) 茨城県衛生部長通知「茨城県食品移動営業取扱要綱」(平成11年3月26日還第404号、最終改正平成12年3月31日生衛第540号保健福祉部長通知)。

40) 茨城県では、保健所、市町村などの合併統合により、保健所管轄区の変動が大きい。特に保健所区として描き得ない県央地区には、水戸、ひたちなか、大宮、鉾田、竜ヶ崎、土浦、つくば、水海道各保健所区が含まれる。

41) 藤田 稔『日本の民俗8 茨城県』第一法規出版、1973、86-87頁。

42) 茨城県保健福祉部生活衛生課における聴き取りによる。

43) 栃木県「栃木県食品衛生条例」(昭和45年3月26日栃木県条例第5号、改正平成13年3月27日条例第10号)、同「栃木県食品衛生条例施行規則」(昭和45年5月21日栃木県規則第39号、改正平成13年3月30日規則第41号)。

44) 栃木県衛生民生部長「食品営業自動車による営業許可等の取り扱いについて」(昭和41年6月27日環衛第315号)。

45) 群馬県「群馬県食品衛生条例」(昭和44年3月28日群馬県条例第17号、改正平成13年10月17日群馬県条例第43号)、同「群馬県食品衛生条例施行規則」(昭和44年4月1日規則第18号、改正平成13年10月17日規則第67号)。

46) 群馬県「群馬県食品営業自動車の営業許可等の取扱要綱」(昭和42年9月11日公第113号、最終改正平成12年4月1日衛第62号)。

47) 埼玉県「食品衛生に関する条例」(昭和25年7月18日埼玉県条例第32号、改正平成14年12月24日条例第81号)、同「食品衛生に関する条例施行規則」(昭和49年10月31日埼玉県規則第90号、改正平成14年12月24日規則第123号)。

48) 埼玉県「食品衛生法施行条例」(平成12年3月24日埼玉県条例第22号)、同「食品衛生法施行細則」(昭

和48年7月20日埼玉県規則第48号、改正平成13年3月埼玉県規則第34号)。
49) 埼玉県健康福祉部生活衛生課における聴き取りによる。
50) 東京都「食品製造業等取締条例」(昭和28年10月20日東京都条例第111号、最終改正平成12年3月31日東京都条例第41号)、同「食品製造業等取締条例施行規則」(昭和28年11月1日東京都規則第183号)。
51) 東京都衛生局長通知「食品移動販売車の営業許可等に係る取扱要綱」(昭和40年6月21日40衛公乳発第279号、最終改正平成12年4月1日11衛生食第1009号、11衛生獣第1508号)。
52) 前回調査時に、東京都衛生局における聴き取りによる。
53) 神奈川県「魚介類行商等に関する条例」(昭和41年10月7日神奈川県条例第42号、改正平成13年3月27日条例第19号)。同「魚介類行商等に関する条例施行規則」(昭和41年10月25日神奈川県規則第78号、改正平成13年3月30日規則第50号)。
54) 神奈川県「魚介類行商等に関する条例施行規則」第5条、および神奈川県衛生部生活衛生課における聴き取りによる。
55) 神奈川県衛生部長通知「移動食品営業ならびに小型移動食品販売車の取扱いについて」(昭和41年10月26日41保指第2,340号)。
56) 神奈川県衛生部生活衛生課における聴き取りによる。
57) 和田正洲『日本の民俗14 神奈川県』第一法規出版、1974、93-95頁。
58) 千葉県「魚介類行商販売営業取締条例」(昭和25年7月7日、千葉県条例第25号、改正平成4年3月26日条例第25号)。
59) 千葉県「食品衛生法施行条例」(平成12年3月24日条例第3号)、同「食品衛生法施行条例施行細則」(昭和62年3月26日規則第19号、改正平成13年3月27日規則第28号)。
60) 千葉県健康福祉部衛生指導課における聴き取りによる。
61) 清水馨八郎「九十九里浜鮮魚自転車行商の発生とその販売圏 ―交通手段の変革と漁村の変貌の一例」人文地理5-6、1953、28-36頁。
62) 高橋在久・平野馨『日本の民俗12 千葉県』第一法規出版、1974、89-91頁。
63) 新潟県「新潟県食品衛生条例」(昭和42年12月26日新潟県条例第46号)、同「新潟県食品衛生条例施行規則」(昭和43年1月9日新潟県規則第2号)。
64) 新潟県「新潟県自動車による移動食品営業の取扱要綱」(昭和58年7月1日環第530号、最終改正平成12年3月31日)。
65) イサバは仲買人のことで、行商人ではないとする地区もある。新潟県編『新潟県史資料編22 民俗・文化財1 民俗編Ⅰ』新潟県、1982、509頁、および同県『新潟県史資料編23 民俗・文化財2 民俗編Ⅱ』新潟県、500頁。
66) 富山県「富山県魚介類行商取締条例」(昭和25年7月20日富山県条例第25号、改正平成4年3月27日条例第1号)、同「富山県魚介類行商取締条例施行規則」(昭和25年9月8日富山県規則第86号、改正昭和38年12月5日規則第61号)。
67) 富山県「富山県食品衛生条例」(平成11年12月22日富山県条例第53号)、同「富山県食品衛生条例施行規則」(平成12年3月31日富山県規則第33号)。
68) 富山県編『富山県史 民俗編』富山県、1973、271-276、794-795頁。
69) 富山県では、自動車営業に関して「自動車による食品の移動販売に関する取扱い要領」が1999年に廃止されて、現行の「富山県食品衛生条例」が施行され、規制が緩和されたここ数年で、営業者が増加してきた(富山県厚生部食品生活衛生課における聴き取りによる)。
70) 石川県「石川県食品衛生法施行条例」(平成12年3月24日石川県条例第14号)、同「食品衛生法施行細則」(昭和48年石川県規則第77号、改正平成15年5月2日)、同「食品の営業許可等に係る取扱要領」。

71) 石川県健康福祉部薬事衛生課における聴き取りによる。
72) 石川県内の各保健所については、2003年9月27～29日に追跡調査を実施した。
73) 福井県「福井県食品衛生条例」（昭和36年4月7日福井県条例第19号、最終改正平成13年3月26日福井県条例第1号）、同「福井県食品衛生条例施行規則」（平成2年福井県規則第5号、最終改正平成13年3月30日福井県規則第12号）。
74) 福井県「食品衛生法施行条例」（平成12年3月21日福井県条例第10号）、同「自動車による食品の移動販売に関する取扱要領」（平成11年3月18日衛第334号、改正平成12年9月18日健第1660号）。
75) 刀禰勇太郎『日本の漁村 —その生きる道—』海文堂、1959、32-46頁。
76) 山梨県「山梨県食品行商条例」（昭和34年12月28日山梨県条例第56号、改正平成14年10月16日山梨県条例第43号）。
77) 山梨県「食品営業自動車の営業許可等の取扱要領」。
78) 山梨県編『山梨県史 民俗編』山梨県、2003、380-383頁。
79) 長野県「食品衛生に関する条例」（昭和25年9月10日長野県条例第55号、改正平成13年3月26日長野県条例第15号）。
80) 長野県「移動営業車取扱要綱」。
81) 長野県衛生部食品環境水道課における聴き取りによる。
82) 長野県編『長野県史 民俗編1-2 東信地方 仕事と行事』長野県、1986、271-274頁。
83) 長野県編『長野県史 民俗編2-2 南信地方 仕事と行事』長野県、1988、310-313頁。
84) 長野県編『長野県史 民俗編3-2 中信地方 仕事と行事』長野県、1989、306-308頁。
85) 長野県編『長野県史 民俗編4-2 北信地方 仕事と行事』長野県、1985、272-275頁。
86) 長野県衛生部食品環境水道課における聴き取りによる。
87) 静岡県「静岡県魚介類等行商取締条例」（昭和34年7月15日静岡県条例第37号、改正平成12年3月21日静岡県条例第25号）、同「静岡県魚介類等行商取締条例施行規則」（昭和34年10月9日静岡県規則第63号、改正平成12年3月31日静岡県規則第98号）。
88) 静岡県衛生部長通知「自動車による魚介類の販売について」（昭和44年1月10日公第797号、改正昭和59年10月23日食第323号）。
89) 吉川祐子「運搬から行商へ —伊豆半島を中心に—」（静岡県民俗芸能研究会『静岡県・海の民俗誌 —黒潮文化論—』静岡新聞社、1988）、29-58頁。
90) 静岡県『静岡県史 資料編23 民俗1』静岡県、1989、662-664頁。
91) 名古屋市「名古屋市食品衛生法等施行細則」（昭和31年10月31日名古屋市規則第43号）、同「魚介類行商の取締要綱について」（昭和43年4月22日43衛環第112号）。
92) 愛知県衛生部長通知「食品衛生に係る営業の基準に関する条例の施行について」（平成12年3月31日食獣第86号）、同「露店又は自動車による営業に関する取扱要領」。
93) 名古屋市「自動車による魚介類販売業の取扱い要領」（昭和40年1月20日収衛公第10号の2）。
94) 名古屋市健康福祉局健康部食品衛生課における聴き取りによる。
95) 岐阜県健康福祉環境部生活衛生課における聴き取りによる。
96) 岐阜県衛生部長通知「露店営業・自動車営業等の取扱いについて」（昭和49年8月1日環衛第337号、改正昭和57年3月15日環衛第715号）。
97) 岐阜県健康福祉環境部生活衛生課における聴き取りによる。
98) 三重県「三重県魚介類行商営業条例」（昭和37年4月1日三重県条例第34号、改訂平成年3月25日三重県条例第9号）。同「三重県魚介類行商営業条例施行規則」（昭和37年4月1日三重県規則第30号、改訂平成11年12月3日三重県規則第115号）。
99) 三重県「食品衛生の措置基準等に関する条例」（平成12年3月24日三重県条例第8号）。同「三重県食品

衛生規則」(平成12年3月31日三重県規則第36号)。
100) 三重県「自動車による食品の調理販売営業取扱要領」(昭和59年3月21日食第235号)。
101) 堀田吉雄『日本の民俗24 三重県』第一法規、1972、101-102頁。
102) 和歌山県「和歌山県魚介類行商条例」(昭和42年3月15日条例第7号)。同「和歌山県魚介類行商条例施行規則」(昭和42年5月1日規則第53号)。
103) 和歌山県「食品衛生法施行条例」(平成12年3月27日条例第54号)。同「食品衛生法施行条例施行規則」(平成12年3月28日規則第31号)。
104) 和歌山県「食品移動販売車による営業許可の取扱要綱」(昭和51年8月11日)。
105) 和歌山県環境生活部生活衛生課における聴き取りによる。
106) 奈良県衛生部長通知「魚介類の行商の指導について」(昭和54年10月1日環衛第350号)。
107) 奈良県「食品衛生法施行条例(平成12年3月30日、奈良県条例第38号)。同「食品衛生施行細則」(昭和50年4月1日奈良県規則第1号、改訂平成16年2月27日奈良県規則第37号)。
108) 奈良県「自動車による食品の移動販売に関する取扱要領」(昭和42年3月公衛第937号、改訂平成7年11月24日生衛第524号の19)。
109) 奈良県福祉部健康局生活衛生課における聴き取りによる。
110) 保仙純剛『日本の民俗29 奈良県』第一法規、1972、117頁。
111) 滋賀県「滋賀県魚介類行商指導要綱」(昭和39年5月16日滋環第475号)。
112) 滋賀県「滋賀県食品衛生基準条例」(平成12年3月29日滋賀県条例第54号)。
113) 滋賀県県民文化生活部生活衛生課における聴き取りによる。
114) センバとは、魚行商人を指す江州方言である。滋賀県教育委員会編『湖西の漁労習俗 琵琶湖総合開発地域民俗文化財特別調査報告書4』滋賀県教育委員会、1982、329-331頁。
115) 橋本鉄男『日本の民俗25 滋賀県』第一法規、1972、105-107頁。
116) 滋賀県教育委員会編『びわ湖の専業漁労 琵琶湖総合開発地域民俗文化財特別調査報告書Ⅱ』滋賀県教育委員会、1980、227-229頁。
117) 滋賀県教育委員会編『内湖と河川の漁法 琵琶湖総合開発地域民俗文化財特別調査報告書Ⅲ』滋賀県教育委員会、1981、71-72頁。
118) 滋賀県教育委員会編『湖南の漁労活動 琵琶湖総合開発地域民俗文化財特別調査報告書5』滋賀県教育委員会、1983、136-137頁。
119) 京都府「食品行商衛生条例」(昭和31年4月1日京都府条例第11号)。同「食品行商衛生条例施行規則」(昭和31年4月19日京都府規則第18号)。
120) 京都府「食品衛生法施行細則」(平成12年3月30日京都府規則第12号)。
121) 竹田聴洲『日本の民俗26 京都府』第一法規、1973、95-98頁。
122) 大阪府「魚介類販売業中店舗を持たない者の取扱いについて」(昭和25年7月4日、改訂昭和27年12月16日)。
123) 大阪市健康福祉局健康推進部生活衛生課における聴き取りによる。
124) 大阪府「大阪府食品衛生法施行条例」(平成12年3月31日大阪府条例第14号)。同「大阪府食品衛生法施行細則」(昭和27年7月1日、大阪府規則第40号)。
125) 大阪府「自動車による食肉、魚介類および乳類販売業の指導取締りについて」(昭和42年6月5日)。
126) 大阪府健康福祉部食の安全推進課における聴き取りによる。
127) 兵庫県「魚介類行商条例」(昭和39年4月1日条例第61号、改訂平成10年3月27日条例第8号)。同「魚介類行商条例施行規則」昭和39年4月1日規則第48号、改訂平成13年3月30日規則第77号)。
128) 兵庫県「食品衛生法基準条例」(平成11年12月20日条例第56号、改訂平成16年3月11日条例第5号)。同「食品衛生法施行細則」(昭和38年3月18日規則第11号、改訂平成16年3月11日規則第6

129) 兵庫県健康生活部健康局生活衛生課における聴き取りによる。
130) 和田邦平『日本の民俗 28 兵庫県』第一法規、1975、109-112頁。
131) 鳥取県「鳥取県魚介類行商条例」（昭和40年3月26日鳥取県条例第9号、改正平成11年3月12日条例第11号）、同「鳥取県魚介類行商条例施行規則」（昭和40年6月1日鳥取県規則第29号、改正平成8年1月30日規則第1号）。
132) 鳥取県「鳥取県食品衛生法施行条例」（平成12年鳥取県条例第17号）。
133) 島根県「島根県魚介類行商条例」（昭和26年3月26日島根県条例第19号、改正平成12年3月17日条例第2号）、同「島根県魚介類行商条例施行細則」（昭和26年4月17日島根県規則第42号、改正平成8年3月26日規則第18号）。
134) 島根県「食品衛生法施行条例」（平成11年12月21日島根県条例第51号、改正平成12年3月17日条例第1号）、および「食品営業自動車取扱要領」（昭和45年4月14日付け薬発第24号厚生部長通知、一部改正昭和63年7月12日付け薬発第169号環境保健部長通知）。
135) 恵曇漁業協同組合に対する聴き取りによる。
136) 岡山県「岡山県魚介類行商条例」（昭和29年3月30日岡山県条例第14号、改正平成12年3月21日条例第31号）、同「岡山県魚介類行商条例施行規則」（昭和29年4月23日岡山県規則第28号、改正平成6年3月31日規則第16号）。
137) 岡山県「食品衛生法施行条例」（平成12年3月21日岡山県条例第37号）。
138) 広島県「食品衛生に関する条例」（昭和26年10月25日広島県条例第49号、改正平成13年3月26日条例第12号）、同「食品衛生に関する条例施行規則」（昭和26年10月25日広島県規則第114号、改正平成10年3月24日規則第14号抄）。
139) 広島県「食品衛生法に基づく営業の基準等に関する条例」（平成12年3月27日広島県条例第11号）、同「食品衛生法施行細則」（昭和32年10月1日広島県規則第94号、改正平成12年4月1日規則第68号）。
140) 山口県「山口県魚介類行商取締条例」（昭和26年3月30日山口県条例第20号、改正平成9年3月24日条例第5号）、同「山口県魚介類行商取締条例施行規則」（昭和60年3月30日山口県規則第10号、改正平成10年3月31日規則第42号）。
141) 山口県「食品衛生法施行細則」（昭和48年3月31日山口県規則第10号）改正平成12年12月26日規則第160号）、同「食品衛生法の規定に基づく公衆衛生上必要な基準を定める条例」（平成12年3月24日山口県条例第7号）。
142) 愛媛県「愛媛県食品行商条例」（昭和27年12月25日愛媛県条例第62号、改正平成12年3月24日条例第12号）、同「愛媛県食品行商条例施行規則」（昭和28年1月27日愛媛県規則第6号、改正平成13年3月31日規則第26号）。
143) 愛媛県「食品衛生法施行条例」（平成12年3月24日愛媛県条例第16号、改正平成12年7月15日条例第45号）、同「食品衛生法施行細則」（昭和23年10月15日愛媛県規則第62号、改正平成13年5月11日規則第35号）。
144) 愛媛県の場合、在来型行商、自動車営業ともに業者の仕入れ漁協市場に許可の代行を依頼しているため、仕入地保健所許可となっている。
145) 愛媛県保健福祉部健康衛生局薬務衛生課における聴き取りによる。
146) 松山城の築城に当たっても、松前の「オタタ」が物資運搬に大いに活躍したことが松山城案内板に記されている。
147) 愛媛県史編さん委員会「松前の行商」（『愛媛県史　地誌Ⅱ（中予）』愛媛県、1984、397-402頁。
148) 香川県「香川県魚介類行商条例」（昭和30年10月1日香川県条例第20号、改正平成4年3月26日条例

第3章 地方ごとにみた水産物行商活動の変容

149) 香川県「香川県魚介類行商に関する条例」(平成15年3月24日香川県条例第6号)、同「香川県魚介類行商に関する施行規則」(平成15年香川県規則第72号)。
150) 2003年5月7日付け「讀賣新聞」記事による。
151) 香川県「食品衛生法に基づく公衆衛生上必要な基準に関する条例」(平成12年3月27日香川県条例第1号、改正平成12年12月20日条例第98号)、同「食品衛生法施行細則」(昭和32年10月1日香川県規則第40号、改正平成13年3月30日規則第14号)。
152) 徳島県「徳島県魚介類行商取締条例」(昭和31年10月16日徳島県条例第55号、改正昭和58年4月1日)、同「徳島県魚介類行商取締条例施行規則」(昭和31年12月25日徳島県規則第80号、改正昭和43年11月29日規則第73号)。
153) 徳島県「食品衛生法施行条例」(平成12年3月28日徳島県条例第27号)、同「食品衛生法施行細則」(昭和48年12月21日徳島県規則第101号)、同「特殊形態で営業する施設の取扱要領」(昭和55年5月17日公衆第684号、改正平成12年11月15日)。
154) 金沢治『日本の民俗37 徳島県』第一法規、1971、109-115頁。
155) 高知県健康福祉部食品・衛生課における聴き取りによる。
156) 坂本正夫・高木啓夫『日本の民俗39 高知県』第一法規、1972、89-93頁。
157) 高知県「高知県食品衛生法施行条例」(平成12年3月28日高知県条例第10号、改正平成15年7月18日高知県条例第44号)、同「高知県食品衛生法施行細則」(昭和48年5月19日高知県規則第37号、改正平成15年8月26日高知県規則第102号)。
158) 武市伸幸「高知県中央部における自動車を用いた移動販売と利用者の意識」新地理48-1、2000、37-44頁。
159) 福岡県「福岡県食品取扱条例」(昭和28年8月6日福岡県条例第47号)、および同「福岡県食品取扱条例施行規則」(昭和33年6月17日福岡県規則第20号)。
160) 行政的に福岡県と福岡市、北九州市、大牟田市は別扱いになっている。したがって、前回・今回調査ともに個別に問い合わせることで、県全体のデータを得ることができた。
161) 福岡県衛生部長通知「特殊形態営業に関する取扱要領の改正について」(平成元年4月1日一生衛食第16号、改正平成10年2月18日九生衛食第274号)。
162) 佐賀県「佐賀県食品衛生条例」(昭和34年3月20日佐賀県条例第9号、改正平成13年3月23日)、同「佐賀県食品衛生条例施行規則」(昭和34年7月29日佐賀県規則第68号)。
163) 佐賀県「食品営業車の取扱要綱」(昭和56年7月31日環第491号)。
164) 佐賀県厚生部生活衛生課における聴き取りによる。
165) 長崎県「長崎県食品衛生に関する条例」(昭和30年7月5日長崎県条例第23号、改正平成12年3月24日長崎県条例第57号)、同「長崎県食品衛生に関する条例施行規則」(昭和30年8月16日長崎県規則第31号)。
166) 長崎県県民生活環境部生活衛生課における聴き取りによる。
167) 長崎県「自動車による食品の移動営業に関する取扱要綱」(昭和52年8月17日環第207号)。なお、中核市である長崎市は、行政上県とは別扱いとなっており、県と同様の行商と自動車営業に関する条例、および取締要綱を有している。
168) 長崎県県民生活環境部生活衛生課における聴き取りによる。
169) 大分県「大分県食品行商取締条例」(昭和48年6月30日大分県条例第32号、改正平成13年7月6日条例第33号)、同「大分県食品行商取締条例施行規則」(昭和48年7月10日大分県規則第49号)。
170) 大分県「自動車による食品営業取扱い要領」。なお、中核市である大分市は、行政上県とは別扱いとなっており、県と同様の行商と自動車営業に関する条例、および取扱い要領を有している。

171) 大分県では、自動車営業者数が把握されていない。そこで今回は、個別に14保健所に問い合わせることでデータと近況に関する情報を得ることができた。
172) 大分県生活環境部生活衛生課における聴き取りによる。
173) 佐伯保健所による。
174) 熊本県「熊本県特定食品衛生条例」（昭和50年7月1日条例第25号）、同「熊本県特定食品衛生条例施行規則」（昭和50年8月5日規則第39号）。
175) 熊本県「自動車による食品の移動販売に関する取扱要領」（昭和53年4月1日施行）。
176) 熊本県健康福祉部生活衛生課における聴き取りによる。
177) 宮崎県「食品等取扱条例」（昭和26年7月17日条例第21号、改正平成10年3月30日条例第5号）、同「食品等取扱条例施行規則」（昭和26年8月7日規則第51号、改正平成12年6月1日規則第106号）。
178) 宮崎県「食品衛生法施行条例」（平成12年4月1日宮崎県条例第18号）、同「食品衛生法施行条例施行規則」（宮崎県規則第107号）。なお、中核市である宮崎市は、行政上県とは別扱いとなっており、県と同様の行商と自動車営業に関する条例を有している。
179) 鹿児島県「鹿児島県食品行商取締条例」（昭和25年11月8日条例第55号、改正平成11年3月26日条例第15号）、同「鹿児島県食品行商取締条例施行規則」（昭和25年11月20日規則第107号、改正平成12年3月31日規則第37号）。
180) 鹿児島県「臨時営業等の取扱要領」。なお、中核市である鹿児島市は、行政上県とは別扱いとなっており、県と同様の行商と自動車営業に関する条例、および取扱要領を有している。
181) 筆者は、かつて出水市名護・築港地区からの在来型行商人の活動の展開、鮮魚行商と干物行商という2タイプによる行商活動の時期的、空間的な違いについて明らかにしたが、今回の調査で、この調査地域でも行商人が0となったことが判明した。本書第3部第5章（中村周作「海産物行商からみた集落間結合とその変化―出水市名護地区と背域との関係を中心に―」歴史地理学紀要26、1984、127-146頁）。
182) 鹿児島県保健福祉部生活衛生課における聴き取りによる。
183) 小松瑠美子「魚売りあばーが見た戦前の那覇の東町市場」（琉球新報社編『なは女性史証言集4 女のあしあと』那覇市総務部女性室、2001）、29-44頁。川田文子「石垣島の糸満女」（『琉球弧の女たち』冬樹社、1983）、119-131頁。
184) 那覇女性史編集委員会編『なは・女のあしあと那覇女性史（近代編）』、ドメス出版、1998、116頁。
185) 加藤久子は、糸満マチグヮー（公設市場）の魚売り女に関する記述の中で、取り締まりに当たる保健所とやりとりを記している（加藤久子『糸満アンマー―海人の妻たちの労働と生活―』ひるぎ社、1990、11-20頁）。
186) 八重山福祉保健所による。
187) 宮古福祉保健所による。
188) 沖縄県「食品衛生法施行条例」（平成12年3月31日沖縄県条例第25号、改正平成16年3月25日条例第12号）、同「食品衛生法施行細則」（昭和47年5月15日沖縄県規則第44号、改正平成16年3月25日規則第24号）。
189) 沖縄県「食品移動販売車による営業の取扱規程」（昭和55年11月6日告示第660号）。
190) 調査は、2004年9月に沖縄県福祉保健部薬務衛生課における聴き取り、および資料調査を行った後、沖縄県各保健所食品衛生部署に調査用紙を送り、全保健所から回答を得た。
191) なお、沖縄県に関しては、前回調査において自動車営業者数を把握できなかったため、その数的変化については不明である。

第4章　水産物行商活動の変容と主要地区における活動の展開

1．はじめに

　第3章では、第1回目の全国調査(1983～85年)と第2回目の調査(2001～04年)によって得られたデータや資料、関係者に対する聴き取り情報などをもとに、1980年代前半期以降20年間の水産物行商の変容、その活動形態、活動内容の実態について北海道・東北から九州・沖縄まで、都道府県別に論じてきた。

　本章では、これらを受けて、①わが国全域における20年間の水産物行商活動の変容について総括すること、さらに、②分析の過程で明らかになった在来型行商人、および自動車営業者の主な集中地区、すなわち、当該営業活動に関してわが国を代表する最も特徴的な地区の現況について、地区別に解説を進めていくことを目的とする。

2．わが国における水産物行商活動の変容

　表4-1は、都道府県別にみた前回調査と今回調査の行商人数とそれを当該管区の人口で割った行商人率、自動車営業者数、自動車営業者率を並記したものである。これによると、在来型行商人の全体数は、判明分で前回の22,437名から6,772名へと1/3以下に、行商人率も0.20‰から0.05‰へと落ち込んだ。都道府県別にみて前回1,000名を超える営業者を抱えていたのが千葉と新潟、福岡の3県であったが、今回の調査では、最大が新潟県の590名、次いで長崎県の577名などとなっている。全域的に急減している中で、行商人率が0.1‰を超えているのが北陸の新潟、富山、福井3県と中四国の島根、広島、山口、香川の4県、および九州の佐賀、長崎、大分、熊本、鹿児島の5県であり、これらの3地方は、現在でも行商活動が比較的活発であると言える。

　自動車営業者の全体数は、判明分で前回の15,565名から8,391名へ、営業者率も0.14‰から0.07‰へと落ち込んでいる。都道府県別にみて、前回、数的に多かった県が宮城、秋田、三重などであったが、今回の調査では、最大が岡山県の437名、次いで宮城県の406名、兵庫県の381名となっている。自動車営業者数も全域的に減少する中で、営業者率が0.1‰を超えているのが東北の青森、岩手、秋田、宮城、山形、福島の6県、中部の山梨県、近畿の三重、和歌山2県、中四国の鳥取、島根、岡山、山口、愛媛、徳島、高知の7県、九州の長崎、大分、熊本、宮崎、鹿児島の5県であり、主要分布地域に偏りがみとめられる。また、表中に網掛けで示した東京、富山、福井、香川、高知、福岡の6都県は、もともと数が少なかったり、認められていなかったところもあるが、数的に増加しているところであり注目される。

　表4-2は、保健所区別にみた在来型行商人と自動車営業者の集中地区を順に並べたものである。在来型行商人率をみると、前回調査での最高が兵庫県家島地区の6.69‰であり、1‰を超える集

表 4-1　都道府県別在来型水産物行商人、自動車移動営業者数・率一覧

都道府県	前回の行商人数*1	前回調査時人口*2	行商人率(‰)	今回の行商人数*3	今回調査時人口*4	行商人率(‰)	前回自動車営業者数	自動車営業者率(‰)	今回自動車営業者数	自動車営業者率(‰)
北海道	797	5,575,998	0.14	229	5,683,062	0.04	331	0.06	262	0.05
青森県	445	1,523,907	0.29	50	1,475,728	0.03	571	0.37	199	0.13
岩手県	—	1,421,927	—	—	1,416,180	—	422	0.30	184	0.13
秋田県	181	1,256,744	0.14	1	1,189,279	0.001	808	0.64	296	0.25
宮城県	622	2,082,320	0.30	173	2,365,320	0.07	904	0.43	406	0.17
山形県	458	1,251,917	0.37	105	1,237,133	0.08	633	0.51	307	0.25
福島県	286	2,035,272	0.14	69	2,026,935	0.03	615	0.30	240	0.11
茨城県	291	2,580,077	0.11	97	2,985,676	0.03	277	0.11	147	0.05
栃木県	87	1,792,191	0.05	8	2,004,817	0.004	146	0.08	56	0.03
群馬県	135	1,848,562	0.07	13	2,024,852	0.006	317	0.17	144	0.07
埼玉県	66	5,420,480	0.01	8	6,937,970	0.001	201	0.04	100	0.01
東京都	639	11,618,244	0.05	93	12,064,101	0.008	265	0.02	319	0.03
神奈川県	534	6,924,348	0.08	248	8,489,974	0.03	63	0.009	27	0.003
千葉県	2,377	4,757,745	0.50	489	5,926,285	0.08	542	0.11	240	0.04
新潟県	1,567	2,450,758	0.64	590	2,475,733	0.24	256	0.10	138	0.06
富山県	455	1,103,459	0.41	130	1,120,851	0.12	1	0.0009	12	0.01
石川県	—	—	—	—	—	—	—	—	—	—
福井県	561	794,354	0.71	233	828,944	0.28	9	0.01	77	0.09
山梨県	200	802,025	0.25	34	886,085	0.04	118	0.15	93	0.10
長野県	121	2,088,074	0.06	23	2,215,164	0.01	255	0.12	88	0.04
静岡県	411	3,436,169	0.12	51	3,756,090	0.01	356	0.10	187	0.05
愛知県	638	6,173,429	0.10	61	7,101,256	0.009	303	0.05	161	0.02
岐阜県	—(0)	1,960,107	—(0)	—(0)	2,107,700	—(0)	399	0.20	134	0.06
三重県	547	1,686,981	0.32	126	1,857,339	0.07	708	0.42	348	0.19
和歌山県	567	1,087,012	0.52	12	1,069,912	0.01	215	0.20	054	0.14
奈良県	5(?)	1,209,365	0.004	—(0)	1,442,795	—(0)	212	0.18	121	0.08
滋賀県	17	1,079,934	0.02	0	1,342,832	0.00	157	0.15	75	0.06
京都府	448	2,527,330	0.18	127	2,644,391	0.05	489	0.19	212	0.08
大阪府	252	8,473,446	0.03	52	8,805,083	0.006	88	0.01	44	0.005
兵庫県	751	5,144,900	0.15	312	5,550,574	0.06	699	0.14	381	0.07
鳥取県	269	604,221	0.45	50	613,286	0.08	399	0.66	226	0.37
島根県	459	784,795	0.58	121	761,503	0.16	321	0.41	257	0.34
岡山県	255	1,870,993	0.14	71	1,950,828	0.04	679	0.36	437	0.22
広島県	685	2,739,161	0.25	359	2,878,184	0.12	439	0.16	—	—
山口県	956	1,587,079	0.60	390	1,527,964	0.26	365	0.23	270	0.18
愛媛県	649	1,506,637	0.43	123	1,493,092	0.08	497	0.33	212	0.14
香川県	937	999,864	0.94	173	1,022,890	0.17	6	0.006	62	0.06
徳島県	180	825,261	0.22	44	824,108	0.05	146	0.18	106	0.13
高知県	—	830,962	—	—	813,949	—	95	0.11	195	0.24
福岡県	1,034	4,509,294	0.23	474	5,014,790	0.09	—(0)	—(0)	128	0.03
佐賀県	619	865,574	0.72	256	876,654	0.29	66	0.08	24	0.03
長崎県	940	1,590,564	0.59	577	1,516,523	0.38	470	0.30	237	0.16
大分県	367	1,225,679	0.30	133	1,221,140	0.11	489	0.40	273	0.22
熊本県	499	1,790,327	0.28	301	1,859,344	0.16	507	0.28	363	0.20
宮崎県	291	1,151,587	0.25	79	1,170,007	0.07	290	0.25	157	0.13
鹿児島県	839	1,784,622	0.47	287	1,786,194	0.16	436	0.24	278	0.16
沖縄県	—	—	—	—	1,318,216	—	—	—	14	0.01
全　国	22,437	114,723,695	0.20	6,772	125,780,733	0.05	15,565	0.14	8,391	0.07

*1　前回の調査は、1983～84 年に実施。　　*2　前回調査時の都道府県人口は、1980 年国勢調査による。
*3　今回の調査は、2001～04 年に実施。　　*4　今回調査時の都道府県人口は、2000 年国勢調査による。
※統計データは、都道府県、および保健所食品衛生関係機関による。網掛け部分は、前回調査より増加したことを示している。

第4章　水産物行商活動の変容と主要地区における活動の展開

表4-2　水産物在来型行商人および自動車移動営業者の集中地区

順位	行商地域（都道府県）	行商人率（‰）	行商人数	自動車移動営業地域（都道府県）	営業者率（‰）	営業者数
1	津　名　（兵庫県）	2.00	126	阿　新　（岡山県）	1.04	40
2	村　上　（新潟県）	1.70	139	周　山　（京都府）	1.01	12
3	江　差　（北海道）	1.52	55	萩　　　（山口県）	0.97	62
4	豊　浦　（山口県）	1.28	43	峰　山　（京都府）	0.91	60
5	糸　島　（福岡県）	1.26	120	幡　多　（高知県）	0.68	60
6	大　島　（山口県）	1.17	27	根　雨　（鳥取県）	0.68	14
7	天　草　（熊本県）	1.06	138	浜　坂　（兵庫県）	0.65	18
8	小　豆　（香川県）	1.06	38	尾　鷲　（三重県）	0.64	29
9	相　川　（新潟県）	1.03	74	井　笠　（岡山県）	0.62	98
10	川　内　（鹿児島県）	1.00	87	豊　岡　（兵庫県）	0.61	65
11	日　出　（大分県）	0.97	56	名　瀬　（鹿児島県）	0.60	50
12	勝　浦　（千葉県）	0.94	81	長　門　（山口県）	0.60	26
13	徳之島　（鹿児島県）	0.89	44	高　田　（大分県）	0.57	16
14	唐　津　（佐賀県）	0.84	119	和田山　（兵庫県）	0.56	37
15	屋久島　（鹿児島県）	0.79	11	室　戸　（高知県）	0.56	13
16	対　馬　（長崎県）	0.75	31	熊　野　（三重県）	0.53	24
17	気仙沼　（宮城県）	0.71	73	佐　伯　（大分県）	0.52	44
18	宮　津　（京都府）	0.71	37	豊　浦　（山口県）	0.51	17
19	魚　津　（富山県）	0.68	32	八　代　（熊本県）	0.50	77
20	長　門　（山口県）	0.67	29	八幡浜中央（愛媛県）	0.50	41
21	名　瀬　（鹿児島県）	0.66	55	日　出　（大分県）	0.50	29
22	香取・海匝（千葉県）	0.57	205	屋久島　（鹿児島県）	0.50	7
23	二　州　（福井県）	0.57	51			
24	丹　南　（福井県）	0.55	113			
25	八　代　（熊本県）	0.55	85			
26	県　央　（長崎県）	0.53	150			
27	尾　鷲　（三重県）	0.53	24	東京区部　（東京都）	0.03	227
28	鹿　島　（佐賀県）	0.52	39	庄　内　（山形県）	0.40	125
その他の集中地域				伊　勢　（三重県）	0.41	114
	呉市・呉　（広島県）	0.44	157	倉敷市・倉敷（岡山県）	0.20	112
	福岡市　（福岡県）	0.11	143	弘前・五所川原（青森県）	0.21	107
	長崎市　（長崎県）	0.32	136	秋田市・秋田中央・大曲(秋田県)	0.17	100

※データは、2001～04年現在。地名は、全て保健所区を指す。各都道府県、および保健所食品衛生関係機関のデータによる。

中地区が合計で61カ所あった。図4-1は、前回調査によって得られた保健所区（全国660地区）ごとの在来型行商人数保健所区人口で除した在来型行商人率を階級区分図で示した行商人の分布図である。これに黒いハッチで示された集中地区が臨海の24道府県にわたっている。

今回の調査での行商人率の最高は、兵庫県津名地区の2.0‰であり、1.0‰を超える集中地区が合計で10県の10地区、0.5‰でも28地区と急減した。2001～2004年現在の在来型行商人について、全国475の保健所管轄区ごとの分布を示したのが図4-2である。これを図4-1と比較してみると、全体的にハッチが薄くなっていることが明白であり、特に北海道、東北地方や内陸山間地などで空白地、すなわち行商人が存在しない地区が目立っている。なお、最初に指摘したように、在来型行商人の分布傾向として、沿岸の魚介類産地付近への集中が著しい点は変わっていない。たとえば、北海道では、沿岸20保健所区の平均行商人率が0.15‰であるのに対して、内

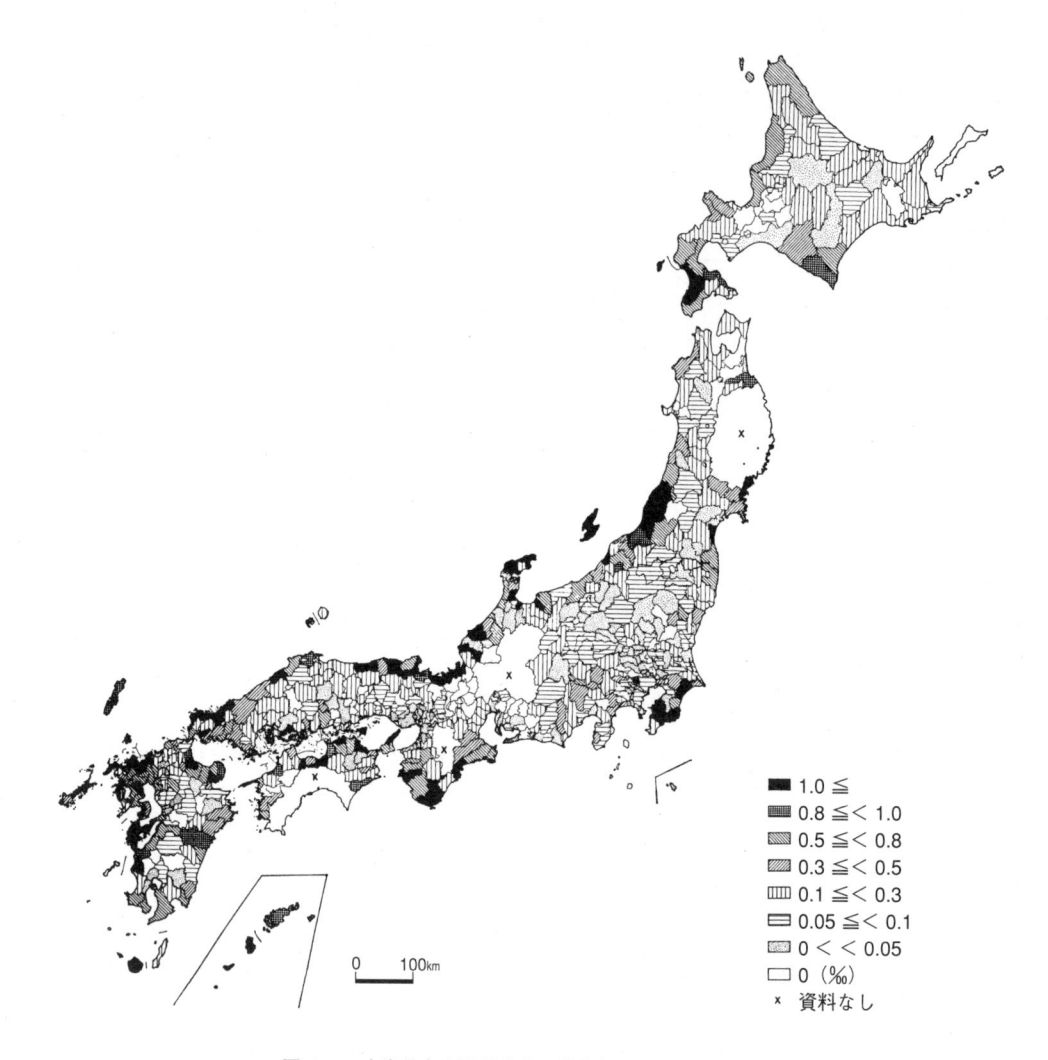

図 4-1　水産物在来型行商人の分布（1983〜84 年時点）
行商人率＝行商人数÷当該管内人口×1000
資料）行商人数：各都道府県、政令指定都市食品衛生機関および保健所資料。
　　　人口：1980（昭和 55）年度国勢調査結果。
中村（1985）、28 頁より転載。

陸 7 地区での平均は、わずか 0.001‰ にすぎない。都道府県単位でみても、臨海 35 都道府県の平均が 0.05‰ であるのに対し、内陸県である栃木、群馬、埼玉、山梨、長野、岐阜、奈良、滋賀の 8 県の平均は、わずか 0.008‰ にすぎない。

　次に自動車営業者率についてみると、前回調査での最高が長野県篠ノ井地区の 2.67‰ であり、1.0‰ を超える集中地区が合計で 10 地区あった。そのうちの 6 地区（篠ノ井、京都府周山、同園部、愛媛県野村農村、秋田県湯沢、群馬県沼田）が内陸に位置しており、自動車営業が隔海度の大きい山間僻地に強いという性格を持っていることが明らかになった。なお、0.5‰ 以上の地区は、全国で 98 地区あった。当時の自動車営業者の分布を示したのが **図 4-3** であるが、これをみると、営業者が多いのは、北陸地方を除く本州の日本海沿岸、九州・四国西岸、三重、宮城といった沿岸から内陸に至る地区であることがわかる。

第4章 水産物行商活動の変容と主要地区における活動の展開　　163

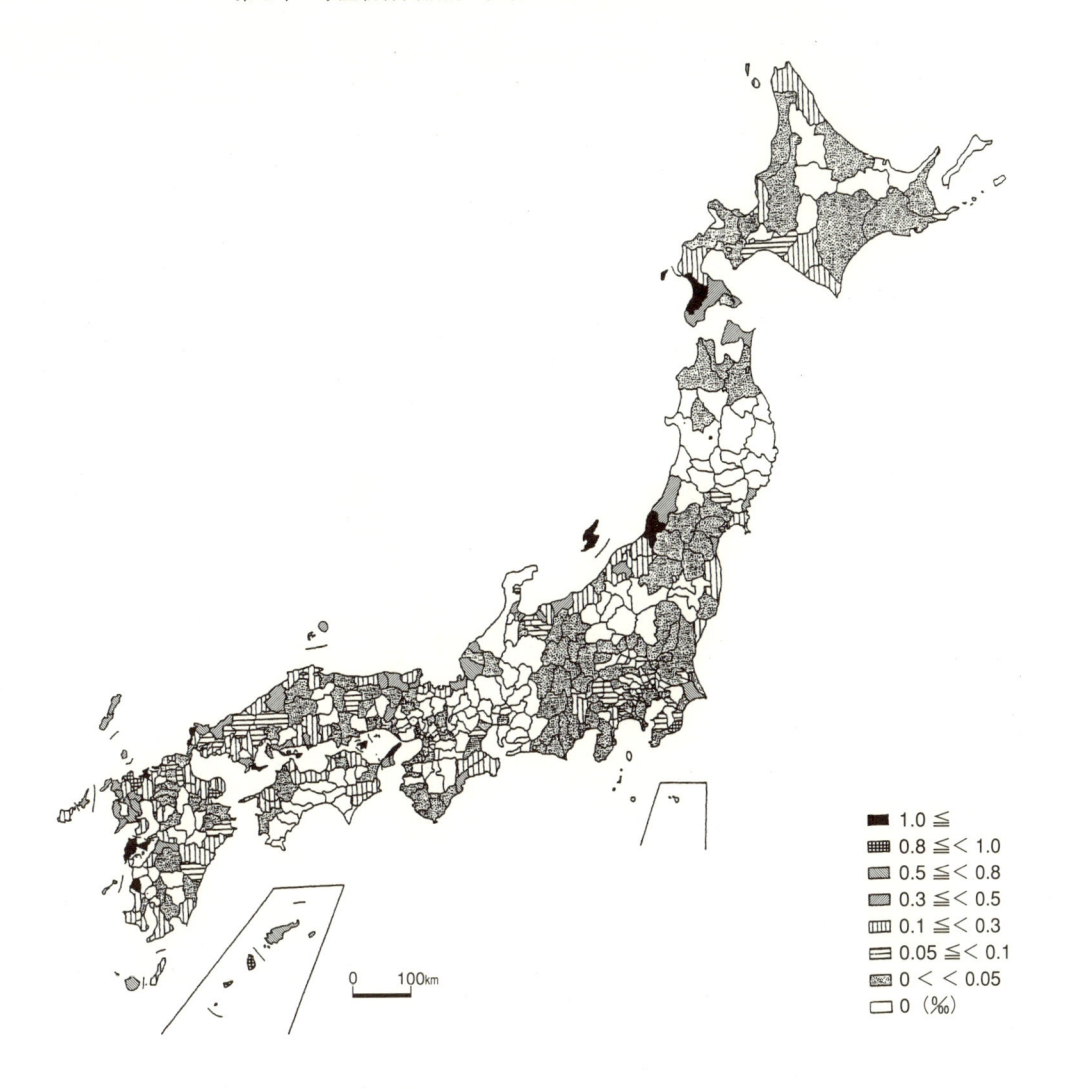

図 4-2　水産物在来型行商人の分布（2001〜04 年現在）
行商人率＝行商人数÷当該管内人口×1000
資料）行商人数：各都道府県、政令指定都市、中核市食品衛生機関および保健所資料。
　　　人口：2000（平成 12）年度国勢調査結果。

　今回の調査での自動車営業者率の最高は、岡山県阿新地区の 1.04‰ であり、1.0‰ を超える集中地区は、他に京都府周山 1 地区のみ、0.5‰ 以上でみても 23 地区に減っている。今回調査時点での自動車営業者の分布を示した **図 4-4** をみると、**図 4-3** との違いとして、沿岸部の集中地区については、前回同様明白な集中がみとめられるが、かつて特徴的な性格として捉えることができた内陸山間僻地の集中地区については、特に減少傾向が著しく、その性格が弱まっていることが理解される。ちなみに、先ほど取り上げた内陸 8 県と他の臨海都道府県でその営業者率の数値を比べてみると、臨海都道府県の平均が 0.07‰ であるのに対して、内陸 8 県の平均が 0.06‰ ということで、ほとんど差がなくなっている。つまり、自動車営業者は、内陸ほど強いというかつての特性が弱まり、沿岸部から内陸に至るまで比較的均等な分布へと変わっていることがわかった。

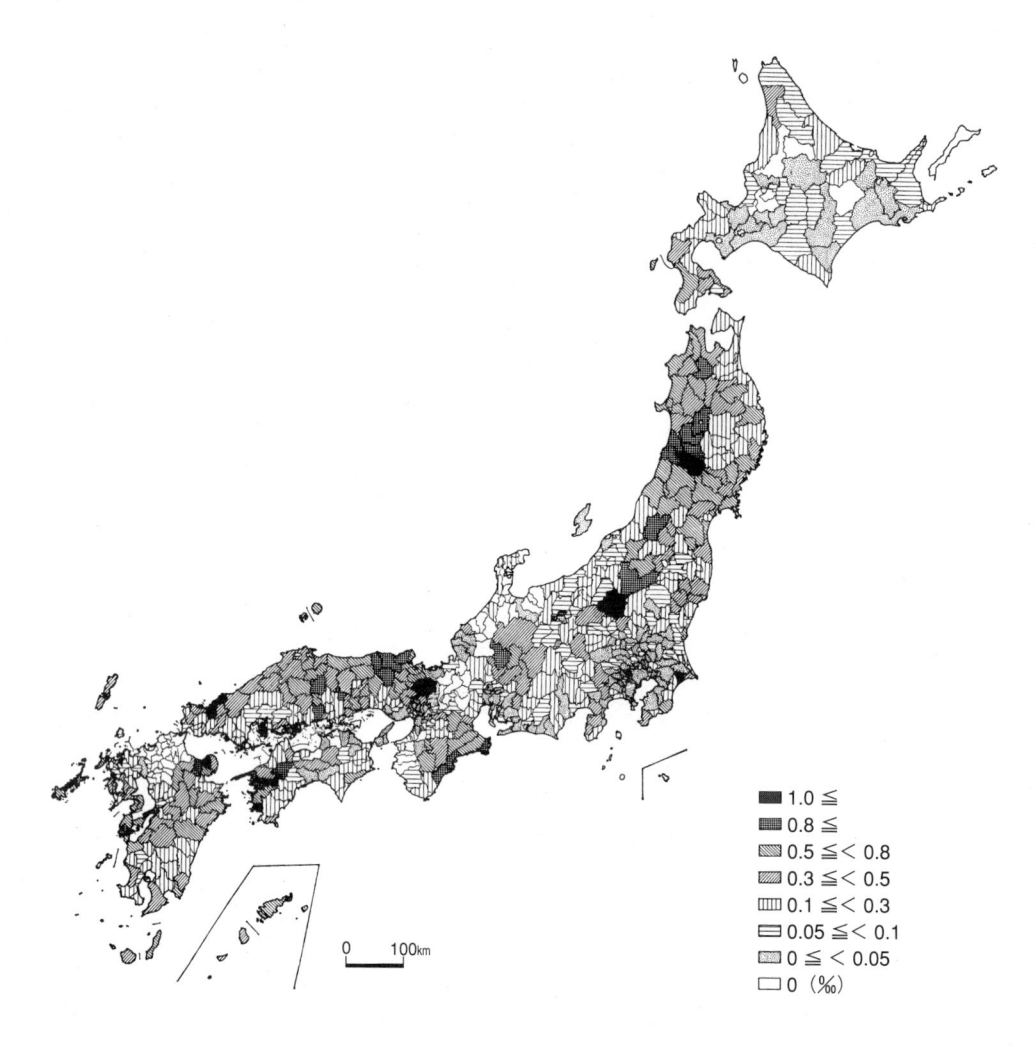

図 4-3　水産物自動車営業者の分布（1983〜84 年時点）
自動車営業者率＝自動車営業者数÷当該管内人口×1000
資料）自動車営業者数：各都道府県、政令指定都市食品衛生機関および保健所資料。
　　　人口：1980（昭和 55）年度国勢調査結果
中村（1985）、30 頁より転載。

3．主要地区における活動の展開

　本章では、先の表4-2に示された水産物行商活動が盛んな地区のうち、在来型行商、自動車移動営業のそれぞれ上位 3 位までの主要地区における活動の状況、当該地区において活動が活発になされている理由などについて分析する。

（1）在来型行商活動活発地区 1 ―兵庫県津名地区―

　淡路市（淡路町、一宮町、津名町、北淡町、東浦町が合併）と五色町を圏域とする津名保健所管内は、2000 年現在で在来型行商人が 126 名、管内人口で除した行商人率が 2.0 ‰ で、わが国第 1

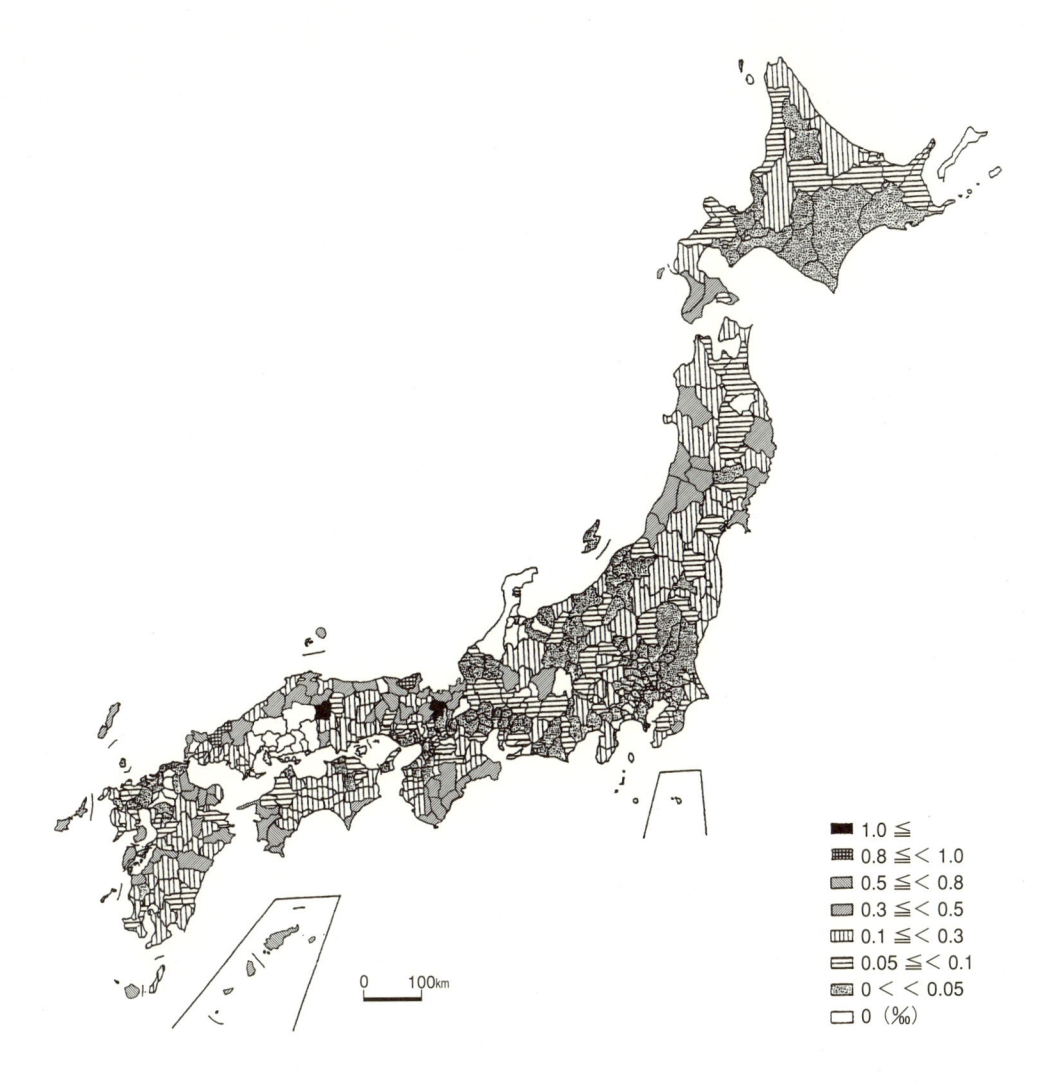

図 4-4 水産物自動車営業者の分布（2001〜04 年現在）
自動車営業者率＝自動車営業者数÷当該管内人口×1000
資料）自動車営業者数：各都道府県、政令指定都市、中核市食品衛生機関および保健所資料。
　　　人口：2000（平成 12）年度国勢調査結果。

の在来型行商人集中地区となっている。以下、津名保健所における聴き取り調査をもとに、当地区在来型行商活動の状況について説明する。[1)]

　2003 年度末現在の保健所データによると、在来型行商人は 102 名に数を減らしている。行商人を多く輩出しているのは各地の主要漁村集落であり、旧津名町塩尾(しお)、旧東浦町仮屋、旧北淡町富島(と)(しま)、旧淡路町岩屋、および五色町都志万歳(つ)(し)(まんざい)などである（図 4-5）。このうち、大半は、漁村女性が地元で仕入れ、地元を行商して回る伝統的営業形態が活動の中心となっている。かつては、押し車やリヤカーが使われたが、今日では三輪スクーターなども多く使われている。営業者の高齢化が進んでいるが、若い漁師の奥さんが義母の手伝いとして行商を始める場合もあり、そういった営業者の中には、20〜30 歳代の若年層も含まれている。若い人でも行商を始めようという機運があるのは、もともと魚が美味しい瀬戸内にあること、島全体において住民の高齢化が進んできて

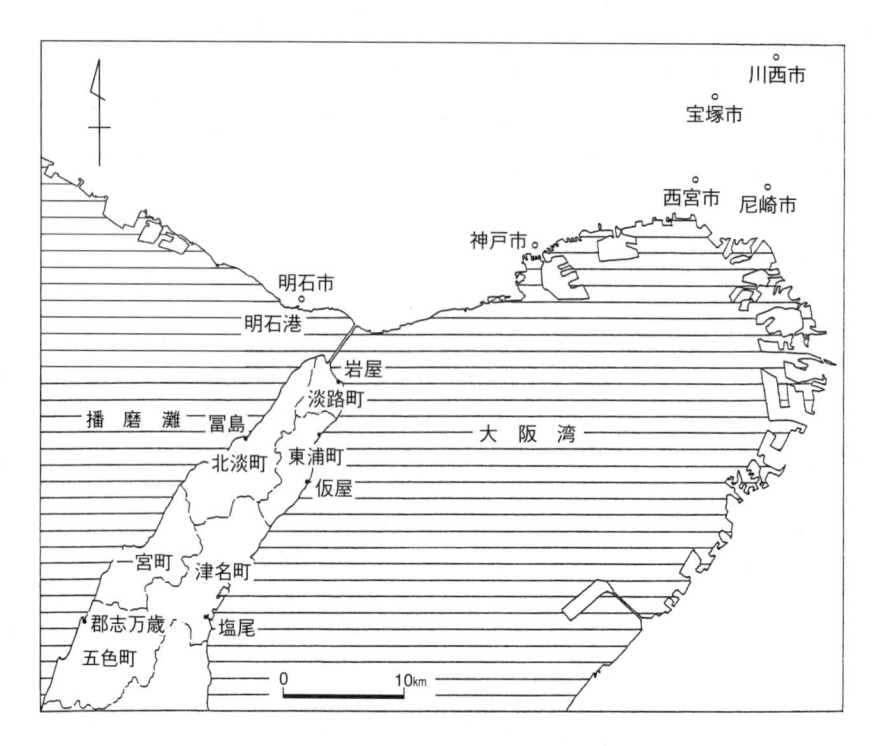

図 4-5　津名地区からの在来型行商活動の拠点分布
行政界は、2004 年 12 月現在。

いるため、肉よりも魚食が好まれるなど、根強い魚食志向が需要を支えていることがあげられる。
　一方で、旧淡路町岩屋からは、高速船を使って対岸の明石港へ、わずか 10 分ほどで行くことができる。「カンカンさん」と呼ばれるここの行商人は、早朝 1 番（午前 5 時 50 分発）の高速船で明石港に渡り、ここで仕入れを行った後、電車で遠方に出向いており、これには男性行商人も多く含まれている。なお、津名保健所によると、この遠方に出向く行商人の行き先は、神戸・尼崎方面が中心であり、神戸市（9 名）、西宮市（5 名）、尼崎市（18 名）、宝塚市（3 名）、川西市（2 名）の合計 36 名（うち、2 地域での重複 1 名）となっている。ちなみに、倉田によると、岩屋からの鮮魚行商最盛期の 1964（昭和 39）年時点で、国鉄（当時）を利用して京阪神方面へ出向く営業者が 465 名（うち、男性 213 名、女性 252 名）あった。[2]

（2）在来型行商人活動活発地区 2 ―新潟県村上地区―

　村上市および岩船郡（荒川町、山北町、関川町、朝日村、粟島浦村、神林村）を圏域とする村上保健所管内は、2002 年現在で在来型行商人が 139 名、管内人口で除した行商人率が 1.7‰ で、わが国第 2 の在来型行商人集中地区である。以下、保健所などにおける聴き取り、および資料調査をもとに分析を進める。[3]
　2005 年 2 月現在では、当管内の在来型行商人数はさらに減って 90 名となった。**図 4-6** は、当管内の在来型行商人と自動車営業者の性別年齢別構成を示している。これによると、性別内訳では、在来型行商人 90 名中 85 名（全体比 94.4 %）が女性であり、男性はわずか 5 名（同 5.6 %）となっている。平均年齢は、女性が 67.3 歳、男性が 67.8 歳、全体で 67.3 歳となっており、男女による

第 4 章　水産物行商活動の変容と主要地区における活動の展開　　167

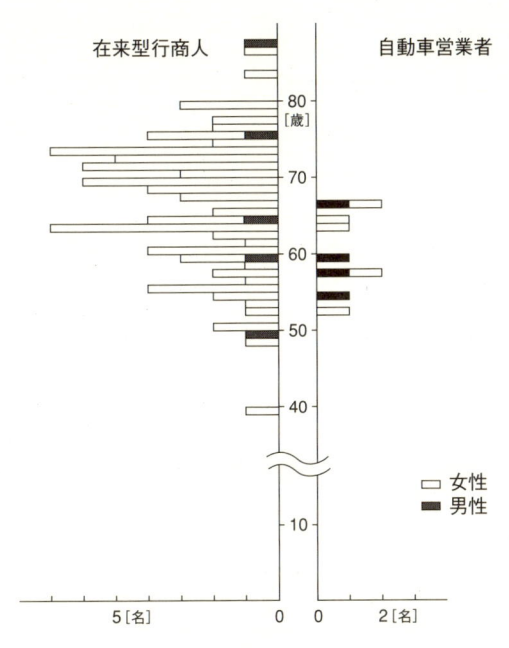

図 4-6　村上地区在来型行商人・自動車営業者の性別年齢構成
2005 年 2 月現在。村上保健所資料より作成。

差はほとんどみられない。高齢化が進んでいるのは事実であり、最高齢者で 88 歳に達するが、中には 40 歳という若い営業者もいる。村上地区では、自動車営業者に関するデータも入手することができた。当地区には、31 名の自動車営業者がある。ただし、保健所データでは、性別、年齢が特定できる数は、9 名と少ない。この 9 名の性別内訳では、女性 5 名、男性 4 名とほとんど差がなく、平均年齢も女性が 61.4 歳、男性が 60.0 歳、全体で 60.8 歳と男女差はみとめられない。在来型行商人と比べて 7 歳ほど平均年齢が若くなっているが、こちらも高齢化が進みつつあることがわかる。

　図 4-7 は、村上地区における在来型行商人の活動拠点(居住地)の分布を示している。これによると、当地区内で最も規模の大きい漁港のある村上市岩船地区が、28 名という行商人を輩出する最大の中心拠点となっている。この他、神林村塩谷地区(9 名)や山北町寝屋地区(9 名)、同府屋地区(7 名)、鵜泊地区(6 名)、村上市街(8 名)が主要な活動拠点となっており、中心的消費地である村上市街を除いて、各地の漁村が活動拠点となっていることが理解される。

　定期市の活動が盛んな新潟県では、「食品衛生条例」[4]において、いわゆる行商形態である「振り売り」と定期市出店者である「臨時定置」とを分けて許可を得るよう住所地保健所で指導している。保健所資料によると、村上地区全体では、重複して許可を得ている者を含めた 103 名中 70 名までが「振り売り」となっていて「臨時定置」は少ない。業態別分布をみると、「臨時定置」が多いのは、中心的消費地であり、定期市[5]も開かれる村上市街やその周辺地域、および図中最遠の山形県温海町鼠ヶ関、小岩川地区の 2 名である。在来型行商活動は、一般的に各地の漁村に住居を持つ営業者が地元で仕入れて地元周辺を回る例が多く、当地区においても大半の営業者がそのような形で「振り売り」を行っている。しかし、中には鉄道を利用してかなり遠距離を移動する者もある。先にあげた山形県からの 2 名は、村上市や中条町まで移動して定期市に出店しているし、山北町

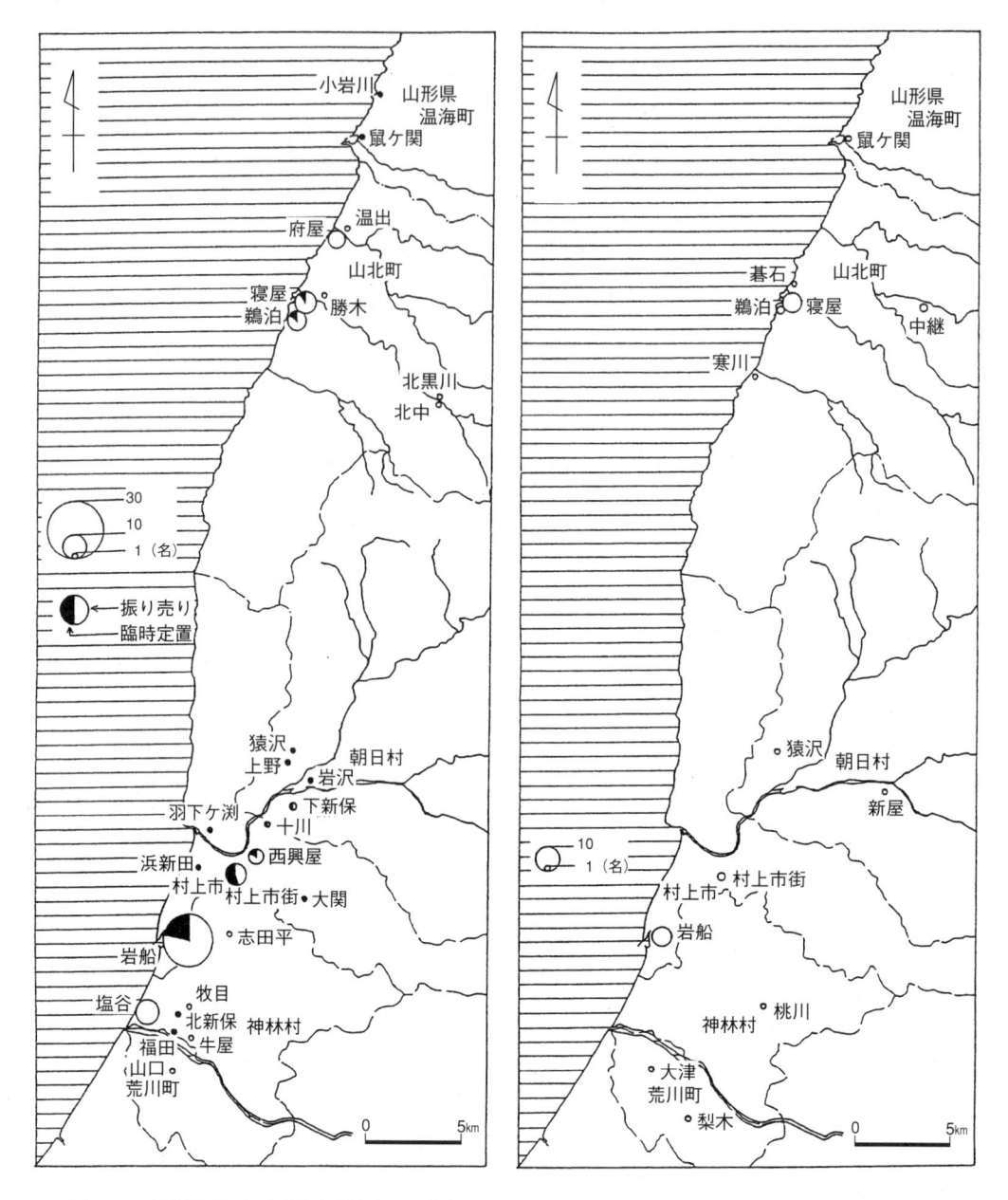

図4-7 村上地区における在来型行商人の分布
2005年2月現在。村上保健所資料より作成。

図4-8 村上地区における自動車営業者の分布
2005年2月現在。村上保健所資料より作成。

寝屋地区からの6名と府屋地区からの1名が、村上市、中条町、およびその周辺地区まで出向いて「振り売り」を行っている。なお、「振り売り」の営業形態として現在は、自転車やオートバイにリヤカーを付けて運ぶ者が多く、リヤカーのみで徒歩行商する例はほとんどみられないとのことであった[6]。

自動車営業者の分布(図4-8)をみると、活動の中心は、在来型行商と同じく中心的漁村地区である村上市岩船地区(6名)、山北町寝屋地区(6名)などであるが、かなりの内陸部まで営業者がみとめられる。

第4章　水産物行商活動の変容と主要地区における活動の展開　　　　　169

（3）在来型行商活動活発地区3 ―北海道江差地区―

　北海道西南端檜山支庁管内の江差町・上ノ国町・厚沢部町・乙部町・熊石町・奥尻町を圏域とする江差保健所管内は、2004年現在で在来型行商人が55名、管内人口で除した行商人率が1.52‰で、わが国第3の在来型行商人集中地区である。以下、保健所などにおける聴き取り、および資料調査をもとに分析を進める。[7]

　2005年1月現在で当管内の在来型行商人数は、50名に数を減じている。図4-9は、当管内の在来型行商人と自動車営業者の性別年齢別構成を示している。これによると、性別内訳では、在来型行商人50名中28名（全体比56.0％）が女性であり、他と比べて著しく男性の割合が高い。これについて、江差保健所によると、かつての在来型行商は、各地の漁村の女性が、地元で仕入れた魚を入れた「ガンガン」を背負って鉄道、バスで移動したり、リヤカーを使って徒歩で行商していたが、現在は、そういった伝統的形態がほとんどみられなくなり、行商人も軽トラックなどの車を使って移動し、現地で荷を下ろして販売するのが一般的となり、販売形態的に自動車営業との区別が難しくなると同時に、住所地保健所での登録手続きが簡単な行商に、男性が多く参入するようになったとのことであった。平均年齢は、女性が63.0歳、男性が63.9歳、全体で63.4歳となっており、男女差はほとんどみとめられない。最高齢は、83歳（女性）であるが、50歳以下も6名含まれるなど、年齢構成は多様である。なお、江差地区には、自動車営業者が16名ある。そのうち、保健所データで性別、年齢を特定できた12名の性別内訳は、男性が10名（全体比83.3％）と圧倒的である。平均年齢は、男性が59.7歳、女性が57.0歳、全体で59.3歳となっており、こちらも男女差はほとんどみとめられない。先述のとおり、行商と自動車営業の営業形態が似通っていることもあって、年齢差もわずか4歳程度と小さくなっている。

　図4-10は、江差地区における在来型行商人の活動拠点（居住地）の分布を示している。これに

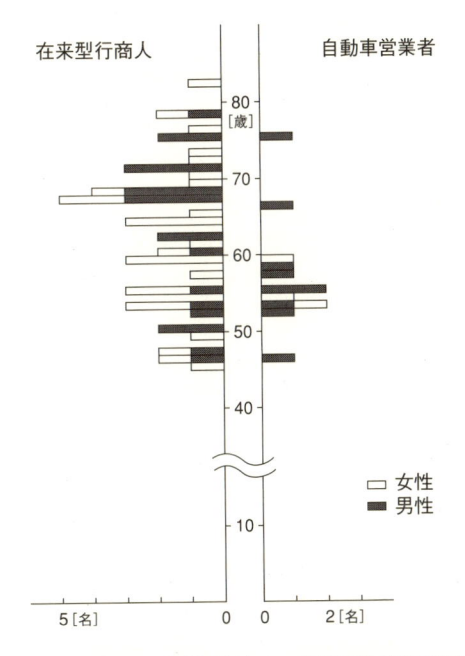

図4-9　江差地区在来型行商人・自動車営業者の性別年齢構成
2005年1月現在。江差保健所資料より作成。

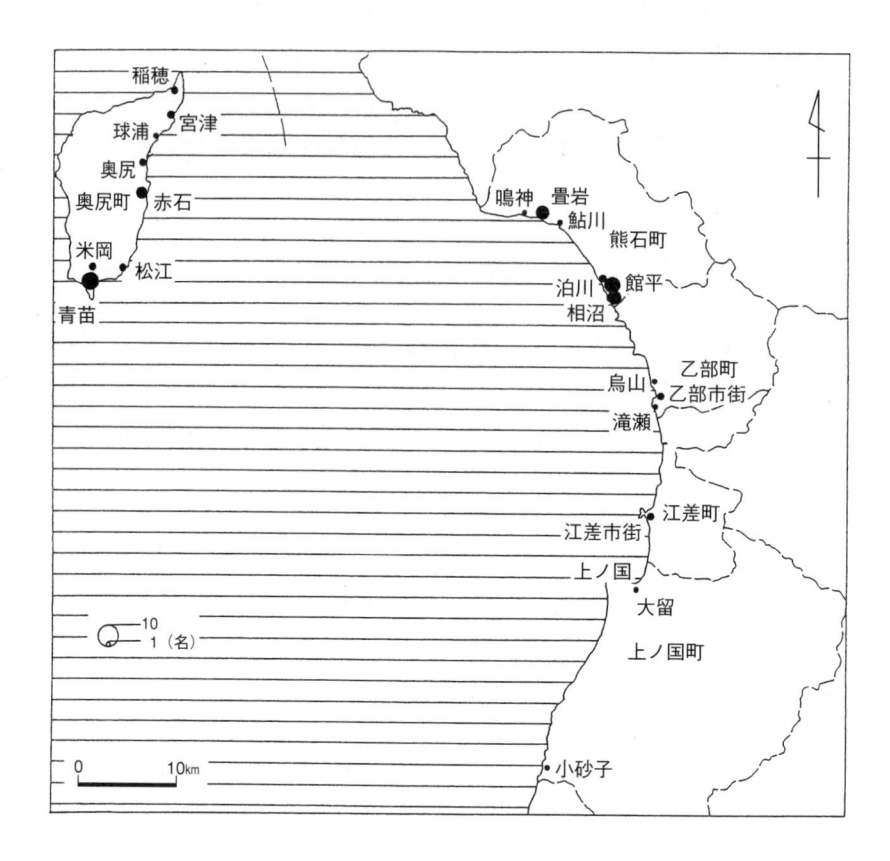

図 4-10　江差地区における在来型行商人の分布
2005 年 1 月現在。江差保健所資料より作成。

よると、行商人の輩出中心となっているのは、熊石町の館平地区(6 名)、相沼地区(4 名)、畳岩地区(4 名)と奥尻町青苗地区(7 名)、赤石地区(4 名)などである。分布上の際だった特徴としては、本土側の 28 名中 22 名までが女性(構成比 78.6 %)であるのに対し、奥尻町では、22 名中 16 名までが男性(構成比 72.7 %)となっている点である。

自動車営業者の分布(**図 4-11**)をみると、営業者の輩出中心と言えるような地区はみとめられず、一部内陸部を除いて各地の漁村に分散している状況を読み取ることができる。

江差地区では、冬場海が時化て出漁できないことが多いので、行商活動の時期も夏場を中心とすることになる。この時期には、軽トラックでイカを売り回る行商人が、江差市街でもよく見受けられるとのことであった。

(4) 自動車営業活動活発地区 1 ―岡山県阿新地区―

新見市および阿哲郡(大佐町、神郷町、哲多町、哲西町)を圏域とする阿新保健所管内は、2000 年現在で自動車営業者が 40 名、管内人口で除した自動車営業者率が 1.04 ‰ で、わが国第 1 の自動車営業者集中地区である。以下、保健所における聴き取りなどをもとに説明を加える。[8]

阿新地区は、岡山県西北端の内陸山間に位置しているが、昔から魚食が盛んであった。今はないが、戦後すぐの頃新見駅前に魚屋が 2～3 軒並んでおり、鮮魚が岡山方面から持ち込まれてい

第4章　水産物行商活動の変容と主要地区における活動の展開　　　　171

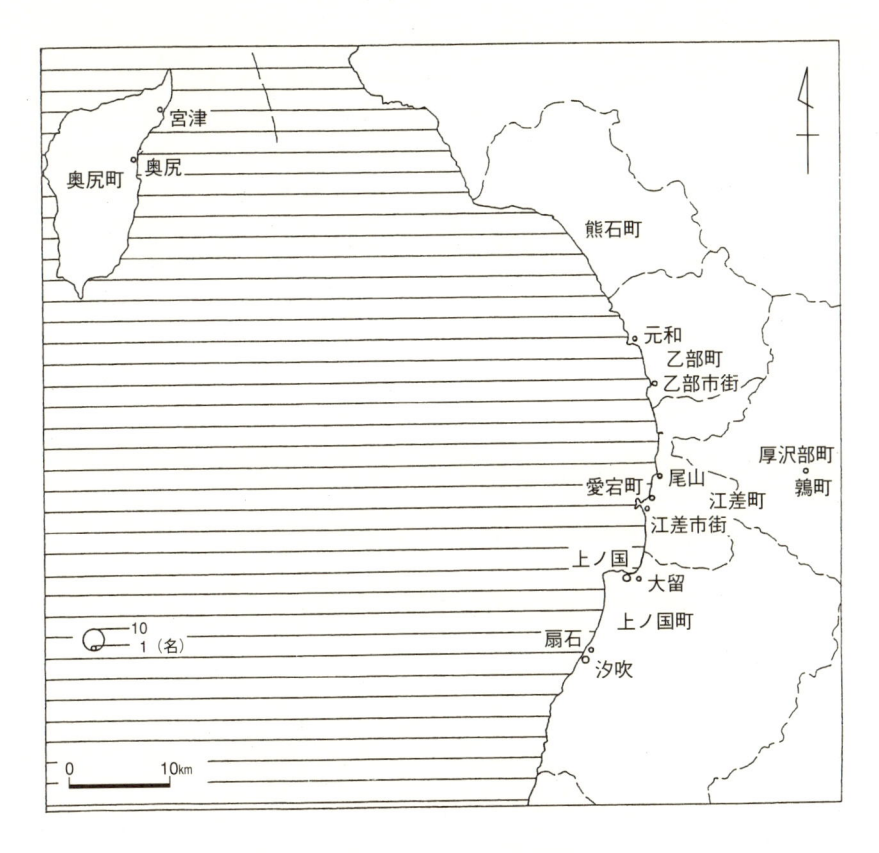

図4-11　江差地区における自動車営業者の分布
2005年1月現在。江差保健所資料より作成。

た。そのため、現在でも根強い魚食志向があるが、町場にある店舗では、鮮魚を扱っておらず、冷凍物、もしくは干物のみ扱っている。したがって、鮮魚を扱う自動車営業の需要は非常に大きく、当地区では、不可欠の営業となっており、自動車営業者率が高い原因もそのあたりにあると思われる。

　営業活動に言及する。営業形態としては、大型のバス型は少なく、トラックや軽四輪改造型が多い。仕入れに関しては、当地区内に「新見魚市場」があるが、ここでは総菜や青果物のみ扱われ、鮮魚を扱っていない。自動車営業者の仕入れ先の中心は「岡山市中央卸売市場」であり、新見から車で2時間半ほどかけて出向いている。また、一部は、車で片道2時間ほどかけて境港まで仕入れに出向いている。境港の方が距離的には近いが、当地区では昔から岡山市方面とのつながりが強く、魚介類も岡山方面から仕入れてくる者が多い。営業者は、主に店舗のない山間地を回って営業を行っているとのことであった。

（5）自動車営業活動活発地区2 ―京都府周山地区―

　京北町（現京都市右京区）と北桑田郡美山町を圏域とする周山保健所（現南丹保健所北桑田支所）管内は、2002年現在で自動車営業者が12名、管内人口で除した自動車営業者率が1.01‰で、わが国第2の自動車営業者集中地区である。以下、保健所などにおける聴き取り、および資料調査

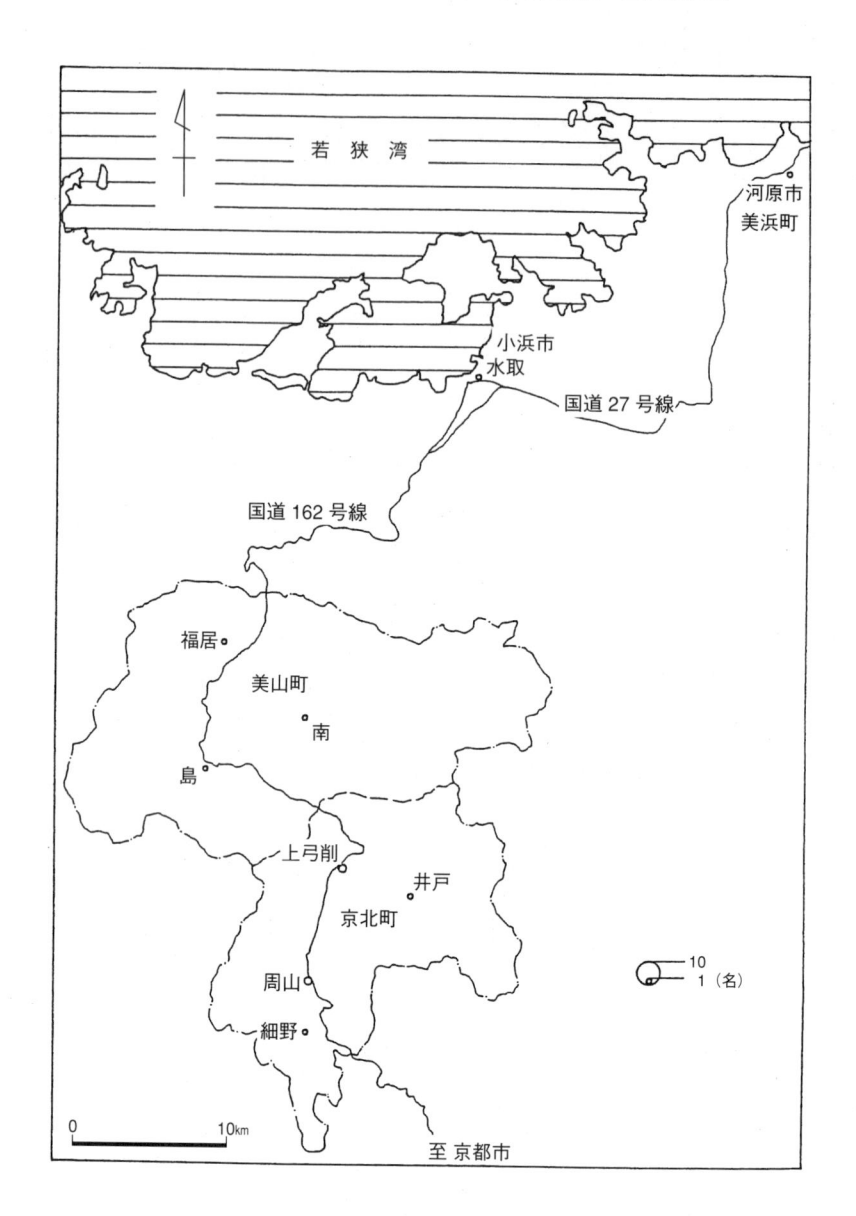

図 4-12　周山地区における自動車営業者の分布
2004 年 12 月現在。周山保健所(現南丹保健所北桑田支所)資料より作成。

をもとに分析を進める。[9]

　2004 年 12 月現在で当管内の自動車営業者数は、11 名となっている。**図 4-12** は、当管内で営業を行っている自動車営業者の活動拠点(居住地)の分布を示している。これをみると、旧京北町、美山町管内では、主要集落を中心に分散的分布がみとめられる他、隣県である福井県小浜市や美浜町からの入り込みがみられる。なお、旧京北町、美山町管内の営業者は、主に「京都市中央卸売市場」において仕入れを行っている。

　当地区も阿新地区同様内陸で、海産魚の入りにくい環境にある。実際、店舗ではほとんど鮮魚を扱っておらず、唯一の鮮魚入手方法として自動車営業活動の需要がみとめられる。

（6）自動車営業活動活発地区 3 —山口県萩地区—

　萩市(萩市、および旧田万川町、旧須佐町、旧むつみ村、旧福栄村、旧川上村、旧旭村)と阿武郡阿武町を圏域とする萩保健所管内は、1999 年現在で自動車営業者が 62 名、管内人口で除した自動車営業者率が 0.97‰ で、わが国第 3 の自動車営業者集中地区である。以下、保健所などにおける聴き取り、および資料調査をもとに分析を進める。[10]

　2005 年 2 月現在で当管内の自動車営業者は 55 名に数を減じている。**図 4-13** は、当管内における自動車営業者の性別年齢別構成を示している。これによると、性別内訳では、保健所資料で判明した 53 名中 38 名が男性(全体比 71.7%)となっている。平均年齢は、男性が 58.4 歳、女性が 67.6 歳、全体で 61.0 歳となっており、男性の方が 9 歳余り若くなっている。最高齢は、85 歳の女性であり、女性の高齢化が進んでいるが、男性の場合、全体の 5 割以上が 50 歳代に集中している。

　図 4-14 は、萩地区で営業を行っている自動車営業者の活動拠点(居住地)の分布を示している。これをみると、自動車営業者の輩出拠点となっているのは、主要な消費地でもある萩市街(15 名)と萩市郊外の椿東地区(11 名)、椿地区(5 名)、山田地区(4 名)などである。このような集中地区以外では、漁村から内陸消費地まで、少数分散的分布がみとめられる。また、保健所データより、主な営業地についてふれると、萩市内を回るものが 18 名、萩市、およびその周辺地区を回る者が 21 名ある他、14 名がさらに広域の地域(保健所の許可上では、下関市を除く県下一円)を回る者となっている。

　当地区の自動車営業車は、魚介類専売が圧倒的に多く、乳類との混載車がわずか 3 台にすぎない状況にあり、都市および都市近郊を商圏とする典型的パターンを示している。

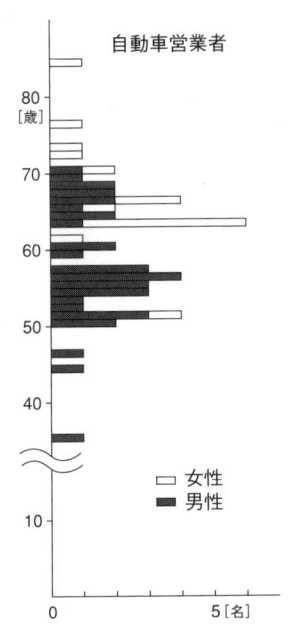

図 4-13　萩地区自動車営業者の性別年齢構成
2005 年 2 月現在。萩保健所資料より作成。

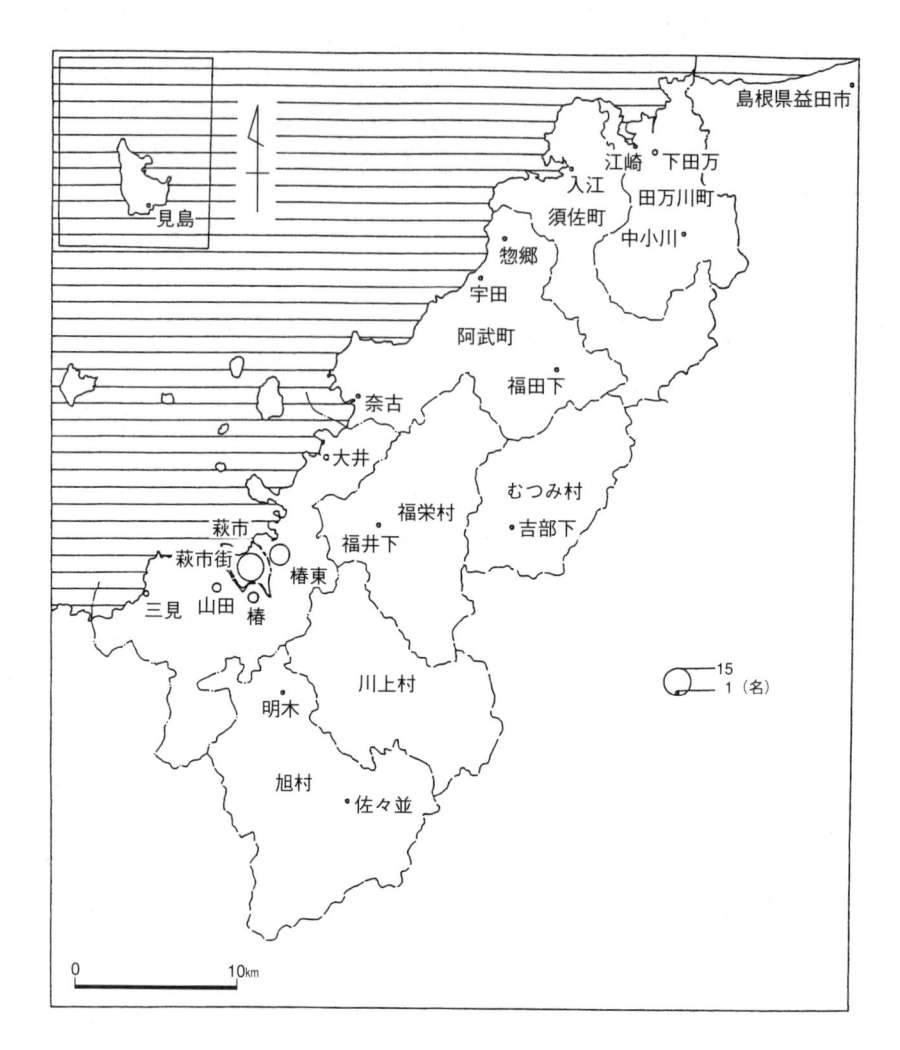

図 4-14 萩地区における自動車営業者の分布
2005 年 2 月現在。萩保健所資料より作成。

4．結 び

　本章では、1980 年代前半からの約 20 年間でのわが国における水産物行商人の分布と活動の変容を明らかにした上で、現在でも行商活動が活発に行われている地域について、その活動の状況を把握することを目的とした。研究の結果は、以下のように要約することができる。
　20 年間での在来型行商人と自動車営業者の数的変化をわが国全体でみると、前者が 22,437 名から 6,772 名と 1/3 以下へ、後者が 15,565 名から 8,391 名と約 1/2 へと減少している。
　在来型行商に関しては、北陸(新潟県、富山県、福井県)、中四国(島根県、広島県、山口県、香川県)、九州(佐賀県、長崎県、大分県、熊本県、鹿児島県)の 3 地方が今日でも活動が活発な地域と言える。一方、自動車営業に関しては、東北(青森県、岩手県、秋田県、宮城県、山形県、福島県)、中部(山梨県)、近畿(三重県、和歌山県)、中四国(鳥取県、島根県、岡山県、山口県、愛媛

県、徳島県、高知県)、九州(長崎県、大分県、熊本県、宮崎県、鹿児島県)の各地方が活動活発地域と言える。

在来型行商人の分布上の特徴として、沿岸の魚介類産地に集中する傾向は変わっていない。これに対し、自動車営業者の分布上の特徴は、かつては既存の店舗商圏の間隙を縫うような形で内陸の山間僻地ほど多くの活動がみられた。しかし、今回の調査結果からは、内陸山間僻地での営業者が急減し、沿岸から内陸に至るまで比較的均等な分布に変わったことがわかった。

わが国で在来型行商人率が最も高いのが兵庫県津名地区であった。ここでは、伝統的な漁村女性による近在を回る行商活動と、鉄道を使って神戸、尼崎方面に出向いての行商活動が並存していることがわかった。

在来型行商人率第2位は、新潟県村上地区であった。新潟県では条例の上で、いわゆる行商形態である「振り売り」と定期市出店者である「臨時定置」が分けられており、村上地区では、漁村女性による近在を回る行商活動としての「振り売り」が圧倒的多数を占めており、「臨時定置」は、中心的消費地である村上市街やその近郊などへの集中がみとめられた。

在来型行商人率第3位は、北海道江差地区であった。当地区では、近年、在来型行商でも車を使って移動し、現地で荷を下ろして販売する者が多く、営業形態上自動車営業との区別が難しくなってきている。そのため、他の地区に比べ、男性行商人が多く含まれ、特にその傾向が、奥尻島で顕著であった。

わが国で自動車営業者率が最も高いのが岡山県阿新地区であった。当地区では、伝統的に根強い魚食志向があるにもかかわらず、店舗で鮮魚を扱っておらず、鮮魚を扱う自動車営業活動が不可欠のものとなっていることがわかった。

自動車営業者率第2位は、京都府周山地区であった。ここも内陸山間地で海産鮮魚の入りにくい環境であり、唯一の鮮魚入手方法としての自動車営業活動に対する需要が大きい地区であった。

自動車営業者率第3位は、山口県萩地区であった。ここでは、50歳代の男性営業者が多い。営業拠点の分布では、主要な生産地、かつ消費地でもある萩市街、およびその周辺地区に集中している他は、沿岸から内陸に至るまで少数分散的分布を示した。また、車を使っているため、その営業地も萩市、およびその近郊に止まらず、県下各地に出向く者も多くみられる。

以上、今回の調査によって、わが国における20年間での水産物行商活動の展開と行商人の分布にみられる特徴、およびそれらの変化について明らかにすることができた。こうしてみると、鮮魚を扱う自動車営業活動に対しては、各地で根強い需要があり、今後も営業活動が継続されるものと考えられる。しかし、伝統的な漁村女性による在来型行商活動は、営業者の高齢化も著しく進んでおり、近い将来わが国では消滅するであろうことが現実問題として強く感じられる結果となった。

＜注および文献＞
1) 調査は、2004年12月3～4日にかけて津名保健所における資料、聴き取り調査と津名町立図書館における文献研究などを行った。なお、当保健所では、行商人の集落別分布などについては公表できないとのことであった。
2) 倉田 亨「鮮魚行商小売業者の実態と機能―兵庫県津名郡淡路町岩屋の鮮魚行商小売業者群―」農林業問題研究4、1965、14-24頁。

3）調査は、2005 年 2 月 2～3 日にかけて村上保健所、村上市役所、岩船港漁業協同組合などにおける聴き取り、資料調査と村上市立図書館における文献研究を行った。
4）新潟県「新潟県食品衛生条例」(昭和 42 年 12 月 26 日新潟県条例第 46 号、同「新潟県食品衛生条例施行規則」(昭和 43 年 1 月 9 日新潟県規則第 2 号)。
5）村上の定期市は、毎月 2 と 7 のつく日(2、7、12、17、22、27 日)の月 6 回開催される「六斎市」である。1919(大正 8)年から 80 年以上の歴史を誇る市であり、毎回、150～160 軒の出店者と多くの買い物客でにぎわっている。村上市観光協会「六斎市」http://www.mu-cci.or.jp/kanko/iti.html、および村上市観光課における聴き取りによる。
6）岩船港漁業協同組合における聴き取りによる。
7）調査は、2005 年 1 月 6～7 日にかけて江差保健所における聴き取り、資料調査と江差町図書館における文献研究などを行った。
8）調査は、2005 年 2 月 4 日に阿新保健所における聴き取り、新見市立図書館における文献研究などを行った。なお、当保健所では、自動車営業者の集落別分布などに関するデータを入手できなかったので、説明は、聴き取りによる概要に止める。
9）調査は、2004 年 12 月 2～3 日にかけて南丹保健所北桑田支所における聴き取り、資料調査を行った。
10）調査は、2005 年 2 月 20～21 日にかけて萩保健所における聴き取り、資料調査と萩市立図書館における文献研究などを行った。

第2部

水産物行商活動の展開と漁村－背域集落の社会経済的結合

第5章 海産物行商からみた集落間結合とその変化
― 出水市名護地区と背域との関係を中心に ―

1. はじめに

　かつて、大消費地市場の影響が及ばなかった漁村における漁民の生業空間は、漁場と漁村、それに漁獲物流通圏をもって完結していた。したがって、こういった漁村の村落構造を明らかにする場合、流通消費圏である背域との社会・経済的関係を無視することはできない。
　このような漁村と背域との関係について、桜田勝徳は、以下の4つに分けている[1]。すなわち、(1)農産物若しくは漁業用物資と水産物との交換関係に依るもの、(2)労力の需給関係に依るもの、(3)通婚等の縁組・縁故関係に依るもの、(4)汐干狩・潮奈・塩井場・神幸・神送り等の信仰行事関係に依るものの4つである。
　ところで、鹿児島県西部の東シナ海に面する漁村には、「トキ」[2]、「トキュ」[3]、「トケ」[4]などと呼称される類似した農・漁村関係が存在していた。その中には、今日、すでにその意味すら忘れられたものもある。しかしながら、この一連の「得意」呼称を手懸りにするならば、こういった農・漁村関係の基層に行商における得意関係、ないし農産物と海産物の交換関係が存していたと思われる。
　海産物行商については、戦前から民俗学、地理学などで取り上げられてきており[5]、徳島県阿部村の「イタダキ」[6]や愛媛県松前町の「オタタ」[7]、山口県三見浦の「シガ」[8]などの研究がよく知られている。
　行商の性格自体は、伝統的形式をそのまま継承してきたのではなく、様々な外的・内的要因(たとえば、交通手段の変革、漁業協同組合設立を始めとする流通組織の確立、さらに第二次大戦後の混乱、高度経済成長の余波、および小売店舗の進出による競争の激化など)によって変化を受けてきている。
　交通手段の変革に視点をおいた行商研究は多い。田中啓爾は、主に聴き取り調査によって鉄道開通以前の塩と魚の搬入路の復原を試み[9]、富岡儀八は、文書史料によって塩道の復原を行なっている[10]。田中方男の紹介した丹後野原部落から全国各地へ向けた塩干物行商も、鉄道開通によって可能となったものである[11]。また、清水馨八郎は、九十九里浜における戦後まもない頃の自転車を使った行商の活性化を扱った[12]。この他、田中豊治は、山陰地方を例に流通構造解明の一環として行商を研究した[13]。しかしながら、交通変革が一段落し、雇用機会の多様化をともなった高度経済成長期以後、行商人は急減してきている[14]。
　本章は、鹿児島県出水市名護地区を例として、聴き取り調査によって遡り得る範囲内で、海産物行商の変化を中心にそれ以外の農・漁村関係の変化とを合わせて捉えようとするものである。

写真 5-1　名護漁港と集落(1980 年 8 月撮影)

写真 5-2　出水市漁協(左)と打瀬船(右)(1980 年 8 月撮影)

2．地域の概観

　今回、調査対象地域とした名護集落は、鹿児島県の西北端の出水市に属する。出水市の北隣は熊本県水俣市であり、江戸時代に薩摩藩への出入国を厳しく取り締まった野間の関のあった米ノ津とは、米ノ津川河口を隔てて対岸に位置している。背後に出水平野があり、さらに、北東県境にかけて海抜 600 m 級の矢筈岳などの山々、南に海抜 1,000 m 級の紫尾山系が控えている。出水平野は、紫尾山系の開析扇状地と沖積低地および近世以来の干拓地からなり、多数の農村と出水市街や高尾野・野田といった町場が分布している。

　名護集落は、起源の古い漁村であり、江戸時代初期には、すでに北薩地方最大の浦を形成していた[15](写真 5-1)。現在は行政区分上、名護東、名護中、名護西の 3 集落になっているが、部落総会を合同で持つなど 1 つの「ムラ」としての結束がみられる。戸数は、名護東 153 戸、名護中 119 戸、名護西 145 戸であり、漁村特有の密集した家屋が並んでいる。漁家率は約 30.5 %、農家率 17.0 % であり、出水などへの通勤兼業も車の普及で増えてきている[16]。

　当地の漁業としては、八代湾内における打瀬網漁によるクルマエビ捕獲[17]が有名であった(写真 5-2)。これは、水銀問題も大きく影響し、1960(昭和 35)年をピークに以後は減少に転じている。現在は、図 5-1 にみられるような多種類の水揚げがある。

　漁業協同組合の設立も古いが、当初は、自家での水揚げを婦人や娘による行商によって捌かせるものが大半であり、仲買体制の原型ができたのが大正以降(1910 年代)のことであった。それで

第5章 海産物行商からみた集落間結合とその変化

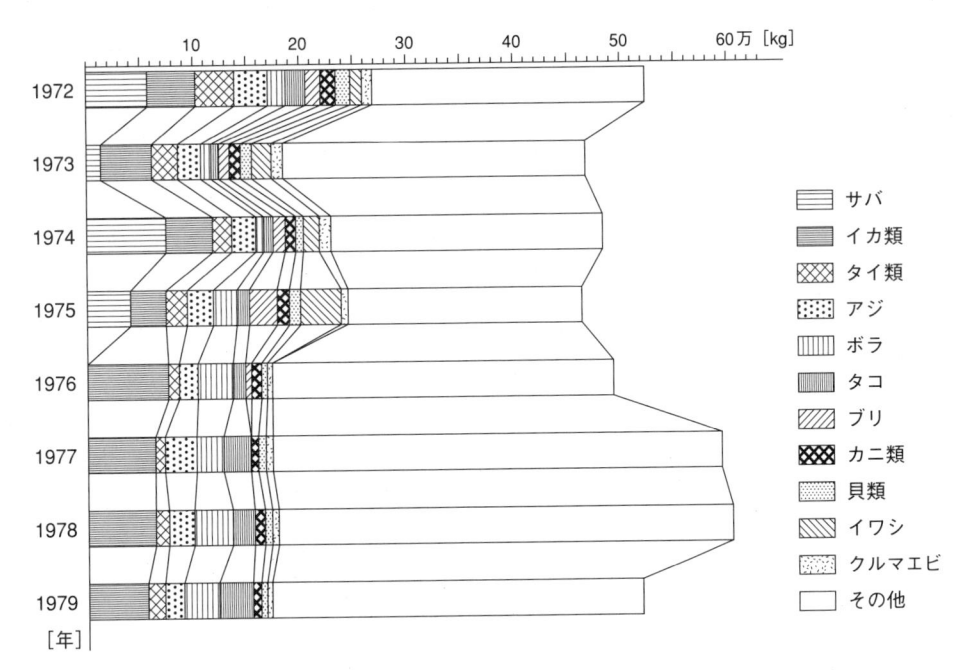

図5-1 魚種別漁獲量の変遷
出水市漁業協同組合資料より作成。

凡例：サバ、イカ類、タイ類、アジ、ボラ、タコ、ブリ、カニ類、貝類、イワシ、クルマエビ、その他

写真5-3 築港市場のせり風景
（1980年8月撮影）

写真5-4 出水市漁協市場（名護）のせり風景
（1980年8月撮影）

も第二次大戦前までは、漁協を通さない婦人行商による販売が中心であった。その後、戦後の数年をピークに行商人は激減し、同時に、漁協水揚げが確立したこともあって、今日では、仲買組合加入者のみがせりに参加し、行商を行なう権利を有することになった。

　せりは、築港市場で午前7時からのものと、名護出水市漁協市場で午前8時と10時、さらに午後2時からのものとで計4回行なわれ、築港市場のせりが終わるとすぐに移動して名護のせりに出向く者が多い（**写真5-3、4**）。仲買いは、鮮魚輸送業者や店舗、軽トラックによる移動販売業者、行商人からなり、昭和40（1965）年代後半から自動車営業者の進出と山間地の農協店の新設加入がみられる。

　今日の出水市漁業協同組合は、一時期、名護の下知識漁業協同組合と米ノ津築港の下鯖淵漁業協同組合に分かれていたものが、築港にある製氷施設を名護で利用できなかったことや、魚種の

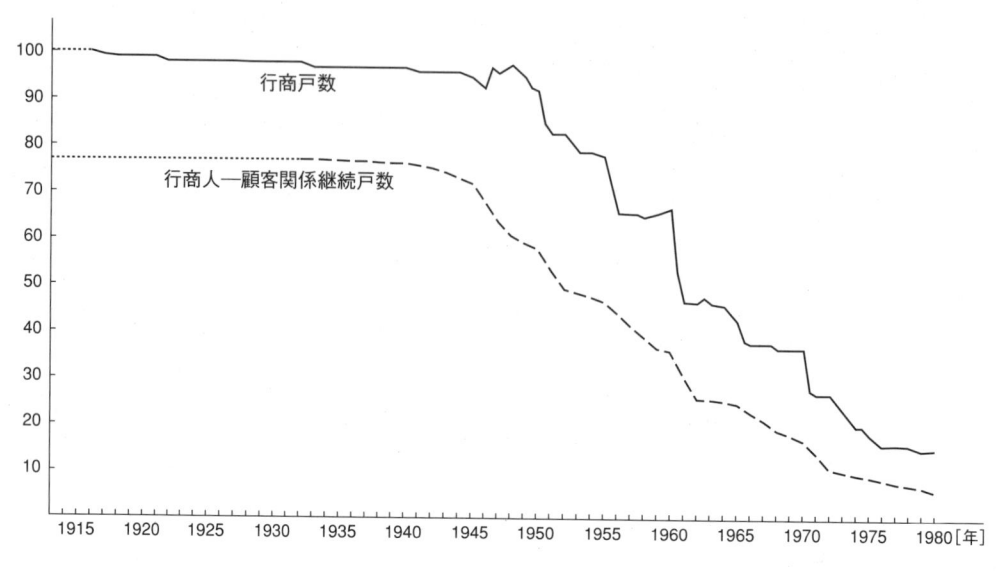

図 5-2　名護集落の行商戸数変化
名護集落悉皆調査による。

かたよりなどがあって、仕入上も不便を来たしたことなどから合併してできたものである。

3．漁協水揚げ体制確立以前の行商とその変化

　鈴木公が明らかにした野町復原図[18]によると、明治の初期(1870年)頃の出水野町には、魚屋がみられない。したがって、当時の海産物は、大部分が農産物との交換や金銭売買によって捌かされ、わずかに市立によって捌かされるものもあったと考えられる[19]。
　当時の海産物行商は、全面的に漁家労働としての性格を持ち、男たちが獲り、持ち帰った魚を女たちが売りにでるといった形式が大半であった。漁師の未亡人や他所から「ムラ入り」した者もあったが、一般に行商は、漁獲行為の延長として漁家の主業を形成してきたのである。
　行商は、終戦後、1つのピークを迎え、名護地区以外でも近隣の漁村である築港、福ノ江港、蕨島、および桂島にも多くみられた。その中でも名護が特に多く、名護集落423戸中350戸に対する筆者の聴き取り調査における範囲内で、大正期(1915年頃)に約100戸の行商就業戸があったことがわかった(図5-2)。
　名護地区の行商は、2つの異なった形態を持っていた(図5-3～図5-5)。1つは、出水平野、半径約13km以内に行動範囲の限界を持つ鮮魚日帰り行商である。農村に対しては、日常、イワシ・サバなどを、正月前や田植え、稲刈り時にはタコなどを持ち込んだ。出水・米ノ津の町場へは、イワシ・サバなどに加え、タイなどの高級魚の注文もかなりあった。行商人は、早朝暗いうちに天秤棒の前後に竹籠を下げて家を出、それぞれの得意先を目ざして小走りに駆け、昼過ぎには籠を空にして帰った(写真5-5)。
　これに対し名護地区では、打瀬網で獲れた特産のクルマエビを主とする加工品行商がみられた。これは、鮮魚行商圏を越えて、大口市、菱刈町、宮之城町、祁答院町、および川内市にまで至るもので、とくに、大口市や宮之城町への行商が多かった。正月前などには、焼きクルマエビを藁

第5章　海産物行商からみた集落間結合とその変化

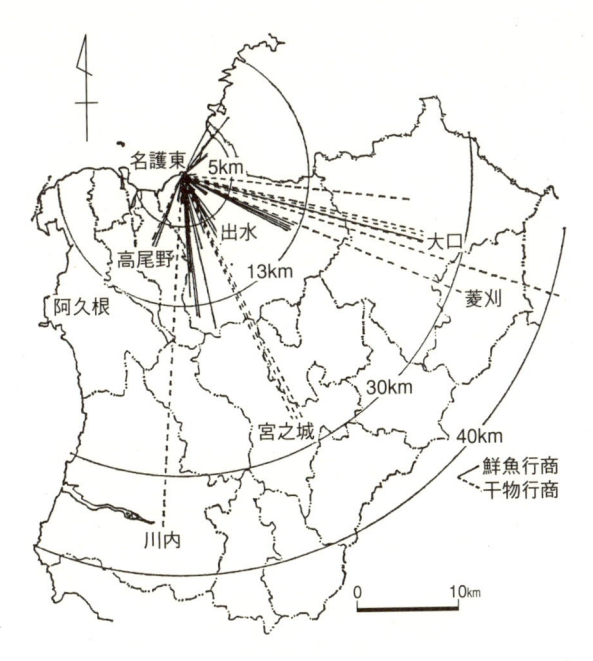

図5-3　名護東集落の行商人行商圏
名護集落悉皆調査による。

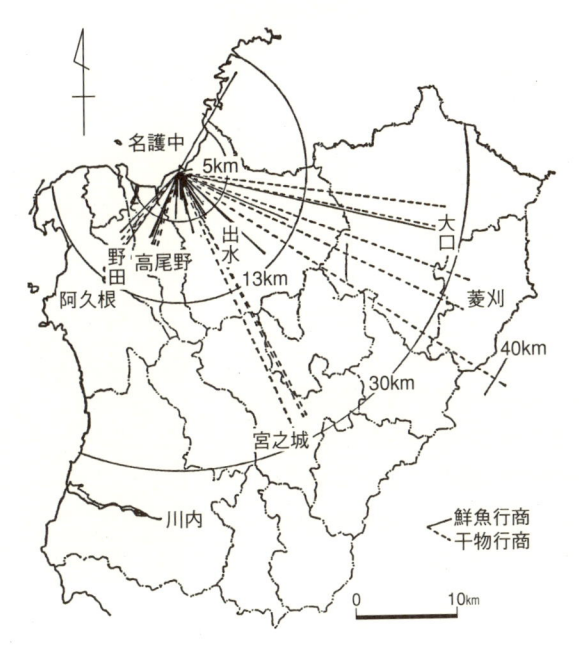

図5-4　名護中集落の行商人行商圏
名護集落悉皆調査による。

縄で束にしたものや干魚を風呂敷に包んで背に負った行商人が、名護から旅立ったものである。クルマエビ1束は、およそ米1俵と交換される。行商人は、これを売り尽すまで、1週間程度、現地に留まった。その際には、馴染みの家に滞留していた。

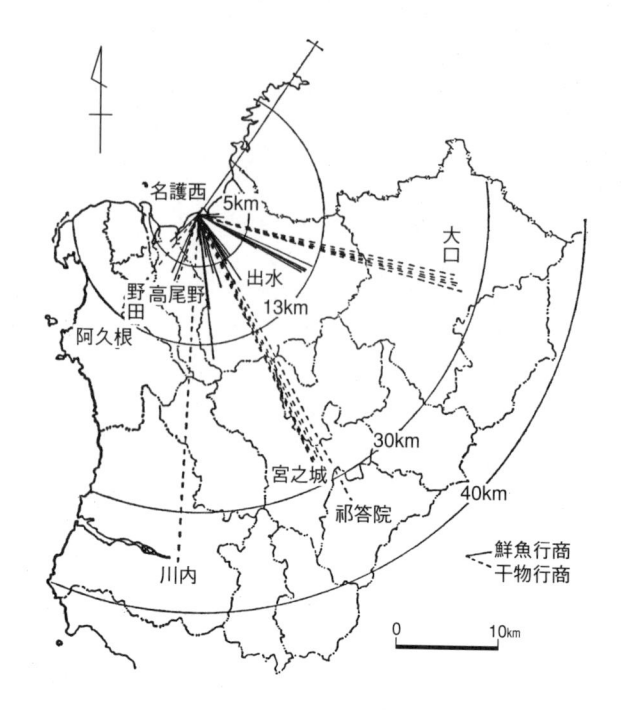

図 5-5　名護西集落の行商人行商圏
名護集落悉皆調査による。

　クルマエビの行商は、名護の特徴であるが、その他の干物行商は、阿久根、川内市唐浜、串木野、市来、加世田、枕崎、垂水、串良など各地にみられた。この干物行商圏は、2つのタイプに分けることができる。1つは、鮮魚行商圏を超える広範囲の行商圏を有するものである。これには枕崎の頭上運搬によるカツオ節売りのように延長60kmを超えるもの、串木野・市来から薩摩郡・日置郡一帯を回るもの、加世田から川辺郡を回るものなどがあった。これに対して、山に囲まれた狭い背域しかもたない地域では、鮮魚行商圏と干物行商圏の一致するものが多い。串木野市羽島地区や大隅半島南岸の漁村などがこの例といえよう。この干物行商は、昭和初期(1920年代半ば)から大戦前まで各地に残っていた。

　1905(明治38)年の専売制度成立以前には、塩行商もほぼ干物行商圏域と一致する領域に展開していた。塩はつけ売りが行なわれた。顧客は、年末には牛車に米俵を積

写真 5-5　昔日の行商姿
(昔の道具を使って再現してもらった。
1980年8月撮影)

んで塩行商人の所まで運んで行った。塩は魚に比べ、人間生活に不可欠なものであったために、山間の住民は常時塩の確保に努め、わが子に対し、塩行商人を親といただく擬制的親子関係を結び、「塩トト」、「塩テチョ」と呼びならしていた。[20]

　先述したように、行商人数は、戦後一時、引揚げ者の流入によってピークを迎えた。その後は、

第5章 海産物行商からみた集落間結合とその変化　　　　185

漁協仲買い体制の確立により、仲買い組合費を払うものだけが行商人として残ることになった。高度経済成長期における他業種の増収と雇用機会の多様化、山間地への農協店の進出、八代湾の有機水銀汚染による漁獲・販売量の減少などによって、行商人は急減した。

4．名護・築港地区の行商人行動

　本節では、1980(昭和55)年現在における出水市漁業協同組合加入仲買い行商者22名(内訳は名護地区13名、築港地区9名)に対する聴き取り調査をもとに行商人の行動を明らかにする。**表5-1**は、その結果をまとめたものであるが、これをもとに以下論を進める。
　行商就業者は、行商人番号①と⑭を除いて女性である。夫は会社員(⑦、⑧、⑬、⑮、⑯、㉑)であったり、漁業(⑲)、鮮魚輸送業(⑥)、農業(②)であったりするが、就業者の平均年齢が59.6歳と高く、家計を支えている者も多い(①～⑤、⑨～⑫、⑭、⑰、⑱、⑳、㉒)。労働日数は年平均193.2日であるが、名護地区行商人だけでは212.7日、築港地区行商人だけでは165.0日となっている。名護地区の行商人の仕事量が大きいのは、平均年齢で2.1歳若いことにも一因があると思われる。
　次に、行商活動の変化を中心にみるならば、行商人の居住時期は、1902(明治35)年に築港埋立てが完成し、入居が始まるのを境に、それ以前からの者が9名(④～⑩、⑫、⑬、ただし⑬は家を新築するに際して名護から近隣の農村である今釜西へ移転している)、その後、第二次大戦前までにムラ入りした者が6名(③、⑮～⑰、⑲、㉒)、戦中疎開を行なっていた者が10名、自らの世代に行商を始めた者が12名ある。行商開始時期は、戦前あるいは戦時中からの者が3名(⑫、⑱、⑳)、戦後まもなく始めた者が7名(①、②、⑦、⑨、⑭、⑯、㉒)、それ以後が11名(③～⑥、⑧、⑩、⑪、⑬、⑮、⑰、⑲、㉑)に分けることができる。
　かつては、天秤棒と竹籠を使い担って歩いたが、1960(昭和35)年頃から保健所の指導によって、竹籠からブリキ函に変わり、重量が嵩むためにリヤカーが導入された(**写真5-6**)。当時、行商戸数はピーク時の半数(約50戸)に減っていたが、この頃には、減少傾向にやや鈍化の兆がみえ始めた(**図5-2**)。これは、前述のような仕入れの変化に対応した者だけが残った結果といえよう。しかしながら、行商人数の減少傾向は就業者の高齢化もあって、依然、継続するものと思われる。
　昭和40(1965)年代後半になって、自転車(①、⑥、⑧、⑮)やバイク(⑦)を利用する者が出てきた。自転車やバイクはリヤカーに比べ、極めて機動性に富んでいるが、積載量の点では劣る欠点がある。
　行商人の顧客獲得の経緯についてみるならば、先述のように、母親の代から行商を行っていた者が10名あり、そのうち、親から顧客を全面的に継承した者が4名(⑧、⑩、⑲、㉑)、一部を親から譲ってもらった者が2名(③、④)ある。他の4名と自らの世代に行商を始めた12名は、試

写真 5-6　街中を行くリヤカー行商
(背後は早馬市街　1980年8月撮影)

186　第2部　水産物行商活動の展開と漁村−背域集落の社会経済的結合

表5-1　出水市名護・築港地区からの海産物行商

第5章　海産物行商からみた集落間結合とその変化　　187

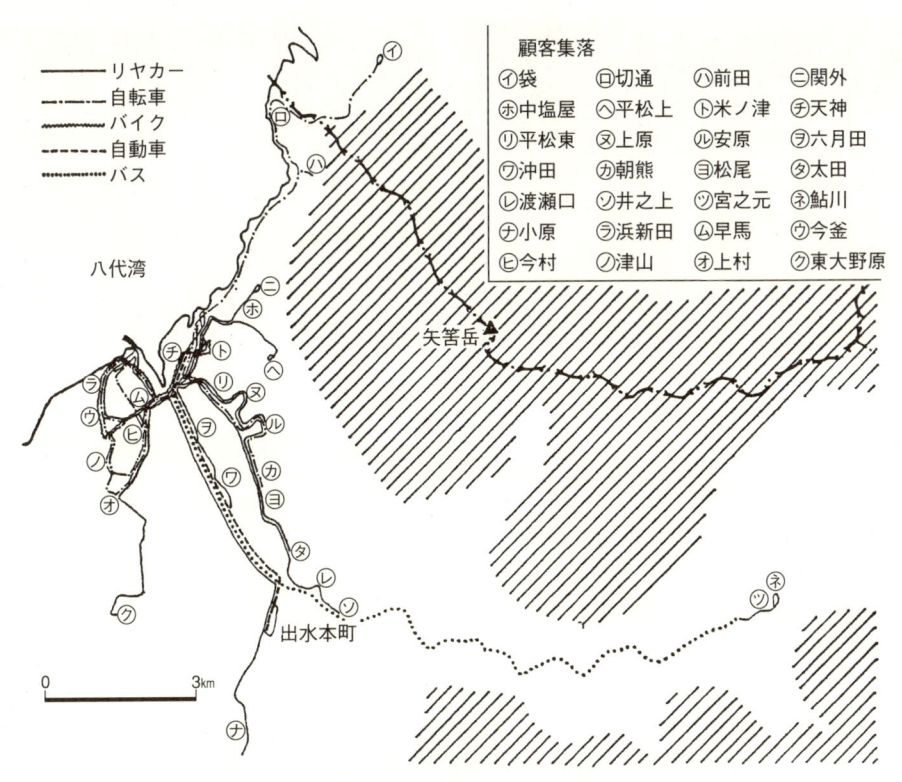

図5-6　名護・築港地区行商人の行商路と顧客集落
名護・築港地区の全行商人に対する聴き取り調査により作成。

行錯誤を繰り返しつつ顧客を獲得していった者である。

　これらの顧客へ向かう行商路を**図5-6**に示した。同じ顧客集落を回っている者でも、集落内で別個の顧客を持っており、このなわばりは、他所から入り込んでくる行商人との間で特に顕著である[21]。

　最後に、行商人の1日の行動についてみると、起床は早い者で午前4時、築港市場で仕入れる者は、5時から6時、名護出水市漁協市場でのみ仕入れる者で5時から7時にかけてである。築港市場のせりは午前7時に始まり、30分ほどで終わる。築港地区の⑯、⑱、⑳、㉑は、これで仕入れを終えるが、名護からバイクでやって来てせりに参加する⑦と他の築港地区行商人は、20分余りで対岸の出水市漁協市場へと急ぐ。名護出水市漁協市場の1番せりは午前8時からであり、せり、後かたづけなどに小一時間を要する。この後、市場に残って2番せりを待つ者が8名あるが、⑤～⑦、⑨、⑪、⑬、⑮、⑰、⑲、㉒はそのまま行商に出る。2番せりは午前10時から始まり、残った8名も10時30分過ぎには行商に出発する（**写真5-7**）。

　12時頃には1番せりにのみ参加していた⑤～⑦が、一旦行商を終え帰宅する。これらの行商所要時間は3時間から3時間30分であり、⑥が自転車、⑦がバイクを利用した短時間行商を行っている。彼女らは昼食や所用を済ませた後、再び午後2時頃に名護出水市漁協市場へやって来る。2時30分から3番せりが始まり、ここで再び仕入れて3時頃から行商に出る。2度目の行商所要時間は2時間から2時間30分であり、夕食の準備に急ぎ帰宅するのが5時から6時にかけてとなる。

写真 5-7　出水市漁協でのせり後、出発準備（1980 年 8 月撮影）

　1 番せりにのみ参加した者の中にも⑨、⑪、⑬のように行商を終え、帰宅するのが午後 3 時 30 分から 5 時 30 分になる者もある。これらの行商所要時間は、平均 6 時間 50 分と最も長くなっている。

　一方、2 番せり後に出発した行商人は、昼過ぎには目的地に到着し、行商を行なう。行商が一段落してから馴染みの家でお茶をもらい、持参した弁当を食べる。その後、再び行商に出、帰宅するのは早い人で 2 時、遅い人で 6 時頃となる。平均所要時間は 5 時間 11 分であるが、個人差が大きい。

　築港市場だけで仕入れる行商人は、一旦帰宅し、準備を整えてから午前 9 時から 10 時のうちに出発する。これらは仕入れ量も少なく、近在の関外、平松上などを回っている。⑳、㉑はバスを利用して遠隔地の宮乃元、鮎川へ行商するために早い時間に出立している。

　築港市場で仕入れた後、名護の 1 番せりだけに参加する者が 4 名ある。そのうち、⑮、⑰、⑲は一旦帰宅し、10 時頃出発する。他の行商人と同様に、馴染みの家で持参の弁当を食べる者もあれば、1 時過ぎにそのまま帰宅する者もある。㉒は、朝、友人の車に乗せてもらい、出水の町へ出て行商を行なった後、バスで帰る者である。

5．集落間結合とその変化

（1）集落間結合の諸相

　前述のように、名護地区の行商には、鮮魚行商とクルマエビを主とする干物行商の 2 種類があったが、これらの顧客は共に「トク」と呼ばれていた。かつては、名護地区の全ての漁家が「トク」を持っていたのである。

　鮮魚行商における行商人の家と顧客の家とのつきあいは、田植え上がりや祭りの際のもてなしが主である。「トク」が農家の場合、田植え時期にタコなどを持っていき、田植え上がりの宴に招かれることもあった。

　干物行商において、販売期間中の滞留地となった馴染みもやはり「トク」と呼ばれていた。この「トク」とは遠距離ということで、日常の行き来はなかったが、今日でも、夏休みに「トク」の一家が行商人を頼って、泊まりがけで海水浴にやってくることもある。その他、収穫したミカンを行商人宅に送ってくれたりする。

　祭りに際しての付き合いについてみる。名護内には、大字下知識住民を氏子に持つ住吉神社と、

名護内で祀る八坂神社、伊勢神社、金比羅宮、恵比須神社がある。米ノ津には旧県社の加紫久利神社があり、出水本町には八幡神社がある。

名護では、旧暦9月11日に金比羅宮と伊勢神社の祭り、旧暦10月20日に恵比須神社の祭りがあり、その度に今釜在住の住吉神社の神主を呼んで御祓いをし、踊りや奉納相撲などを行なっていた。米ノ津では、旧暦11月23日が加紫久利神社の祭日であり、この日には、米ノ津方面に「トク」を持つ行商人は招かれて、甘酒や豆御飯などを御馳走になった。また、出水八幡神社の祭日も旧暦11月23日であり、出水本町の夏祭りがあった旧暦7月24・25日と共に、その方面に「トク」を持つ行商人が招かれて御馳走に与った。町場だけでなく、近在の各農村にも小さいながら祭りがあり、その際には、行商人が同様のもてなしを受けていた。

これとは逆に、旧暦7月11日・12日は名護八坂神社の祭日であり、各行商人は「トク」を家に呼んでもてなした。また、旧暦11月12日は名護の「かん祭り」である。この日には「トク」がつけ売りしてもらった1年分の魚代として米俵を荷車に積み、牛に引かせてやってくる。行商人の家でも、これを御馳走をして迎えていた。こういった関係は、昭和初期(1920年代半ば)頃まで残っていた。特に鮮魚行商圏内において顕著であり、干物行商の場合には、帰りに米俵などを持ち帰ることもあった。

その他の集落間結合として、たとえば、労働力の需給関係をみると、漁村では労働力が過剰ぎみであり、田植え、稲刈りの時には「トク」に頼んで農村への労働提供が行なわれ、見返りに米をわけてもらっていた。

通婚をもとにした農・漁村関係はあまりみられない。これは、漁村と農村で生活慣習が異なり、嫁入りにあたっての苦労を考えたためと言われる。名護浦内には複雑な血縁関係、家の分出がみられるが、漁民特有の土地に対する執着心の薄さからくる転出入が頻繁に起っている。かつては、行商人が「トク」を頼りに嫁入りしたり、「トク」から見合いの相談を受けることもあった。

「トク」呼称は、一般には海産物行商における得意先のことを指すが、特にこれを「魚トクドン」と称するのに対して、「コエトクドン」と呼ばれるものがあった。かつて漁村では、農家にとって重要な肥料となる糞尿を特定の農家(コエトクドン)に供給し、処理してもらっていた。「コエトクドン」は1年分の代金として、正月用の鏡餅をその家族人数分だけ贈ることが慣例となっていた。「コエトクドン」は糞尿を肩に担って運ぶ。少しでも大事にしようということと汚れることを嫌うこともあって、1度担ったら休むことなく家まで到達できるごく近い浜新田や今釜、今村などに分布が限られていた。こういった関係は、1960(昭和35)年頃まで続いていた。

このような様々な働きを持つ農・漁村関係は、鹿児島県の東シナ海沿岸では、他に串木野市羽島地区の「トキュ」や笠沙町の「トケ」といったものがあった。羽島地区と笠沙町は四面を山と海に囲まれた狭い背域の内で、名護地区と背域の間にみられたのと同じ様な関係が結ばれていたが、名護の事例と異なるのは、背域の狭さからこれらの諸関係が、特定の1漁家と1農家の関係に昇華されたことである。そうして、「トキュ」関係は親戚付き合いをする関係といわれるようになった。

(2) 集落間結合の変化

名護地区と背域集落との間には、前節であげたように様々な結合関係が展開していた。これらは昭和初期(1920年代半ば)頃から漸時廃れ、「トク」も単なる金銭行商における得意としてのみ捉

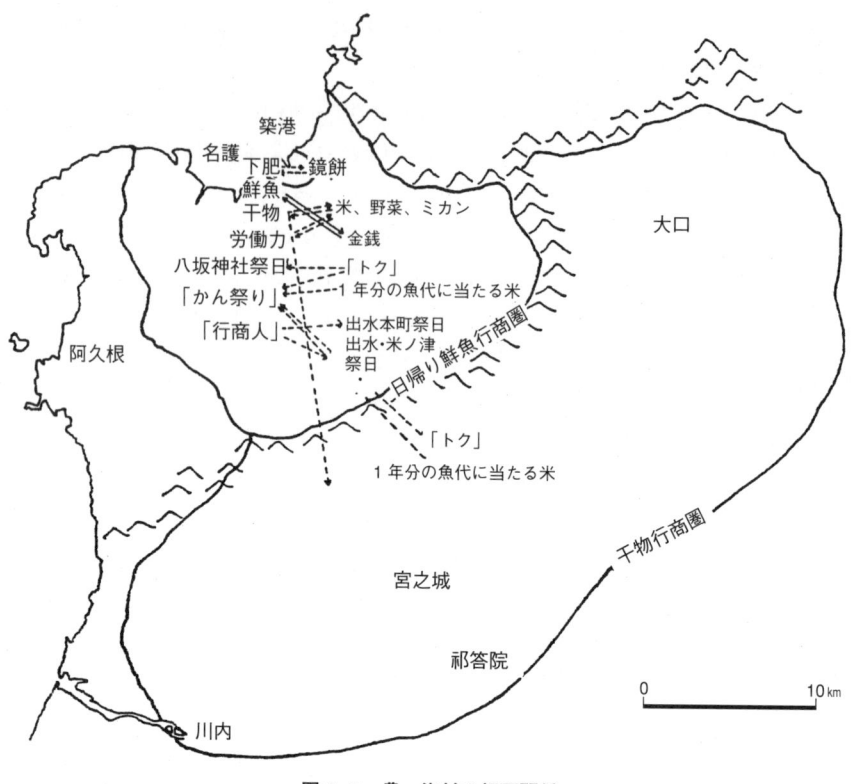

図5-7 農・漁村の相互関係

えられるようになってきた。

　現在の行商人と「トク」との付き合いの一端をみるために、行商人の様々な商品の購入状況を示すと、名護・築港地区の行商人22人の中で米を「トク」から購入する者が3名、魚と交換する者が4名、貰う者が3名いる。野菜を「トク」から購入する者が1名、貰う者が9名いる。塩を「トク」の店から購入する者が1名、洋服を「トク」の店から購入する者が5名、タンスを購入する者が3名いることがわかった。

　こうしてみると、従来の社会・経済的関係は薄れてきているが、行商人と「トク」の経済的なアクセシビリティは、依然継続していることがわかる。

　これに対して、前述の羽島地区や笠沙町の場合はどのように変化したであろうか。これらの地区では、農・漁村諸関係が1漁家と1農家の関係に昇華していたために、その関係が途切れることによって、農・漁村間における社会的乖離現象があらわれることになった。

6．結び

　以上、名護地区を中心に、鮮魚行商と干物行商の並存する地域における行商人と顧客の関係を含む集落間結合についてみてきた。

　その結果、名護地区には最盛期、少なくとも100軒の行商戸があったものが、戦後急速に減少し、現在では築港を含めても22軒だけになったことがわかった。これはまた、仲買いへの参加という行商人自体の変化をもたらし、同時に従来の行商人と顧客の家付き合いといった性格を失な

第 5 章　海産物行商からみた集落間結合とその変化

わせる主因ともなった。

　名護地区の伝統的な集落間結合関係をまとめたのが**図 5-7**である。これによると、まず、第1生活領域として名護内が上げられる。大部分の漁民生活がここで展開してきた。その外縁に展開する第2領域として「コエトクドン」の分布範囲が上げられる。これは半径 1.2 km 以内の近在を含んでいた。さらに、第3領域として住吉神社氏子圏（大字下知識内）と檀家圏（米ノ津と今釜の寺に約半数ずつ分かれて属している）をあげることができよう。この外側に第4領域として、鮮魚行商圏が展開し、物資・労働力の交流、祭りの際の行き来などが頻繁に行なわれた。さらにその外側には矢筈・紫尾両山系を超えて、クルマエビなどの遠距離行商圏が広がっていた。

　現在では、こういった広範囲に亘る漁民の生活圏拡大を目的とした働きかけは失われてきているが、漁民の農民に対するアプローチの歴史は、形を変えながら継続していくものであろう。

＜注および文献＞

1) 桜田勝徳「背後農村との交渉」(桜田勝徳『漁村民俗誌　桜田勝徳著作集Ⅰ』名著出版、1980)、353-375 頁。
2) 出水市名護地区や阿久根市で使われていた顧客呼称であり、得意の方言である(現地における聴き取り調査による)。
3) 2)と同様、串木野市羽島地区で使われていた顧客呼称であり、得意の方言と考えられる(現地調査による)。
4) 「トケ」は川辺郡笠沙町の各集落に残っている(浜崎和男「笠沙町のとけについて」鹿児島民俗 8、1957、19-20 頁および聴き取りによる)。
5) 例えば、桜田勝徳「魚売る女」『漁村民俗誌』、1934。また、野沢 浩「松前町の行商について」地理論叢 7、1935、239-255 頁など。
6) 瀬川清子「イタダキの村」(『販女女性と商業』未来社、1971)、216-245 頁。
7) 野沢 浩　前掲 5)。瀬川清子「オタタさん」前掲 6)、201-215 頁。賀川英夫「松前のおたた研究」松山高商商経研究会研究彙報 3、1940、181-186 頁など。
8) 桜田勝徳「シガの話」旅と伝説 6-6、1933、20-23 頁。野間吉夫「シガ聞書」旅と伝説 14-2、1941、41-45 頁など。
9) 田中啓爾『塩および魚の移入路―鉄道開通前の内陸交通―』古今書院、1957。
10) 富岡儀八『日本の塩道―その歴史地理学的研究―』古今書院、1978。
11) 田中方男「漁村余剰労働力の消化形態に関する1報告―丹後野原部落における海産物行商の実態」人文地理 17-2、1965、84-93 頁。
12) 清水馨八郎「九十九里浜鮮魚自転車行商の発生とその販売圏―交通手段の変革と漁村の変貌の1例―」人文地理 5-6、1953、28-36 頁。
13) 田中豊治「山陰地方における水産物産地市場の分布と性格、西日本漁業経済論集 11、1969、22-36 頁など。
14) たとえば、鹿児島県全域で 1967(昭和 42)年には行商人が 2,320 人いたが、15 年後の 1982(昭和 57)年には 798 人に減少している(各年3月末現在、鹿児島県公衆衛生課調べ)。
15) 「諸浦御奉公并万上納物之定」『島津家列朝制度』巻之 59(藩法研究会編『藩法集 8、鹿児島藩下』)、1044-1058 頁によると、1680(延宝 8)年当時、名護浦は 593 人となっている。ちなみに隣接する米ノ津浦は 126 人であった。
16) 戸数は、1980(昭和 55)年3月現在(出水市役所住民課資料)。漁家率、農家率は農林業センサス(1975 年)による。

17) クルマエビ科クルマエビ属のクマエビを当地区ではクルマエビと称している。
18) 鈴木 公『鹿児島県における麓・野町・浦町の地理学的研究』私書版、1970、62-65頁。
19) 出水市及び出水郡内には、1839(天保9)年に野町を中心に3つの市が立ったが、開市日は、年1回のものが1つ、年3回のものが2つあるだけで、日常の物資流通に果す役割は大きくなかった(鹿児島県編『鹿児島県史』、1940、572-575頁)。
20) 「塩トト」は串木野から薩摩郡へ入った塩行商人との間で結ばれた擬制的親子関係であり、「塩テチョ」は垂水や大根占から鹿屋などの内陸へ入った塩行商人との間で結ばれたものである。(串木野市教育委員会編『串木野郷土史』、1962、744-745頁。有明町郷土史編纂委員会編『有明町誌』、1980、1233頁による)。
21) 出水市内には名護、築港地区の他、阿久根から鉄道を利用してやってくる者が12名ある。これらは西出水駅を中心に市街から西を回っている(阿久根からの行商人および阿久根漁協における聴き取りによる)。これに対し、名護・築港地区の行商人は図でもわかるように、主に市の北部・東部を行商先としており、行商圏(縄張り)のすみわけがなされている。

第6章 物々交換関係をベースとする漁村－背域農村関係の地域的展開―串木野市羽島地区の事例―

1. はじめに

　筆者は、前章において漁村と背域農村との間に展開する集落間結合について、鹿児島県出水市名護を中心とする地域を事例に報告した。それによると、名護地区は、かつて、クルマエビの特産地としてかなり広域の行商、および物々交換関係圏を有していた。ここでは商売上のつきあいをベースとしながらも、付加的に顧客との人的交流が認められ、特にそれが干物行商圏に内包される、より狭い領域に展開する徒歩による日帰り行商圏において顕著であった。このように、前章で取り上げた地域には、干物と鮮魚という二つの行商圏が重合し、その結果として広域にわたる漁村と背域農村の関係圏が展開していた。

　ところで、わが国の漁村には、離島や半島のような地形的にも社会・経済的にも比較的隔絶された地域に立地するものが少なくない。このような地域では、近代的水産物流通機構の確立する以前に全国的に認められた原初的流通機構を、かなり後まで保持してきたと考えられる。しかしながら、隔絶された地域における原初的流通機構と、それに関わる社会経済的関係については、既存研究においてほとんど具体的な究明がなされていない。そこで本章では、他地域から隔絶された狭い領域に展開する漁村と背域農村との間にみられた水産物の原初的流通機構と、それに伴う様々な社会・経済的関係の解明を目的とする。

　桜田勝徳は、漁村－背域農村にまたがる様々な社会・経済的関係を以下の4つに分類している[1]。すなわち、(1)農産物もしくは漁業用物資と水産物との交換関係によるもの、(2)労力の需給関係によるもの、(3)通婚等の縁組・縁故関係によるもの、(4)汐干狩・潮奈・塩井場・神幸・神送り等の信仰行事関係によるものである。また、漁村－背域農村を含む地域は、いくつかの基礎地域を内包する二次的生活空間として捉えることができる。野崎清隆は、地域的枠組みとしての二次的生活空間を第一義的に規制するものが何であったか、すなわち、重合する社会集団の中で、どれが他に先行する基本的なものであるのかを明らかにする必要があることを指摘している[2][3]。このような見地から、上述した諸関係の重層構造を解明し、それが何に起因しているのかを明らかにすることも、本章の重要な課題となってこよう。

　研究対象地域として、鹿児島県の漁村の中で隔絶性が高く、地域的にまとまった背域を有している串木野市(現いちき串木野市)羽島地区を選定した。当地区において、各公民館長、および古老に対する聴き取り調査を中心に、以下、分析を進めていく[4]。

2. 地域の概観

　羽島地区は、薩摩半島の付け根西端に位置し、西・南方において東シナ海と対峙している(図6–

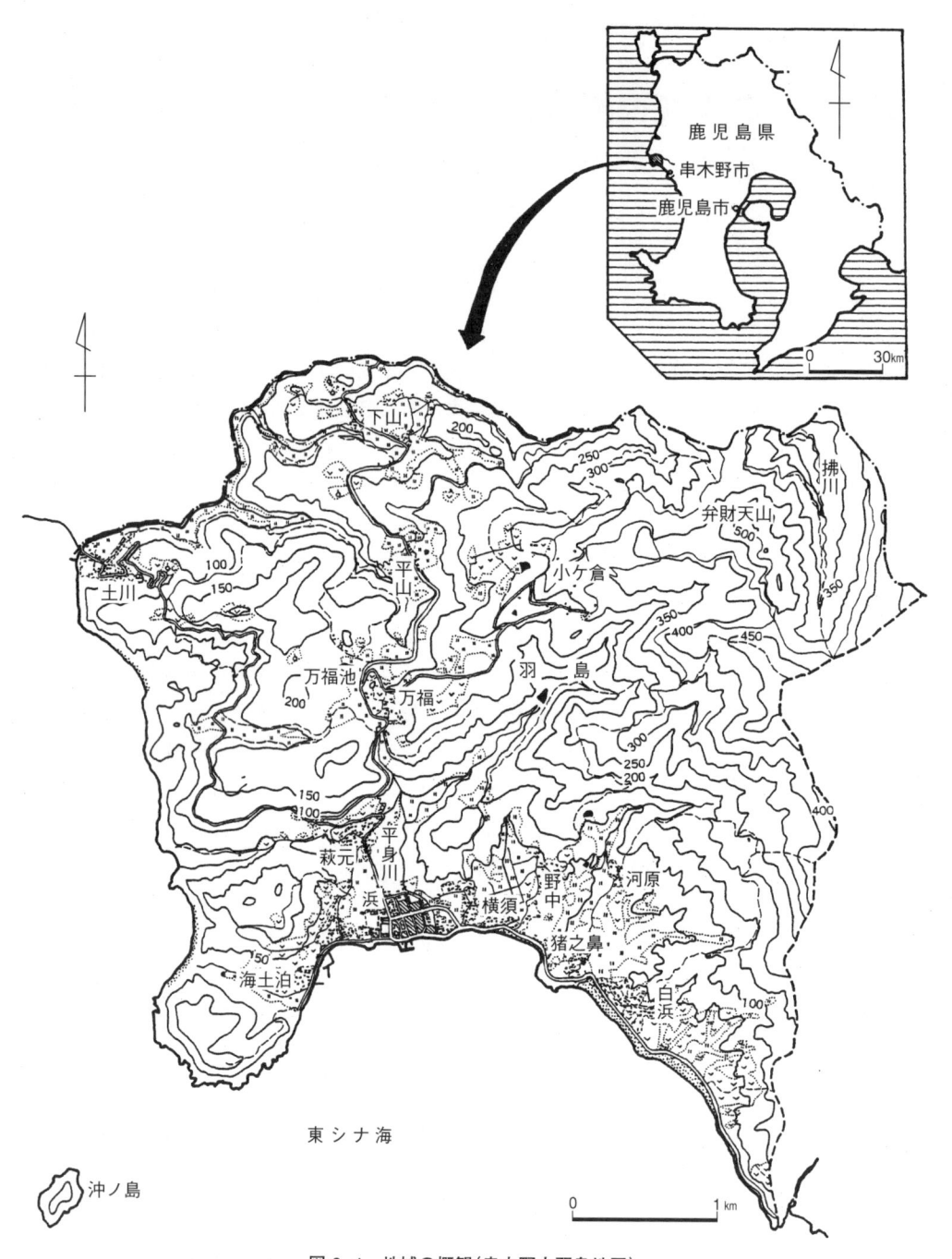

図6-1 地域の概観（串木野市羽島地区）

1）。地形的には、北東部に八重山山系から連なる弁財天山(標高518.7 m)を中心とする500 mあまりの山地があり、ここからさらに西方へ緩やかな丘陵が展開している。この火山性の丘陵を開削して、平身川、横須川、光瀬川、河原川、土川川などの小河川が、海岸沿いに狭い沖積平野を形成している。海岸は、一部を除いて磯が卓越し、南へ向けて弓状の湾入がみられ、冬季には北風を遮る天然の良港をなしている。集落は、海岸に沿う沖積平野上に町場的集村をなす浜集落と

第6章 物々交換関係をベースとする漁村－背域農村関係の地域的展開

写真 6-1 羽島浜集落(1979年8月撮影)

表 6-1 集落別の人口および就業構成

集落名	総人口	世帯数	農家率(%)	林家率(%)	漁家率(%)	集落名	総人口	世帯数	農家率(%)	林家率(%)	漁家率(%)
白 浜	278	80	79.7	78.0	0.0	光瀬上	71	19	64.7	94.1	5.9
猪之鼻	51	22	57.1	52.4	0.0	光瀬下	92	29	70.4	18.5	22.2
河 原	75	25	80.0	76.0	0.0	光瀬浦	112	35	—	—	33.3*
横 須	69	25	26.9	30.8	0.0	海土泊	132	45	37.8	81.1	13.5
野中栫	162	57	48.1	23.1	5.8	萩元上	106	32	48.3	44.8	3.4
松 尾	144	52	37.8	21.6	8.1	萩元下	184	55	72.5	58.8	3.9
平 身	59	21	42.1	57.9	15.8	万 福	48	17	83.3	94.4	5.6
浜 東	478	144	1.5	7.6	61.1	平 山	19	9	100.0	88.9	0.0
浜 中	418	115	2.0	15.0	70.0	下 山	120	34	87.5	90.6	0.0
浜 西	558	173	—	—	69.7*	土 川	140	53	64.2	71.7	5.7

*1980年度資料欠につき1970年度のデータを示した。
出典：串木野市営住人口資料(1986年12月現在)および1980年度の農林業サンセスによる。
なお、就業構成については、50％以上を白ぬき、それ未満を黒字で示している。

いくつかの塊村をなす在集落が展開し[5]、丘陵面にも疎塊村をなす在集落が点在している[6]（写真6-1）。なお、小ヶ倉集落は、戦後の引揚者による開拓集落であり、形態的にも散村をなすなど、他の集落と景観を異にしている。世帯数をみると[7]、行政的に三分されている浜集落では、浜東144、浜中115、浜西173となっており、農村集落では、概ね20～50となっている（表6-1）。集落を囲む狭い平坦地に耕地が展開し、灌漑用水として、沖積地では小河川、丘陵部では溜池[8]、平山地区に多い棚田では天水が利用されている。

羽島地区の他地域に対する隔絶性についてふれる。今日、当地区は、政治・経済的に、より高次の中心地である串木野市街と狭い市道で結ばれており、車で約30分の行程にある。しかしながら、昭和初期(1930年頃)までは、極めて険しい山道か、引き潮時にのみ現れる海岸の岩場を伝って移動するしかなく、滅多に他地域へ出向くことはなかったと伝えられている[9]。江戸時代、南薩の坊津とともに、藩の密貿易における拠点であったこと[10]、1865(慶応元)年に森有礼ら15名の英国留学生を送り出す場所に選ばれたことも[11]、幕府の目が届かない隔絶地としての羽島を裏付けるものである。このように、周囲を山と海とで閉ざされた隔絶性の高い地域内に、漁村とその二次的生

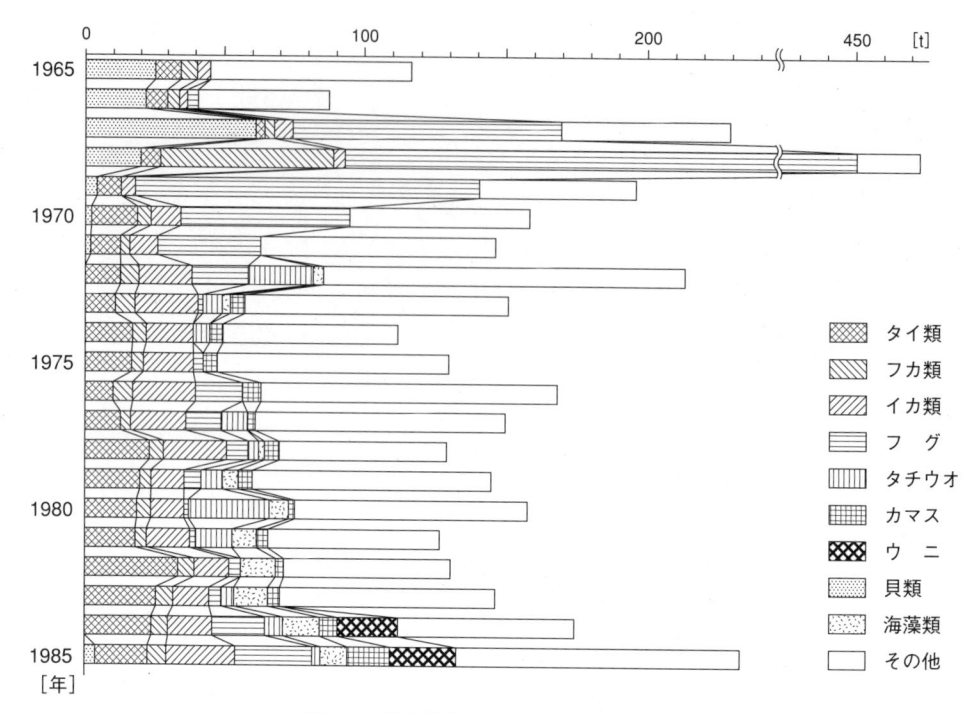

図6-2　羽島漁協水揚げ魚種別漁獲高の変遷
羽島漁協資料より作成。

活空間に含まれる18の背域農村が展開していた。

　当地区には、漁業に関する中心的な機関として羽島漁業協同組合がある。これは、1986年現在で正組合員165名、準組合員164名から構成されている。主要漁獲物の変遷についてみると、近世末に刺網が導入され、それによって大量のイワシが漁獲されるようになった。当時、これが当地区内の鮮魚需要を満たしていたと思われる。イワシの漁獲は、豊・不漁に大きな波があり、昭和の初期(1920年代半ば)から第二次大戦前にかけて漸減している。その後、戦後一時期活況を呈したものの再び漁獲量を減じ、この数年は漁獲の増加が認められる。また、1967(昭和42)年から数年間、フグの爆発的な漁獲がみられたが(図6-2)、浜で水揚げされた水産物が、羽島地区内の需要をほぼ完全に満たしていたのは、昭和の初期、イワシが多獲された時期までであった。

　現在、羽島漁協市場に水揚げされた魚介類は、9名の買受人によって入札されている。その内訳は、小売店舗4、加工業者2、鮮魚輸送業者1、旅館1、行商人1となっている。店舗は浜に3軒あるのみで、浜内の需要を満たすに止まり、内陸地へは1965年頃より串木野からの鮮魚自動車営業者が入り込んでいる。また、戦後の一時期、浜では漁協自営の遠洋マグロ延縄漁を行っていたが、それが失敗に終わった後、多くの漁業従事者が、隣接する串木野のマグロ延縄漁船に乗り込むようになった。こうして浜の経済的指向先が、背域農村から串木野へ変わると同時に、多くの貧漁家層の経済的な上昇が顕著となった。このため、今日では漁村と背域農村との経済的紐帯は、ほぼ完全にその機能を喪失したと言えよう。そのあたりの事情については後述するとして、本章では、以下、漁村と背域農村との関係が維持されていた昭和初期頃に研究のタイムスパンを設定し、諸関係の復原とその重層構造の解明を試み、その上で、それらの諸関係の崩壊過程について論を進めていく。

第6章　物々交換関係をベースとする漁村−背域農村関係の地域的展開　　　197

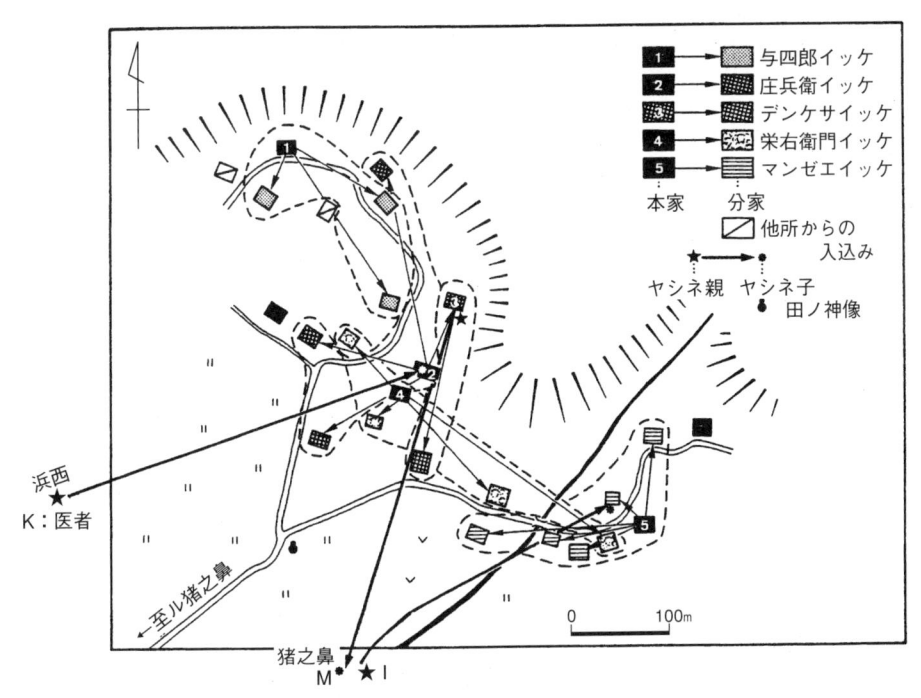

図6-3　河原集落の同族集団
聴き取りおよび実地調査により作成。

3．社会集団、ないし社会的関係の地域的展開

　本節では、昭和初期頃羽島地区にみられた集落内、および集落間に展開する社会集団、ないし社会的関係について、空間的枠組の小さなものから順に明らかにし、その上でそれらの重層構造が何に由来するものであるのか考察を進める。

（1）社会集団、ないし社会的関係の地域的展開

　浜集落では、かつて、その日暮らしに近い貧漁家層が大半を占め、少数の船主、網主の地位も絶対的なものではなく、浮き沈みの激しい社会経済構造をなしていた。これらの貧漁家層の内部で、世代を超えて継承される家相互間の交流関係に「ドヤク」と称されるものがあった。その由来については定かではないが、おそらく、船上での乗子としての同じ役柄を指す「同役」からきていると推定される。そして、乗子仲間としての個人的な親友関係が、一定の期間を経ることによって、世代を超えて継承される家関係へと転化したと考えられる。この関係は、また貧漁家間の経済的互助機能を、その根底において担うものであった。
　一方、在集落には「イッケ」と称される同族集団が認められる。たとえば、図6-3に示した河原（こ ばい）集落の場合、総戸数25戸のうち、他からの入り込みは2戸に過ぎず、分家を持たない2戸を除いた21戸によって、5つの同族集団が編成されている。これらのうち、「庄兵衛イッケ」から分出した「デンケサイッケ」と「栄右衛門イッケ」が集落の中央部で重なる以外は、同族集団ごとの空間的集住が認められる。このような空間配置をみせる同族集団は、西日本における一般的傾向として福武直が指摘したように[13]、かなり早い時期に社会集団としての維持機能を失い形骸化した

表 6-2　羽島地区各集落の講組織

集落名	I-a		I-b		K-a		K-b		T-a		T-b		Y-a		Y-b	
		×		×		×		×		×				×		×
白浜	—	旧白浜	—	旧立石	—	—	—	旧立石	—	旧白浜	—	—	—	旧白浜	—	旧立石
猪之鼻	I-東	—	I-西	—	K	集落内	T	集落内	Y	婦人会	—	—	—	—	—	—
河原	旧1月11日 河原と共	○	旧1月11日 河原と共	○	—	—	—	—	—	—	—	—	—	—	—	—
	猪之鼻と		猪之鼻と													
横須	旧1月11日	×	I-西	×	K	集落内	T	集落内	Y	×	T, Yの合祀	○	—	—	—	—
							↑		↑		正月	集落内				
野中桜	I	集落内	K	野中桜と	T	集落内	—	—	—	—	—	—	—	—	—	—
松尾	I	×	I	×	T	旧1月10日頃	Y	集落内	—	—	—	—	—	—	—	—
		集落内		横須と共		集落内										
平身	I	○	K	集落内	K	集落内	Y	集落内	KS	×	—	—	—	—	—	—
		集落内								集落内						
浜	I	集落内	K	集落内	T	I, Tの合祀	—	—	—	—	—	—	—	—	—	—
	8月末		8月末			3月末										
光瀬上	I	浜と	S	○	E	○	O	浜内	—	—	—	—	—	—	—	—
		光瀬浦と		冬		光瀬浦と										
光瀬下	I	集落内	K	集落内	T	集落内	Y	集落内	M	集落内	—	—	—	—	—	—
光瀬浦	I	×	K	×	T	○	K	○	—	—	—	—	—	—	—	—
		光瀬上から		光瀬上から		I, K, Tの合祀										
		分出		分出		正月の日曜	集落内									
海士泊	E	浜と	S	○		○		○								
	8月末	冬		冬		浜										
萩元	I	集落内	K	集落内	T	集落内	KS	集落内	—	—	—	—	—	—	—	—
万福	I-東	○	I-西	○	—	—	—	—	—	—	—	—	—	—	—	—
		東班内		西班内												
平山	K	集落内	T	集落内	—	—	W	集落内	—	—	—	—	—	—	—	—
下山	T	集落内	—	—	—	—	—	—	—	—	—	—	—	—	—	—
土川	T	集落内	N	集落内	M	集落内	W	集落内	A	集落内	—	—	—	—	—	—

1980(昭和55)年8月現在

...... 実施 ○　　講名称 * I 伊勢講　O 沖ノ島講
...... 廃止 ×　　　　　　 K 霧島講　　M 男講
　　　　　　　　　　　T 田ノ神講　W おなご講
　　　　　　　　　　　Y 山ノ神講　H 彼岸講
　　　　　　　　　　　KS 庚申講　A 酒講
　　　　　　　　　　　E 恵比須講　N にせ講
　　　　　　　　　　　S サンザ講

（聞き取り調査により作成）

第6章　物々交換関係をベースとする漁村−背域農村関係の地域的展開　　　199

写真 6-2　河原集落の田の神講御厨子
（1980年8月撮影）

写真 6-3　田ノ神像（萩元、光瀬、万福、
平身の回り田ノ神）
（1979年8月撮影）

写真 6-4　河原集落御田ノ神日記帳（1980年8月撮影）
家所（講座元1名）と触（手伝い2名）及び肴等、講の時にだす料理の食材が記載されている。
写真は1862・63（文久2・3）年の文書

ものとなっている。

　当地区には、**表6-2**に示されるように、集落ないしそれ以下のスケールで展開する祭祀・信仰集団として多くの講が認められる。それらを大別すると、①代参講、②生業神講、③性別・年齢階梯集団別講、④その他になる。①としては、伊勢講、霧島講が大半の集落に認められる[14]。②としては、在集落に田ノ神講と山ノ神講が広く認められる。鹿児島県下各地の農村には、田の守り神を象徴化した田ノ神像を畦などに祀る例が普遍的にみられる[15]（**写真6-2〜4**）。田ノ神像には、この像を祀るものと講御厨子を祀るものとがある。前者として、猪之鼻−河原間を年ごとに往復していたものと、萩元、光瀬、万福、平身の4集落を年ごとに回るものがあり、後者として、下山の講内の家々を年ごとに回るものがあった。これらのうち、萩元、光瀬、万福、平身を回る田ノ神は、青年団の主催で旧暦10月15日に送り迎えをし、その際に田ノ神相撲を奉納していた。一方、浜集落においては、漁撈神に関わる講として恵比須神社を祀る恵比須講とサンザ講、沖ノ島講が認められる。③はおもに在集落に認められ、男講、女講の他、青年男子によるニセ講があっ

表 6-3 羽島地区の祭祀・信仰集団

集落名	檀那寺	氏子神社	祭礼行事*							
			棒踊り(諏訪神社)	太郎太郎祭り	太鼓踊り	田ノ神送り	恵比須神社祭り	棒踊り(萩元)	山ノ神祭り	豊穣祭り
白浜	悟入寺(松尾)	南方神社(猪之鼻)	☆	★	▲					
猪之鼻	〃	〃	☆	★	▲	1				
河原	良福寺(野元)	〃	☆	★	▲	1				
横須	悟入寺	〃	☆	★	▲					
野中榁	〃	〃	☆	★	▲					
松尾	〃	〃	☆	★	▲					
平身	〃	羽島崎神社(海土泊)	☆	▲	★	2				
浜	光明寺(浜東)	〃	☆	▲	★		▲	☆		
光瀬上	悟入寺	〃	☆	▲		2		☆		
光瀬下	〃	〃	☆	▲		2		☆		
光瀬浦	光明寺	〃	☆	▲	★		▲	☆		
海土泊	悟入寺	〃	☆	▲	★			☆		
萩元	〃	〃	△	▲		2		△		
万福	〃	〃	△	▲		2			△	
平山	〃	羽島崎神社、諏訪神社	△	▲						
下山	〃	〃	△	▲						
土川	名称なし(土川)	土川神社、諏訪神社	△	★						▲

*▲…現在参加　★…現在見物　1…過去の田ノ神移動範囲
　△…過去に参加　☆…過去に見物　2…
聴き取り調査により作成。

た。この他、猪之鼻の山ノ神講や光瀬上の彼岸講も主婦の講として機能している。これらの講では、型通りの祭事の後、焼酎を飲み、宴を催すことを恒例としており、多くの場合、むしろ後者のみに比重がおかれ、御厨子すらなかった酒講(光瀬上)に代表されるように、ムラ人の集う宴会として社会的機能を果たしてきたと言えよう。この他、集落内で催される祭礼行事として、浜の「恵比須神社祭り」や萩元の「棒踊り」、万福の「山ノ神祭り」、土川の「豊穣祭り」[16]があり、近隣集落から見物人の集まるものもあった(表6-3)。

　次に集落の枠組を超える、より広域(二次的生活空間)にわたる社会的関係についてみてみよう。当地区には、上述のような小規模な祭り以外に、より広域の氏子集団によって組織される祭りが3つみられた。図6-4は、それらの空間的展開を示している。羽島地区に北接する川内市寄田町瀬戸野の諏訪神社は、寄田全域と羽島地区内の土川、および「タコ」と称される台地上の諸集落にまで氏子圏が広がっていた。ここで行われる「棒踊り」は、露店も多く集まって盛大であり、氏子集落から踊り手が出るだけでなく羽島地区全域から見物に出かけていた。

第 6 章　物々交換関係をベースとする漁村-背域農村関係の地域的展開　　201

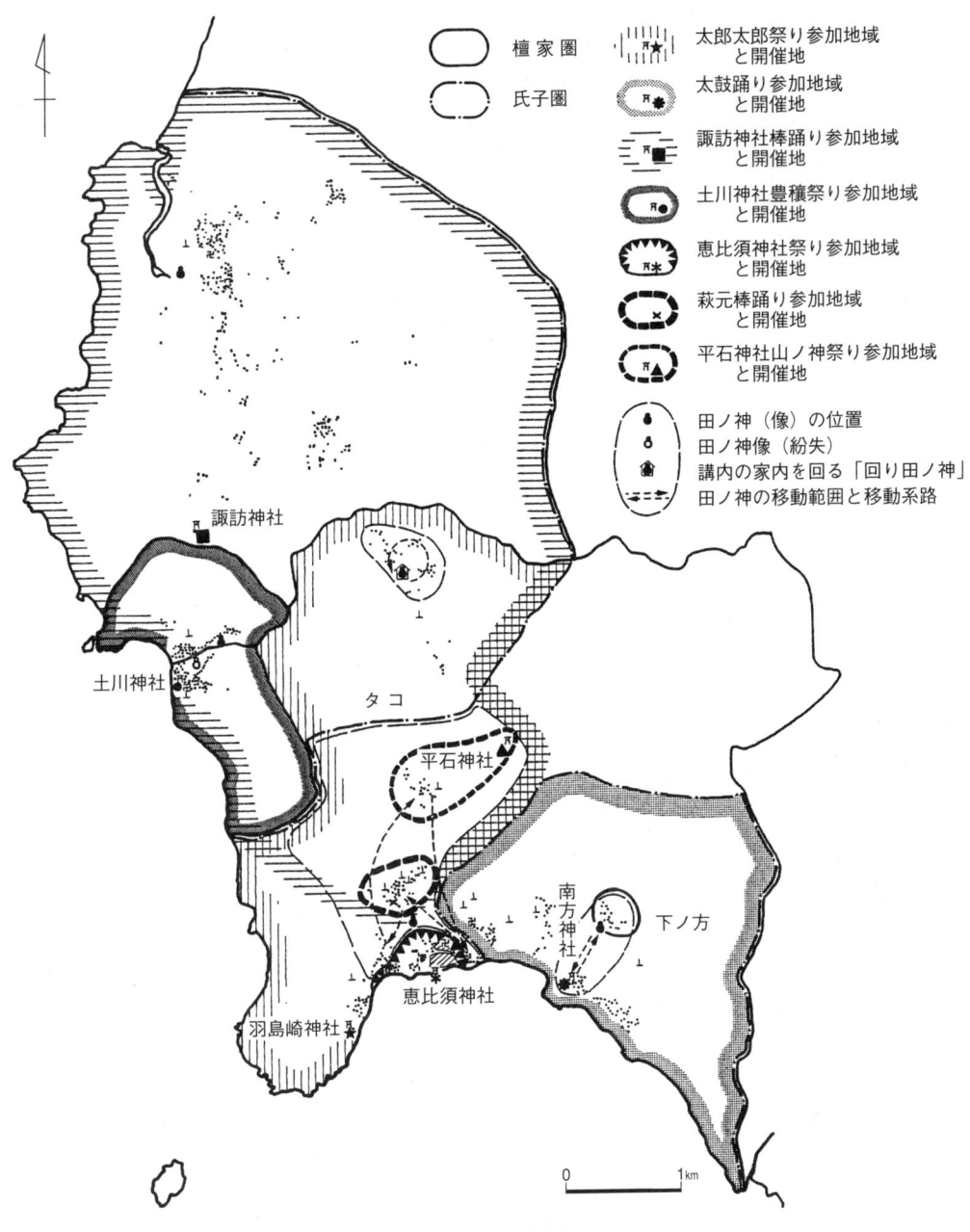

図 6-4　祭祀・信仰圏
聴き取りにより作成。

　「下ノ方」と称される白浜、猪之鼻、河原、横須、野中栫、松尾の 6 集落は、猪之鼻にある南方神社の氏子圏を形成している。ここの「太鼓踊り」は、例年旧暦 7 月 18 日に行われ、各氏子集落から出された踊り手が、南方神社から村社である羽島崎神社まで出向き、踊りを奉納する。その際には、浜や近在から多くの見物人が集まった。
　海士泊の羽島崎神社（写真 6-5）は、沿岸部から「タコ」に至る 13 集落を氏子圏とし、萩元集落以北において諏訪神社氏子圏との重複がみられる。この 13 集落によって、当地区随一の祭礼行事

写真6-5　羽島崎神社
（1977年8月撮影）

である「太郎太郎祭り」が、毎年旧暦2月14日に行われている。この祭りは、在浜という別個の生業をベースとする、それぞれの社会への5歳児の参入を公に祝う行事である。祭りはまず、太郎とテチョ（父）による一連のやりとりの後、在の子供たちが手順に従って水田耕作を演じる（「田打ち祝い」）。さらにこの後で、浜の長老を先頭に子供たちが1mほどの長さの船を担って境内を一巡し、船唄を奉納する（「船持ち祝い」）。このように「太郎太郎祭り」は、神社境内という同一の舞台で異なった2種類の祝いを並行して行うものであり、同一地域内において全く異なった生活様式を展開する在と浜の共生関係をシンボリックに表現するものと言えよう。

　ところで、当地区には、このような祭り以外に、浜と在とを含む地域社会集団を強固ならしめる特別な関係がみとめられる。その1つに集落内部、あるいは集落の枠組を超える社会的結合として、「ヤシネ子」と呼ばれる擬制的親子関係[17]がある。「ヤシネ子」は、本来、家の存続と経済・社会的地位の保全を目的として結ばれるもので、集落内外の有力者に自らの子の仮親を頼む形式をとる。当地区にみられるこの関係には、大きく2つのタイプがみとめられる。一方は、子供ができない、うまく育たないといった時に、元気な子供のいる家を頼って、その子を「ヤシネ子」とするものである。とは言っても、これは、いわゆる養子とは異なり、その子の元気さにあやかることで、以後、子宝に恵まれるよう祈願する一種の縁起かつぎとして捉えられよう。他方、浜と在との間で、戸主どうしが義兄弟の契りを結ぶこともあった[18]。この場合、在の戸主が兄、浜の戸主が弟となり、在の戸主の親からみて、浜の戸主が「ヤシネ子」ということになる。当時は、過剰人口を多く抱える浜の貧漁家層の生活安定を図る積極的なはたらきかけの結果、後者の関係が多数展開していた。「ヤシネ子」には、親に対する日常的なつきあいや労働奉仕の他、盆や正月に親宅に出向くこと、親の死後、実親同様墓参りを欠かさぬことなどが要求される。しかしながら、この関係は親どうし、あるいは戸主の間で結ばれるため、親の死後、義兄弟との関係は急速に解消され、次世代へ継承されることはなかったとみられる。

　この他、当地区内の浜と在との間で結ばれていた最も重要と思われる社会・経済的家関係として、「トキュ」と称されるものがあった。この関係は、浜と土川を除いた在との間にみられるものであり（図6-5）、通常の場合、在1軒に対し浜1軒、最大のもので在1軒に対し浜6軒程度の結合が認められ、特に漁家側では二重三重に在の「トキュ」を持っていた。これは、経済的な安定度の差から、農家側を主、漁家側を従とする経済的互助関係をなしていたと推定されるものであり、様々な付帯的機能を加えることによって、当地区の漁村–背域農村結合において最もベーシックな関係を形成していたと思われる。これはまた、「ドヤク」と同様に、他の個人的な関係と異なり、本来、世代を超えて継承される性格を有していたことからも、その重要度が理解されよう。ここでは以下、「トキュ」関係が持つ多様な機能について取り上げてみよう。

　「トキュ」関係の中心的機能としてあげられるのは、互いの生産物である魚と穀物（おもに米）との交換である。当地区では、現在の流通システムが成立する以前には、水産物の流通を全面的に

第6章　物々交換関係をベースとする漁村−背域農村関係の地域的展開　　　　203

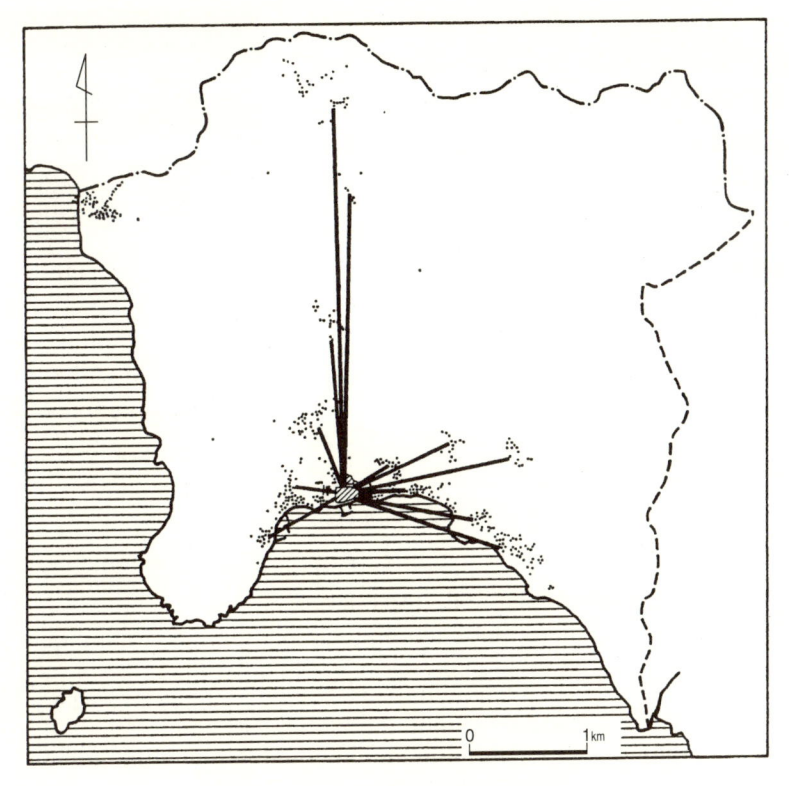

図6-5　「トキュ」の地域的展開（羽島地区）
聴き取りにより作成。

「トキュ」関係に依存していた。すなわち、浜の「トキュ」は、在側の日常的な需要はもちろん、「ハレ」などの特別な需要の際、あるいはまた大漁の時に魚を供給し、稲刈り後に、1年分の魚代として米俵を浜に持ち帰る姿がみられた。また、浜では処理しようのない糞尿を下肥として、一手に引き受けていたのも在の「トキュ」であった。さらに、余剰労働力の提供も、この関係を通じて行われていた。たとえば、田植えや稲刈りといった農繁期には、浜の「トキュ」が労働力を提供し、農閑期には、在の「トキュ」が浜の「トキュ」を通じて網漁に加わり、現物支給として魚を得ていた。このような日常的交流とは別に、「ハレ」の交流もみられた。すなわち、在では、旧暦10月の最初の亥の日に餅をつき（「亥の子餅」）、浜の「トキュ」に贈っていた。また、旧暦12月5日には「かん祭り」[19]が行われ、赤飯を炊いて浜の「トキュ」を招待していた。一方、浜では、旧暦11月23日頃「精進あげ」[20]をして、在の「トキュ」に煮しめなどを贈るといった関係がみられた。

（2）重層構造の由来に関する考察

　前項では、羽島地区にみられた社会集団、ないし社会的関係について、個々に検討した。その結果、当地区にみられる様々な社会的関係は、それぞれ重合する3つの空間スケールに収束されることが判明した。そこで本項では、これらの諸関係にみられる社会的空間的重層構造が、何に由来するものであるのかについて考察を進める。

　まず、一次生活圏（基礎地域）として各集落があげられよう。薩摩藩の在では、家部（個々の家）の集まりを門[21]と称していた。当地区ではこれが、分化、成長して今日みられる集落を形成してき

たと思われる[22]。このような歴史的性格を持つ集落の内部
に、部落集会や婦人会、同族集団(意識的な紐帯として機
能)、講集団、生業神を祀る祭祀集団などが含まれて、緊
密な日常生活の場を形成している。なお、集落には親村
－子村関係にあるもの、1集落が行政的な便宜上、2つ以
上に分かれているものとがみられる。前者は「ケ」時には
別個の集落機能を有しているが、「ハレ」においては往々
にして、1集落としての機能を回復する例がみられた。一
方後者は、「ケ」、「ハレ」を問わず、1集落としての機能
が卓越していた。

　集落の枠組を超える、より広域の社会集団として、氏
神(羽島崎神社、南方神社、諏訪神社)を祀る祭祀集団が
あった。なお、この領域は、今日みられる老人会組織の
空間的枠組へと継承されている。これらの領域は、南方
神社の祭事記録を納めた木箱の表に「下方限」(現在の地域
名である下ノ方を指すと思われる)の地名が明記されてい
ることからみて、近世期に藩政村の下部組織として行政
的な機能を果たしていた方限に相当すると考えてよかろ
う(写真6-6、7)[23]。

　さらに、二次的生活空間として、旧藩政村(現大字)に
相当する羽島地区全域にわたって「トキュ」関係が展開し
ていた[24]。当地区にみられる社会集団、ないし社会的関係
には、以上のような三層構造が認められ、その最もベー
シックな部分に「トキュ」関係が機能していることが理解
された(図6-6、図6-7)。

　ところで、「トキュ」とは何を意味する語であろうか。
今日では、当地区内に残された伝承や記録によって、そ
の語源を明らかにすることは、すでに不可能となってい
る[25]。しかしながら、これが当地区において浜と在を結ぶ
最も重要な関係である以上、その語源を可能な限り明ら

写真6-6　南方神社御厨子

写真6-7　御厨子に納められている
「南方神社祭典諸費簿入」
羽島下方限内子連中とある。

かにする必要がある。そのために、ここでは「トキュ」に関連する語が他地域にみられないか、特
に当地区と同じような漁村－背域農村関係の認められる地域に、これに類似する関係が見出せない
かを文献や聴き取り調査によって究明し、その語源を類推してみよう。

　まず、羽島地区の隣接し、諏訪神社の棒踊りを共催するなど当地区との関係がみられた川内市
寄田地区各集落において、聴き取り調査を試みた[26]。しかしながら、寄田地区は、農村集落が散在
するのみで、近接する漁村を持たないこともあってか、全ての集落に「トキュ」の伝承はみとめら
れなかった。

　小野重朗は、鹿児島県域において神社とは無関係な民間の祭事として、「トキ」の存在を指摘し
ている〔注16) 37-49頁〕。「トキュ」と「トキ」は、発音の上では似ているが、「ハレ」の祭事と

第6章　物々交換関係をベースとする漁村-背域農村関係の地域的展開　　　205

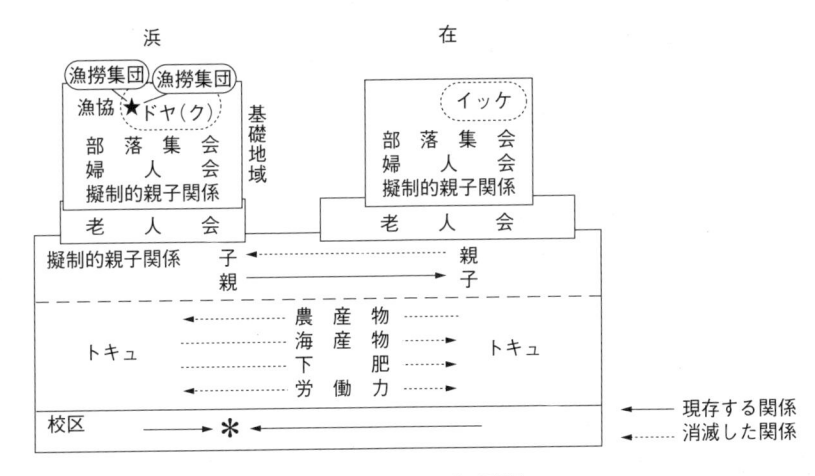

図6-6　「ケ」の漁村-背域農村関係

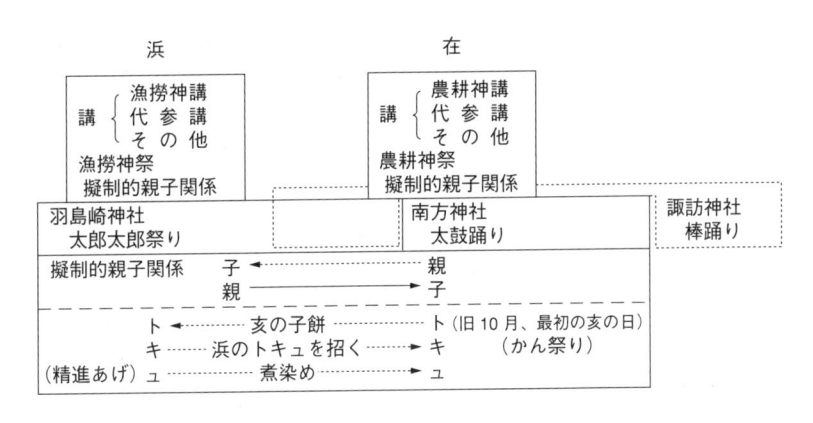

図6-7　「ハレ」の漁村-背域農村関係
聴き取り調査をもとに作成。

「ハレ」、「ケ」にわたる社会的関係を同一視することには、やはり無理があろう。

　筆者はさらに、出水市名護を中心とする漁村-背域農村関係について調査を進めた。その結果については前章でふれたが、当地区では、両者を結ぶ最もベーシックな関係として、海産物行商人と顧客との関係が認められ、特にこの顧客のことを「トク」と称している。また、阿久根地区の行商人に対する聴き取り調査によると、当地区から出ている行商人は、顧客のことを「トキ」と呼びならしている。これらはともに「得意」の訛ったものであるとされる〔注9）405頁〕。行商人と得意の関係と言っても、かつては物々交換が交易形態の主体をなしていたことを考えると、この関係は、内容的に「トキュ」とかなり近いと言えよう。ただし、これらが顧客側のみを「トク」、「トキ」と称するのに対し、羽島地区では、在浜双方を「トキュ」と呼び合っていたことが相違点としてあげられよう。

　薩摩半島南西端に位置する笠沙地区（川辺郡笠沙町）には、かつて、漁村-背域農村を結ぶ社会・経済的関係として、「トケ」が展開していた[27]。これは、おもに互いの産物である魚と薪の交換を目的とした関係であり、漁家側、農家側双方を「トケ」と呼び合っていた。笠沙地区は、東シナ海に突出した半島をなしており、羽島地区同様に他地域から隔絶された地形環境を有している。この

ため近代的商業経済の浸透が遅れ、ながらく交換経済が維持され、その紐帯として「トケ」関係が機能してきたのである。このような地域的背景、および関係形式自体の類似性を考慮するならば、「トキュ」と「トケ」は、ほぼ同義とみなしてよかろう。したがって、「トキュ」とは、「トク」、「トキ」、「トケ」と同様、語源的には漁村‐背域農村における相互補助的物々交換の契約関係、すなわち、得意を指す方言であり、これに前項で述べたような付帯的機能を伴うことで、社会的結合にまで昇華、発展したものであることが明らかになった。

4．社会集団、ないし社会的関係の変容

前節では、羽島地区にみられた社会集団、ないし社会的関係の展開とその重層構造の由来について論じた。それらの中には、既に消失したものも多い。本節では、それらの関係が、昭和の初期(1920年代半ば)以降どのような変化をみせるかについて検討してみよう。

先述のように「イッケ」は、かなり早い時期にその機能を喪失している。また、浜の「ドヤク」も、第二次大戦後消滅した。一方、祭祀・信仰に関する社会集団の中で各集落に認められた講は、合祀されたり取りやめたりで数は半減しているが、ムラ人の集う宴会としての機能は維持され、部落総会や婦人会を兼ねて行われているものもみられる。集落を単位とする祭りでは、浜の恵比須神社祭りと土川の豊穣祭りは今日まで続いているが、万福、平石神社の山ノ神祭りと萩元の棒踊りは、行われなくなって久しい。集落の枠組を超える、より広域の氏子圏から構成されている祭礼行事の中では、瀬戸野、諏訪神社の棒踊りも行われなくなっている。猪之鼻の南方神社では、1965(昭和40)年に名頭制度[28]を廃止し、社田を氏子全員に還元すると同時に、踊り手不足もあって太鼓踊りも中止された。しかし、これは、1977(昭和52)年に中学生を踊り手とすることで復興し、毎年8月20日を祭日とするようになって現在に至っている。

図6-8は、今日まで残っている「ヤシネ子」関係の展開を示している。聴き取り調査で得られた13例のうち、先述のように、在の内で元気な子にあやかって、自家の繁栄を図ることを目的として結ばれたと思われるものが9例認められる。ここで特に注目されるのは、残る4例、すなわち、浜‐在にまたがる「ヤシネ子」関係である。戦前にはこの関係は、全て在側を親、浜側を子とするものであったが、今日では、浜側を親、在側を子とする逆転現象をみせている。このような逆転現象が、なぜ発生したのであろうか。今日みられる親は、商家や医者など羽島地区でも特に富裕層をなしている。したがって、経済的に不安定な者が、より優位の者に仮親を頼むという「ヤシネ子」本来の姿は維持されていることがわかる。この事実は、戦後に浜と在との経済的優位性が逆転したことを示す一例として捉えることができよう。つまり、安定していたはずの農家経済が停滞を招き、不安定でより貧しかった漁家経済が串木野の遠洋マグロ漁や船員として転出することで、優位な立場へ転換したことが、社会的関係の逆転を生んだわけである。

「トキュ」関係も、第二次大戦後完全に消滅し、今日では、そのような関係があったことすら知らない人が多くなってきている。この関係が消滅した表面的な理由としては、交換対象魚であったイワシの昭和初期以降の不漁をあげることができよう。しかしながら、その背後には、当時ようやくその萌芽が認められるようになった近代的商業経済の浸透による交換経済の比重低下と、それに伴う漁村‐背域農村の経済的結合における必然性の消滅があった。すなわち、今日では、浜には農業従事者がほとんどみとめられないが、戦前には、漁家の大半が小作としてサツマイモを

第6章 物々交換関係をベースとする漁村−背域農村関係の地域的展開　　207

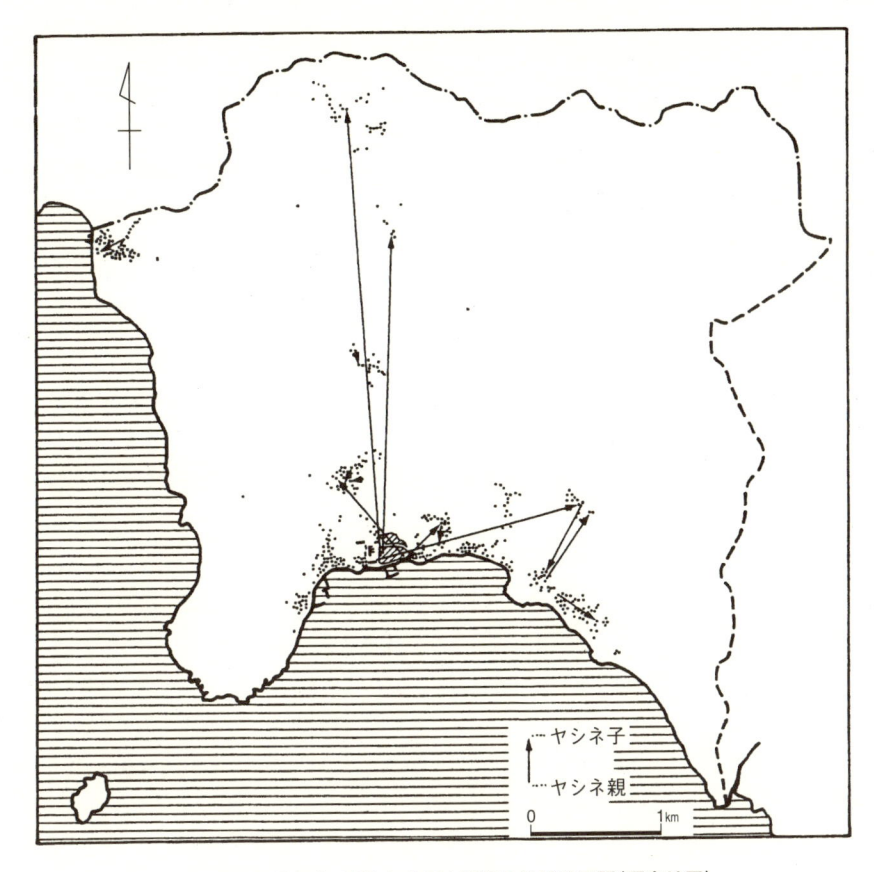

図6-8 現存する「ヤシネ子」関係の地域的展開（羽島地区）
聴き取り調査により作成。

作る半農半漁の生活を展開していた。一方で、既述のように在でも農閑期には漁に出ていた例があった。このように生業の絶対的基盤や土地所有などに決定的な差違はみられるものの、生活形態自体には多くの共通点がみとめられ、互いの不足分を補う交換経済で事足りていたのである。ところが、戦後、浜の遠洋漁業への進出による漁業専業化、離農化が顕著となり、農家側でも漁に出ることがなくなって、両者の経済的差違が明瞭となった。それと同時に、特に経済的庇護を必要としなくなった漁家の在に対する意識、関心の低下に著しいものがある。その結果として、「トキュ」関係も崩壊し、その後は、これにかわるような社会的結合の再生は認められない。この関係の崩壊によって、漁村−背域農村間にみられた様々な交流、すなわち、互いの産物の交換、労働力の提供、および「ハレ」時交流も、唯一「太郎太郎祭り」を残して消滅した。また、下肥として供給されていた浜の糞尿も、1955(昭和30)年頃から串木野市のバキュームカーが入り、処理されるようになっている。

　この他、地域の結びつきを生み出す重要な拠点として小学校がある。当地区には、串木野土川と川内土川を校区とする土川小学校(串木野土川)と、他の全域を校区とする羽島小学校(浜西)がある。これらは今日では、「トキュ」や「ドヤク」にかわって、同窓、仲間意識を生み出す場として機能すると同時に、役場支所を兼ねるコミュニティーセンターとともに文化活動の場ともなり、住民にとっての生活上の絆を形成している。

5. 結び

　本章では、他地域から隔絶された狭い領域に展開する漁村と背域農村の諸関係、およびそれらの重層構造の解明を目的として、羽島地区において事例研究を行った。その結果、以下のことを明らかにすることができた。

1. 当地区には、近世末から昭和初期にかけて、様々な社会集団、ないし社会的関係がみられた。これらのうち、当地区随一の祭礼行事として、羽島崎神社の「太郎太郎祭り」があった。これは、浜と在というそれぞれ別個の生業をベースとする社会集団への幼児の参入を公に祝う行事であった。同じ境内で全く異なった2種類の祝いを並行して行うこの祭りは、同一地域内において全く異なった生活様式を展開する浜と在との共生関係をシンボリックに表していることが理解された。
2. いわゆる擬制的親子関係の一つである「ヤシネ子」には、①子宝が得られるように集落内で元気な子を仮の子とし、その元気さにあやかろうとするものと、②浜−在間で、「トキュ」などの関係強化を目的として、義兄弟の契りを結ぶものとがあった。
3. 浜−在間にまたがる社会的関係の中で最も重要なものとして、「トキュ」関係が認められた。しかしながら、この関係の語源については、すでに現地においても聴き取り得ない。出水市名護の「トク」や阿久根の「トキ」、笠沙の「トケ」など他地域にみられる類似関係との比較、類推から、「トキュ」とは、得意の方言であり、漁村−背域農村間での相互補助的物々交換関係が、様々な付帯的機能を伴うことで、社会的結合にまで昇華、発展したものであることが理解された。
4. 当地区の社会的諸関係は、空間的に小さなものから、①部落の諸集会や祭り、講集団の領域、②氏神祭り、および老人会組織の領域、③「トキュ」関係圏といった三層の重合した構造をなしていた。これらの圏域は、①各集落(門)と、その行政上の上位単位である②方限、さらに、③旧藩政村といった近世薩摩藩の行政組織の枠組に、ほぼ比定されるものであることがわかった。
5. 先にあげた2種類の「ヤシネ子」のうち、在−浜にまたがる関係は、当初、在側を親、浜側を子としていたが、第二次大戦後に逆転し、浜側を親、在側を子とする関係に変わっている。これは、戦後、浜と在で経済的優位性の逆転があったことを端的に示す例と言えよう。
　「トキュ」をはじめとする諸関係は、戦後、浜と在の経済的優位性の逆転を端緒として、両者の経済構造上の差違が明瞭化したことから著しい崩壊をみせた。そうして今日では、漁村と背域農村との社会・経済的乖離現象が決定的となっており、わずかに羽島小学校の同窓であるという仲間意識のみが、住民の心理的紐帯を維持せしめているような状況が現出したのである。

　以上、本章で述べてきたのは、あくまで羽島地区での事例研究の結果であるが、同様の隔絶された環境を持つ地域に、かなり一般的にみられるものを含んでいるであろうことが、若干の文献や本章で述べた類似地域の管見を通じて予想されるのである。[29]

第6章 物々交換関係をベースとする漁村−背域農村関係の地域的展開

<注および文献>

1) 桜田勝徳「背域農村との交渉」(『漁村民俗誌』(桜田勝徳著作集第1巻)(復刻版)名著出版、1980)、353-375頁。
2) 水津一朗『社会集団の生活空間―その社会地理学的研究―』大明堂、1969、89-154頁。
3) 野崎清孝「水利集団の形成と水利構造―大和国忍海郡もど川筋の場合―」人文地理26-4、1974、66頁。
4) 本章は、1977(昭和52)年度立命館大学1回生夏季調査レポートを骨子に、毎年の継続調査によって1980(昭和55)年度同大学卒業論文にまとめ、さらに補充調査によって加筆修正したものである。したがって、調査期間は、80年をメインに77年から86年にわたっている。
5) 当地区では、漁業集落を浜、農業集落を在と称している。また、海岸に沿う浜以東の在集落を「下ノ方」と称している。
6) この地区は、「タコ」と称される。
7) 本章では、戦後の開拓集落である小ヶ倉と1977(昭和52)年頃に廃村となった拂川は、研究対象から除外した。
8) 1986(昭和61)年12月1日現在。串木野市常住人口資料による。
9) 串木野市街への道を車が通れるよう改修されたのは、1931(昭和6)、32(同7)年頃であった。文化庁編『日本民俗地図Ⅳ―交通・運搬―解説書』、1974、407頁。
10) 海土泊背後の丘陵地に見張台跡を示す小字「番屋」、光瀬に密貿易の台帳場跡を示す「御帳場」という地名が残っている。串木野市小字図、および冨宿三善『串木野漁業史』串木野市漁業協同組合、1971、53頁。
11) 鹿児島県編『鹿児島県史 第3巻』、1941(1967年復刊)、212-418頁。
12) 1986(昭和61)年12月現在。なお、漁業従事日数90日以上の条件を満たす者を正組合員、それを満たさない者を準組合員としている。
13) 福武 直『日本農村の社会的性格』東大出版会、1949、69-115頁。
14) 伊勢神宮、霧島神宮への代参を目的とする講である。なお、猪之鼻と河原にまたがる伊勢講、横須と野中栫にまたがる霧島講は、これらの集落がともに親村−子村関係にあることに起因している。
15) 小野重朗『民俗神の系譜 ―南九州を中心に―』法政大学出版会、1981、187-204頁にその分布が詳しい。
16) 秋の収穫祭である。仏教祭事である放生会の訛ったもので、南九州に広く分布している。小野重朗『鹿児島歳事十二月』西日本新聞社、1978、175-178頁。
17) 実の親子でないものが、頼み頼まれて親子の約束を結び、家族に準ずる交わりをなす習俗と規定される。服部治則「擬制的親子関係」(大塚民俗学会編『日本民俗事典』弘文堂、1972)、187頁。
18) 義兄弟の契りを結ぶことを「兄弟づのり」と言う。
19) 元々、門の神(内神)を祀るものであった。前掲16)、191-192頁。
20) 「精進落とし」とも言う。祭りの期間や葬送後の精進期間を終わって普段の生活に入るけじめとして、魚肉を食し、焼酎を飲んだりすること。佐藤米司「精進落とし」(前掲17)、345-346頁)。
21) 薩摩藩の最小租税徴収単位であり、元来は、同族集団的性格が強かったとされる。桜井徳太郎『講集団成立過程の研究』吉川弘文館、1962、101-151頁。
22) 1487(長享元)年「薩摩郡羽嶋見知之日記」『入来院文書』によると、当時、羽島村には7つの門があった。すなわち、土川(現土川)、万福(現万福)、平石(現平石神社の地)、萩元(現萩元)、マタ木(現光瀬の西隣にある小字、俣木平に当たると思われる)、平原(現横須付近)、中島(現野中付近)である。上杉允彦「門割制度成立の前提 ―薩摩国入来院を中心として見た門割制度成立の問題的検討―」史観69、1964、47-76頁。
23) 方限は、村と門の中間に位置する行政地域単元であり、薩摩藩の場合、他領に比して規模の大きかった

村にかわって、これが実質的に他領の村に当たるものであったとされる。福田新一「薩摩藩領の村落 ── 門割制度を中心に ──」人文地理 25-3、1973、68-85頁。
24) ただし、独立性の強かった土川は、これに含まれない。
25) 学校の"同級(等級)"を意味する(萩元、中屋清康氏談)との意見もあったが、真偽のほどは不明である。
26) 調査は、1980(昭和55)年3月に行った。
27) 浜崎和男「笠沙のトケについて」鹿児島民俗 8、1955、19-20頁、および現地での聴き取り調査(1980年7月)による。
28) 名頭とは、門の長のことである。「下ノ方」では、16名の名頭が代々受け継がれ、社田(1反5畝)を管理し、「太鼓踊り」を運営していた。
29) たとえば、鹿児島県坊津から加世田市干河(ひご)への行商人と農家との関係(「魚イトコ」)や高知県幡多郡鵜来(うぐる)島から南宇和への行商人と農家との関係などにも親密な関係をみることができる。北見俊夫『市と行商の民俗』(民俗民芸双書 56)岩崎美術社、1970、260頁。牧田 茂『海の民俗学』(民俗民芸双書 11)岩崎美術社、1966、11-18頁。

第7章 萩市三見浦における「産地型行商人」の生成過程
―漁村民の空間行動研究の一例として―

1. はじめに

　今日の多様化した水産物行商人の行動様式には、いくつかのタイプがみとめられる。筆者は、これらの行動様式のタイプを4つの大分類と計12の小分類とに区別することを試みた。4つの大分類、すなわち、「産地型行商人」、「産地型自動車営業」[1]、「消費地型行商」、「消費地型自動車営業」[2]のうち、先行研究には、「産地型行商」を扱ったものが多い。[3]

　わが国において、前述のような行商行動の分化が顕著に現れるのは、1965(昭和40)年前後である。自動車営業が現出してきた背景には、当時の全国的なモータリゼーションの浸透があった。また、産地および消費地の分化が生じてきた原因にも、市場の整備を始めとする諸々の要因が働いていた。これらの原因を究明するには、産地、あるいは消費地において、どのような経済的社会的背景のもとで行商人が生成されてきたかを明らかにすることが必要となってくる。このため本章では、産地である漁村を事例として、「産地型行商人」が生成されてきたメカニズムと行商圏を形成してきた過程を明らかにすることを目的とする。

　「産地型行商人」は、社会集団としての漁村を構成する漁村民に属している。[4]このことから、「産地型行商人」の生成メカニズムを究明することは、漁村民の生成メカニズムの一端を明らかにすることになる。また、漁村民の中で、中心的な位置を占める構成集団であるところの漁民(漁民集団)[5]の活動は、海上を舞台とする漁獲活動や移動活動の中で、その大部分を捉えることができる。[6]しかし、その一方で、漁獲物は貴重な副食とはなっても主食とはなりえないという基本的性格のゆえに、特に近代的な流通機構の整備される以前、漁村民と農村民の生産物の交換が必然的行為として行われていた。つまり、漁民の海上活動と並行する形で背域への陸上活動が展開してきたのであり、後者を担ってきたのがまさに行商人であった。その意味で、行商人は漁村民の陸上行動圏を開拓するパイオニアと言うことができ、そういった行商圏の形成過程を究明することが、とりもなおさず、漁村民の陸上行動圏の形成過程を解明する端緒となるであろう。

　ところで、何世代にも亘って今日に至っている伝統的な漁民社会の形成過程を発生時に遡って明らかにすることは、資料的にみて非常に困難なことと言えよう。しかしながら、現世代の活動は何らかの点で過去と連結するものであり、その意味で聴き取り調査で遡りうる世代の活動の生成メカニズムと空間的展開過程を究明することが重要であると考える。

　調査対象地域として、保健所登録資料をもとに明らかにされた山陰地方の行商人輩出地[7]の中で、多方面に最も広い行商圏を形成していた萩市三見浦(さんみうら)を選定した。[8]当地区には、現役の行商およびその類似営業形態である出向き先での卸、店舗営業者[9]が計29名みられるが、そのうちの28名に対する聴き取りや参与観察、古老に対する聴き取りなどによって得られた結果をもとにして、以下、①行商人の1日の生活における時間消費形態から、行商活動の展開とその制約条件について言及

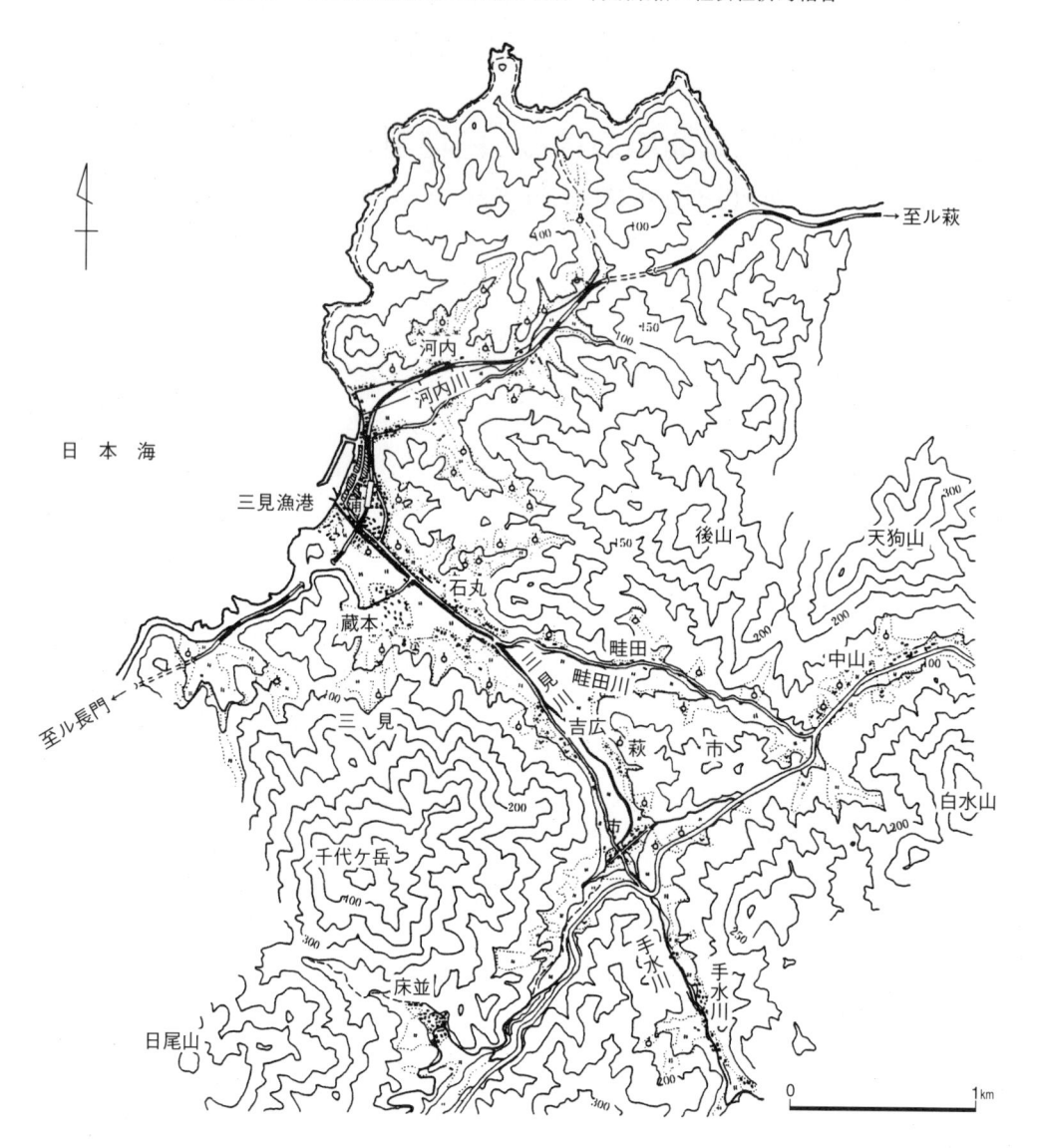

図 7-1　三見浦の地域概観

写真 7-1　三見漁港（1983 年 11 月撮影）

し、②画定された陸上行動圏の中での行商人の競合、ないし、結合(連帯)関係の形成過程について明らかにする。その上で、③漁村環境との関わりにおける行商人の生成メカニズムの解明を試みる。

2. 地域の概観

　三見浦は、萩市街から約6km西方に位置する漁村である。背後を300mクラスの低い山々に囲まれ、山間を流れ出る三見川、畦田川、河内川(こうち)によって形成された狭小な沖積低地の末端に集落が位置している。背域の各農村集落が、これらの小河川に沿う狭い沖積地に分布している(図7-1)。

　三見浦は、1982年10月末日現在、常住人口1,110人、世帯数262を数える(写真7-1)。人口は最近20年間をみると、やや減少傾向にあるが、世帯数の変化はあまりみられない。当地区には、漁業に関する中心的機関として、三見漁業協同組合がある。これは、1982年10月末日現在で、正組合員198名[11](うち法人2)と準組合員118名[12]とから構成されている。組合員数は、若干増加の傾向にあり、たとえば、1963年当時(正・準組合員計297名)から19名の増加がみられた。

　三見浦は、山口県の日本海区に位置する漁村の中で、最も定置網漁の盛んな地区である。主な漁種については、表7-1に示した。また、漁獲魚種の月別変化をみると(図7-2)、年間平均して漁獲されるのがイカ、タイであり、季節的に多いものとして、1月～4月にかけてのイワシや5月～7月にかけてのトビウオなどの漁獲が目立っている。イワシは、第二次大戦直後の豊漁以後ほとんど漁獲されなかったが、1977年から大量に獲れだし、現在では量的に第1の漁獲対象魚となっている[13]。当地区では、未明に水揚げされた魚を冷凍することなく市場へ回す。ために量的には少ないが、鮮度が極めてよく、このことが三見浦行商人の信用を得る第1要因ともなっている。

　三見浦は、また、近隣の漁村である黄波戸(きわど)(日置町)、立石(油谷)、和久(豊北町)などと共に、古くから「シガ」と呼ばれる鮮魚行商人を輩出したところとしても著名である[14]。この「シガ」の具体的な活動内容については後述する。

表7-1　三見浦の漁業

漁　法	経営体数	従業員数
落　　　網	1統	23名
大　敷　網	3統	7～8名／1統
壷　　　網	5統	2名／1統
小型機船底曳網	20	1～2名／経営体
イ カ 一 本 釣	31	31名
延　　　縄	13	13名
建網［沖建	10統	2～4名／1統
［磯建	27統	1名／1統
ワカナ刺網(沖建と兼業)	沖建に同じ	沖建に同じ
トビウオ流刺網	13	2名／経営体
キ　ス　刺　網	―	―

三見漁業協同組合資料および漁協での聴き取りにより作成。

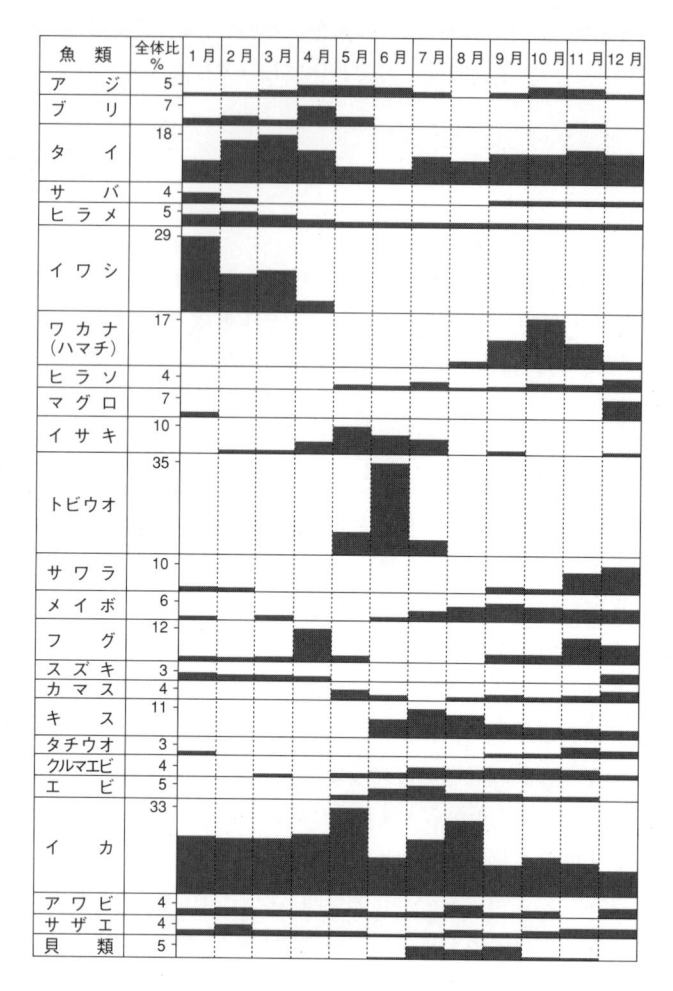

図 7-2　三見漁協 1982 年度月別漁獲高
三見漁協資料より作成。

3．行商活動の地域的展開

（1）三見浦からの行商活動

　当地区には、行商人が 14 名、その類似営業形態と言える他地区へ出向く卸業者が 10 名（うち、行商、卸の並業者 1 名）、他地区へ出向く店舗営業者 5 名、自動車営業者 1 名がみられる（表 7-2）。これらの性別内訳は、女性 27 名に対し、男性 2 名となっており、伝統的な漁村の女性労働としての性格を留めている。女性の平均年齢が、65.4 歳（1983 年 10 月現在）と高齢であるのに対し、男性は、それぞれ 45 歳と 37 歳である。この男性 2 名は、行商人番号㉗の実母が⑲であり、⑨の場合も実母が行商人であったことからみて、行商主体の次世代にあたると言えよう。なお、女性行商人⑫と⑯も次世代層に含まれるものである。行商人数は、活動主体層の高齢化と後継者難から減少の傾向にあり、1982 年中に 3 名廃業者があった。また、年間の平均労働日数は、298.7 日となっている。季節的にみると、冬季は、海がしけて出漁できないためにせりの開かれない日が続いたり、降雪のために行商に出ることのできない日が多い。

第7章　萩市三見浦における「産地型行商人」の生成過程

表7-2　三見浦の行商活動

行商人番号	性別	年齢(歳)	労働日数(日/年)	仕入先 仙崎漁協(長門)	仕入先 三見漁協	仕入先 萩小畑県魚連	取扱い金額*1	業種 行商	業種 卸	業種 店舗	行商先	三見浦	三見背域農村	町場・都市市街地	郊外住宅地	遠隔地農村	顧客の継承*2	家計に占める行商の比重*3	行商以外の世帯員労働
①	女	75	306		○		C	○			(美祢市)於福駅前					○	△	○	漁業(夫の弟)
②	〃	68	305		○		C	○			於福駅周辺					○	■	●	なし
③	〃	72	320		○		C	○	○		(美祢市)重安駅前、山崎、羽永、重安					○	■	●	船員(長男)、萩で病院事務(長男の妻)
④	〃	62	304		○		B	○	○		美祢駅前			○			■	●	萩で自動車整備工(長男)
⑤	〃	64	256		○		B	○			美祢駅前、吉則(美祢市街)			○			■	●	郵便局員(長男)、中山で工場勤務(長女の夫)…養子
⑥	〃	63	269		○		B	○			(山陽町)厚狭駅前通り			○			■	●	船員(長男)、中山で工場勤務(長男の妻)
⑦	〃	57	290		○		A	○		○	厚狭駅周辺			○			■	●	保母(長女)、厚狭で会社員(長女の夫)…養子
⑧	〃	61	290		○		C	○			厚狭駅前通りの⑥と共同、(小野田市)神田			○			■	●	漁業(夫)、船員(長男)
⑨	男	45	290		○		C	○			(萩市)上野、無田ヶ原、長山団地、東光寺下、椿原、中ノ倉、手水川			○			■	●	なし
⑩	女	71	240		○		D	●			(萩市)河添、江向			○			■	●	漁業(長男)、船員(係)
⑪	〃	83	305				C	○			(萩市)玉江駅前			○			□	●	船員(夫)
⑫	〃	42	320	⑫から仕入			B	○			萩駅前、椿、青海		○				■	●	船員(長男)、萩で工場勤務(長男の妻)
⑬	〃	70	320				C	○			三見浦内、石丸、吉広、三見市		○				■	●	鮮魚運送業(夫)
⑭	〃	71	268	夫から仕入			C	○			三見駅通り、石丸、吉広、三見小学校近辺		○				■	●	漁業(長男)、工場勤務(長男の妻)
⑮	〃	56	320				C	○			藤木、石丸、畦田、中山		○				■	●	漁業(長男)、中山で工場勤務(長男の妻)、萩で店員(孫)
⑯	〃	40	298	⑫から仕入			C	○			石丸、藤木		○				△	●	漁業(夫)
⑰	〃	81	250				C	○			藤木、石丸、吉広、三見市		○				■	●	漁業(長男)、長門で店員(長男の妻)、国鉄勤務(係2とも)
⑱	〃	77	334		○			○			三見浦内、河内	○					■	●	漁業(夫)
⑲	〃	62	333		○		D	○			河内	○					△	○	なし
⑳	〃	78	333		○		D	○			(田万川町)江崎駅前、松崎、上本郷、平原、須佐地、瀬尻				○		■	●	萩で会社員(長男)、青果業(本人)
㉑	〃	58	294		○		D	○			益田振興マーケット				○		□	●	漁業(長男)、長門で店員(長女)
㉒	〃	56	289		○		C	○			益田振興マーケット				○		■	●	なし
㉓	〃	72	286	列車内で仕入			D	○			益田振興マーケット				○		■	●	なし
㉔	〃	69	289				C	○			江津駅前あけぼの通り、サンパル工場店				○		▲	●	なし
㉕	〃	63	285		○		C	○			江津駅前				○		▲	●	なし
㉖	〃	65	293		○		A	○		○	(萩芳町)萩吉				○		△	○	なし
㉗	男	37	333		○		A	●	○		北九州市門司区大里(寿司店)				○				
㉘	女	65	334		○		A	○		○					○				

*1　各行商人の年間仕入金額
凡例　A：1,000〜5,000万円　C：100〜500万円
B：500〜1,000　D：100万円未満

*2　凡例
■…自ら顧客を開拓　○…知人から顧客を継承
▲…友人、知人の紹介、要請　□…実母・祖母から顧客を継承
△…実家周辺を開拓

*3　○…家計の中心的収入　●…副次的収入

(資料)　第7次漁場センサス水産物買受人名簿　およびl983年10月の聴き取り調査による。

漁村の労働に占める行商の地位の低下と同時に、家計に占めるその比重も低下傾向にある。行商世帯における他の世帯員労働についてみると、漁業、船員の他、車を使った萩への通勤が男女ともに目立っている。これは、行商世帯だけでなく三見浦全体の傾向として捉えられる。家計において、このような夫や次世代の労働が中心となっているものが13名(全体比46.4%)に至っており、これには、三見浦周辺を徒歩行商する比較的高齢の者が多数を占めている。一方、残りの15名は、家計において中心的役割を担っており、その多くが鉄道や車を使って積極的に遠方へと出向いている。

三見浦行商人の行商先を大別すると、以下の5つに分けることができる。すなわち、(1)三見駅から鉄道を利用して長門経由、美祢線沿線の於福、重安、美祢、厚狭、小野田などへ出向くもの(8名)、(2)鉄道や車を使って萩市街、および、その周辺地域へ出向くもの(5名)、(3)リヤカー、自転車、手押車などを使って背域農村を回るもの(7名)、(4)山陰本線を東上し、江崎から県境を越え、益田、江津にまで至るもの(6名)、(5)その他、車を使って秋芳町秋吉、北九州門司区大里へ出るもの(各1名)であった。

(2) 行商人の日行動

行商人の日行動は、上記の行商先によって大きな違いが認められる。したがって、以下、これらの方面別に説明を加える(図7-3)。

a. 美祢線沿線地域への行商行動

行商人は、大半が午前3時30分の漁協サイレンを合図に起床する。漁協において4時から第1回目のせりが始まり、4時40分まで続く(写真7-2)。せりが終わると各々一旦帰宅し、仕入れた物の荷作り準備などを行う。6時から再びせりが始まるので、漁協へと向かう。せりが6時30分に終わると再度帰宅し、朝食をとる場合が多い。その後、7時過ぎには出宅して三見駅に向かい、7時26分発の普通列車1両目に連結された行商人専用車両に乗り込む。目的地までの所要時間は、於福まで84分(行商人番号①、②が下車)、重安まで90分(③が下車)、美祢まで93分(④、⑤が下車)、厚狭まで96分(⑥、⑦、⑧が下車)となっている。営業時間は、行商を行う③:4時間、⑤:2時間、卸を行う②:3時間20分、④:1時間20分、⑧:1時間、店舗を開いている①:10時間36分、⑥:3時間8分、⑦:4時間30分となっている。店舗の営業時間が最も長いこと、遠方となるにしたがって営業時間が短縮されることが明白である。この上に、帰宅後畑仕事に出る者が4名ある。それぞれの労働時間は、②:4時間、⑤:4時間10分、⑥:2時間10分、⑧:1時間30分となっており、午後の大半をこれに費やしている。

b. 萩市街への行商行動

行商人は、午前3時30分に起床し、4時前には漁協へ集まってくる。自動車営業を行う⑨は、妻と一緒に営業しており、仕入れに際しても⑨が車で萩小畑漁連市場に出掛け、その間妻が三見漁協へ出ている。⑩、⑪は、三見漁協での第1回目のせりに参加後帰宅し、その後、三見駅発5時52分の普通列車に乗り込んで玉江へ至る(6時着)。他は、第2回目のせりに参加した後、それぞれ車で目的地へと向かう。営業時間は、自動車営業の⑨:5時間、玉江駅前での卸と行商を並業している⑩:9時間30分、卸を行う⑪:1時間15分、バイク行商の⑫:2時間、リヤカー行商の⑬:2時間となっている(写真7-3)。当地区へ出向く者には、農業などの副業に従事している例はみとめられない。

第7章 萩市三見浦における「産地型行商人」の生成過程

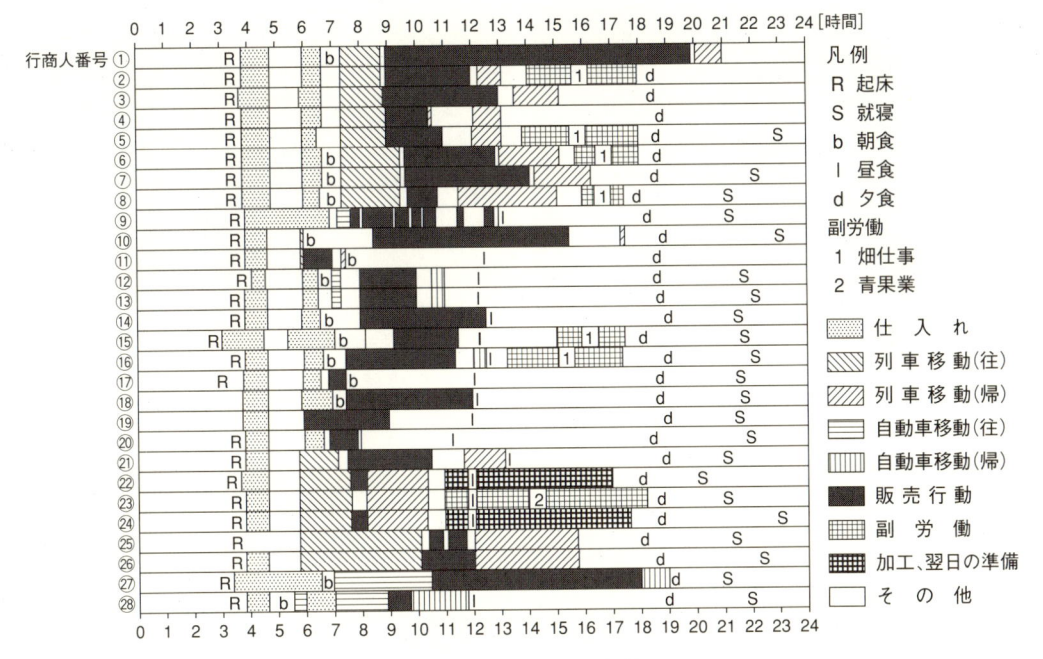

図7-3 行商人の日行動
各行商人に対する聴き取り調査により作成。

写真7-2 漁協でのせり
（1983年11月撮影）

写真7-3 萩市街を行く行商人
（1983年8月撮影）

c. 背域農村集落への行商行動

行商人は、午前3時30分に起床し、4時からの第1回目のせりと6時からの第2回目のせりに参加する。その後、行商に出立するが(**写真7-4**)、石丸、蔵本集落を回るものは、現在3名(⑯、⑰、⑱)の競合状態にあり、他の顧客の安定している者よりも出立時間を早めている。それぞれの行商所要時間は、⑭：4時間30分、⑮：3時間15分、⑯：3時間50分、⑰：30分、⑱：4時間30分、⑲：2時間、⑳：1時間10分となっている。帰宅後、畑仕事に出る者が2名あり、それぞれ⑮：2時間25分、⑯：3時間40分を要している。

d. 山陰本線上り方面への行商行動

行商人は、第1回目のせりに参加した後帰宅し、準備を整えて三見駅を5時52分発の普通列車専用車両に乗り込む(**写真7-5**)。出立が早いのは、行商地がかなり遠方であることと、車両内

写真 7-4 三見市集落での行商
（1983 年 11 月撮影）

写真 7-5 5 時 52 分発の上り行商専用車両に乗り込むところ（1983 年 11 月撮影）

での他の漁村から乗り込んでくる同業者との売買によって、品揃えが可能なためである。目的地までの所要時間は、江崎まで 75 分、（㉑が下車）、益田まで 107 分（㉒、㉓、㉔が下車）、江津まで 260 分（㉕、㉖が下車）となっている。㉑は自転車を使って周辺集落を回る（営業時間 3 時間）。㉒、㉓、㉔は益田駅近くにある「益田振興マーケット」で卸を行う（営業時間 30 分）。㉓はここで野菜を仕入れ、帰宅後自宅の軒先で店を開いている（㉓の場合、むしろ青果業が主業であり、営業時間も 7 時間 30 分に及ぶ）。また、㉒、㉔は、帰宅後、翌日の準備として簡単な加工作業（モズクの味付けやフカ肉をゆでるなど）に、それぞれ 5 時間 40 分と 6 時間を要している。㉖は、江津駅前で卸す（営業時間 2 時間）。㉕は、江津駅前の「あけぼの通り商店街」にある 2 ～ 3 軒の鮮魚店に卸した後、「サンパルプ工場」内の販売店に卸す。工場から駅までの帰路にも行商を行うので、営業時間は計 1 時間 15 分となっている。

e．その他の行商活動

㉗は、夫婦で秋芳町秋吉において店舗を営業している。午前 3 時に起床し、車を使い萩小畑漁連市場で仕入れ、三見漁協のせりに参加し、ここでも仕入れを行う。萩で仕入れた物を他の行商人に分け、準備をすませた後、7 時には三見を出発する。秋吉までは 3 時間 30 分を要し、店舗の営業時間が 7 時間 30 分に及んでいる。㉘は、三見漁協において第 1 回目のせりに参加した後、車で仙崎漁協（長門市）へと向かう（所要時間 20 分）。ここで仕入れを終えて、7 時には北九州門司区大里へ向け出発する。移動に 2 時間、卸に 45 分を要し、帰路に再び 2 時間を費やして、12 時前には帰宅することになる。

（3）行商活動の制約条件

前項では、行商人の日行動について方面別に説明を加えた。そこで本項では、日行動の背後にあって行商活動を規制している制約条件について考察する。

他地区へのアクセシビリティが求められる行商において、交通路および交通機関の発達状態が重要な制約条件となっている。当地区は、先述の方面別行商先に示されるように鉄道交通上非常に有利な地点にある。逆に背後に山を頂く自然環境から、内陸消費地への車、バスなどは迂回路が多く未発達の状態と言えよう。結果、運賃上の有利さ、同業者間の互助、目的地への近づきやすさといった諸点から、遠方へ出向く大半が鉄道を利用することになる。

また、行商人の行動圏を規定する最も基本的要因として、時間的制約をあげることができる。

第7章　萩市三見浦における「産地型行商人」の生成過程

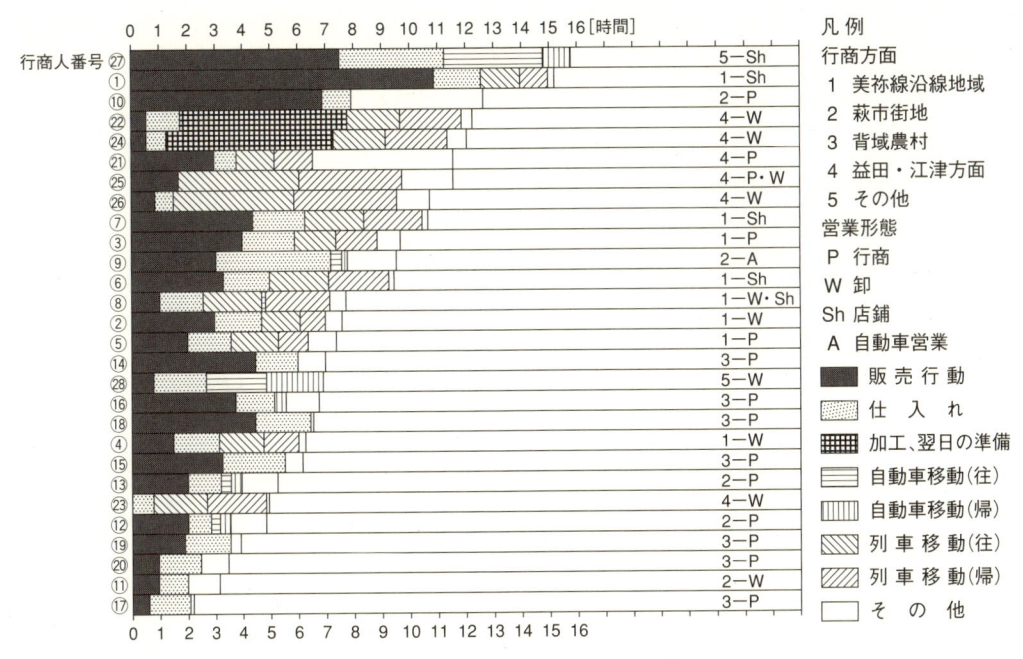

図7-4　行商活動に要する時間総計
各行商人に対する聴き取りにより作成。

　人間生活には、労働以外の様々な必然的行為に消費される時間が必要である。たとえば、睡眠に要する時間は、行商人の中で最も長い者が7時間30分、短い者が4時間30分であるが、列車内や行商先、帰宅後に昼寝、仮眠をとっている場合も多い。また、行商人の大半が婦人層であることから、多かれ少なかれ、朝食や夕食の準備を中心とする家事に時間がさかれなければならない。これに要する時間を除いて、行商に関係する時間のみを加算すると**図7-4**のようになる。まず、営業時間だけからみると、行商の場合、最も多くの時間かけることができるのは、それほど遠方ではなく（直線距離で10 km以内）、消費人口の多い萩市街への者であり（自動車営業を含めて平均4時間38分）、次いで家計的に比重の小さい背域農村回りの者（平均2時間34分）となっている。一方、馴染の小売商に対する卸の場合、営業時間自体は短く（短い者で、その後の片付けを含めて30分）、時間的制約は小さい。逆に、消費者に対して受身の店舗は、遠方の美祢線沿線でも平均6時間余りをかけることで経営を維持している。しかしながら、これを行商に関係する総時間でみると、営業時間自体は多くとれない遠方回りの者ほど、1日の生活における行商労働時間の比重が高く、背域農村を回る者でその比重が低くなっていることが理解される。このように日常生活において費やされる家事、睡眠などに要する時間と行商に関係する仕入れ、出発準備、移動、営業、後始末や翌日の準備に費やされる時間とを考慮すると、これらの時間的制約によって行商圏の限界（東は江津まで距離129.6 km、片道移動時間4時間20分、西は北九州まで距離90.0 km、片道移動時間2時間20分）が決定されていると言えよう[17]。しかしながら、これらの要因だけで行商圏が決定されるわけではない。行商圏は、他の行商人輩出地からの行商圏との競合のもとに画定されるものである。たとえば、山陰本線を東上する集団が、浜田を通過して江津へと至っているのは、浜田が山陰西部第一の水揚げ港として、かつて一大行商人輩出地となっていたため、それとの競合を避けた結果である。この他、行商人と顧客との結合関係にみられる特徴として、近

接地を回る者に行商、遠方へ出向く者に卸、店舗業者が多いという違いがみとめられる。背域農村の場合、ほとんど全ての家が網羅的、面的に行商圏へと組み込まれている。これに対して遠方へ出向く場合は、顧客との接触機会の少なさと時間的な制約から、一点集中的に拠点となる駅頭での卸や駅のごく近くでの行商などが行われることになる。これは、行商人と顧客との間の接触、結合の制約(coupling constraints)と言えよう。

このような制約条件下で、行商圏がどのようにして形成され、その中で行商人がどのような活動を展開してきたのかについて、次節において明らかにする。

4．行商行動の変容と行商人の生成メカニズム

(1) 行商活動の変容

図 7-5 は、個々の行商活動をライフ・パス(life path)として、1本の線で時空間座標上に表したものである。これをみると、三見浦の行商人の活動は、3期に分けて考えることができる。以下、この時期区分にしたがって行商活動の変容について眺める。

a. 第1期

第二次世界大戦以前の行商活動のいわば草創期にあたる。この時期には「大羽イワシ」の豊漁が続き、これを対象とした「シガ」と呼ばれる行商人が活動していた。「シガ」については従来、その具体的な活動内容にまで言及した研究がみられないので、ここで、筆者が現地の古老に対して行った聴き取り調査をもとに、その活動内容を整理してみる。

行商が盛んであった第二次大戦前において、「シガ」は2つの異なった営業形態の行商人に用いられる呼称であった。一方は、竹籠に魚を入れて天秤棒で肩に担いだり、干魚を背負子で負ったり、頭上運搬[18]などで鮮魚や干物を売り歩き、野菜、米などと交換するなど、系譜的に今日みられる行商につながるものである。他方、浦内に在住していた数人の親方によって、定期、あるいは不定期(大漁時のみ)に雇われ、鮮魚を美東町赤[19](三見浦から陸路で約 18.8 km)や秋吉町嘉方(同約 21.2 km)などの問屋まで徒歩で運搬した女性たちもまた、「シガ」と呼ばれていた。当時は、圧倒的に後者が多く、大半の漁家がこれらの「シガ」と何らかの関わりを持っていたが、戦後、親方が韓国に引き揚げると同時に、この雇用組織も崩壊している。今日では、浦内に80歳を越える「シガ」経験者数名が残るのみである。なお、この時期に開業している行商人番号①、⑩、⑳は、前者の「シガ」の系譜を引くものである。

b. 第2期

戦時中の空白期を経た 1945〜55 年までの 10 年間は、行商人の乱立期と言えよう。1941年9月に全面施行された水産物の価格および配給統制は、1945年11月には一旦解除される。しかしながら、これがインフレ、食料難を一層激化させることになったために、翌1946年3月には再び、「水産物統制令」が公布された。これは、1950年4月に全面撤廃されるまで続いている[20]。この間、水産物の自由売買は禁止されているのであるが、現実には食料不足を補う意味でもヤミ商人が活躍していた。三見浦でもこの第2期の開業者が、現在活動している者の6割にあたる17名となっている。

この時期に開業者が集中しているのは、戦後まもなく親方が韓国に引き揚げてしまったために、浦内で数少ない安定した雇用機会を提供していた「シガ」が消失したことに一因がある。加えて、

第7章 萩市三見浦における「産地型行商人」の生成過程   221

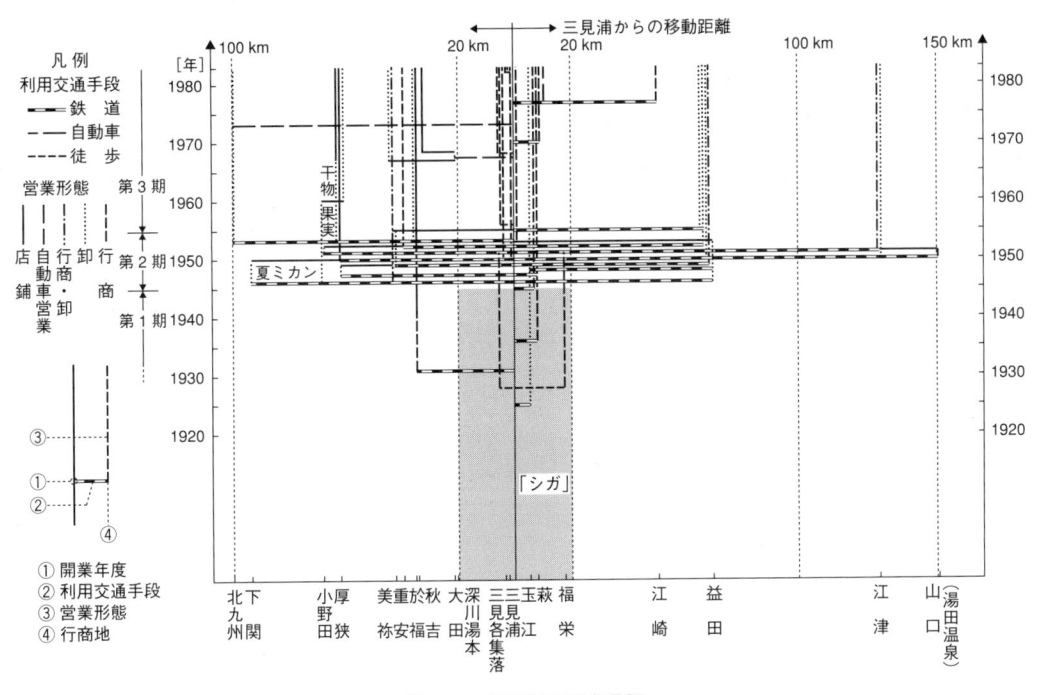

図7-5 行商圏の形成過程
各行商人に対する聴き取りをもとに作成。

当時失業状態にあった外地からの引揚者の中に、各地の漁村から魚を買い取って、魚介類の流通が滞っていた内陸消費地を売り歩く者が出現している。彼らから、内陸地への行商のもたらすメリットについての情報が得られたことが、開業の動機を形成する主な要因となった。これらの要因と「シガ」の伝統を継承しているという背景、さらに、他に雇用機会の得られなかった当時の漁村環境が、漁家の婦女子を行商へと向かわせたと言えよう。ちなみに、この時期に開業した17名のうちの16名までもが、特別な縁故を頼ることなく、鉄道を利用して遠方へと出向き、試行錯誤を繰り返しながら自ら顧客を開拓している。

c. 第3期

1955年から現在に至る期間は、行商先の固定化から、さらに、行商活動自体の衰退へと向かう時期である。特に高度経済成長期における若年労働者層の流出や、市街および三見浦近隣地区での雇用機会の多様化、また、自家用車の普及による通勤者の増加が輩出地側の要因となり、一方で、冷凍パックなどの普及による魚介類販売店舗の急増による競争の激化といった消費側の要因の作用が、行商活動の衰退に一層拍車をかけたと考えられる。行商先は固定し、方面別、行商地別の集団形成がみとめられる。三見漁協で仕入れを共にする際はもちろん、鉄道利用者の場合には国鉄の勧めで任意の組合を組織している例もあり[21]、専用車両への荷積み、車内での商品交換、品揃えなどを共同で行う他、年1回慰安旅行と総会を開いている。この組合は、その性格上三見浦行商人としてではなく、方面を同じくする各地の漁村から乗り込んでくる行商人によって形成されている。全体的な傾向として衰退傾向にありながら、この時期にも6名が開業しているが、これは平均年齢47.0歳と若い世代の行商人であり、数少ない後継者となっている。

（2）行商圏の変遷

　前述で述べた行商活動の変容は、空間的には行商圏の変遷を伴うものであった。これを示したのが図7-6である。なお、本図は資料上の制約から現在まで営業を続けている行商人について時期ごとの行商先を示したものであり、当時の全営業者の形成する行商圏を明らかにしたものではないが、その大要を把握することができよう。これによると、戦前の狭い徒歩行商圏（三見浦から半径20 km圏内）の中で顧客が網羅的に組み込まれていた時代から、高い運賃を払っても利潤をあげうることが知られ、鉄道利用者が出現し始めた第2期、さらに、ようやく行商先の固定化がみられた第3期初期へと行商圏の拡大が明らかである。しかしながら、それ以降今日に至るまでは、あまり変化がみとめられないことから、前節において示された諸々の制約条件下で、行商圏の限界地点に達したことが推測される。なお、今日では、おおまかにみて、三見浦から半径30 km圏内が行商中心地帯、30～70 km圏が店舗、70～130 kmが卸中心地帯となっていることが理解される。

（3）行商人の生成メカニズム

　本項では、行商人のメンタルな部分を中心として、開業の意思決定からその契機、行商地の選択、および、顧客の獲得過程を通じて、行商人の生成メカニズムを明らかにする（図7-7）。

　まず、行商開業の契機についてみてみる。現在営業している行商人のうち、実母が行商人（「シガ」）であった者11名（③、⑤、⑦、⑨、⑪、⑫、⑭、⑰、⑳、㉒、㉔）、義母が行商を行っていたものが4名（⑯、㉑、㉒、㉓）、祖母が「シガ」であった者が3名（⑪、⑮、⑲）あった。このことからみても、女性は行商にでるものであるとする気運が醸成されていた当時の漁村環境が、開業契機の背景に存在していたことは間違いないところであろう。これらのうちで、親とは全く違った場所で行商を行っている者が13名、一方で、実母が行商を勧め、自らの顧客を子に譲渡している例が4名（⑦、⑫、⑭、⑲）ある。たとえば、行商人番号⑦は、実母が美祢線四郎ヶ原駅前で店舗を開いていたが、ここに厚狭から仕入れに来る店舗業者があり、⑦の開業にあたって、この厚狭の業者への卸を譲渡している。この14年後に⑦は、厚狭で店舗を開設し、現在にいたっている。また、行商人番号⑬は、⑫の実母であり、始めは⑬のみが鉄道を利用して萩駅から実家のある大屋集落を中心に椿、青海、沖原、笠屋、河内の各集落を竹籠を天秤棒で担いで回っていた。やがて、⑬が高齢化し、単独での営業が困難になると、浦内に嫁いでいた⑫に自らのなわばりの東半分を譲渡している。現在は、2人共同で仕入れ、⑫の車で萩まで往復し、現地では、⑫が単車、⑬がリヤカーで回っている。これらのように、実母からの顧客譲渡は比較的よくみられるが、義母から顧客を譲渡された例はみられない。つまり、漁村内での血縁関係が、行商活動の継起的世代連接機能を有していたことが理解される。

　友人や知人、親類から勧められて行商を始めた者が12名（②、③、⑥、⑧、⑮、⑱、㉑、㉓、㉔、㉕、㉗）みられる。また、知人ではないが、現地の消費者や店舗営業者の要請を受けて店舗を開いたり、卸を始めた例（①、⑪、㉗）もある。たとえば、行商人番号㉗は、⑲の長男であるが、彼は、美東町大田で行商をしていた親類の跡地を譲り受け、最初はバスで出向く行商、1年後には自動車営業を始めている。その後、秋芳町秋吉の住民からの要請を受け、現地で店舗を開業するに至った。

　友人に勧められて行商を開業した者の多くは、顧客獲得に有効な縁故を持たなかったことから、

第7章 萩市三見浦における「産地型行商人」の生成過程 223

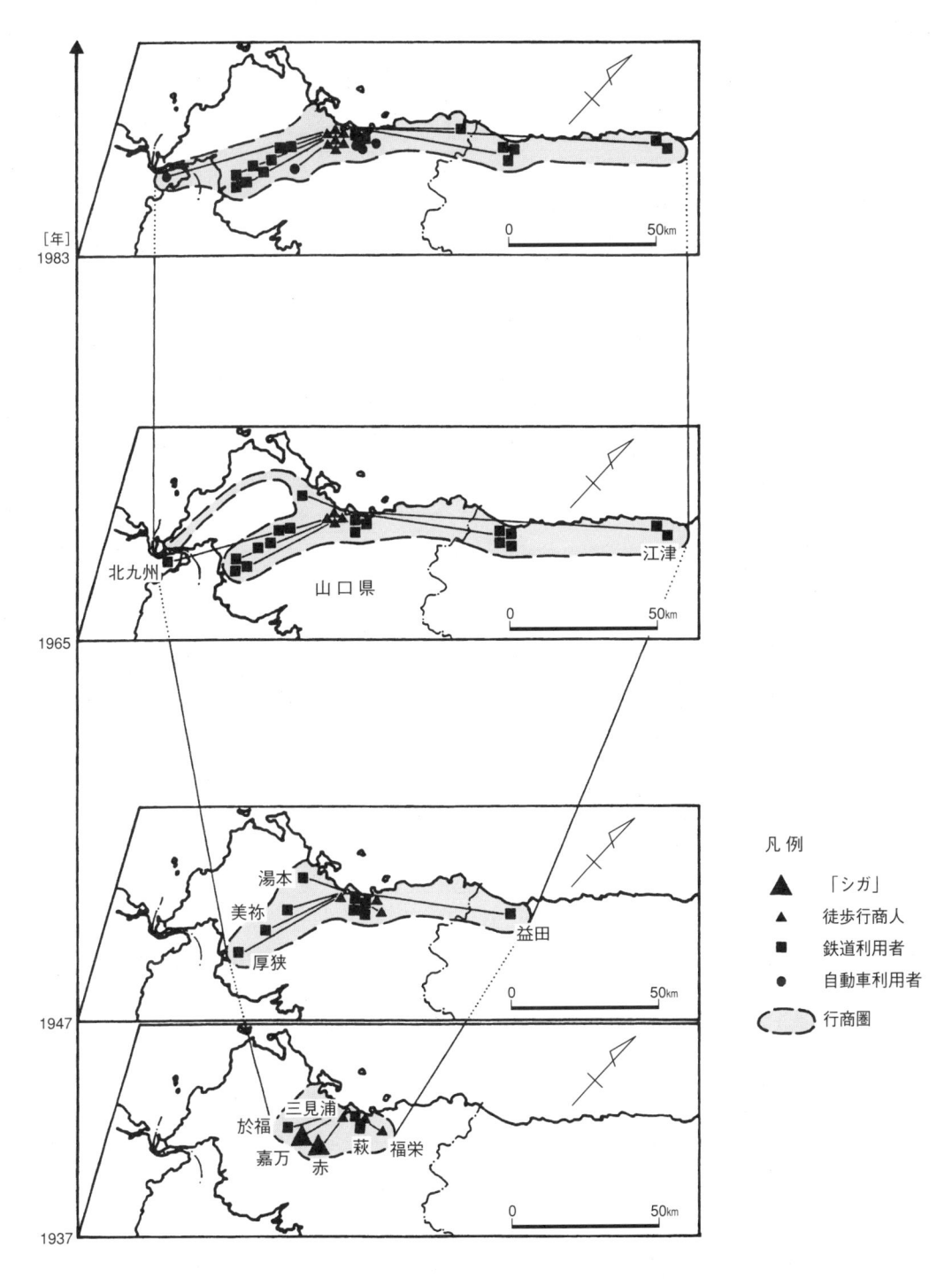

凡 例
▲ 「シガ」
▲ 徒歩行商人
■ 鉄道利用者
● 自動車利用者
⬭ 行商圏

図7-6 行商圏の変遷
各行商人に対する聴き取りをもとに作成。

224　第2部　水産物行商活動の展開と漁村−背域集落の社会経済的結合

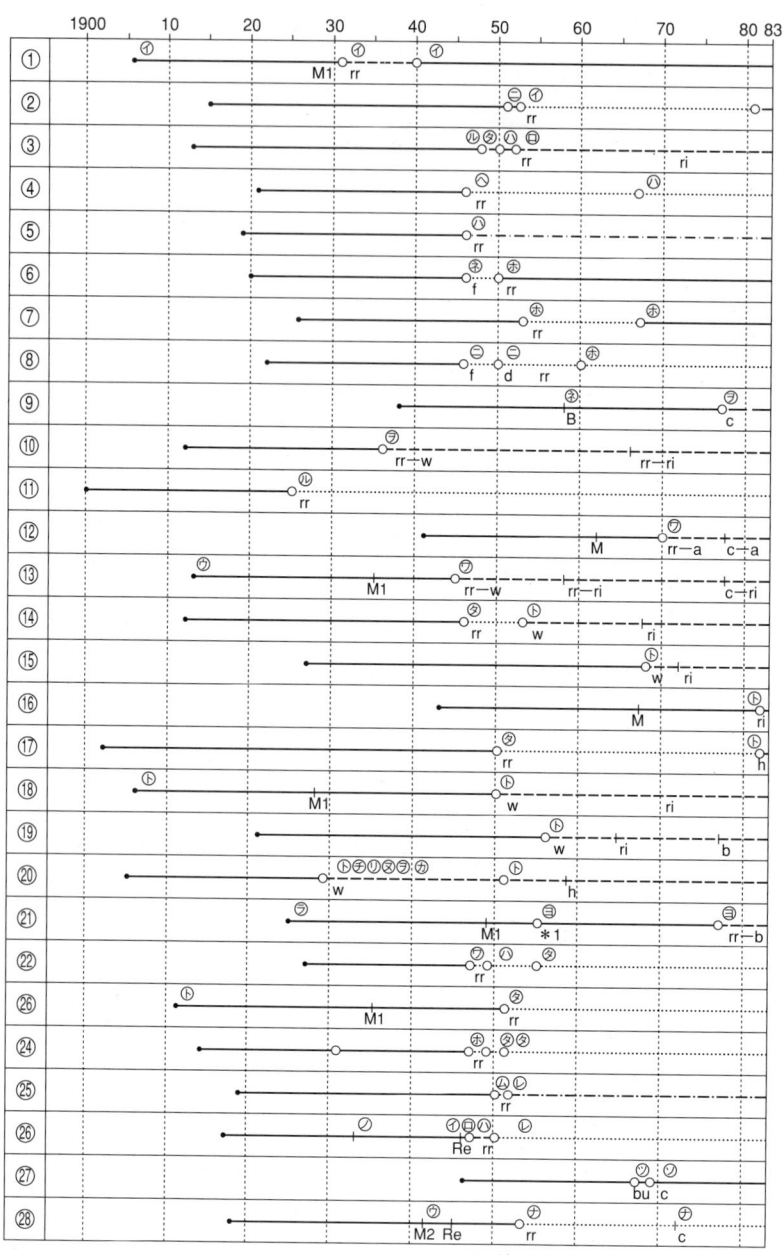

図7-7　行商人の活動と利用手段の変化

遠方へ出向かざるを得なかった。たとえば、行商人番号㉕は、開業当初、益田を経由して山口線で湯田温泉へ出てみたが、顧客が定着しなかった。そこで、阿武町奈古から乗り込んで江津へと出ていた男性行商人に顧客を紹介してもらい、江津の店舗に卸すようになって今日に至っている。前世代から顧客を譲り受けた者は、経営が比較的に安定している。これに対して、特別な縁故を持たずに友人から誘われる形で開業した者は、行商地を同じくする集団としての結束を強化し、情報交換を行うことで経営の安定化を図った。

次に、行商地の選択過程についてみてみる。背域農村を回る行商人 8 名は大部分が何らかの形で顧客を譲り受けたものであり、業者間の競合はあまりみとめられない。例外的なものとして、行商人番号⑰は、1982 年まで「益田振興マーケット」に出向いていたが、高齢のため 83 年から三見浦の近隣集落である蔵本を回るようになった。蔵本には 82 年まで行商人 2 名の入り込みがあったが、そのうちのひとりが廃業した後に⑯と⑰が入り、従来からの⑱を含めた競合状態を引き起こしている。

三見浦における通婚は、浦内の漁家間での場合が多いとは言っても、東は萩、江崎方面、西～南は長門から、さらに於福、嘉万、赤などの内陸地まで、かなり広域の婚入圏を形成している。この背景には、「シガ」の進出や鉄道交通による交流の頻繁化があると思われる。行商人の場合、他集落からの婚入者が 5 名（①、⑬、⑱、㉑、㉓）あり、そのうちの 3 名（①、⑬、⑱）が実家のある集落を行商地として選択している。このことからみても、行商人がかつて居住し、友人や知人の多い集落は地域選定にあたって有力な候補地となることが理解される。

以上のように何らかの縁故を頼って開業し、行商地を選択した者の他に、行商地の選択にあたって自ら試行錯誤を繰り返しながら開拓した前述の㉕のような事例も多い。たとえば、⑨は実母が 1982 年まで美祢へ出ていた行商人であった。彼は 1977 年に下関の会社を退職して自動車営業を始めている。その際、母の縁故を頼って萩小畑県漁連市場の仲買人とコンタクトをとり、そこで仕入れた後、県漁連市場周辺を回っていたが、なかなか固定客のつかない状態が続いた。そのため、行商コースを幾度も変更していたが、偶然、萩市内の東郊外に位置する上野集落で知人と出会い、ここを拠点として回るようになって、ようやく顧客が定着しつつある。また⑩は、戦時中に夫が出征し、他に働き手がなかったので消費人口の多い萩市街へ行商に出てみた。一般に農村部では、顧客の定着までに多くの時間を要し、拒否や敬遠にあうこともあるが、一旦信用が得られたならば安定した経営が見込める。これに対して、萩市街のような都市への行商の場合、消費者からの拒否、敬遠は少ないものの固定客がつきにくく、結果として双方とも経営が安定するまでに 5～10 年を必要とする[22]。このため、⑩は当初、非常に広域亘る行商圏を回っていたが、顧客が安定し、高齢となった現在では、当初の行商圏の西半分にあたる河添、江向集落を回るようになった。

行商先を 2 度以上変更している者が、半数近くの 13 名（②、③、④、⑥、⑧、⑭、⑰、⑳、㉒、㉔、㉕、㉖、㉗）にのぼることは、積極的に行商先を変えることで、より多くの利潤を追求してきた結果である反面、顧客定着の難しさをも示している。顧客の定着には 10 年を要すると言われる。上記 13 名のうちで、最初に入った行商地に 10 年間留まれなかった者が 9 名（②、③、⑥、⑭、㉒、㉔、㉕、㉖、㉗）にのぼっている。これらはいずれも最初の顧客獲得に失敗したわけである。このうち、2 度目の行商地において定着したものが 7 名（②、⑥、⑭、㉔、㉕、㉖、㉗）、3 度目の行商地選択の後に、ようやく定着できた者が 2 名（③、㉒）みられた。

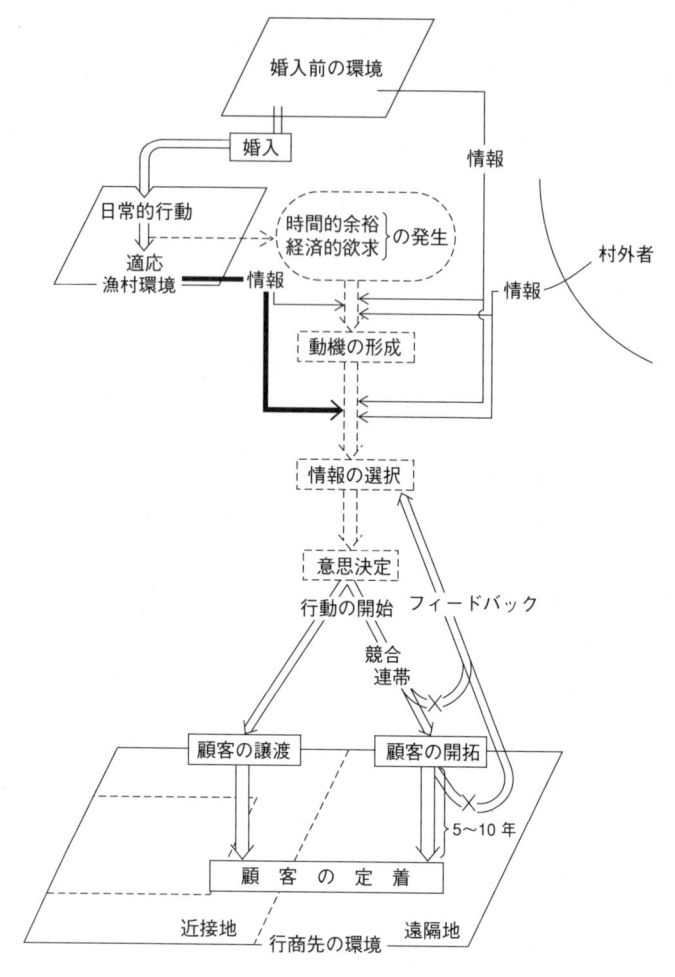

図7-8 行商人の生成と顧客獲得過程

　以上、行商人の開業契機、行商地の選択、顧客の獲得過程の解明を通じて、行商人の生成メカニズムについてみてきた。図7-8は行商人の生成メカニズム、および、顧客の獲得過程を示した模式図である。当地区では、先に行商活動の変容の中で捉えられたような漁村特有の社会、経済的環境下で、婦人労働としての行商活動が展開し、さらに次世代への活動の継承が行われてきた。このことは、漁村内に婚入してきた者についても同様であった。彼女らは、子供が手のかからない年齢に達すると、実母や親類、友人、知人、および、他所から入り込んでくる仲買人などから情報を得、行商地の選択を行った上で活動を開始する。他方、先の情報源から廃業者に関する情報を入手して、その跡地を譲り受けたり、実母から顧客を分けてもらって活動を開始する者も多い。しかしながら、一旦開業しても、顧客獲得には5〜10年の歳月を要する。顧客獲得に失敗し、再び行商地に関する情報の入手、選択の段階までフィードバックすることによって活動を再開する例も多い。このような過程を経て、ようやく経営の安定に至っていることが理解された。

5. 結 び

　本章は、筆者の漁村民を対象とした空間行動研究として位置づけられるものである。漁村民を漁業と直接に関係する人々の集団と定義すると、この中には陸上を活動舞台とする行商人、流通、加工業者、漁協関係者などが含まれる。その中でも行商人は、漁村民の陸上行動圏を開拓するパイオニア的存在であった。そこで本章では、この行商人に焦点をあて、萩市三見浦を事例として、その活動の展開過程と行商人の生成されるメカニズムの解明を試みた。これらの研究結果を要約すると以下のようにまとめることができる。

1. 当地区からの行商人の行商先は、方面別に以下の5つに区分された。すなわち、(1)美祢線沿線地域、(2)萩市街、(3)背域農村集落、(4)山陰本線上り(益田・江津)方面、(5)その他である。
2. 行商人の日行動は、起床から行商に出るまで、漁協において時空間を共有するせりを中心におおむね似かよっているが、三見浦出立後は利用交通機関の制約もあって、方面別の集団性がより強まることが理解された。また、これらの行商人の日行動を規定する要因として、(1)諸々の時間的制約、(2)他地区からの行商圏との競合における制約、(3)近接地と遠方とで異なる顧客との接触に関する制約などが働いていた。
3. 当地区における行商行動の変容は、3期に分けて説明することができる。すなわち、

    第1期：戦前の「シガ」と呼ばれる(1)近接消費地(三見浦からほぼ20 km圏内)を回る行商人と、(2)浦内の親方に雇われ、内陸消費地の問屋へ鮮魚を持ち込んだ運搬業者の活動が非常に盛んであった。

    第2期：1945～55年の行商人乱立期。戦後の混乱に伴う食料事情の悪化が招いた内陸消費地での需要の急増、「シガ」の消失による婦人労働者層や引揚者の行商への参入が、「水産物統制」下という管理の制約(regulating constraints)を越えて行商人の急増をもたらした。

    第3期：1955年から現在に至る期間。行商先の安定、方面ごとの集団形成が進むが、高度経済成長期以降は、行商人の減少、および、高齢化が進んでいる。

4. 行商圏は、第2期に入ると徒歩行商圏から鉄道利用行商圏へと大きく拡大したが、日行動上の限界点に達したために、それ以降あまり変化していない。また、行商圏内では、近接地で面的、網羅的な、遠隔地で交通上の拠点を中心として点的な活動の展開がみとめられた。
5. 当地区が行商人を輩出した根底には、漁家労働、特に「シガ」の伝統を継承しているという歴史的背景と、他に雇用機会を得られなかった経済的背景を持つ当時の漁村環境があった。そして、行商人の開業契機と行商地の選定方法には、(1)実母、友人、知人、親類から顧客を譲渡してもらう。(2)上記の人々に勧められ、行商地を紹介してもらう。(3)消費地の要請を受ける。(4)特別な縁故を頼らず、自らの努力で開業し、行商地を開拓するといった4パターンが認められた。このうち、(1)～(3)は、比較的容易に顧客が定着するが、(4)の場合、何度も行商地を変更するなど試行錯誤の末に顧客の獲得に至っている。

　本稿の目的は、漁村民の一員である行商人の生成過程を究明することであった。その点については、ある程度の成果を得ることができたと考えるが、今後、研究対象地域となった三見浦を事

例とする継続研究として、当地区の漁民集団、および、漁協関係者、流通、加工業者などの他の漁村民が、どのような過程を経て現在の職業(集団)を形成するに至ったかを明らかにすることが必要である。これによって、行商人が漁村社会のどのような階層から析出しているかを明確にすることができるであろうし、漁村社会の構造形成過程に関する1つのモデルケースを示すこともできると考えている。

 <注および文献>
 1) 産地市場で仕入れる水産物行商人、ないし自動車営業者を指す。
 2) 消費地市場で仕入れる水産物行商人、ないし自動車営業者を指す。
 3) 瀬川清子『販女—女性と商業—』(復刻版)未来社、1971、7-75頁他。野沢浩「松前町の行商について」地理論叢7、1935、239-255頁。清水馨八郎「九十九里浜鮮魚自転車行商の発生とその販売圏—交通手段の変革と漁村の変貌の一例—」人文地理5-6、1954、28-36頁。田中方男「漁村余剰労働力の消化形態に関する一報告—丹後野原部落における海産物行商の実態—」人文地理17-2、1965、84-93頁。本書第2部第5章(中村周作「海産物行商からみた集落間結合とその変化—出水市名護地区と背域との関係を中心に—」(歴史地理学会編『歴史地理学紀要26 都市・村落関係の歴史地理』古今書院、1984)、127-146頁)。
 4) 漁村とは、藪内や柿本によれば、漁業協同組合を形成し、かつ、漁撈との関連において生活を営む社会集団として規定される。藪内芳彦「漁村の概念」『漁村の生態—人文地理的立場—』古今書院、1958、13-15頁。柿本典昭『漁村の地域的研究—水産地理学への道標—』大明堂、6-8頁。
 5) 漁民は、言いかえると漁業専業者として捉えられるものであり、それを取り込む漁撈に関する経済的集団が漁民集団である(伊藤亜人「漁民と集団とその活動」『日本民俗文化体系5 山民と海人—非平地民の生活と伝承—』小学館、1983、317-360頁)。
 6) 羽原又吉『漂海民』岩波書店、1963、43-63頁。
 7) 桜田勝徳「魚売る女」(桜田勝徳『桜田勝徳著作集第1巻 漁村民俗誌』(復刻版)名著出版、1980)、93-105頁。
 8) 調査は、1983年10月末から11月にかけて実施した。
 9) 厳密に言うと、出向き先での卸、店舗営業者は、行商に含まれないが、当漁村においては、他地区への行商、卸、店舗営業者は、同様の社会的位置付けがなされる。また、自動車営業者も類似の営業形態として捉えられることができるので、本章では以下、これらを一括して「行商」の範疇で扱う。
 10) 保健所登録資料をもとに、漁協、行商人に対する聴き取り調査などから判明した実数である。
 11) 漁業従事日数90日以上の条件を満たす組合員を指す。
 12) 漁業従事日数90日に満たない組合員を指す。
 13) 戦前は、これを対象とした行商が非常に盛んであったが、今日では食生活の変化から、それほど重要な行商対象魚となっていない。
 14) 前掲7)、93-105頁。
 15) 全行商人29人中調査にご協力いただいた28名(うち女性26名)の平均である。
 16) 漁村労働における行商活動の地位の低下については、全国の傾向として指摘されるところである。これは、近代的市場構造の確立によって、行商人が1小売商化し、様々な制約を受けるようになったことにひとつの原因がある。本書第1部第2章、45頁。
 17) 能力の制約(capability constraints)によって画定された可動領域と言えよう。
 18) 三見浦においては、少数ではあるが、「イタダキ」(頭上運搬)がみられた。
 19) 戦前、三見浦に在住していた親方(5〜6名いたと言われる)は、全て朝鮮から来た人々であった。

20) 卸売市場制度五十年史編纂委員会『卸売市場制度五十年史　第六巻資料編Ⅲ』社団法人食品需給研究センター、1978、432-492頁。松本 巌『解説 日本近代漁業年表(戦後編)』水産社、1963、2-8頁などによる。
21) たとえば、美祢線沿線地域へと向かう行商人30名で「北長門通商組合」が作られている。最盛期(1950年頃)には220名の組合員があった(組合長古谷英郎氏談)。
22) 技術的にも、行商先に到着する数時間後に魚の色が最も映えるよう容器中にうまく魚と氷を納めることができるようになるのに5年を要すると言うことであった。

第3部

水産物行商以外の移動就業行動研究

第8章　京都市域におけるうどん屋台営業の地域的展開
―「非常設店舗商業」に関する序論的考察―

1. はじめに

　従来の商業地理学は、常設店舗を研究対象として、その集積体である商業中心地、その集積体の勢力圏としての商圏などの研究に多くの成果をあげてきた[1]。また、近年は大規模店、スーパーマーケットやチェーン店の立地[2]、それらと既存の商店街との関係を取り上げたものもみられる[3]。これらの一方で、常設店舗を持たないタイプの商業活動についても露店の集積体である市や行商[4][5][6]に関する成果がみとめられる。

　ところで、今日では交通や情報の発達に伴う商業活動の多様化が著しく、従来の概念では捉えきれないものも現れている。にもかかわらず、常設店舗商業とそれ以外の商業を包括する総合的な取り組みは、充分な成果をあげるに至っていない。図8-1は、今日みられる商業の営業形態を示している。これによると営業手段は、売り手と買い手が対面するものと非対面形式のマスコミなどを利用する通信販売とに分かれる。対面形式の営業形態には、大別して店舗・営業所での販売およびその延長である販売場所からの出張販売(たとえば御用聞き、家・職場訪問販売、キャッチセールス)と常設店舗・営業所を持たず、路上や購入者宅へ出向いて販売するものに分けること

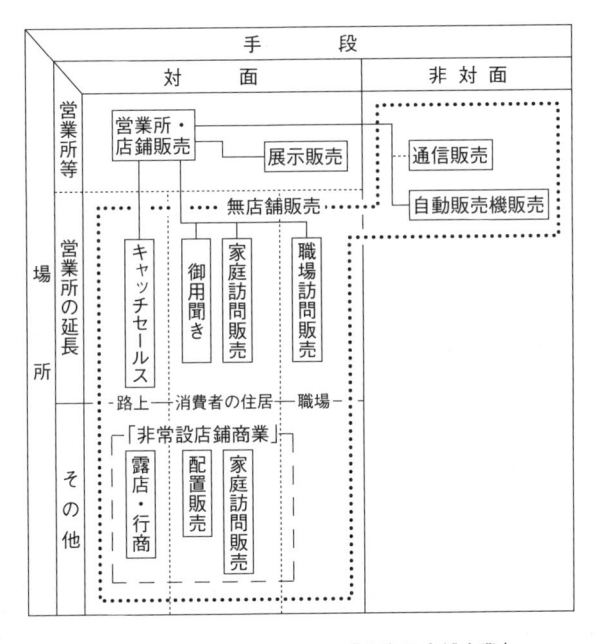

図8-1　営業形態の諸相と「非常設店舗商業」
通産省産業政策局商政課・消費経済課編『改訂版　訪問販売等に関する法律の解説』1985、11頁(図3)をもとに作成。

ができる。これらの多様な営業活動の中で、筆者は、特に後者、すなわち、常設店舗を持たない伝統的な行商、露店およびそれらの変化形態とを包含する概念として、「非常設店舗商業」を採用したい。[7] なお、ここで言う非常設店舗商業は、前述のように常設店舗を持たないだけでなく、地理学として捉える限り、空間的に特定できる活動を展開するものに限定される。したがって、店舗販売の一部とみなされる出張販売、空間的に特定が困難なキャッチセールスおよび通信販売は除外される。この点で非常設店舗商業は、経済用語として使われる「無店舗販売」[8]とは異なり、より限定された概念と言うことができる。

非常設店舗商業が店舗商業と比べて有利な点は、開設資金および運営費が安価なこと、固定資産税などの税金がかからないこと、移動が簡便であるという特徴を生かし、収益をあげるのに最も効率的な場所を選定できることに求められる。また、これの営業形態には、移動型の行商と停留型の露店とがある。これらはともに、最も効率的な場所の選定を行うことによって、より多くの顧客と収益を得ることを目指す活動である。したがって、行商行動の究明は、消費地域における行商人の空間行動上の効率性を明らかにすることになろう。また、露店立地に関する研究は、それが最も人の集まりやすい場所と時間を反映することから、特定地域における店舗商圏の、いわばエアポケットの究明に貢献できよう。これらの点については、もちろん店舗商業研究だけでは明らかにしえない。

これらの課題を考慮しつつ、以下、本章では、①具体的事例として、京都市域におけるうどん屋台営業を取り上げる。[9] 営業者への聴き取り、および彼らの輩出地である兵庫県浜坂町久斗山集落での全戸聴き取り調査をもとに、屋台営業者の空間行動や立地要因、活動の変化などについて分析を進める。[10] その上で、②これらの事例研究、および観察調査をもとにして、非常設店舗商業の営業地別営業形態に関する考察を試みる。

2．京都市域の屋台営業

京都市は、人口146.1万人（1990年国勢調査）を抱える。京都市の都市内部構造について、ここではバージェス理論をもとにした田辺の説[11]に拠って論を進めてみよう。すなわち、中央地区と規定される四条河原町から四条烏丸にかけて、業務地区や繁華街が立地し、それらを取り囲むように主要地区と規定される古い町並みと狭い街路に象徴される在来市街地が続いている。在来市街地の中には、地元に密着した小商店街が点在しているが、これらは繁華街と呼びうるほど規模の大きなものではない。これらの旧市街の外縁に外部地帯と規定される郊外住宅地が展開し、さらにその外縁に農村地帯が広がっている。以上のような3地帯、およびその外縁に展開する都鄙地域を含む都市構造の中でも、繁華街と在来市街地は、かつて屋台の大きな需要地域を形成していた。

京都市域における中華そば、そば、うどん、ホットドッグなどを含む露店飲食業許可件数についてみてみよう。[12] 市域全体で1990年3月末日現在で56の営業許可件数があった。行政区ごとにみて最も多いのは、南区の12（全体比21.4％）、次いで下京区11（同19.6％）、東区6（同10.7％）、中京区5（同8.9％）となっている。このことから、在来市街地に営業者の多いことがわかる。逆に少ないのは、左京区、右京区、伏見区、山科区、西京区、北区の各3（同5.4％）であり、これらは都心から離れた郊外住宅地（外部地帯）であるという共通性を持っている（図8-2）。

次に、営業許可件数の変化について眺めてみる。市域全体では、大幅な減少傾向にあり、平均

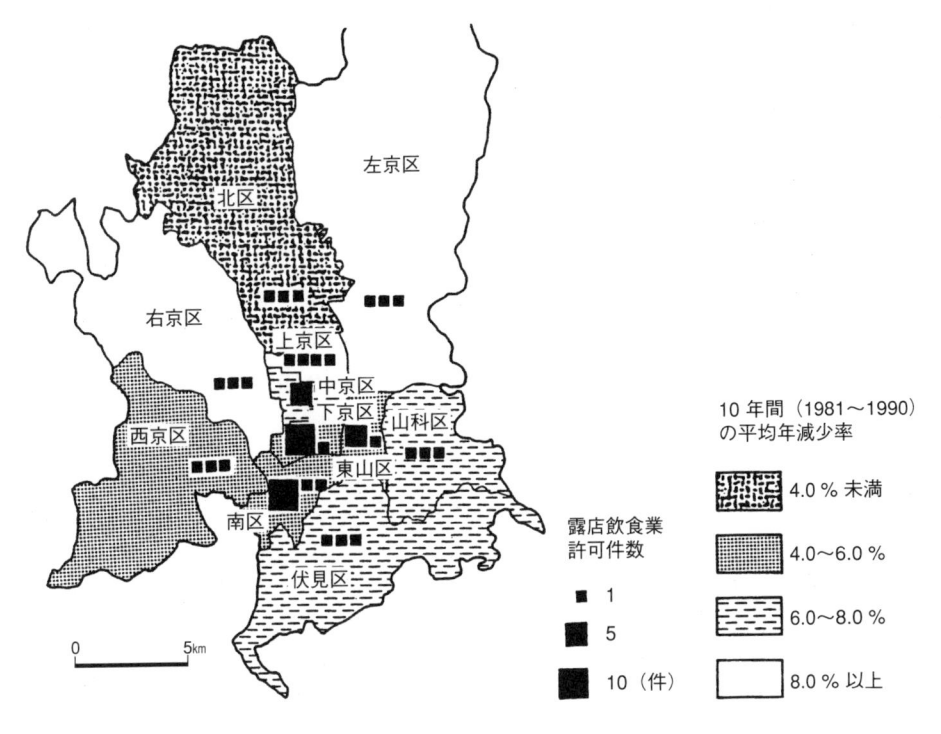

図 8-2 京都市(各区)における露店飲食業許可件数とその減少率
京都市衛生局資料より作成(図中、左京区の北半削除)。

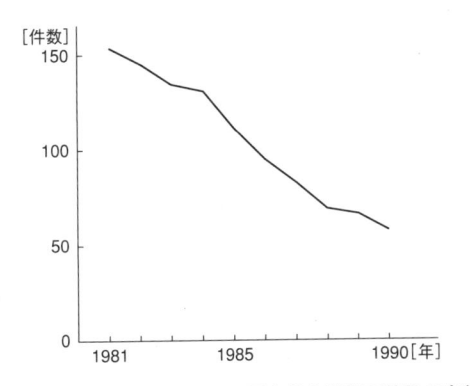

図 8-3 京都市における露店飲食業許可件数の変化
京都市衛生局資料より作成。

年減少率が 6.3％ にも達している(図8-3)。特に 81 年から 84 年までの年減少率が 3.6％ であるのに対し、それ以降では 8.2％ と跳ね上がっていることから、85 年が屋台営業衰退への転換期であったことがわかる。行政区ごとの分析を進めると、81 年から 84 年の間に著しい減少を示したのが、それ以前に営業者の多かった上京区(年減少率 13.0％)であり、多少の減少を示したのが、南区(同 4.5％)、中京区(同 5.0％)、山科区(同 9.4％)であった。一方、ほとんど減少していないのが下京区、右京区、西京区(同各 0％)、左京区(同 1.7％)、東山区(同 2.1％)であり、逆に増加したのが伏見区(年増加率 3.9％)、北区(同 6.3％)であった。このように、84 年までは、都心および在来市街地で営業者が激減し、郊外住宅地(外部地帯)では著しい変化がみとめられないことがわかった。しか

しながら、85年以降90年までは、全体的に減少傾向が顕著となってくる。この期間の年減少率が10％を越えているのが、右京区、伏見区（ともに11.4％）、左京区（11.2％）の3区ある。それ以外でも、上京区(9.5％)、中京区(8.3％)と急減しており、もともと営業者の少なかった山科区、西京区、北区を除いて、比較的低い減少率に止まっているのが南区(4.8％)、下京区(6.0％)などであった。以上の結果から、85年以降は、繁華街、在来市街地、郊外住宅地の別なく屋台営業者数は急減しているが、営業中心として、南区と下京区がわずかに残っていると言えよう。[13]

　以上、京都市域における屋台営業の概況について述べた。当地区の屋台営業の中で、特に近世以来の伝統を持つと言われるのがうどん屋台営業である。[14] これには京都市在住の営業者の他、兵庫県浜坂町久斗山集落などからの冬季出稼ぎの業者が、かつて、一大職業集団を形成していた。本章では、この出稼ぎうどん屋台営業に焦点を当て、同業者集団の形成過程と活動の地域的展開にみられる特徴について次節以降で取り上げる。

3．京都市へのうどん屋台出稼ぎ者の生成過程

（1）輩出地の地域的背景

　浜坂町は、兵庫県の日本海側、鳥取県境に位置する人口1.2万余人(1990年国勢調査)の町である。当町は、漁村地区の西浜と中心市街をなし、漁村・温泉町でもある浜坂、および内陸から山間に至る農村地帯である大庭の旧3村が、1954(昭和29)年に合併してできた（図8-4）。この中で久斗山集落は、旧大庭村の最奥部に位置する農山村である。浜坂の市街地からは、直線距離にして約10km、久斗川の最上流部の谷筋に沿って、本集落である久斗山と支集落である本谷、中小屋の3集落、計67戸(1986年現在)が細長く展開している。当地区は、山陰地方でも有数の豪雪地帯として知られ、冬季には、平時で約1.5m、年に2～3回は一晩に1m近くの積雪をみることがある。雪崩も多いため、唯一の公共交通機関であるバス路線も1985(昭和60)年までは、冬場12月16日から翌年3月15日まで休業していたが、地元の要望もあって、ようやく、86年から年間営業されることになった。ただし、積雪の多い時には車両交通が不可能となるため、今日でもしばしば陸の孤島と化す。当地区では、このような自然環境下で、冬季にはほぼ就業機会が失われるため、必然的に、この時期の出稼ぎが年間の労働スケジュールに組み込まれてきた。地元の古老に対する聴き取りによると、久斗山住民は、近世以来様々な場所で、様々な出稼ぎ職種に従事してきた。[15]

（2）営業者の生成過程

　当地区からは、様々な出稼ぎ活動が認められるが、その中でも特に酒造業とうどん屋台営業が長い伝統を持つことを聴き取ることができた。[16] 経済的な面から言うと、一冬昼夜問わず働いて賃金の決まっている酒造業より、本人の努力次第でより多くの収益が見込める屋台の方が魅力的であったとされる。そして、出稼ぎ先として、前者が西日本各地の造り酒屋へ分散して出ていたのに対し、後者は大阪市へ出ていたごく一部の例外を除いて、大部分が京都市域に集中していた点に大きな特徴が認められることも判明した。

　このことは、出稼ぎの職種、および出稼ぎ先の選定に当たって、特別な情報が京都市在住者から久斗山集落の住民にもたらされていたことを示唆している。この情報提供者こそ屋台営業の拠

第8章 京都市域におけるうどん屋台営業の地域的展開　　　237

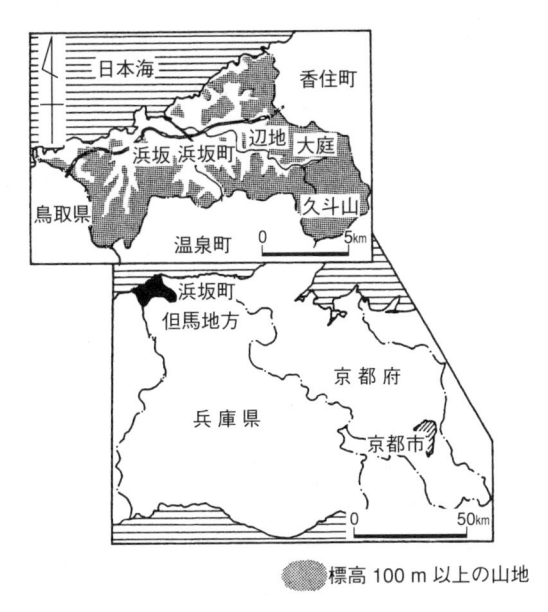

図 8-4　久斗山の位置

点、すなわち、営業者が宿泊し、活動の下準備をする場所から屋台に至るまで、営業に必要な全てを提供するうどんの麺屋(製麺業者)であった。

久斗山からの営業者の世話をした麺屋の分布を後掲の**図8-9**に示した。これをみると、これらの麺屋の全てがおおむねJR山陰本線沿線に位置していることがわかる。つまり、山陰本線でやって来る出稼ぎ者にとって、近づきやすい場所に位置していると言える。さらに言えば、これらの麺屋も全て久斗山、ないし城崎など但馬地方出身者の経営になるものであった[17]。彼らのほとんどが、麺屋の丁稚から身を起こし、後に開業に至った者であり、出身地の人々からの要請に応じて出稼ぎ者を雇用することで、同時に彼らに自家製麺の大口販路を開拓させたというわけである。

屋台営業の開始に当たっては、出稼ぎ期に入る秋口に出稼ぎ営業を行っている同郷の先輩を尋ね、まず、活動の拠点となる麺屋を紹介してもらうことになる。麺屋は、これを引き受けると、寝泊まりする場所(大体の場合、麺屋の二階部屋)と屋台とを提供する。この後営業に出るのであるが、最初は先の先輩について回り、うどんの作り方から屋台営業に当たっての心得まで習う。しかしながら、限られた期間内に可能な限り多くの収益をあげることを目指す出稼ぎの基本的な性格からいっても、見習いを長くしていては収入にならないので、新規営業者はできるだけ早くこの時期を終了する必要がある。幸いうどんの場合、作り方自体にさほど熟練を要さず、マニュアルに従って作ることができるので、通常1～2晩で見習いを終え、独立することになる。独立に当たっての営業地の選定においても、他の営業者が入っておらず、かつ、少しでも収益のあがりそうな場所を、先輩に紹介してもらう。とは言え、高収益の見込まれる繁華街などには、必ず先輩の営業者が入っているので、最初は遠隔で、あまり収益の見込めない郊外住宅地を時間をかけて回ることになる。こうして経験を積みながら、廃業者がでた時に、よりよい営業地へと移っていくことが多い。ただし、例外的に遠隔ゆえ労働条件としては悪いものの、営業地に馴染みができたため、そこを動かないケースもある。また、廃業者に勧められて開業するような場合、条件のよいその跡地をそっくり継承することもあった。

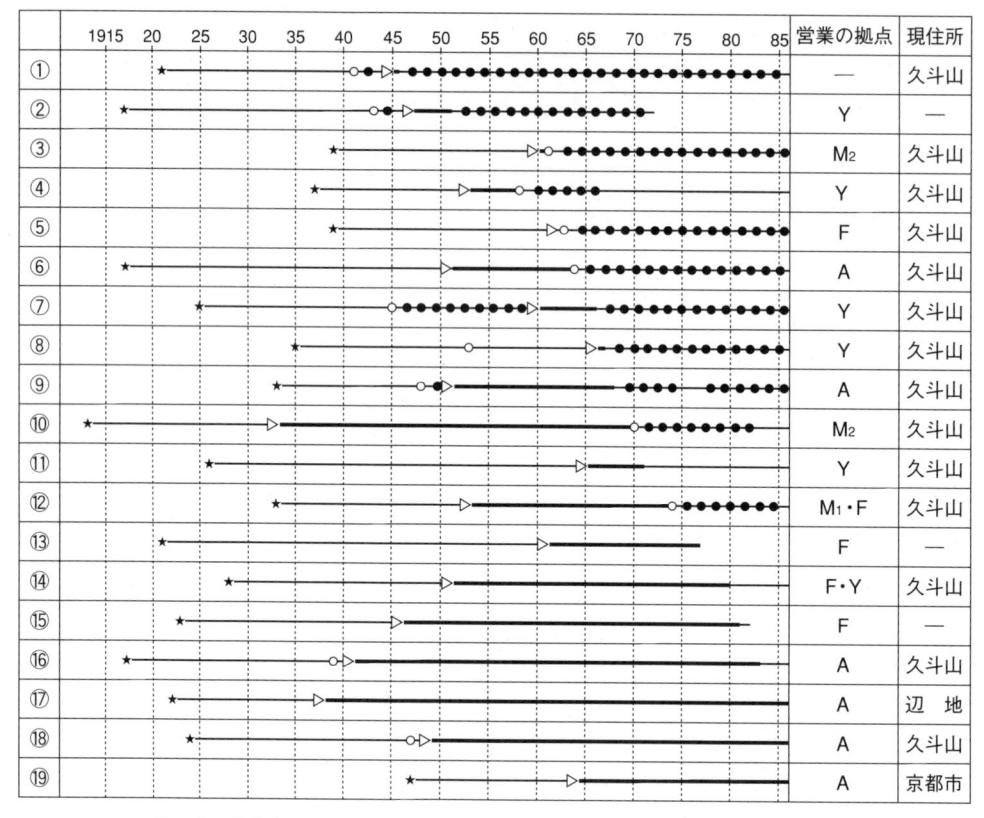

	1915 20 25 30 35 40 45 50 55 60 65 70 75 80 85	営業の拠点	現住所
①		—	久斗山
②		Y	—
③		M₂	久斗山
④		Y	久斗山
⑤		F	久斗山
⑥		A	久斗山
⑦		Y	久斗山
⑧		Y	久斗山
⑨		A	久斗山
⑩		M₂	久斗山
⑪		Y	久斗山
⑫		M₁・F	久斗山
⑬		F	—
⑭		F・Y	久斗山
⑮		F	—
⑯		A	久斗山
⑰		A	辺地
⑱		A	久斗山
⑲		A	京都市

①～⑲　営業者番号
★　誕生
▷──　屋台営業の開業時期および営業期間
○●●　その他の出稼ぎの開業時期および活動期間

営業の拠点
A　「天谷」
F　「フクモト」
M₁　「丸美」
M₂　「丸与」
Y　「ヤマサン」

図 8-5　屋台営業者の活動時期
久斗山集落および「天谷」での聴き取り調査での判明分。

　以上のように、営業の拠点となる麺屋と出稼ぎ者とは、久斗山をはじめとする但馬地方出身であるという同郷意識と独自の情報網に支えられて、屋台営業者集団を形成してきたのである。
　次に、久斗山集落および京都市内での聴き取り調査で明らかになった屋台営業経験者19名について、個々のライフ・パス(life path)を通して、出稼ぎ屋台営業の特性について言及する。図8-5からわかるように、営業者の開業時の平均年齢は24.1歳、10代が3名いるなど、かなり若い時期に始めた者が多い。一方、廃業時の平均年齢が40.4歳であることから、その平均労働年数は、16.3年となっている。中高年の開業者が極端に少ないこと、また、一般的には働き盛りと言われる年齢で大部分が廃業し、最高齢の廃業者でも67歳というところに屋台営業の厳しさがうかがえよう。営業年数について分析を進めると、開業後2年以内に廃業した者が4名、5年以内になると、さらに3名が廃業している。一方で、10年以上営業を続けた者も10名ある。開業後、数年で廃業した理由として、「苛酷な労働条件に耐えきれない」、あるいは「客商売に馴染めない」などがあった。なお、こういった理由で廃業した者は、翌年から違った出稼ぎ職種を選択することに

なる。こうして定着するまでの厳しい時期を乗り越えた者は、比較的長期にわたって営業を続けていると言えよう。

また、拠点である麺屋は、最初に世話になった所から基本的に変わることはない。**図8-5**では、「ヤマサン」を拠点としていた者が5名、「天谷」6名、「フクモト」5名、「丸美」1名、「丸与」2名であった。これらの中で、例外的に麺屋を変えた者が2名みられる。たとえば、営業者番号⑭は、「フクモト」を拠点として4年間活動した後、「ヤマサン」の世話になって16年を過ごし、再び「フクモト」へ帰って10年間活動した。この場合でも、本人が意識の上で、最も世話になったのは「フクモト」であり、「ヤマサン」へは修業に出る、すなわち、「ヤマサン」の主人に商売のこつを教えてもらうために、一時的な移籍を行ったにすぎないということであった。

4．営業活動の地域的展開

（1）営業者の日活動

本項では、今日まで営業を続けている「天谷」を拠点とする営業者を例に論を進める[18]。

まず、「天谷」についてふれる。「天谷」は、すでに麺屋を廃業しており、現在は製麺工場として使っていた建物を屋台営業の拠点として貸している。この建物の作り(**図8-6、写真8-1**)自体は、京都の伝統的な商家のものと言える。その概略について説明を加えよう。玄関を入るとその横に麺を広げる畳の間がある。玄関から続く土間の突き当たりに台所があり、ここで営業者は、下準備などを行っている。さらにこの奥が、屋台を常置する車庫となっており、屋台が4台、向かいの民家の車庫に3台が置かれている(ただし、現在、このうちの2台は使われていない)。また、土間から台所への入り口に階段があり、二階は、営業者の起居する部屋になっている。かつて営業者は、10月初旬に上洛し、翌年4月下旬までここに止まって営業を続けたが、近年は、久斗山との往復に自動車を使うことで、田植え明けや夏の農閑期にも営業できるようになった。

営業者の日活動についてみてみよう(**写真8-2～5**)。**図8-7**に、「天谷」を拠点とする営業者3名の日活動を取り上げた。これによると営業者は、それぞれ個人差はあるものの、午前7～8時

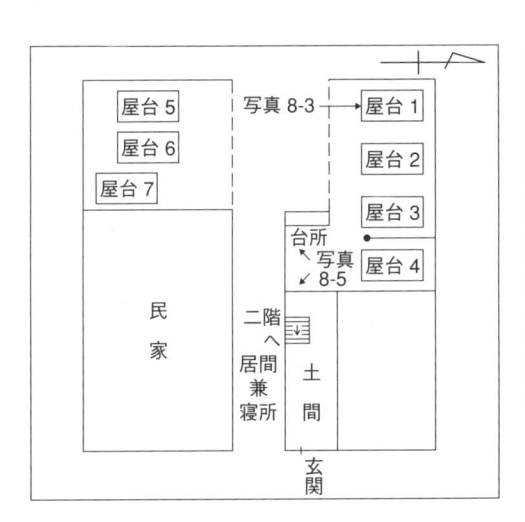

図8-6 「天谷」の見取図

写真8-1 「天谷」に着いた営業者⑱
(1986年1月撮影)

写真 8-2　営業者⑰と屋台
（1986 年 1 月撮影）

写真 8-3　屋台
（1986 年 1 月撮影）

写真 8-4　仕入れたうどん玉（左）とその仕分け（右）
（1986 年 1 月撮影）

写真 8-5　「天谷」の台所とだしを入れるとっくり
（1986 年 1 月撮影）

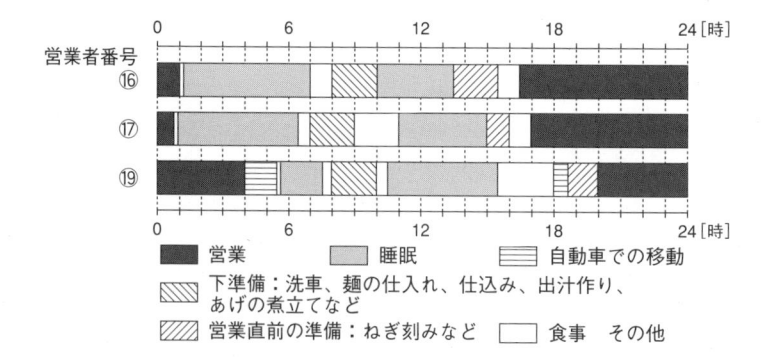

図 8-7　屋台営業者の日活動
聴き取り調査により作成。

に起床すると、早々に準備にかかっている。「天谷」が麺屋であった頃には直接仕入れできるので時間も要しなかったが、現在は、この準備時間帯に近くの麺屋である「ミナトヤ」でうどんとそばの玉を仕入れる。仕入れの量は、屋台全盛期に比べて著しく減っている。たとえば、営業者番号⑰は、1965（昭和 40）年以前には、1 日 120 玉ほど仕入れていたが、現在は、うどん 70 玉、そば 5

第8章　京都市域におけるうどん屋台営業の地域的展開　　　　　　　　　241

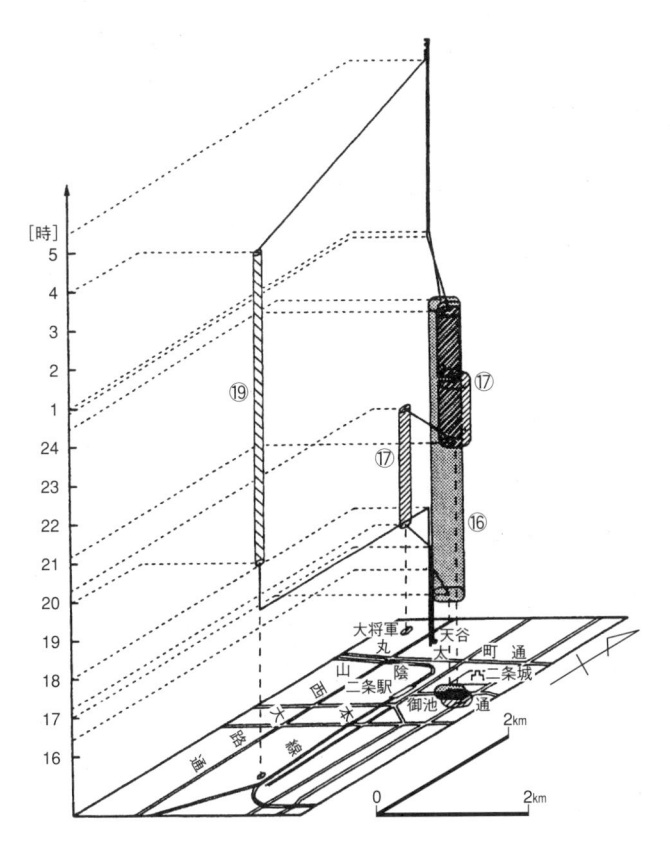

図 8-8　営業活動の時空間的展開
丸数字は営業者番号。聴き取り調査により作成。

玉ほどになっている。仕入れを終えると、屋台の洗車、食器洗い、出汁作り、あげの煮立てなどを始め、これらの作業を 10 時頃には終える。営業が深夜におよぶことから、下準備を終わった 10 時頃から短い者で 13 時 30 分までの 3 時間 30 分、長い者で 15 時頃までの約 5 時間の睡眠をとる。その後起床して、出立直前に最後の準備であるねぎ刻みなどを行い、17 時頃には「天谷」を出立する。そして、営業コースに従って、各自のいわゆる縄張りを回っていくことになる。この際に、毎日同じ時間に同じ場所を回ることが、同業者間の不文律であり、それが同時に顧客との信用関係を保つことにもつながってくる。

　主要営業地(縄張り)の利用形態についてみてみよう(図 8-8)[22]。現在は、休業中の営業者番号⑯は、主要営業地を二条城の南側に持っているが、ここには、営業者番号⑰も入り込んでいる。⑰は、先輩である⑯との競合を避けるために、まず、西大路通を横断して大将軍で店を開き、21 時過ぎまでここに止まっている。その後、40 分ほどかけて二条城の南へと移動するが、ここでも⑯と競合しないよう縄張りの重ならない場所で営業を始め、⑯が回り終えた場所へと移動しながら午前 1 時頃まで営業を続けている。なお、⑯もほぼ同時刻まで営業を続け、ともにその後「天谷」に帰って就寝している。⑲は、⑯、⑰と同じく久斗山の出身であり、出稼ぎ屋台営業から身を起こした。現在は、京都市内に居を構えて「天谷」を拠点に専業屋台営業を行っている[20]。彼は、最もよい営業場所とされるタクシーの溜まり場を縄張りとしている。その需要に合わせて、他よりも遅い 18 時に出立して 20 時から開業し、午前 4 時まで全く移動することなしに営業を継続する。

以上のように、屋台営業は、営業時間が深夜に至るまで、平均で8時間にもおよぶ。京都盆地特有の冬の底冷えのする気候とあいまって、非常に苛酷な労働である。例外的に専業である⑲の労働時間が長くなるのは当然であるが、一般に労働時間の長さは、営業地の善し悪しとの関連が大きい。すなわち、繁華街や交通要地などは人が集まりやすく、商品の捌けが早いので比較的短く、午前1時頃には終業する例が多いが、条件の悪い遠隔の郊外住宅地を回る者には、午前5時頃まで営業を続ける例もあった。[21]

（2）営業活動の地域的展開

本項では、屋台営業者の主要営業地の分布と営業コースの地域的な展開を明らかにし、営業地によって、どのような営業形態の違いが認められるかについて言及する。図8-9は、久斗山における全戸調査で聴き取ることのできた、廃業者を含む屋台の営業コース、および主要営業地である。これによると、主要営業地は、その大半が市域中心部に集中していることがわかる。その中でも特に条件のよいものとして繁華街である四条河原町、その中でも最高の場所とされるオールナイトの映画館前を営業地とする者、先述したタクシーの溜まり場のような要地を営業地とする者などがあった。これらは、自らの縄張りを占拠することで、最高の収益をあげうる例であり、営業に当たって、全く移動しない露店形式をとっている。これらの停留型露店が立地する繁華街からややはずれた周辺地域には、たとえば⑧が回っていた大丸百貨店の下請け縫製工場や⑫が回っていた室町の問屋街、かつて営業者の入り込んでいた西陣の機業地域など、夜間労働者の集中する地区が主要な営業地を形成してきた。これらはいずれも、在来市街地において一時的停留を繰り返しながら流し売りする行商型の営業形態をとるが、需要の大きな営業地に恵まれたことで、あまり大きな移動を必要としないパターンと言えよう。こういった繁華街に次ぐ大きな需要を持つ在来市街地の外縁を営業地としていた例に⑭がある。⑭は、同志社大学の近辺を中心に回っており、主要な顧客は下宿学生であった。また、先述した⑯と⑰も、外縁に近い在来市街地を営業地とする例と言えよう。このパターンの場合、顧客の分散がかなり顕著なため、大きな移動が必要となってくる。さらに、これらの外側に広がる遠隔の郊外住宅地を回る者もあった。たとえば、⑱は、在来市街地と郊外住宅地の境界に近い常盤を営業地としている。この地域になると、人家のまばらな場所もでてきて、営業地として恵まれているとは言えない。このため、広い営業地を大きく移動しながら時間をかけて回ることで、収益をあげる努力が必要となってくる。こういった、条件の悪い郊外住宅地を回っていた極端な例として、かつて拠点である「天谷」から京都市街を抜け、東山を越えて山科まで出向いて営業していた者もあった。この例では、片道移動距離が約10kmにもおよんでいる。

以上、うどん屋台の営業地は、市域の中心部ほど定点型となり、外縁に向かうに従って移動・営業距離ともに長くなってくることがわかった。うどん屋台の営業地も、かつてはかなり広域にわたっていたが、今日では特に労働条件、営業条件ともに悪い遠隔郊外住宅地での営業は、完全に消滅している。また、かつては、その活動中心であった都心部においても夜間人口、すなわち、顧客の著しい減少によって、その営業が消滅した。今日では、全体的に営業者の減少が著しい中で、わずかに市域の中心に近い、比較的条件のよい場所での営業のみが残っている状態と言えよう。このことは、先述した京都市域における露店飲食業者数の変化と空間的展開の特徴に合致している。

第8章　京都市域におけるうどん屋台営業の地域的展開　　　243

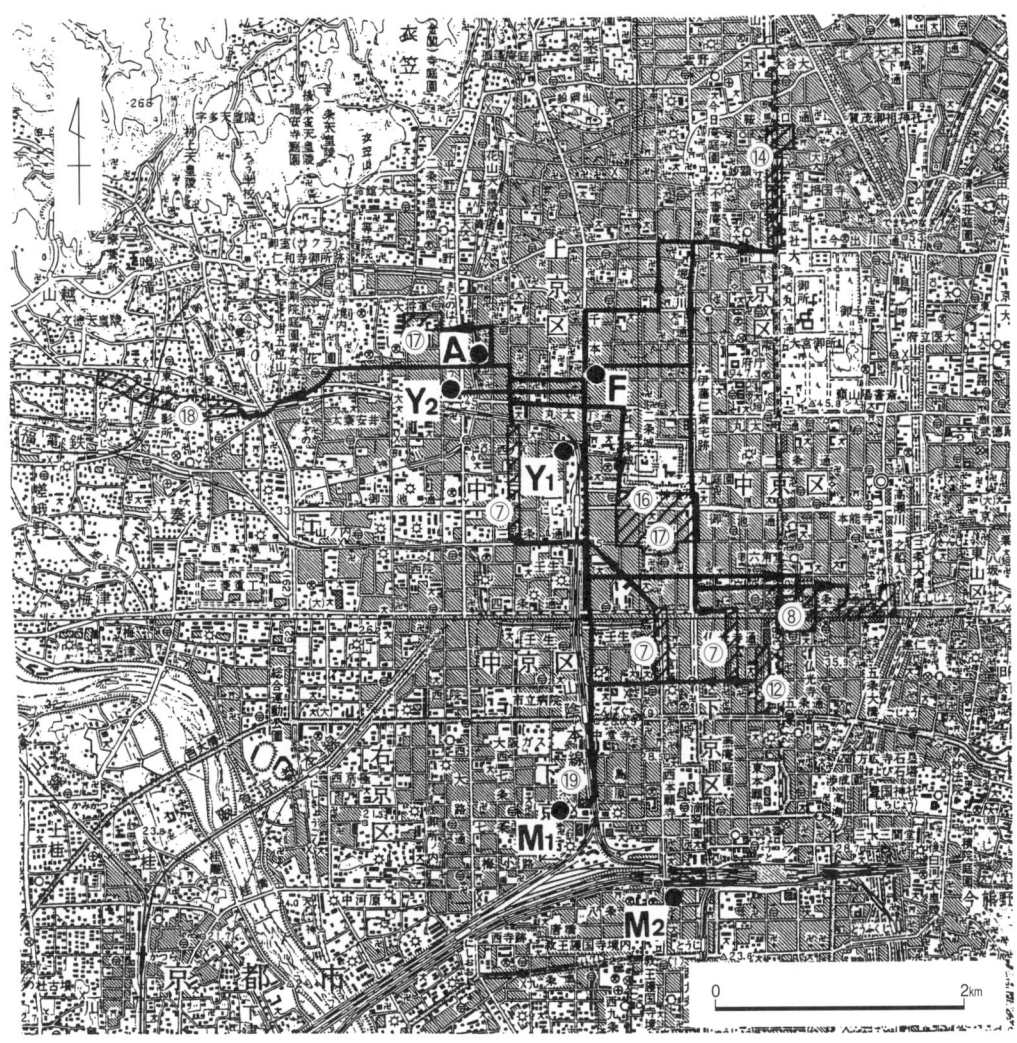

●活動の拠点
A「天谷」、F「フクモト」、M₁「丸美」、
M₂「丸与」、Y₁「旧ヤマサン」、Y₂「マルサン」

⑦、⑧、⑫、⑭、⑯〜⑲　営業者番号
→　営業コース
▨　主要営業地

図 8-9　屋台うどん営業の地域的展開
久斗山集落および「天谷」での聴き取り調査での判明分。
(25,000 分の 1 地形図「京都東北部」国土地理院発行、平成 3 年修正 に加筆)

(3) 営業活動の変化

本項では、久斗山からの出稼ぎうどん屋台営業の近年における変化について述べる。

徒歩で京都まで通った時代から連綿と続いてきたと伝えられる屋台営業は、図 8-5 で明らかなように、そのほとんどが 1955(昭和 30)年から 75(同 50)年までの 20 年ほどの間に廃業をみた。今日では久斗山からの出稼ぎ屋台は、わずかに「天谷」を拠点とする 5 名が営業を続けているのみである。

このようなうどん屋台出稼ぎの衰退には、様々な外的・内的原因をあげることができる。たとえば、外的な原因として、交通上の障害を排除するという見地から、あるいは衛生面の問題か[22]

ら、路上での営業の対する規制の強化が図られたこと、法改正による歓楽街の深夜営業規制[24]、先述したように、繊維不況後の西陣での機業夜間操業の停止や中心市街での夜間人口の減少、とりわけ大きな需要のあった会社寮の郊外移転などに伴う顧客の減少や消滅をあげることができる。さらに、中華そば屋台の台頭や、1958(昭和33)年誕生以来、日本人の食生活に根づいてきた即席麺類の普及、いつでも大概の食物を購入できる深夜営業店舗(コンビニエンスストア)が街角の至る所に進出したこと[25]など、多種類の強力な競合相手の出現が、うどん屋台業界に決定的な打撃を与えた[26]。

このような外的な原因の他に、営業者自身にも多くの問題点が現れてきた。たとえば、営業者の高齢化に伴って、冬季・夜間・屋外という苛酷な労働条件のもと、健康を損ねる者が続出してきたこと、自動車の急増に起因する交通事情の悪化に伴い、屋台営業者が事故の被害を受ける例が増えたこと、出稼ぎに出ていては結婚の機会が得られにくいといった、若年労働者にとって切実な近年の農山村事情が、この職種にも色濃く影を落としている。実際に、冬季でも通勤のできる浜坂市街程度にしか出ない若年労働者が多くなり、極端な後継者不足を現出している。

以上あげたような諸問題を抱えた出稼ぎうどん屋台営業が、今日ではあまり魅力のある職種ではなくなってきていること、さらに言えば、出稼ぎ自体が魅力の少ない職種になってきたことが、うどん屋台営業者の急減という結果に表れ、将来的に消滅をも招きかねない状態を生み出している。

5．「非常設店舗商業」の営業地別営業形態に関する考察

前節までは、非常設店舗商業の具体的事例として、京都市域における出稼ぎうどん屋台営業者の生成過程、および営業活動の地域的展開について明らかにした。そこで、本節では、これらの具体的事例、および前章(第2部第7章)において考察を行った水産物行商などの事例をもとにして、非常設店舗商業活動の特性を究明するために、営業地の違いによって生じる営業活動の諸相、および最も効率的な営業形態などに関する試論的考察を進める。

非常設店舗商業の営業地は、京都市域の例で、前述のように4つの地区に区分することができた。すなわち、人が集まりやすい順に、①繁華街や交通要地(これをAとする、以下同)、②都市の在来市街地(B)、③郊外住宅地(C)、④都市中心から遠隔の農山村(D)となる。これらの他に、人の集まりやすい特殊な場所として、⑤寺社門前や公園、レジャー施設周辺(E)をあげることができよう[27]。

一方、営業形態には、①停留型の露店(これをSとする、以下同)、②移動型の行商(P)が大別され、後者はさらに、各戸訪問タイプ(P_1)と流し売りタイプ(P_2)に分けることができる。これらの営業地と営業形態を組み合わせていくと、以下のような非常設店舗商業の営業地別営業形態にみられる特性が明らかになってくる。すなわち、

1. **AS**(繁華街・交通要地型露店)：Aの場所は、留まっていても最も人が集まりやすいことから、最も効率的な販売方法として露店が採用される。この具体例として、前述したタクシーの溜まり場に停留する⑲やオールナイト営業の映画館前での停留型屋台をあげることができる。

2. **AP**：Aの場所は、止まっていてこそ営業効率があがる。したがって、ここでの行商は、非効率的営業形態として排除される。

3. **BS**：都市の在来市街地は、京都市の例からも明らかなように、人家が密集して顧客は得やすいものの、街路が一般に狭く、人の集まりやすい場所にも乏しいことから、露店は立地しえない。

4. **BP$_1$**（在来市街地型各戸訪問行商）：前述のような立地環境から、この地域で最も活躍するのが、各戸訪問タイプの行商である。もっとも、屋台営業にはその基本的性格からいって、このタイプはみとめられない。

5. **BP$_2$**（在来市街地型流し売り行商）：この地域は、街路が狭いという難点はあるが、顧客が密集しているという何よりの利点から、BP$_2$ も有効な営業形態であると言える。この例として、室町の問屋街を回っていた⑫や大丸百貨店の下請け縫製工場を中心に回っていた⑧、西陣の機業地域を回っていた者などをあげることができる。これらはいずれも夜間労働者が集中する地区である。したがって、BP$_2$ の中では特殊な好条件の営業地を縄張りとするものであり、営業移動距離も小さい。これに対し、同志社大学の下宿学生を顧客としていた⑭や二条城の南側を主要な営業地としていた⑯、⑰は、顧客の集中度がより小さいため、逆に大きな営業移動距離を必要としている。

6. **CS**（郊外住宅地型露店）：郊外住宅地でも、比較的交通量の多い駅頭などの交通要地には、ASタイプと同じように種々の屋台や露店の立地がみとめられる。

7. **CP$_1$**（郊外住宅地型各戸訪問行商）：郊外住宅地には、都市型の消費者が集中しているので、彼らを対象とする訪問販売が広くみとめられる。ただし、4同様、このタイプに屋台は含まれない。

8. **CP$_2$**（郊外住宅地型流し売り行商）：7と同様の理由から、ここでも流し売りの行商が広く認められる。ただし、この地域では、顧客の分散が著しいために、比較的よく売れる場所を重点的に移動する定点移動型が中心となってくる。この例として常盤を主要営業地とする⑱や、かつて山科を回っていた者などがあった。

9. **DS**：郊外住宅地のさらに外縁に展開する農山村では、特殊な場所と時期を除いて、一般には露店の立地が可能なほどの顧客集中はみとめられない。

10. **DP$_1$**（農山村型各戸訪問行商）：顧客分散の著しい農山村では、極めて大きな移動距離を必要とするという難点を克服して、各戸訪問タイプの行商が認められる。ただし、この型では、その性格上屋台は立地しえない。

11. **DP$_2$**（農山村型流し売り行商）：顧客分散の著しい農山村では、モータリゼーションの進行によって、流し売りタイプの行商が最も有効な営業形態となっている。ここでは、従来、都市の消費者を対象とした品目を扱う例も多くなってきており、農山村に都市のにおいを運んでくる一つのメディアともなっている。

12. **ES**（その他の顧客集中地型露店）：公園や遊園地などのレジャー施設は、特に人が集まりやすいことから、露店の立地が顕著にみとめられる。また、定期市や寺社門前での縁日市には、多くの露店商が集まる。

13. **EP**：レジャー施設前や市などにおいては、停留型の露店が最も有効な営業形態であり、行商は立地しえない。

	営業地				
	A	B	C	D	E
営業形態 S	◎	—	○	—	◎
営業形態 P₁	—	◎	◎	○	—
営業形態 P₂	—	○	◎	◎	—

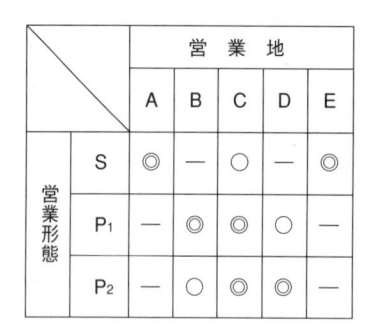

A　繁華街交通要地
B　在来市街地
C　郊外住宅地
D　遠隔農山村
E　その他の顧客集中地
S　露店
P₁　各戸訪問型行商
P₂　流し売り型行商

◎　当該地域に最も好適な営業形態
○　当該地域にみとめられる営業形態

図 8-10　非常設店舗商業の営業地別営業形態

以上、各営業地と営業形態の組み合わせから、非常設店舗商業の営業活動にみられる特性について考察してきた。その結果、図 8-10 のように、非常設店舗商業には、9 タイプの存在がみとめられた。しかも、最も効率のあがる営業形態は、営業地によって異なっており、その最大の要因は、顧客の集中度にあることが理解された。

6. 結　び

本章では、従来の商業地理学研究において考察されることの少なかった非常設店舗商業に基礎理論的な枠組みを与えることを一つの目的として、京都市域における出稼ぎうどん屋台営業の実態調査、およびその他の観察調査を行った。その結果は、以下のようにまとめることができよう。

1. 京都市域における露店飲食業者は、全域にわたって減少傾向が著しく、最近 10 年間の平均年減少率が 6.3％に達している。特に 1985(昭和 60)年以降減少傾向が一層強まってきている。分布の上では、営業中心と言える南区、下京区を除いて、繁華街、在来市街地、郊外住宅地ともに、わずかな営業者がみられるに過ぎない。

2. 京都市域の屋台の中でも、特に伝統的なものとして、兵庫県浜坂町久斗山からの冬季出稼ぎうどん屋台あった。その営業の拠点となったのが麺屋であり、その分布は JR 山陰本線沿いに集中している。麺屋は、全て但馬地方出身者の経営になるもので、屋台集団を形成する紐帯として、同郷者の情報網が貢献していた。

3. 営業者の日活動、および活動の地域的展開をみると、営業時間、および距離の長さは、一般に営業条件に関わってくる。条件がよい場合は営業時間も短くなるが、悪い場合には、明け方まで営業を行う例もみられた。今日では、うどん屋台の主要営業地は、市域の中心部に集中し、条件の悪い郊外住宅地での営業は、ほとんどみられなくなっている。

4. うどん屋台営業者は、1965(昭和 40)年頃を境に減少傾向が著しい。その理由として、路上での営業に対する規制の強化、顧客の減少、競合する営業形態の進出といった外的な原因と、営業者の高齢化、交通事故の多発、出稼ぎをよしとしない近年の農山村事情などの内的な原因とがあった。

5. 屋台を始めとする非常設店舗商業の営業地は、①繁華街および交通要地(A)、②在来市街地(B)、③郊外住宅地(C)、④遠隔地農山村(D)、⑤その他の顧客集中地(E)の 5 つに大別できた。

6. 非常設店舗商業の営業形態は、①露店(S)、②各戸訪問タイプの行商(P_1)、③流し売りタイプの行商(P_2)の3つに分けることができた。
7. 営業地と営業形態を組み合わせることによって、非常設店舗商業の営業地別営業形態は、AS、BP_1、BP_2、CS、CP_1、CP_2、DP_1、DP_2、ESの9タイプに分類することができた。

以上の考察を通じて、所期の目的をある程度達成できたと考える。屋台営業は、道路交通面や衛生面から強い規制を受けており、労働の苛酷さをはじめとする様々な原因から、近年、特に減少傾向が著しい。しかしながら、屋台は、都市を賑わし活性化するために、ある意味では不可欠のものである[28]。したがって、これらを規制するだけでなく、営業可能空間の設定などに関する研究や積極的施策が必要となってこよう。

<注および文献>

1) 須原芙士雄「中心集落の小売商圏・その分布と階層構造—東播州農村部の一事例—」史林51-3、1968、83-116頁。須原は、当地域での下級品(菓子)商圏の間隙をぬう行商販売の存在をあげている。
2) 伊東理「わが国におけるスーパーの発展過程」日本都市学会年報12、1978、177-190頁他。
3) 地理24-10、1979に特集「現代商業の動向」がある。
4) 露店とは、道路や広場などのいわゆる露天において、移動に便利なように簡単な店をはって、ふり(初現)の客を相手に現金取引によって営業を行う店の総称である。秦孝治郎『露天市・縁日市』白川書院、1977、84頁。
5) ①樋口節夫『定期市』学生社、1977、3-231頁。②石原潤『定期市の研究—機能と構造—』名古屋大学出版会、1987、8-93頁。
6) 行商とは、売品を担いで歩いて戸ごとを回って売りさばいた行為である。塚原美村『行商人の生活』雄山閣、1970、20頁。消費者のもとへ商品を売り歩くことであり、市や店の少ないところに発達した。呼び売り、振り売りから売薬、伊勢商人のような大規模なものまである。北見俊夫「行商」(大塚民俗学会編『日本民俗事典』弘文堂、1972)、197-198頁。
7) 「非常設店舗商業」は、筆者の命名につき、初出に限って括弧を付した。
8) 無店舗販売の営業形態については、図7-8に示した。無店舗販売は、店舗によらない販売の総称であり、訪問販売、通信販売、テレフォン・ショッピング、自動販売機による販売、産地直送、移動販売などが含まれる。後藤元之「無店舗販売」(金森久雄編『経済用語辞典』東洋経済新報社、1991)、286頁。
9) 京都におけるうどん屋台は、1676(延宝4)年に始まるとされる。新島繁「そば屋の変遷」(新島繁・薩摩夘一編『蕎麦の世界』柴田書店、1985)、44-82頁。なお、原典は、黒川道祐『日次紀事』(筆者未見)。江戸時代には、小型の屋台を肩に担って営業地まで運んだが、現在は車輪つきの屋台を引いて回っている。
10) 聴き取り調査は、1986年に実施した。
11) 田辺は、都市の地域構造モデルとして3地帯からなる同心円構造モデルを提示している。その3地帯とは、中心から①中央地区(CBD)、②主要地区(副都心を含む市街地)、③外部地帯(郊外地帯)であった。田辺健一「都市内部地域の分化」(田辺健一・渡辺良雄編『総観地理学講座16 都市地理学』朝倉書店、1985)、71-92頁。
12) 京都市衛生局食品衛生課資料による。当資料は、各行政区ごとの許可件数であり、他の区と重複して許可を得ている場合があるため、営業者の実数というわけではない。
13) 南区、下京区は、京都駅を中心とした交通要地であり、屋台の需要が依然として大きいことがうかがえる。

14) 近世初期、江戸の麺屋台と言えばそば(「夜鷹そば」後、「風鈴そば」と言う)であったのに対し、これと並び称せられたのが、京・大坂の「夜鳴きうどん」であった。①前掲9)。②小野武雄『商賣往来風俗誌』展望社、1975、74-82頁。

15) 1980(昭和55)年時でも、久斗山集落67戸中51戸の出稼ぎ戸数があった(農林水産省：1980年世界農林業センサス農業集落カードによる)。

16) 灘・伏見で活躍する丹波杜氏は、広く知られるところであるが、浜坂町を含む美方郡からも但馬杜氏と言われる酒造技術者が、遅くとも19世紀前半(天保年間)には出現している。但馬杜氏編集委員会編『但馬杜氏』但馬杜氏組合、1981、66頁。ただし、聴き取りによると、久斗山からの出稼ぎ者は、杜氏の下につく蔵人(従業員)であった。

17) 麺屋「丸美」、「丸与」がともに久斗山、「フクモト」が城崎郡竹野町、「ヤマサン」が同郡香住町佐津の出身である。

18) 「天谷」を拠点とする屋台営業者は、現在5名であるが、そのうち、1986(昭和61)年10月時点で営業を行っていた3名に対して聴き取り調査を行った。

19) 図8-7では、都市の商業活動の時空間的間隙をぬって活動を展開する屋台が、どのように縄張りを利用しているかをわかりやすく表現するために、Hägerstrandの提唱した時間地理学モデルを援用した。Hägerstrand, T., On the definition of migration, *Scandinavian Population Studies*, vol. 1, 1969, pp. 63-72 (reprint) Jones, E. ed., Readings in Social Geography, London, Oxford univ. Press, 1975、pp. 200-209.

20) 専業屋台は、出稼ぎからの発展形態として捉えることができる。ただし、屋台から店舗営業への移行はほとんどみられない。これは、屋台の簡便性、および収益の高さに原因がある。

21) たとえば、営業者番号⑫は、開業当初、午前5時まで営業していたが、営業に慣れ、室町の問屋街に縄張りを確保した数年後には、午前3時に終業するようになった。

22) 屋台営業は、道路交通の円滑化を図る目的で所轄警察署長に営業許可を受けなければならない(道路交通法第77条)。星野英一・松尾浩也・塩野宏編『小六法』有斐閣、1991、453頁。また、道路管理者に対しても、道路占有の許可を受けなければならない(道路法第32条)。同上、508頁。

23) 屋台営業は、食品衛生法施行令第5条に規定される飲食店営業のひとつとして、管轄保健所長を通じて、都道府県知事に営業許可を受けなければならない(食品衛生法第21条)。厚生省食品衛生課・乳肉衛生課・食品化学課共編『食品六法』中央法規出版、1991、10-20頁。

24) キャバレー、ナイトクラブ、バー、料理店等風俗営業は、午前零時から日出時までの時間においては、その営業を営んではならない(風俗営業等の規制及び業務の適正化等に関する法律第13条第1項)。前掲22)、468頁。

25) コンビニエンスストアは、米国で発達した小型のスーパーストアである。大型店にはない便利さ、たとえば①年中無休、深夜化した消費者のニーズに見合った長時間営業によるサービスの提供、②住宅地に近接する立地、③生活必需品を中心に多数の商品を取り扱い、しかも1品目1ブランド化の徹底などを売り物に、わが国でも1970年代後半以降急速に発展した。後藤元之「コンビニエンス・ストア」前掲8)、109頁。

26) 競合相手ではないが、露店営業に係わる暴力団関係者との軋轢も、屋台廃業の理由の一つであった。

27) 分類の上で、Eは、都市地域構造に直接組み込まれない特殊な場として最後に加えたが、人の集まりやすさという点では、Aに匹敵する場所と言えよう。

28) 鳴海邦碩『都市の自由空間 ―道の生活史から―』中央公論社、1982、1-192頁。

第9章　出稼ぎ者の移動行動と輩出構造
―兵庫県浜坂町久斗山地区の事例―

1. はじめに

　前章では、京都市域にみられる冬季出稼ぎ活動としてのうどん屋台営業の地域的展開を明らかにした。それによると、うどん屋台営業は、様々な理由から、1965(昭和40)年頃を境に件数の減少が著しく、現在では南区や下京区にわずかに残っているに過ぎないことが判明した。また、この研究で、その営業が江戸時代にまでさかのぼりうる伝統的な営業形態であること、しかも、その営業者の輩出地の中心が、山陰地方の山村である兵庫県美方郡浜坂町(現 新温泉町)久斗山地区である[1]という注目すべき事実が明らかとなった。本章は、受容地における出稼ぎ活動の展開を明らかにした前章を受けて、輩出地からの出稼ぎ活動の空間的展開の特徴と、出稼ぎ者輩出の地域的メカニズムの解明を目的とする。

　出稼ぎに関しては、多岐にわたる既存研究があるが、その多くは、出稼ぎ者の輩出地を事例として、輩出の状況とその要因を究明したものである。しかし、それらは、広域の対象地域に関する統計的分析であったり、せいぜい市町村といったメソスケールの地域研究のため、うどん屋台出稼ぎに代表されるような微細な営業活動については、ほとんどふれられない。さらに、個々の出稼ぎ活動の空間的展開に関する分析や、地形や気候、他の産業との関わりといった出稼ぎ者輩出の直接的理由の背後にある、出稼ぎ者の輩出に関わる地域構造についても十分に言及されていない。ここで言う出稼ぎ者の輩出構造とは、端的に言えば、住民が出稼ぎに関する情報を、どこでどのように入手して動機を形成し、どのような経緯で行動を起こすに至るかを明らかにすることで示される出稼ぎ者輩出に関する地域的システムを意味している。これについては、既存文献に概観的な言及はみとめられる。たとえば、岩崎は、隣人の成功談の影響を受ける「隣接刺激」と、出生地の生業に関わる出稼ぎ職種を選ぶ「習慣性」とを指摘している[2]。また、出稼ぎに関する情報源・斡旋口として、かつての東北地方のような規模の大きな輩出地域では、「出稼ぎ組合」の存在が知られているし[3]、中国広東省での山間農村から都市への出稼ぎにおいても、「労働服務公司」が機能している[4]。しかし、規模の小さなもの、地域的に限定されるものに関しては、先に出稼ぎに出た者からの口コミによるといった程度の記述しかみられない。高沢によると、近世越後頸城地方では、「郷」が出稼ぎ職種、「村」が出稼ぎ先を規定する地域単元として機能していたことが指摘されている[5]。このような出稼ぎ集団を形成する地域単元の究明も、地域構造の解明において重要な課題である。

　先述した本章の目的と上記の諸課題を解明するためには、既存の文献においてほとんど言及されることのなかった、よりミクロスケールの地域を対象とする考察が必要となってくる。そのような観点から、本研究では、対象地域として、出稼ぎ者輩出地である浜坂町久斗山地区[6]を選定した。調査方法として、久斗山地区における全戸聴き取り調査などを実施した[7]。以下、当地区におけ

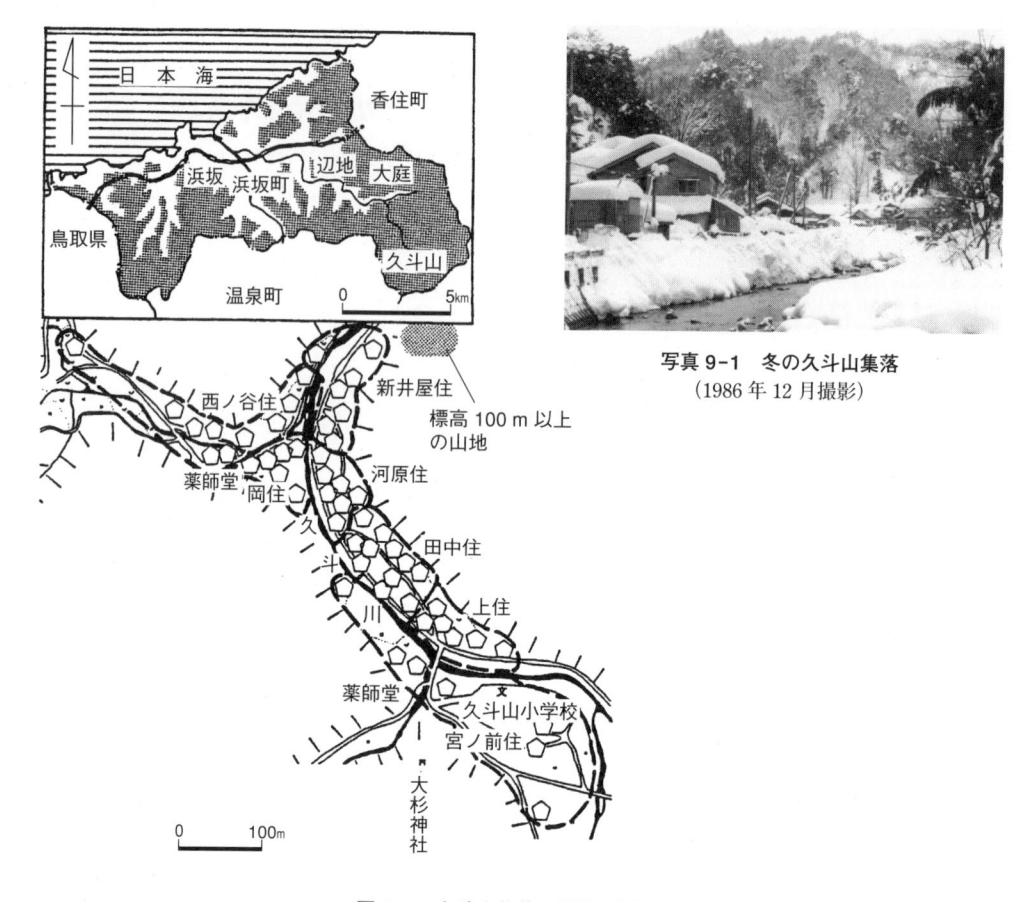

図 9-1　久斗山集落の位置と概観

る出稼ぎ活動について、まず、その活動の持つ性格に基づく分類を通してみた特徴と、それらの変容について把握し、出稼ぎ活動の空間的展開を明らかにする。その上で、山村における出稼ぎ者の輩出構造について考察を進めてゆく。

2．浜坂町久斗山地区の概観

　浜坂町は、兵庫県の日本海側、鳥取県境に位置する人口1.2万人弱[8]の町である。当町は、居組、諸寄といった漁村を中心集落とする西浜と、中心市街をなし、漁村、温泉町でもある浜坂、および内陸から山間に至る農村地帯である大庭の旧3村が1954(昭和29)年に合併して誕生した(図9-1)。この中で久斗山地区は、旧大庭村の最奥部に位置する農山村であり、浜坂の市街地からは直線距離にして約10km、バスで約30分の場所にある。集落は、久斗川の最上流部の谷筋に沿って家屋が細長く展開している。当地区は、沿岸から南東へ向けて峻険となる山間奥地に位置しており、冬の北西モンスーンの吹き溜まりとして、山陰地方でも有数の豪雪地帯をなしている(写真9-1)。冬季は、平時で約1.5m、年に2～3回は一晩に1m近い積雪をみることがある。このため、唯一の公共交通機関であるバス路線も1985(昭和60)年までは、冬場の12月16日より翌年3月15日まで休業していたが、地元の要望もあって、翌86年から年間営業されることになった。た

だし、積雪の多い時には車両交通が不可能となるため、文字通り陸の孤島と化す。背後の山腹に雪崩止めの鉄柵が集落を取り囲むように幾重にも設置してあることからもわかるように、雪崩被害の頻発する地でもある[9]。当地区は、このような自然環境下で、冬季には地元での農業をはじめとした就業機会が失われるため、必然的にこの時期の出稼ぎが年間の労働スケジュールに組み込まれてきた。

久斗山地区の就業構造についてみてみる。かつて、近世初期から中期にかけて、久斗山周辺ではタタラ製鉄が盛んであったことが知られている。特に、その原料である砂鉄を採取するための鉄穴流しと、製鉄に必要な良質の木炭製造が、当時の久斗山地区住民の重要な就業であったと思われる。近世中期を過ぎると、当地区におけるタタラ製鉄は、その重要性を失ってくる。しかし、現在でも浜坂町の主要産業に数えられる製針業が隆盛を迎えた背景に、初期の原料としての久斗山の鉄の存在があったと言われる[10]。

調査当時の当地区における基幹産業は、農牧業であった。1980年度の状況では、総農家数が55戸、このうち、第二種兼業農家が52戸を数える。1戸当たりの平均水田面積が4.6a、畑が0.8aほどで、肉用牛(但馬牛)飼育農家が21戸みられるものの、飼育頭数は1戸当たり3頭と、これも小規模なものである。そのため、大半が農業収入100万円未満の零細農家となっていた[11]。なお、1995年現在の状況について付言すると、総農家数が43戸へ急減しているが、第二種兼業中心(38戸)の農業構造は、基本的に変わっていない[12]。この他、戦前までは山裾を切り開いての焼畑が盛んで、豆類や雑穀が栽培されたが、戦後、これも全く行われなくなった。また、今日では、浜坂市街地の企業に就業して車で通勤している者も若干みとめられるのであるが、調査当時、当地区の住民にとって出稼ぎは、冬季の余剰労働力の消化というだけでなく、家計的にも欠かせないものであった[13]。

次に村落構造についてふれる。久斗山地区には、久斗山本集落と子村として中小屋、本谷、および挙家離村が進んで廃村化した後に、京都から寺が入った池ヶ平の3集落がある[14]。久斗山集落内部には、地縁集団として7つの「住」が認められる(図9-1)。それぞれの戸数は、調査時点で久斗山55、中小屋が6、本谷が6であった。さらに、久斗山集落内7つの住ごとの戸数内訳が、宮ノ前住8、上住6、田中住11、河原住7、岡住6、西ノ谷住10、新井屋住7となっている。これらの住は、集落の下部組織として、集会などの機能を有している。また、当地区には「六軒衆」と呼ばれる本家6戸とそれぞれの分家群からなる本分家関係(「株」)がみられる。同時に、現世代ではそうでもないが、先代以前には他地区からの婚入は、ほとんどみられず、集落内、あるいはせいぜい子村までを含む地域内での通婚が大半であり、結果として、複雑な族縁関係を持つ緊密な社会を形成している。

3. 出稼ぎ活動の変容

当地区内の67戸に対する聴き取り調査によって得られた出稼ぎ者、および出稼ぎ経験者は、故人を含めて69名であった。さらに、聴き取りによって遡ることのできた2世代前までに出稼ぎ経験者のない家は、8戸にすぎなかった。これらは、地元の有力企業である土建業関係者や、冬場でも現金収入のある店舗経営者であり、久斗山地区の中ではあくまで例外的な存在と言える。

当地区からの出稼ぎ活動の特徴として、その業種が極めて限定されていることを指摘できる。

そこには、業種による開業時期のタイムラグは認められるものの、中には江戸時代から連綿と引き続く業種の継承が伝えられるものもある。おもな業種には、うどん屋台営業、酒造業、凍豆腐製造業、炭焼き、および土建業の5つがあり、その他、寒天製造業や大工などもあった。まず、これらの出稼ぎの持つ性格からみた分類を通して、それらの特徴の把握を試みる。

うどん屋台営業は、典型的な「伝統型」出稼ぎである。同時に、調理という技術を必要とする「技能型」出稼ぎでもある。これに対して、当地区からの酒造出稼ぎは、その大部分が杜氏と称される専門技術者(親方)ではなく、蔵人と称されるより格下の労働者であった[15]ことから、「伝統型」出稼ぎではあるが、「単純型」出稼ぎに分類されうるものである。同様に、凍豆腐製造、および炭焼き出稼ぎも、雇い主、もしくは親方の指導下で労働力を提供する「伝統型」、かつ「単純型」出稼ぎであった。一方、土建業出稼ぎは戦前にもみられたが、特に高度経済成長期以降に増えてきた「産業予備軍型」、かつ「単純型」出稼ぎと言える。図9-2は、聴き取り得た69名の出稼ぎ者、および出稼ぎ経験者の中で、職歴を明確に把握することのできた40名の出稼ぎ活動の変遷をまとめたものである。これと、その他の聴き取り調査結果などをもとに、それぞれの業種の開業から隆盛期、さらに、衰退へと向かう活動の変容について説明を加える。

当地区からの出稼ぎ業種の中で、最も古くから行われていたのがうどん屋台営業であったと推測される。うどん屋台の営業地は、京都市域に集中しており、他の地域へ出向くことはほとんどなかった[16]。なお、京都におけるうどん屋台営業は、1676(延宝4)年に始まったとされる[17]。彼らは、冬が近づくと山道を徒歩で越えて京都へ向かい、現地では、小型の屋台を肩に担って営業地まで移動した。調査時では、鉄道や自家用車で京都に出向き、現地では車輪付きの屋台を引いて回っている。

うどん屋台に次いで古いのが、凍豆腐製造業であり、明治の中頃に始まったと言われる。この出向き先も、大阪府千早赤阪村と和歌山県かつらぎ町に限定されていた。さらに、昭和の初期(1920年代半ば)になると、隣接する丹波地方から輩出される著名な「丹波杜氏」に大分遅れて、当地区でも酒造出稼ぎが始まった。酒造出稼ぎとほぼ時期を同じくして、土建業出稼ぎも増えてくる。なお、土建業出稼ぎは、その初期には、地元の土建業者がよそで請け負った仕事に従って、各地に出向いた例が多い。また、当地区には、焼畑と並ぶ伝統的な就業として炭焼き業があり、親方に従って、冬季に中国山地、四国山地などに分け入っての炭焼き出稼ぎも、1935(昭和10)年頃から多くみられるようになる[18]。

このように、次第に業種を増やしながら、多くの出稼ぎ者を輩出してきたのが、1955(昭和30)年頃までの状況であった。しかし、この時期を過ぎると、久斗山地区からの出稼ぎ活動は、衰退へと向かい始める。図9-2をみても、最盛期から衰退へ向かう出稼ぎ活動の状況ををつかむことができる。

まず、1957(昭和32)年には、凍豆腐出稼ぎが、電気冷蔵庫の導入による労働需要の減少から消滅した。これを図9-2でみると、出稼ぎ者番号31の1955(昭和30)年が、最後の凍豆腐出稼ぎとなっている。また、1965(昭和40)年には、炭焼き出稼ぎも製品需要の急減によって消滅した。図9-2では、出稼ぎ者番号22の1965(昭和40)年が、最後の炭焼き出稼ぎとなっている。さらに、細々と続いているうどん屋台営業も1970(昭和45)年頃をピークに、出稼ぎ者が急減している。これも図9-2では、わずかに出稼ぎ者番号14のみ残っていることがわかる。うどん屋台営業は、収入面だけで比較するならば、自らの努力で収入を増やせることと固定資産税などがかからない

第9章　出稼ぎ者の移動行動と輩出構造　　　　　　　　253

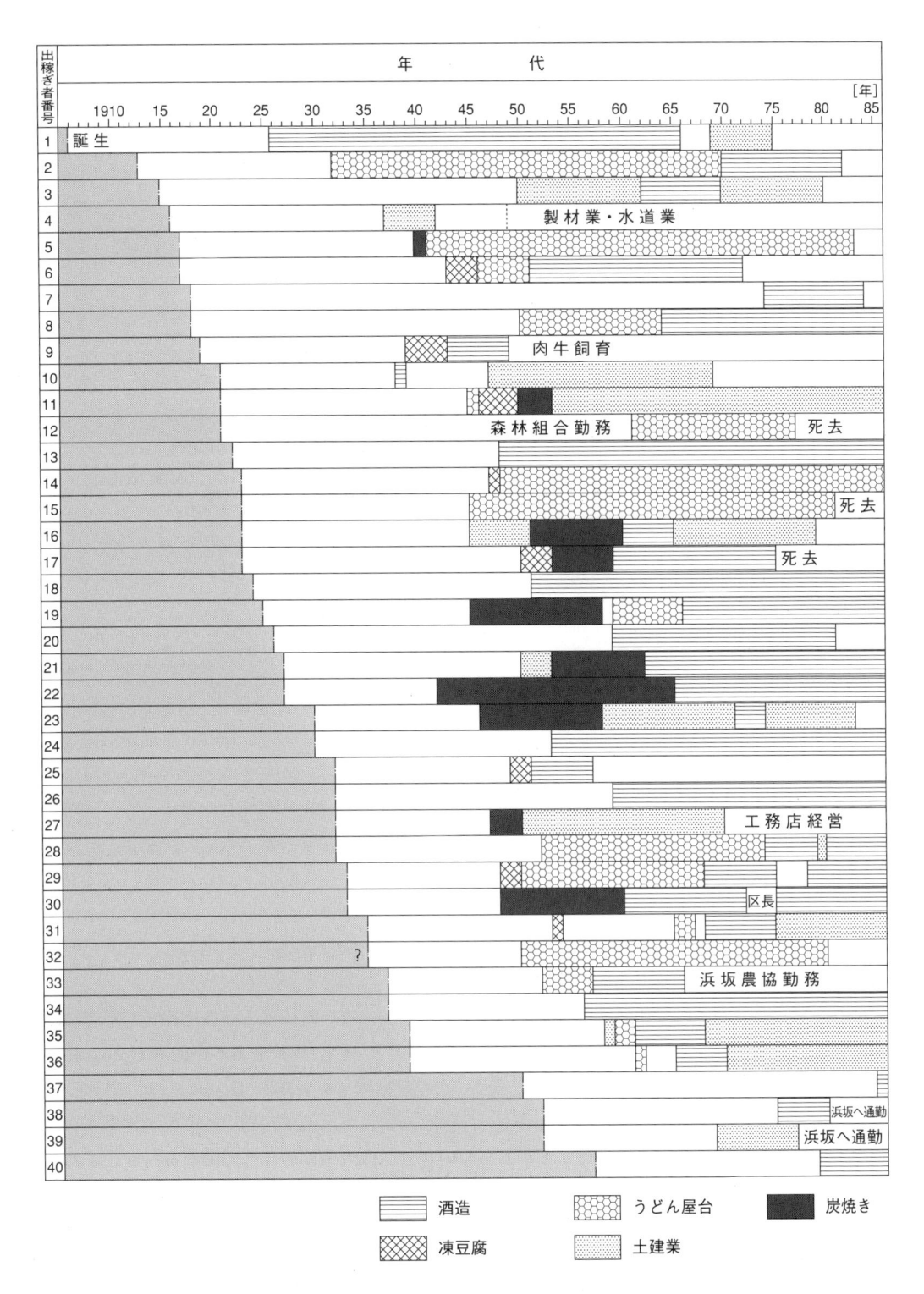

図9-2　出稼ぎ活動の変遷

注）本図では出稼ぎ開始以前、および出稼ぎ期以外の就業については、一部を除いて割愛した。
聴き取り調査における判明分。

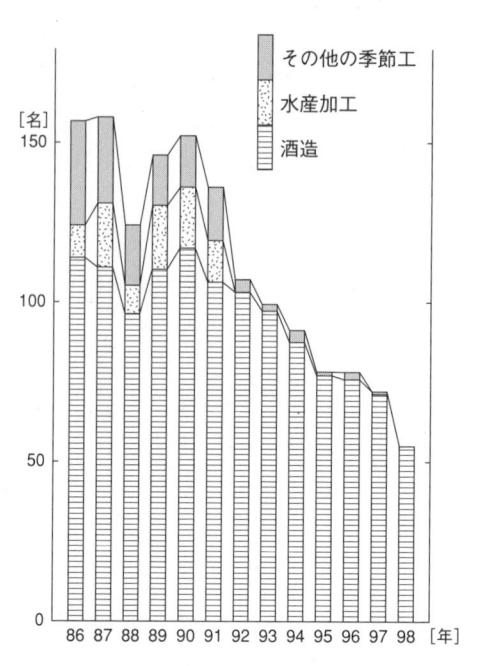

図9-3　浜坂町における季節労働者数の変化
浜坂町産業観光課資料より作成。

という点から店舗営業に勝り、他の出稼ぎ業種と比べても、最も優れていたと言われる[19]。にもかかわらず、出稼ぎ者が急減したのは、冬季、夜間、屋外での営業という苛酷さ[20]、営業者の高齢化、後継者がないことといった直接的な理由とともに、不安定な出稼ぎの遠距離往復生活を敬遠し、屋台営業者の中から現地で店舗を開く者が現れたこともあげることができる。さらに、受容地においても、衛生行政からの圧迫[21]や道路交通事情の悪化に伴う公道からの屋台の締め出し[22]、実際に交通事故にあう事態が生じてきたこと、また、ドーナツ化現象による都心人口の空洞化の進行[23]や歓楽街の深夜営業規制[24]によって、顧客の減少が深刻となったことがある。これに加えて、1958(昭和33)年に登場した即席麺類の普及や、1975(昭和50)年以降急速に全国展開した夜間営業のコンビニエンスストア、中華そば屋台の進出といった直接・間接的な競合相手の出現も、うどん屋台営業者の減少に大きな影響を及ぼしたと言えよう[25]。

　これらに対し、調査時で比較的安定した出稼ぎ者数を保っていたのは、酒造出稼ぎと土建業出稼ぎである。図9-2をみると、酒造出稼ぎを行っている者が14名(出稼ぎ者番号8、13、18、19、21、22、24、26、28、29、30、34、37、40)あり、土建業出稼ぎが4名(同11、31、35、36)ある。酒造出稼ぎは、かつてはそれほど収入的によい業種とは言えず、就業期間中は職場に拘束され、何があっても簡単には職場を抜けることができないなど、労働条件的にも問題があったと言われる。しかし、1960(昭和35)年頃より最低賃金保証がなされ、さらに1961(昭和36)年に失業保険制度が採用され、安定した業種として支持されるようになった[26]。また、土建業出稼ぎも、労働内容は厳しいながらも需要が安定して大きかったことから、多くの就労者があった。しかしながら、この両者もその後、わが国経済の低成長下における労働需要の減少に伴い、出稼ぎ者が年々減ってきている。たとえば、1986(昭和61)年以降の浜坂町全体における季節労働者数の変化をみると(図9-3)、中心業種である酒造業も、特に1991(平成3)年以降の減少が著しいことがわかる。久

表 9-1 浜坂町の集落別酒造出稼ぎ実態(1998年度)

	出稼ぎ戸数	全体比	出稼ぎ者数	全体比
居 組	13	24.5	13	23.6
浜 坂	7	13.2	7	12.7
久 斗 山	6	11.3	6	10.9
奥 町	4	7.5	6	10.9
境	4	7.5	4	7.3
三 尾	3	5.7	3	5.5
七 釜	3	5.7	3	5.5
そ の 他	13	24.5	13	23.6
計	53	—	55	—

「浜坂町杜氏組合」資料より作成。

斗山地区に関しても同様で、1998(平成10)年度の酒造出稼ぎ数は、久斗山集落と中小屋集落を合わせて、わずかに8戸(8名)[27]となっている(表9-1)。

歴史的経過で言うと、1960(昭和45)年頃が出稼ぎ活動のピークであり、その後出稼ぎ者数は急減している。この原因には、受容地側の労働需要の減少とともに、輩出地側の出稼ぎ者の高齢化に伴う廃業の増加と後継者不足がある。しかし、さらにその原因を突き詰めていくと、その背景には、若者たちが出稼ぎ先としてではなく、就業先として都市を指向するようになったこと、自家用車による浜坂市街への通勤が可能となったこと、さらには出稼ぎで半年近くも家をあける生活をしていては、嫁の来手がないといった当時の農山村事情があった。

以上のように、久斗山地区における出稼ぎ活動は、今日では衰退著しいものがあるが、少なくとも、調査時の1986年当時は、当地区における冬季労働の主体をなしていた。そこで次に、久斗山地区から輩出された出稼ぎ活動の空間的展開にみられる特徴について明らかにする。

4．出稼ぎ行動の特性とその類型

(1) 出稼ぎ行動の流動性

冬季間だけ行われる出稼ぎは、一般的な就業と違って職場の就業者に対する拘束力が弱く、様々な地域、チャンネルを通じた情報から、よりよい条件を求めての流動性が、極めて大きいことが特徴となっている。当地区からの出稼ぎでも、それは当てはまる。表9-2は、聴き取り調査で得た57名の出稼ぎ者の業種変更回数を示している。これをみると、1業種のみに就業し、転業をしていない者が22名(全体比の38.6％)と多くなっている。ただし、この中には2～3年で出稼ぎをやめた例も含まれている。平均では、2.0回転業しており、中には5回も転業した例があった。なお、転業には先にあげたように、自らよりよい労働条件を求めて行う場合と、当該業種の労働、および製品需要が急減し、転業を余儀なくされる場合とが含まれている。また、表9-3は、これも聴き取り調査で得た46名の出稼ぎ先変更回数を示したものである。これをみると、1カ所のみで就業している者が13名(全体比の28.3％)あるものの、平均で3.3回変更しており、中には12回も出稼ぎ先を変更している者があった。全体的に転業よりも転地の回数が多いのは、同じ業種に携わりながら職場を変えていく例が多いためである。

表9-2　出稼ぎ業種変更回数

変更回数	1業種のみ	1回転業	2回転業	3回以上	計
件　数	22	21	8	6	57
全体比	38.6%	36.8%	14.0%	10.5%	100%

聴き取り調査における判明分。

表9-3　出稼ぎ先変更回数

転地回数	1か所のみ	1回転地	2～4回転地	5～7回転地	8回以上転地	計
件　数	13	13	11	7	2	46
全体比	28.3%	28.3%	23.9%	15.2%	4.3%	100%

聴き取り調査における判明分。

　出稼ぎ先の変更を業種別に眺めてみる。久斗山地区からの出稼ぎ業種の中で、最も流動性が高いのが炭焼きである。この業種は、木炭用材のある山ならどこでも請け負って入山し、一冬の間にも幾度も場所を変えていく例が認められた。この次に流動性が高いのが、酒造出稼ぎと土建業出稼ぎである。この両者は、比較的似通った流動性を示している。すなわち、労働需要地が各地に分散して存在することから、労働条件のよりよい場所へ流れやすく、一冬の間での移動はみられないものの1年ごとの流動性が極めて大きいと言えよう。酒造出稼ぎ行動について詳述すると、その行動は、1～2年で転々と移動を繰り返していくものと、同じ職場に10年前後停留するものから構成されていることがわかる。これを図9-2で言うと、前者の例が出稼ぎ者番号7、13、18、24、26の5件、後者の例が同20、34、40の3件となっている。そこには、気に入った場所には比較的長く留まるが、最初で気に入らなければどんどん他へ移動していくといった割り切りがあるように思われる。

　これらに対して、うどん屋台出稼ぎの営業は、先述のように大部分が京都市域に集中している。当地区において、定宿を決め、先輩から営業方法などを修得して開業してから、自らの営業地を形成するまでに若干の日時を要するが、一旦定着すれば、ほとんど他へ移動することはなく、極めて定着性が強い。

　凍豆腐製造出稼ぎもまた、労働需要地が特定される。当地区からは大阪府千早赤阪村と和歌山県かつらぎ町に限られており、その点で、極めて定着性の強い業種であった。

（2）出稼ぎ行動の類型

　以上のような業種別の出稼ぎ先変更と業種変更のパターンとを組み合わせることで、出稼ぎ行動のパターンを3つに大別することができる。すなわち、それらは①出稼ぎ先固定型、②業種固定・出稼ぎ先多変更型、③業種・出稼ぎ先多変更型である。以下、これらの行動パターンを個別に解説する。

a. 出稼ぎ先固定型

　このタイプには、先述したようにうどん屋台出稼ぎ(図9-2中の出稼ぎ者番号5、12、14、15、32の5名)と酒造出稼ぎの中で出稼ぎ先の固定しているタイプ(同20、34、40の3名)とが含まれる。これらは、前者が元々出稼ぎ者にとって最も効率のよい業種であり、後者も労働条件の改善

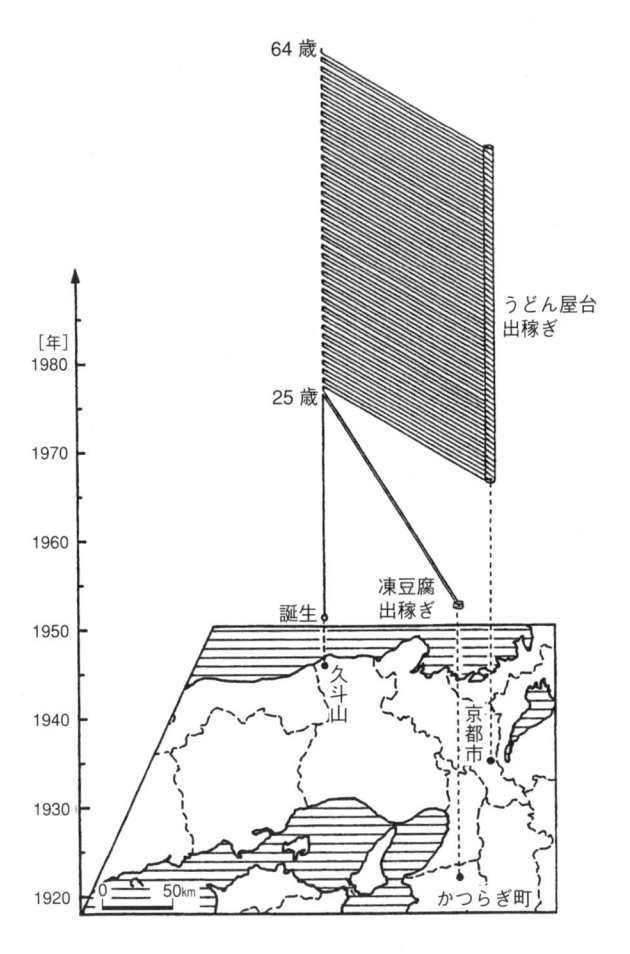

図9-4 出稼ぎ先固定型の時空間行動―出稼ぎ者番号14―
聴き取り調査により作成。

により、前者に比肩される業種となったものである。図9-4は、これらのうち、出稼ぎ者番号14の行動を時空間三次元モデルで表したものである[28]。これをみると、彼は、25歳から出稼ぎを始めている。最初の1シーズン(一冬)だけ和歌山県かつらぎ町で凍豆腐製造業に従事しているが、翌シーズンから京都市でのうどん屋台出稼ぎに転業している。なお、図9-4においては、出稼ぎが冬場だけの半年操業のために、その活動が半年ごとに久斗山地区と営業地を往復する行動として描かれている。14は、調査時には冬場、夫婦でうどん屋台を続けながら、他の時期には、かつては炭焼きや養蚕、調査時では長男と組んで、肉牛の多頭飼育に取り組んでいる。

b. 業種固定・出稼ぎ先多変更型

このタイプには、先述したように酒造出稼ぎの中で移動を繰り返していくパターン(図9-2中の出稼ぎ者番号7、13、18、24、26の5名)が含まれる。この業種は、労働条件の改善が著しく、業種としての「習慣性」が発揮されやすいものの、需要地が各地に分散して存在するため、好条件の職場を求めての流動が顕著にみられた。図9-5は、これらのうち、出稼ぎ者番号26の行動を表したものである。これをみると、26は、27歳から出稼ぎを始め、その最初から酒造出稼ぎに従事していることがわかる。彼は、最初の6シーズンを京都のTA、およびSH酒造で過ごし、次の

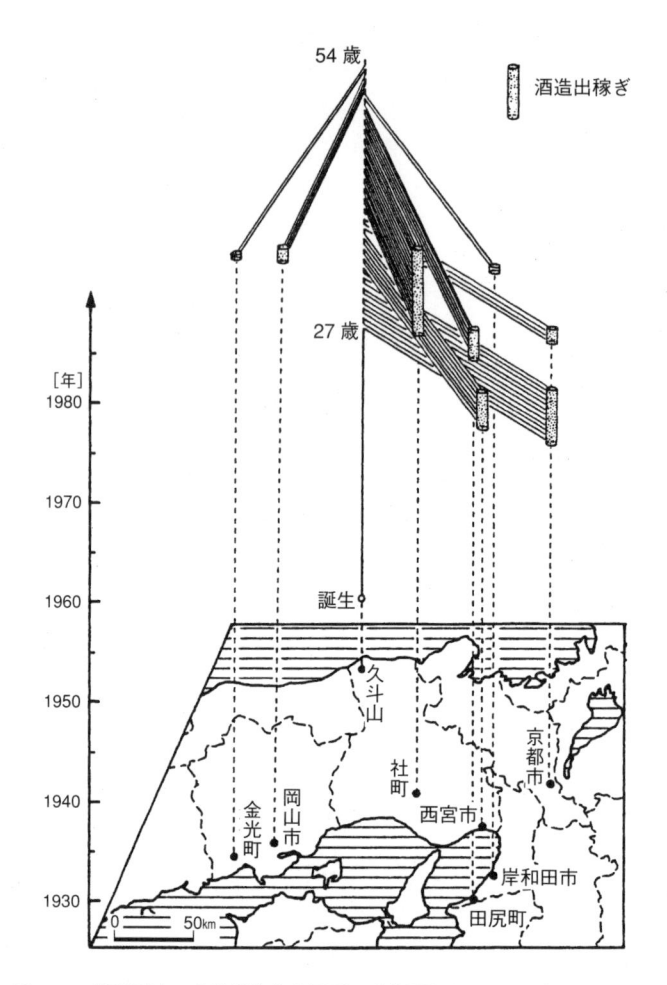

図9-5　業種固定・出稼ぎ先多変更型の時空間行動—出稼ぎ者番号 26—
聴き取り調査により作成。

4シーズンは灘のOZ酒造、次の2シーズンは京都駅前のKI酒造、次の8シーズンは兵庫県社町滝野のTK酒造、次の3シーズンは大阪府田尻町のTO酒造、次の1シーズンは岸和田市、次の2シーズンは岡山市のKA酒造、最後の1シーズンは岡山県金光町のKM酒造に出向いている。このように、出稼ぎに出た27シーズンで9カ所の酒造場を回ったことになる。なお、彼は、他の時期には、地元の森林組合に勤務している。

c. 業種・出稼ぎ先多変更型

このタイプは、出稼ぎ業種と出稼ぎ先の変更を自ら積極的に繰り返すものと、従事業種の衰退、消滅に伴い否応なく変更せざるをえず、結果としてこのタイプに含まれたものとがある。図9-6は、これらのうち、出稼ぎ者番号28の行動を表したものである。これをみると、28は、20歳から出稼ぎを始め、うどん屋台営業を22シーズン行っていたことがわかる。彼は、おもに室町の問屋筋を営業地としていたが、会社寮の郊外移転などに伴う顧客の減少により、廃業せざるをえなくなった。そこで、他業種へ転じ、途中1シーズンの土建業出稼ぎをはさんで、酒造出稼ぎに出るようになった。そうして、最初の5シーズンは奈良市のSJ酒造、続く2シーズンは岡山県山

第9章　出稼ぎ者の移動行動と輩出構造　　259

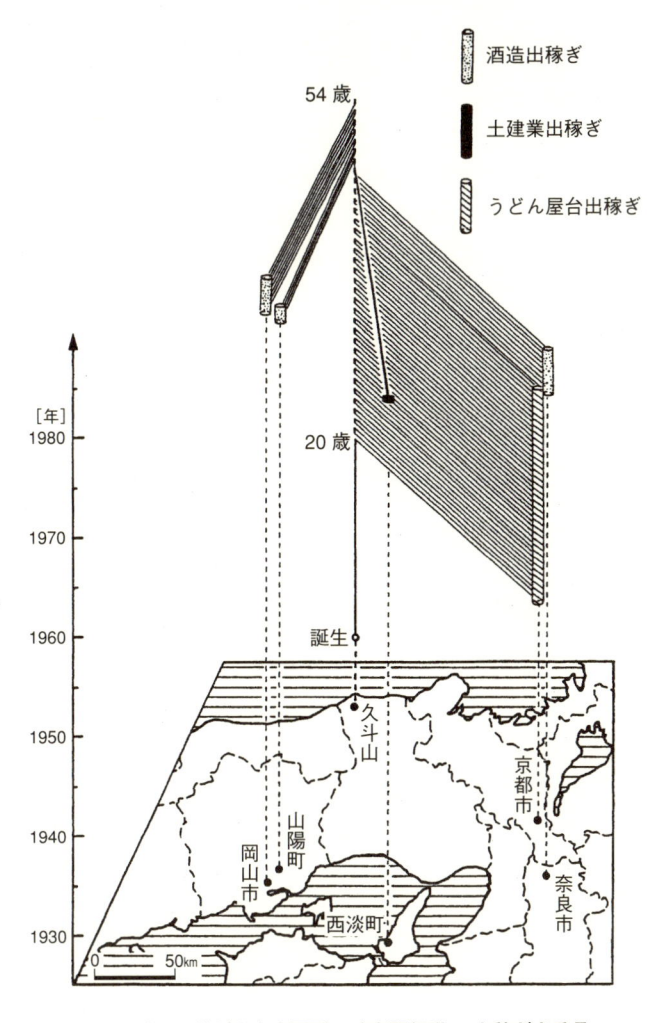

図9-6　業種・出稼ぎ先多変更型の時空間行動―出稼ぎ者番号 28―
聴き取り調査により作成。

陽町の MM 酒造、さらに、調査時までの4シーズンを岡山市の IF 酒造に出向いている。

5．出稼ぎ者の輩出構造

（1）久斗山地区住民の生活関係圏

　久斗山地区では冬季の豪雪によってほとんど陸の孤島と化すことが、出稼ぎ者を輩出する決定的な自然的背景となっている。ただし、出稼ぎを開始するに当たっては、特に地区の外からの情報提供が不可欠であり、この他にも、冬季以外の交流、たとえば買物や医療施設の利用、婚姻関係などによって外部世界とのつながりがみとめられる。そこでまず、久斗山地区住民の生活関係圏について言及する。
　久斗山地区は、住民にとっての一次生活圏であり、日常生活の場として非常に緊密、かつ複雑な血縁・地縁関係の展開する場でもあった。この久斗山地区を取り囲む二次生活圏として、浜坂、温泉町、香住町、村岡町などを含む近隣地区をあげることができる。この地域は、政治・経済上

の関係圏と言える。今日では、行政上の中心である浜坂との結び付きが密になってきているが、久斗山地区から浜坂への道路が開かれる以前、当地区から外部世界への出入口は、香住町長井と温泉町熊谷への峠越えの小道しかなかった。久斗山地区は、行政的にも、かつては旧長井村(現香住町)に含まれていたこともあり、香住町、および温泉町との強い結び付きがみられた[29]。この二次生活圏を取り込む領域として、但馬地方がある。久斗山地区では、2～3代前までは他地域との婚姻関係はほとんどみられなかったが、例外的な外部からの婚入圏の限界が、三次生活圏である但馬地方であった。同時に、この但馬地方という領域は、他地域出身者に対しての同郷意識を生ぜしめる場ともなっている。この領域の外側に京阪神地方を中心として、出稼ぎ地であり、今日では就学、就職の場ともなっている最も外側の生活関係圏が展開している。当地区住民には、このような4段階の生活関係圏が意識されており、そのそれぞれが出稼ぎ活動においても、異なる役割を果たしてきたのである。

(2) 出稼ぎに関する情報源

　久斗山地区のようなミクロスケールの地域では、住民に出稼ぎ場所、および出稼ぎ業種に関する情報が、どこからどのようにしてもたらされてきたのだろうか。以下、空間スケールの小さいものから順に、さらに詳細な検討を加える。

　出稼ぎの動機の形成に当たって「隣接刺激」が大きいことは、先述のとおりである[30]。当地区においても、集落内で伝統的に継承される出稼ぎに関する「隣接刺激」が働いていたことは疑う余地がない。隣人から直接、間接に情報を得て、出稼ぎに出る者も多かった。ここで、久斗山地区内各戸の業種別出稼ぎ者輩出状況をみてみよう。図9-7は、聴き取りにおける範囲内、つまり現世代から遡る2世代前までに、出稼ぎ者を輩出した家の分布を業種別に示したものである。これと地縁集団ごとにみた家ごとの出稼ぎ者輩出率を示した表9-4とを見比べながら、集落よりもさらにミクロレベルの地域における「隣接刺激」の検証を試みる。

　酒造出稼ぎは、久斗山地区で調査当時、最も盛んな業種であった。したがって、全域的に輩出戸数が多くなっている。その中でも全戸が酒造出稼ぎ者を出している上住とこれに隣接する田中住、河原住といった集落中央部に多いことが理解される。これに対してうどん屋台出稼ぎは、数的に酒造出稼ぎよりかなり少なくなっているものの村中橋以西、集落北端の西ノ谷住と、大杉神社付近、集落南端の宮ノ前住への集中が著しいことがわかる。炭焼き出稼ぎ者輩出戸数は、全域的に少ないが、その中でも上住と河原住への集中がみられる。また、凍豆腐製造出稼ぎも、全域的に輩出戸数は少ないが、上住、岡住、宮ノ前住などに若干の集中がみられる。土建業出稼ぎは、田中住と岡住で少なくなっている他は、全域的な分布がみられる。以上の結果からだけでは、地縁集団が出稼ぎ者輩出の最小地域単位と即断することはもちろんできないが、一つの集落内において、業種別輩出に地域的集中がみとめられるのは、そういった範囲内で、出稼ぎ業種に関する情報提供が行われると同時に、強い「隣接刺激」、なかんずく「隣家刺激」が働いているためと推測される。

　この他、集落内に情報源を有していた例として、先述のように土建業出稼ぎも、その初期には、よそで仕事を請け負った集落内の土建業者に従って出かけていた。また、炭焼き出稼ぎに関しても、かつて集落内に数人の親方がおり、彼らに従って各地の山を回るということが行われていた。

　このような集落内の「隣接(隣家)刺激」の他に、出稼ぎに出る動機の形成には、隣接地域からの

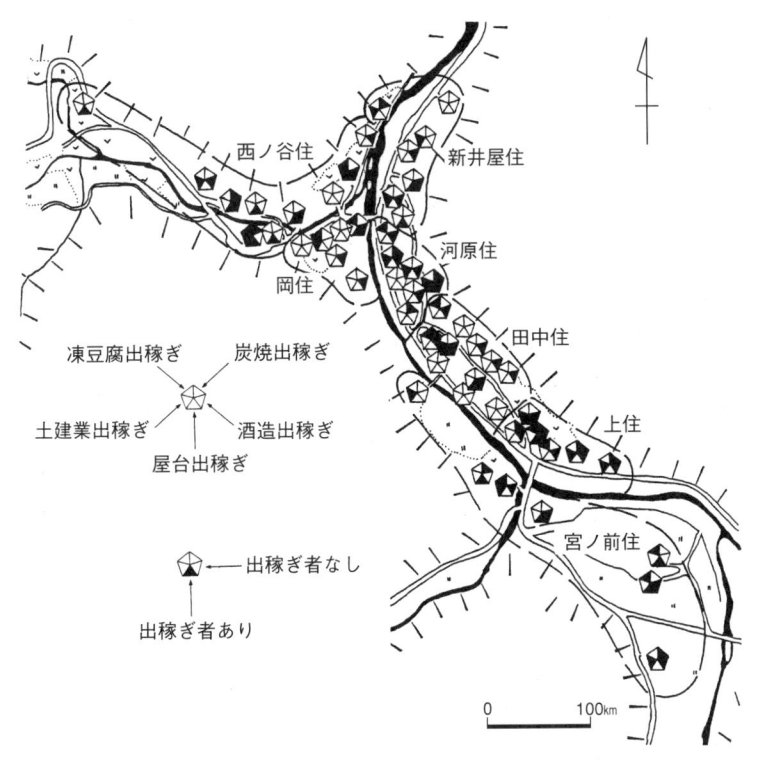

図9-7 業種別出稼ぎ者輩出世帯の分布
聴き取り調査により作成。

表9-4 地縁集団ごとにみた業種別出稼ぎ者輩出率

	出稼ぎ業種					平均
	酒造出稼ぎ	うどん屋台	炭焼き出稼ぎ	凍豆腐出稼ぎ	土建業出稼ぎ	
西ノ谷住	50.0	70.0	20.0	20.0	30.0	38.0
新井屋住	42.9	28.6	14.3	0.0	42.9	25.7
岡住住	50.0	16.7	0.0	33.3	16.7	23.3
河原住	71.4	14.3	42.9	14.3	42.9	37.1
田中住	63.6	18.2	9.1	18.2	9.1	23.6
上住	100	33.3	66.7	33.3	50.0	56.7
宮ノ前住	57.1	57.1	28.6	42.9	42.9	45.7
平均	75.9	35.2	24.1	22.2	31.5	34.8

注：数字は、各地縁集団戸数に占める当該出稼ぎ者輩出戸数の割合(%)である。

　刺激、すなわち、情報提供が重要となってくる。たとえば、炭焼き出稼ぎでは、浜坂にあった炭問屋Kから、出稼ぎ地に関する情報を得ていた例がみられる。また、酒造出稼ぎでは、温泉町や村岡町から杜氏（親方）が、出稼ぎシーズンの前に契約を取るために、久斗山地区へ出向いている。

　土建業出稼ぎは、最近では香住町にあるハローワーク（職業安定所）に出向いて出稼ぎ先を決めてくることが多くなっている。これらは、先述した二次生活圏に情報源を持つ例である。さらに三次生活圏である但馬地方でも、特に城崎郡竹野町近辺からは、京都市域で営業を行う製麺業者が多く輩出している。久斗山地区からも、これらの製麺業者への奉公を端緒として、うどん屋台出稼ぎに関する情報がもたらされた。うどん屋台は、何はともあれ麺さえあれば開業することが

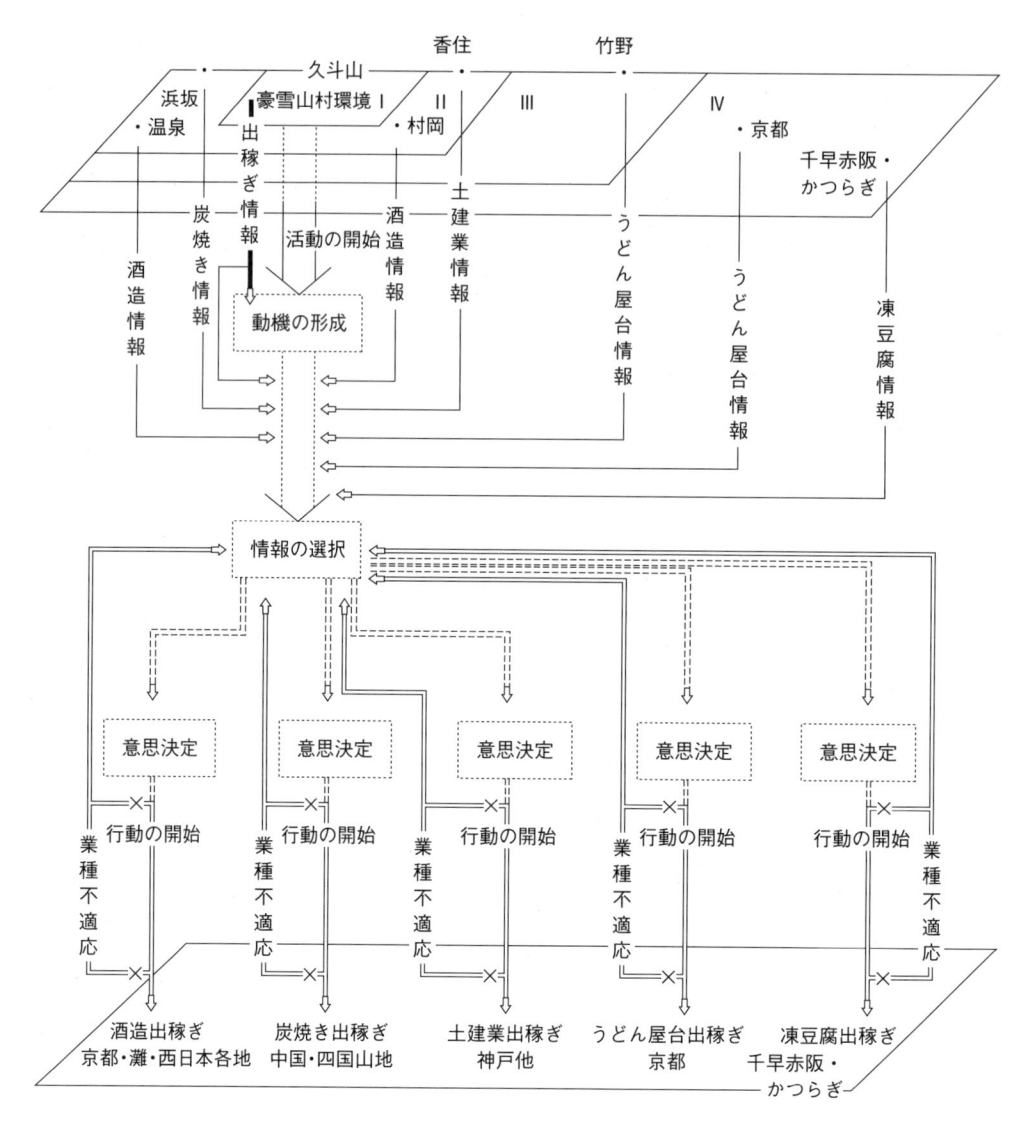

図 9-8 出稼ぎ者の輩出メカニズム

可能であり、逆に製麺業者も、製品の重要な捌け口として、自ら屋台や宿所を用意することで[31]、多くの屋台労働を利用していたのである。このような両者の利害の一致のもとに、「但馬地方」という同郷の久斗山地区住民に屋台労働力の提供を求めたわけである。

この他、凍豆腐製造出稼ぎの場合は、出稼ぎ先である大阪府千早赤阪村と和歌山県かつらぎ町から、出稼ぎシーズンの前に直接釜元が久斗山地区にやって来て、契約を取り付けていた。

(3) 出稼ぎ者の輩出構造に関する考察

以上のような様々な情報源からの出稼ぎ情報をもとに、久斗山地区からどのようにして出稼ぎ者が輩出されるのかについて示したのが**図 9-8**である。この図は、地理的環境が住民のキャリア形成に大きな影響を与えるという観点から、動機の形成、意思決定、その後の行動の開始といっ

た心理的な部分にまで踏み込んで、出稼ぎ者の輩出メカニズムを表したものである[32]。これによると、久斗山地区では、冬季の豪雪山村という地理的環境に生まれ育ち、就業年齢に達した者が、前項で取り上げた様々な地域(生活関係圏)からの情報、および「隣接(隣家)刺激」を受けることによって動機を形成し、出稼ぎ業種、および出稼ぎ先に関する情報を選択した上で、意思決定を行い出稼ぎ行動を起こすに至る。そうして、出稼ぎ業種、出稼ぎ先に馴染み、適応することができた場合には、長期間にわたって定着することになる(出稼ぎ先固定型)。しかし、実際には出先の環境に適応できないケースも多々生じる。その場合、よりよい労働環境、労働条件を求めて、再び情報の選択を経て意思決定を行うのであるが、その際にまず、一旦馴染んだ業種は変えずに、出稼ぎ先を変更するという行為が実行される(業種固定・出稼ぎ先多変更型)。その後に、どうしても当該業種に適応できない場合、業種変更を行うことになる。この場合にも、従事業種の衰退によって、変更を余儀なくされるケースと、積極的に業種変更を行っていくケースがあった(業種・出稼ぎ先多変更型)。そうしてその後にようやく定着する者、さらに、定着することなく、1～2年ごとに業種、出稼ぎ先を変えていく者もみられたのである。

6. 結 び

　久斗山地区は、山陰地方でも有数の豪雪山村であり、これが冬季出稼ぎ者を輩出する自然的背景となっていた。同時に、平地に乏しく、基幹産業である農牧業も規模拡大を図ることができないという山村環境にあって、家計的にも出稼ぎは不可欠であった。本章では、この久斗山地区からの出稼ぎ活動の特徴と変容、および出稼ぎ者の移動行動上の特徴を解明し、さらに、出稼ぎ者の輩出構造について考察を進めてきた。
　その結果は、以下のように要約できる。

1. 当地区からの出稼ぎ業種は、「伝統型」・「技能型」出稼ぎのうどん屋台営業と、「伝統型」・「単純型」出稼ぎの酒造業、凍豆腐製造業、炭焼き、および「産業予備軍型」・「単純型」出稼ぎの土建業の5つがみられた。これらの出稼ぎ活動は、今日、総じて縮小傾向にある。凍豆腐製造業や炭焼きが、1955(昭和30)年頃をピークとして、うどん屋台営業者も1970(昭和45)年頃より急減している。また、酒造業と土建業も近年、需要減の伴い出稼ぎ者数の減少が著しい。

2. 出稼ぎは、その一般的性格として職場の拘束力が弱く、よりよい労働条件を求めての業種、出稼ぎ地の流動性が大きい。当地区にみられた業種別では、炭焼き業の流動性が最も大きく、酒造業と土建業がそれに次ぐ。しかしながら、酒造出稼ぎについて、より詳細に検討してみると、これには1～2年で出稼ぎ先を変更していくものと、長年同じ出稼ぎ先に定着するものの両方が含まれていた。これに対し凍豆腐製造業や屋台うどん出稼ぎは、極めて定着性の強い業種であることが判明した。

3. 業種別の出稼ぎ先変更と業種変更のパターンとを組み合わせることで、出稼ぎ行動パターンを3つに大別することができた。これらはすなわち、①出稼ぎ先固定型、②業種固定・出稼ぎ先多変更型、③業種・出稼ぎ先多変更型である。このうち①は、酒造出稼ぎの一部とうどん屋台出稼ぎが含まれる。これらは、結果として出稼ぎ者にとって不満の少ない、最も効率

のよい業種ということになる。②は、酒造出稼ぎの一部が含まれる。労働条件の改善により、業種への不満は減り、「習慣性」が発揮されて同一業種を選択することになるが、需要地の多様さから、好条件を求めての流動が顕著であった。最後の③は、積極的に移動を繰り返すものと、業種の消滅に伴い移動を余儀なくされるものとが含まれていた。

4. 久斗山地区住民の生活関係圏は、(1)一次生活圏としての久斗山地区、(2)二次生活圏としての浜坂、温泉、香住、村岡などを含む近隣地区、(3)三次生活圏としての但馬地方、(4)(3)以遠の京阪神を中心とする出稼ぎ先などに大別することができた。なお、出稼ぎに関して久斗山地区の住民にもたらされる様々な情報の出所も業種によって異なっていた。全ての業種の出稼ぎ情報が(1)内でもたらされ、動機の形成に大きく働くのは当然であるが、その他、酒造、炭焼き、土建業出稼ぎに関しては(2)から、うどん屋台出稼ぎに関しては(3)と(4)から、凍豆腐製造出稼ぎに関しては(4)から、それぞれ情報がもたらされた。

5. 久斗山地区では、就業年齢に達した者が、冬季の余剰労働力を消化すべく、業種ごとに異なる様々な地域からの情報、および「隣接(隣家)刺激」を受けることによって動機を形成し、出稼ぎ業種、および出稼ぎ先に関する情報を選択した上で、意思決定を行い出稼ぎ行動を起こすに至っている。そうして、出稼ぎ業種および出稼ぎ先に馴染み、適応したものは長期間にわたって定着することになるが、適応できない場合、よりよい労働条件を求めて、再び情報の選択から始めて業種、出稼ぎ先を変更していく場合も多くみられた。

　長い伝統を保ちつつ、山間地住民の生活を支えてきた出稼ぎ活動であるが、久斗山地区のみならず、全国的に衰退傾向が著しい。そういった中で、出稼ぎ活動の変容と往時の出稼ぎ者の行動上の特徴、彼らの輩出構造をミクロスケールの集落レベルで解明した点、また、京都市域という出稼ぎ者受容地の状況を扱った前章に対して、出稼ぎ者輩出地の状況を解明した点に、本章の研究意義を認めうると考える。

　なお、他の出稼ぎ者輩出地に関する事例研究を進めて、久斗山地区での考察結果の一般化を図ること、出稼ぎ活動の推移、展開の把握については、今後の課題としたい。

<注および文献>

1) 現在、京都市域におけるうどん屋台営業は、経験者を入れても極端に数が少なくなっており、彼ら全員の出身地を特定すること自体困難になってきているが、筆者の聴き取り調査の範囲では、久斗山地区と久斗川中流に位置し、久斗山からの移住者が多い辺地地区に限られている。
2) 岩崎健吉「紀伊半島南海岸に於ける海外出稼移民の研究(第3報)」地理学評論 14-4、1938、28-46 頁。
3) 川本忠平「津軽地方の出稼労働とその構造変化」歴史地理学紀要 14、1972、111-135 頁。
4) 大島一二「中国広東省における出稼ぎ現象の実態」農村研究 81、1995、98-109 頁。
5) 髙沢裕一「出稼ぎ労働と小作経営 —越後頸城地方を例として—」史林 45-2、1962、94-120 頁。
6) 本章では、親村である久斗山集落と子村である中小屋、本谷集落を含めた地域の総称として、久斗山地区という地域概念を採用した。
7) 聴き取り戸数は、久斗山集落が 55 戸、中小屋集落が 6 戸、本谷集落が 6 戸の計 67 戸であった。なお、調査は、1985 年 11～12 月の予備調査と、1986 年 8 月の約 2 週間にわたる調査、同 12 月と 1999 年 10 月に補充調査を行った。
8) 1995 年国勢調査結果による。

9) 80年代前半だけでも、久斗山集落の上手にある池ヶ平の僧侶1名と道路工事人夫1名が雪崩の被害で亡くなった。
10) 浜坂町史編集委員会編「たたらと野鍛冶場」(同編『浜坂町史』、1967)、522-550頁。
11) 1980年度農林業センサス農業集落別カードによる。
12) 1995年度農林業センサス農業集落別カードによる。
13) 1980年当時、総農家数55戸のうち、出稼ぎ、日雇い、臨時雇いなどに従事する戸数が36(全農家の65.5%)あった。これが1995年になると戸数22(51.2%)となる。割合は減じているが、今日でもなお、重要な収入源であることがわかる。前掲11)、12)による。
14) 池ヶ平は、現在「安泰寺」の僧侶が居住しているが、廃村化して元から住む住民がいないため、調査対象から除外した。
15) 当地区には杜氏も若干存在するが、灘地方には、丹波杜氏が大企業を中心に入っており、但馬杜氏は、より小さな酒造会社に入っている。伏見では、大企業にも但馬杜氏が入っている(図9-2中の出稼ぎ者番号34に対する聴き取りによる)。
16) 例外的な京都市域以外でのうどん屋台営業の事例として、出稼ぎ者番号33の父親が、若い頃大阪市内に出ていた(33に対する聴き取りによる)。
17) 新島繁「そば屋の変遷」(新島繁・薩摩夘一編『蕎麦の世界』柴田書店、1985)、44-82頁。
18) 炭焼き業に関しては、先述のように、当地区でのタタラ製鉄の隆盛に付随する産業として、近世初期からの伝統が推測されるが、これはあくまで地元消費を目的としたものであり、当時の出稼ぎに関しては記録も伝承も残っていない。前掲16)、522-550頁。
19) 図9-2中の出稼ぎ者番号32に対する聴き取りによる。
20) 図9-2中の出稼ぎ者番号6、8、31、33各氏の談による。
21) 屋台営業は、食品衛生法施行令第5条に規定される飲食店営業の一つとして管轄保健所長を通じて都道府県知事に営業許可を受けなければならない(食品衛生法第21条)。厚生省食品衛生課・乳肉衛生課・食品化学課共編『食品六法』中央法規出版、1991)、10-20頁。
22) 屋台営業は、道路交通の円滑化を図る目的で、所轄警察署長に営業許可を受けなければならない(道路交通法第77条)。星野英一・松尾浩也・塩野宏編『小六法』有斐閣、1991)、435頁。また、道路管理者に対しても道路占有の許可を受けなければならない(道路法第32条)。同上、508頁。
23) 西陣の機業夜間操業がなくなって、売り上げが落ちた(出稼ぎ者番号8)や、室町問屋筋の会社寮が郊外に移転して客が減った(同28)などの談が聞かれた。
24) キャバレー、ナイトクラブ、バー、料理店等風俗営業は、午前零時から日出時までの時間においては、その営業を営んではならない(風俗営業等の規制及び業務の適正化等に関する法律第13条1項)。前掲22)、468頁。
25) うどん屋台営業の変容については、本書第3部第8章、243-244頁による。
26) 1961(昭和36)年に採用された失業保険制度は、1975(昭和50)年に雇用保険に変更された。これは、6ヵ月の就労により、一時金50日分を給付するというものである。但馬杜氏編集委員会編『但馬杜氏』但馬杜氏組合、1981、264-275頁。
27) 表9-1には、久斗山集落の6戸(6名)だけがあがっているが、この他に中小屋集落に2戸(2名)がある。
28) 図9-4〜6は、人間の行動を時空間三次元を通過するパスとして表現する時間地理学的手法を援用した。
29) 久斗山地区は、1911(大正元)年10月に長井村から大庭村へ編入されている。前掲10)、5頁。
30) 前掲2)、28-46頁。
31) 屋台労働者は、身一つで京都へ出ると、紹介された製麺業者の2階部屋などを借りて定宿とし、備え付けの屋台と調理場を使って営業を行った。

32）筆者は、同様の手法で漁村における水産物行商人やテキヤ縁日市露店商の生成過程について考察を行った（本書第2部第7章、および第3部第10章）。

第10章　縁日市露店商の空間行動と生成過程

1．はじめに

　露店商[1]の活躍する場としての市については、特に定期市を事例とした研究蓄積がみとめられる。それらの国内外の研究の多くが、店舗商業のプロトタイプとしての機能と構造の究明を主たる目的としてきた[2]。定期市は、開市頻度が高く、地域によっては今日でも中心的商業機能を有している。そういった意味での重要度の高さから、研究者の注目を集めてきたことは当然と言えよう。しかし一方で、商業機能の高度に発達した先進国における定期市は、例外的な一部の地域を除いて、将来的に消え去る可能性が高い商業形態であるとも考えられる。

　石原は、定期市とは別の市概念として、開市周期が著しく大きい「大市」をあげている。そうしてAllix[3]がヨーロッパの事例から、それを①一般商品大市、②家畜大市、③見本市に分けたものに加える形で、④祭礼市の存在を指摘している[4]。なお、彼は大市を娯楽性が強く、農民の日常生活に密着したものとは言えないとして、定期市の研究対象から除外している。しかしながら、今日でも盛大に催され、広い地域的範囲から多数の人々を集客する機能を果たし、その点において重要な空間的展開と機能を有する祭礼市、ないし縁日市は、定期市とは別の意味で、重要な地理学の研究対象であると言えよう。そうして、この縁日市こそが、テキヤ露店商[5]の中心的な活躍の場ということになる。そういった見地から眺めた時に、縁日市に関する研究蓄積は多いとは言えない。

　市を構成する露店の出店者に関する研究も、定期市出店者を中心に取り上げられてきた。これについてはたとえば、商人の移動に関する石原の研究[6]をあげることができよう。これらの定期市露店商に関する地理学からのアプローチは、その基本的性格から、彼らの空間行動上の特性の究明に重きがおかれ、彼らがどのような経緯で露店商になったのか、その出自（生成過程）の解明に関する研究はみられない。これに関連するものとして筆者の管見する限りでは、わずかに越後平野の定期市において、農家出店者が輩出される背景について究明した岡村の研究[7]がみとめられる。

　そういった縁日市の担い手としての露店商の出自、すなわち、どのような経緯で露店商なったのかといった点に関しては、民俗学や断片的な資料ではあるが、テキヤ露店商自身の回顧録などに成果をみることができる。たとえば、陶磁器（わんちゃ）行商人に関する聴き取りから、その出自と行動に関するモノグラフを描出した神崎[8]、テキヤ商人の歴史と実態を詳述した著述[9]の他、テキヤ親分自身の回顧録である北園[10]をあげることができよう。

　本章では、これらの文献と筆者自身による聴き取り調査の結果から、露店商の空間行動と、その出自（生成過程）の解明を試みる[11]。

　筆者は、第8章において、京都市域におけるうどん屋台営業者の活動などを例に、「非常設店舗商業」の営業地別営業形態に関する序論的考察を行った。ここで言う「非常設店舗商業」とは、多様化する商業活動の中で、経済用語として使われる「無店舗販売」よりも、より限定された概念で

あり、露店・行商、配置販売、家庭訪問販売などを含んでいる。その営業地別営業形態に関する分類を試みた図8-10（p.246参照）の中で、縁日市露店営業は、ES、すなわち、「その他の顧客集中地型露店」として位置づけられる。このような顧客集中地型露店の活動についての実態解明も、本章の重要な目的の一つである。

筆者はまた、上記のような露店商研究を、移動を伴う労働に関する地理学的研究の一環として捉えている。移動を伴う労働にも多様なものがあるが、特に筆者は、水産物行商や先述の屋台営業のように、移動を繰り返しながら、その移動の過程で労働を行うものに注目してきた。

本章では、そのような就業者の一例として、テキヤ露店商を取り上げる。以下、第2節において、彼らの1年をサイクルとする空間行動について、特に鉄道、バスといった公共交通機関から自家用車へという利用交通手段の時代的変化に伴う空間行動の展開について明らかにする。その上で、第3節において、彼らの一生涯の時空間行動を追い、その中で最も大きな画期をなすと考えられるテキヤ露店商になる前後の経緯、すなわち、露店商の生成過程について考察を進めていく。

2．縁日市露店商の空間行動

（1）空間行動の基本的性格

旅から旅のテキヤ商売において、その空間行動のパターンを析出することは、実際には非常に難しい作業である。しかし、長年にわたる商業活動の中で、出回り先における馴染みの形成などを端緒とする地域へのアクセシビリティから、全国をまたにかけるテキヤ商売においても、何らかの行動パターンが生じるし、その行動も時代によって変化していくと考えられる。

そこで本章では、第二次大戦前の事例として「わんちゃバサ」[12]大黒屋利兵衛氏と、1963～64（昭和38～39）年頃を最盛期とする「青バサ」[13]北園忠治氏の2つの事例を取り上げ、彼らの空間行動上の特徴について考察する。

まず、この2つの事例を取り上げた理由について説明する。後で詳述するが、テキヤ縁日市露店商の空間行動は、鉄道やバスなどの公共交通機関を利用していた頃に比べ、今日一般的にみられるように自家用車を利用するようになって、非常に大きな変化をみせている。そのことを明らかにするためには、公共交通機関時代の空間行動と、自家用車利用の空間行動の双方に関するデータが必要となってくる。そこで前者については先述した神崎の著書を援用した。同書は、著者による大黒屋利兵衛氏に対する綿密な聴き取り調査をもとにした労作である。ただし、調査対象である利兵衛氏は、当時すでに85歳と高齢であり、テキヤとしての現役を引退して5年が経過している。そういった意味では、内容的には昔の記憶を掘り起こしたものであり、同時に、本人の意図のあるなしにかかわらず、話術巧みなテキヤ露店商の話ゆえ、多少の脚色が含まれる可能性がある。また、調査も、厳密に逐一の行動を時間を追って分析されたものではないので、時期の設定などに多少曖昧な部分がみとめられるのは否めない。とは言え、文面から、極めて誠実に調査が行われたことが判断され、当時のテキヤ露店商の年空間行動を記したいくつかの文献の中でも、内容的に優れた詳細な記述として評価することができよう。

後者については、近年のことでもあるので、聴き取り調査によるデータの入手が可能である。そこで、調査対象として、テキヤ親分にして3冊の著書を執筆し、その中で有職渡世たるテキヤ

第10章　縁日市露店商の空間行動と生成過程　　269

の誇りとテキヤ自身がその行動において批判を受けることにないよう身を律すべきこと、テキヤの存在意義について鋭い主張を展開している北園忠治氏に対する聴き取り調査を行った。

　ここでは、具体的な彼らの年行動の特徴について解説していく前に、テキヤ縁日市露店商の基本的性格について2点指摘しておきたい。

　大黒屋利兵衛氏と北園忠治氏は、扱う商品こそ陶磁器とバナナというように違ってはいるが、口上を発しながら商品を売りさばく伝統的な販売形態をとっている。彼らは、一般的には長い修業期間の中で、親分や先輩の口上を盗み覚え、それをアレンジして自分なりの口上を創り出していく。したがって、一人の露店商が扱う品目は通常同じものであり、露店商ごとの専門化が生じることになる。このような伝統的なテキヤ商売とは別に、売れ筋の商品を狙って、扱う商品を次々に変えていくテキヤ商売もある。しかし、特定商品のみを扱ってきた伝統的テキヤ商売も、客の生活水準の向上や、商品の市場価値が下がるなどして、その商品を扱っても商売にならなくなってくると、否応なく廃業するか、扱う品目を変更せざるをえなくなる場合もある。

　また、テキヤ露店商の空間行動は、各地で開かれる縁日市をつなぐ形で展開する。だからといって当然のごとく行動に規則性が発生し、いつも同じ縁日に出店することになるという考えは正しくない。彼らは、『高市面帳』によって、縁日市の場所と日時を把握し、それらを回ることになる。したがって、よほどの馴染みがある場合を除いて、仲間の情報などを頼りに儲かりそうな所へ飛び込みで入ることも多い。ただし、遠方に出向くことの少なくなった今日では、彼らの行動は、比較的規則性を持つようになってきているとは言えよう。

（2）「わんちゃバサ」大黒屋利兵衛氏の空間行動

　江戸時代に活躍した商人には、近江商人や富山売薬商人のように広範な行動圏を有するものもあったが[15]、土着性が強い香具師商人の行動圏は、出店先の寺社奉行などへの煩雑な許可手続きも必要なことから[16]、より狭い領域に限定されていたと考えられる。このようなテキヤ商人の行動圏が飛躍的に拡大したのは、公共交通機関としての鉄道が全国展開をみせる1890（明治20）年代以降のことと言えよう。

　そこで本項では、まさに、そういった公共交通機関を利用したテキヤ商売が全国的展開をみせる第二次大戦前の状況について、「わんちゃバサ打ち」、すなわち、陶磁器叩き売り露店商であった大黒屋利兵衛氏[17]の事例を眺めてみよう。

　大黒屋利兵衛氏は、1913（大正2）年に露店商を始めている。商売のやり方としては、本人が各地の縁日市を回り、必要に応じて仕入先（窯元）に連絡をとると、目的地の駅止めで荷物が搬送されてくる。たとえば、10トン貨車1台単位、仮に茶碗に換算するならば、54,000個ほどをまとめて仕入れ、これを1カ月単位で売りさばくことが通常であった[18]。こうして、各地を回って商売を行っていくのであるが、以下、具体的な年行動について、1月から眺めてみよう。

　正月は、特に関東地方で縁日市が多く開かれ、露店商にとっては大事な書き入れ時である。そのため、各地で商売をしながら年を越すことになる。正月明けに岐阜県土岐市の自宅に帰り、テキヤ一家の新年会（年次総会）に出席する。新年会では、一家のニワバで執り行われる年6回の高市の確認の他、仲間内での情報交換や親分に対する各人の活動予定の報告が行われる[19]。

　1月中は、寒くて外での商売がつらいのと、大きな高市もないので、商売には出ない。2月始め、挙母（豊田）の陶器市が仕事始めとなり、これ以降、3日前後に名古屋大須観音の高市、さらに

① 地元（土岐周辺）
② 埼玉県内
③ 新潟・佐渡島
④ 東北地方

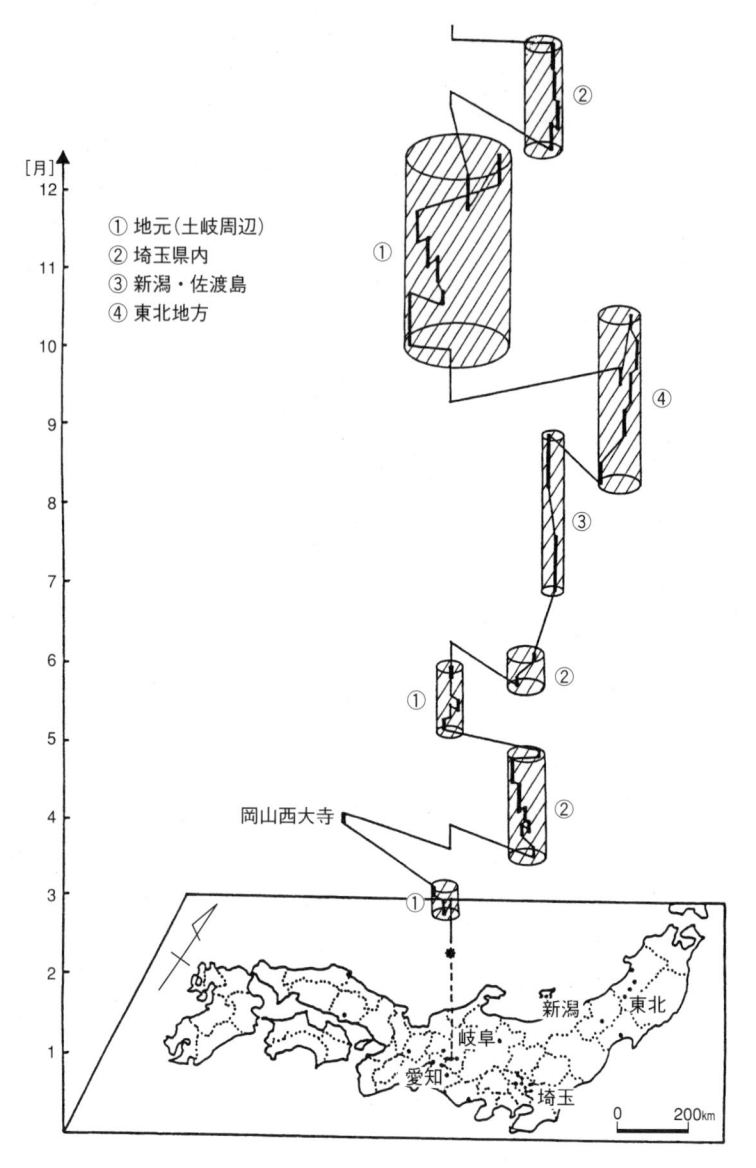

図10-1　公共交通機関利用期のテキヤ露店商の年行動
戦前における「わんちゃバサ」大黒屋利兵衛氏の事例

かつては、14日の岡山西大寺の会陽の高市に出たこともあった。3月には、関東地方各地で雛市が開かれる。利兵衛氏は、埼玉県の岩槻、行田、久喜、蕨、川越、飯能を回り、4月6日の春日部まで、この地に止まっている。4月に入るとニワバ近隣において陶器市が開催される。具体的には、第1土・日曜日に多治見陶器市、同第2土・日曜日に瑞浪陶器市、第3土・日曜日に土岐陶器市が開かれ、大黒屋に所属するテキヤは、全員参加することになる。5月10日には再び埼玉県に出向き、熊谷、大宮などで商売した後、新潟から佐渡島に渡り、6月いっぱいまでこの地で商売を行っている。7月から8月にかけては、東北地方各地を転々とすることになる。おもな立ち寄り先として、山形県の天童、秋田県の湯沢、横手、大曲などがあり、8月6日前後の秋田竿燈祭りや7日前後の仙台七夕祭りにも出店する。しかし、竿燈祭りや七夕祭りのような大きな祭りは、

第10章　縁日市露店商の空間行動と生成過程　　　271

人出は多いものの皆が祭りに夢中で、売り上げは伸びないということであった。

　この後一旦土岐の自宅に戻り、9月に入ると自宅に比較的近い滋賀県、岐阜県、愛知県、三重県、長野県、静岡県などを回っており、9月第3土・日曜日には瀬戸陶器市に出店する。こうして11月いっぱいまで過ごすと、12月には歳の市が始まるので、埼玉県の大宮氷川神社、浦和調(つき)神社、与野一山神社の高市などに出店して正月を迎えることになる。

　図10-1は、利兵衛氏の年行動を時空間3次元モデル中を通過するパス(経路)として表したものである。これをみながら、その行動の規則性について解説を加えてみよう。まず、おもな出店先として、①地元(土岐)周辺と②埼玉県内、③新潟・佐渡島、④東北地方の4つをあげることができよう。時期的には、春や秋といった季節的によい時期に地元を中心に回っており、3月の雛市や12月の歳の市といった書き入れ時には埼玉県各地に出向いている。また、暑い夏の時期には新潟・佐渡島から東北へ、つまり、より涼しい所へ移動していくことになる。図10-1には、このような移動を繰り返しながら、近接する各地の縁日をつなぐ形で営業活動を行う状況が、先にあげた主要出店先での出店ゾーンとして描かれている。

　一方で、利兵衛氏は、ほとんど関西以西に出向いていない。これにも理由があって、当時、利兵衛氏の扱っていた美濃焼は、有田焼に比べて性能が劣っていたと言われ、有田焼が早くに普及した西日本では、客の目が肥えていて、どれだけ「バサ打ち」をしても容易に売れるものではないことを、かつて行商に回った経験からわかっていたためである[20]。利兵衛氏は、目的地の高市をつなぐ形で移動を行っているが、高市がない日(ヒラビ)には町中で商売をすることもあった。その際に、売り上げを伸ばすためのコツとして、農村部であれば米の収穫期、漁村であれば漁獲期、都市であればサラリーマンの給料日の後といった、その地の人々が経済的に潤う時期を狙うことが重要であると指摘している。

(3)「青バサ」北園忠治氏の空間行動

　次に、移動に自家用車を利用するようになって、テキヤ商売の行動にどのような変化が現れたかについて、北園忠治氏の例を眺めてみよう。

　北園氏は、佐賀県鹿島市在住の現役露店商であり、かつ、テキヤ親分である[21]。

　彼は、かつて「青バサ」、特に「バナナの競り売り」を専門としていた。なお、北園氏によると、九州と他の地方ではバナナの売り方には違いがあった。前者は、バナナを1房だけ台上に取り出し、浪花節調の口上を付けながら値段を競り落として販売していくのであり、後者は、いくつものバナナを台上に並べて啖呵を付けながら売り落としていく。したがって、前者を「競り売り」、後者を「叩き売り」と称するのである(写真10-1〜3)。この「バナナの競り売り」全盛期の1963〜64(昭和38〜39)年頃[22]の年行動について眺めてみよう。

写真10-1　JR門司港駅近くにある「バナナの叩き売り発祥の地」の碑
(1999年8月撮影)
ここでは、北園氏の主張する「競り売り」ではなく「叩き売り」となっている。

写真 10-2 バナナの競り売りの様子　　　　　写真 10-3 楽しい口上に集まる人々
（写真は北園氏提供）

　元旦から7日にかけては、正月の参拝客を目当てとして、「玉せせり」[23]の行われる福岡筥崎宮に出店する。9～11日にかけて、福岡の「十日戎」に出店した後、一旦自宅に帰り、29日に大川市へ出向いている。その後、しばらく休んで2月23日には、福岡県田主丸町の「三夜さん」に出店する。3月に入ると、1～10日まで島原市の「初市」に出向いている。さらに、11～19日までかけて、島原半島内の小さな祭りを3～4カ所回り、20日には諫早市の祭りに出店、その後自宅へ戻ることになる。4月1～7日まで鹿島市浜の祭りに出店し、8・9日は佐賀県神埼郡神埼町、10・11日には佐賀市内の佐嘉神社、13・14日には佐賀護国神社、15～20日まで大和町川上峡、21日には白石町の祭り、さらに、25・26日には川副町須賀神社の祭りに出店している。5月1～3日にかけては柳川市の「水天宮」、5～7日に久留米市の「水天宮」の祭りがある。特に久留米市のものは盛大で、北園氏にとって一番の書き入れ時であった。その後しばらくあって、関門海峡を越え、15日には島根県津和野町、20日頃には山口県光市室積の「普賢さん」に出店して帰宅している。

　6月は梅雨で雨が多く、商売にならないので休業して自宅に止まっている。7月も活動は少なく、10日には広島市「稲荷祭り」に出店、とんぼ帰りで13日に白石町の祭りに出店している。8月も暑いので休業となる。

　9月の声を聞き、秋が近づいてくると、再び活動が活発化してくる。11・12日には三根町江見の祭りに出店し、13～18日にかけて福岡市筥崎宮の「放生会」に出向いている。23日には、三養基郡中原町綾部の「八幡さん」の祭りに出店する。しばらく自宅に止まった後、10月10～12日には佐嘉神社、13～18日佐賀護国神社に出店している。その後伊万里・唐津方面で催される大きな祭りに出向くことになる。まず、23日には、けんか祭りとして知られる「伊万里とんてんとん」、25・26日には長崎県松浦市へ、そして、29・30日には「唐津くんち」に出店している。11月1～3日に佐世保へ、しばらくあって、17・18日には北九州市の「八幡製鉄所企業祭」に出店している。

　12月1～5日にかけては、鳥栖市の買物市に出店し、12・13日には三養基郡基山町へ出向いている。その後、毎年というわけではないが、20日頃に鹿児島県加世田市、蒲生町、加治木町に出向き、バナナと吊し柿を売って回ったこともあった。

　図10-2は、北園氏の年行動を時空間3次元モデル中を通過するパス（経路）として表したものである。これをみながら、その行動の規則性について解説を加えてみよう。まず、おもな出店先

第 10 章 縁日市露店商の空間行動と生成過程 273

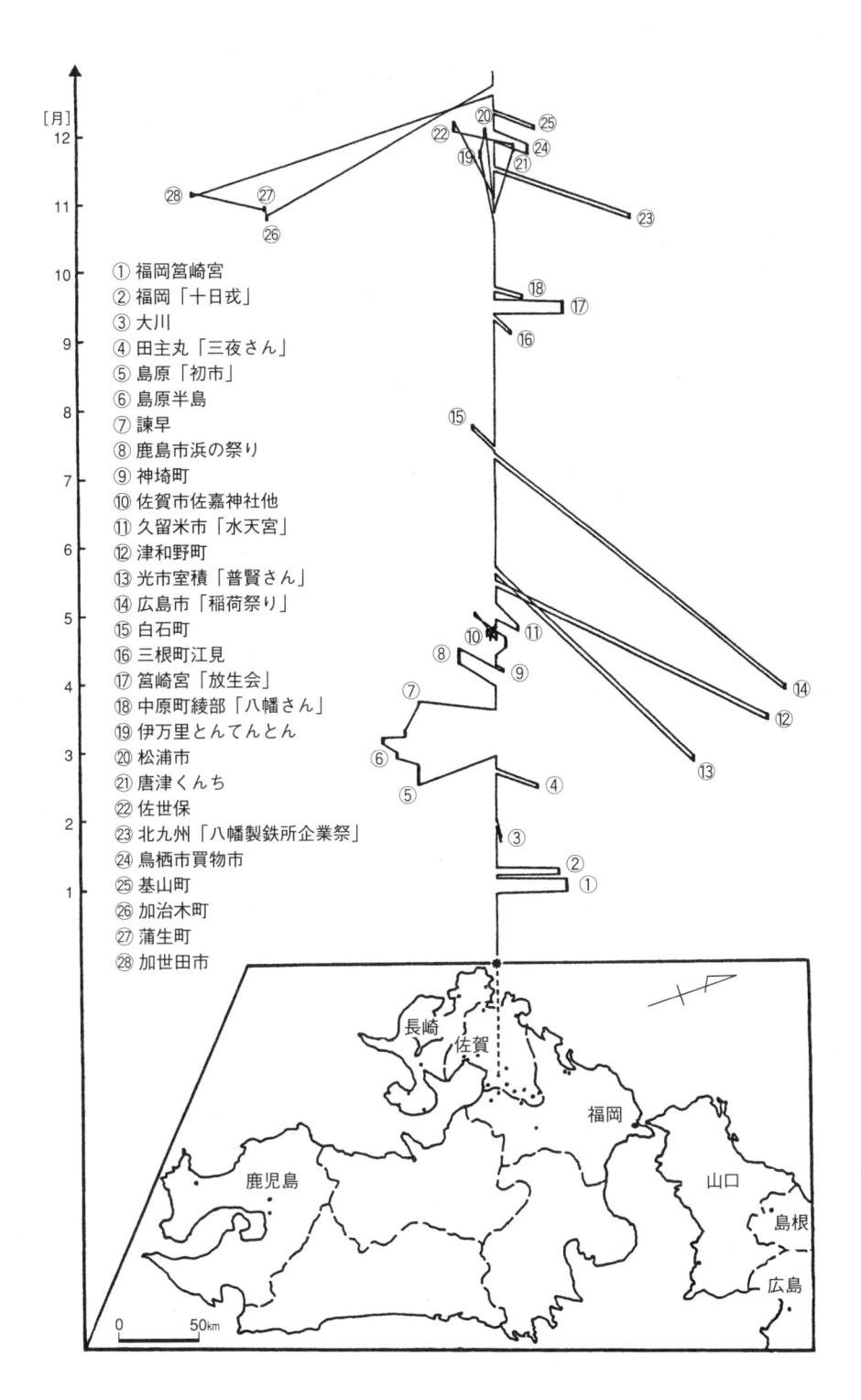

① 福岡筥崎宮
② 福岡「十日戎」
③ 大川
④ 田主丸「三夜さん」
⑤ 島原「初市」
⑥ 島原半島
⑦ 諫早
⑧ 鹿島市浜の祭り
⑨ 神埼町
⑩ 佐賀市佐嘉神社他
⑪ 久留米市「水天宮」
⑫ 津和野町
⑬ 光市室積「普賢さん」
⑭ 広島市「稲荷祭り」
⑮ 白石町
⑯ 三根町江見
⑰ 筥崎宮「放生会」
⑱ 中原町綾部「八幡さん」
⑲ 伊万里とんてんとん
⑳ 松浦市
㉑ 唐津くんち
㉒ 佐世保
㉓ 北九州「八幡製鉄所企業祭」
㉔ 鳥栖市買物市
㉕ 基山町
㉖ 加治木町
㉗ 蒲生町
㉘ 加世田市

図 10-2 自動車利用期のテキヤ露店商の年行動
バナナ競り売り全盛期(1963〜64 年頃)における「青バサ」北園忠治氏の事例

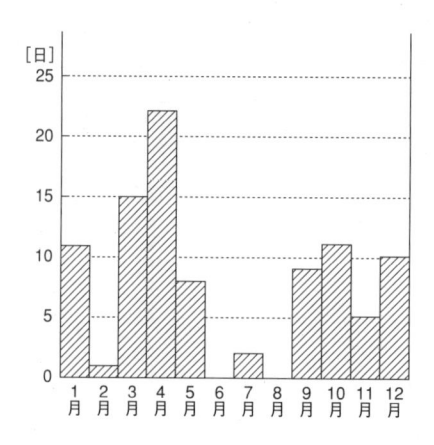

図10-3 北園氏の月別出店日数
注）1963〜64（昭和38〜39）年頃の状況。聴き取りにより作成。

として、①福岡筥崎宮（正月と秋の2回、延べ13日間出店）、②島原半島（春先、延べ20日間出店）、③佐賀市およびその周辺（春と秋、延べ22日間出店）、④久留米・大川方面（春と秋、延べ7日間出店）、⑤北・東松浦地区（秋、延べ8日間出店）、⑥佐賀県西部（春から夏、延べ9日間出店）、⑦佐賀県東部（年末、延べ7日間出店）といったところがあり、これらの他に佐賀県内の比較的小さな祭り（延べ3日間出店）に出向き、九州で商売にならない夏場には中国地方西部へ（延べ3日間出店）、また、北九州八幡製鉄所の企業祭への出店（延べ2日間）といったものもあった。

　当時、露店の商いとしてのバナナの競り売りは、バナナ自体が果物の王様と言われていた時代であったこと、競り売りの仕方、口上もおもしろおかしくて人気があったために、露店の業態の中でも特に収入が大きかった。そのため、売る時には集中的に多売することになるが[24]、労働日数的には他の業態よりも少なく、休みを多く取ることができた。先にも述べたように、梅雨時は雨で商売にならないし、夏場もスイカなど他の果物が出回る時期であり、食感からいってもバナナの売り上げが落ちるため、休業期ということになる。そのかわり、季節がよく、祭りの多い春、秋には北部九州を中心に連日各地に出向いて商売を行うことになる。図10-3は、聴き取りによって得た当時の月別出店日数を示している。これによっても先にあげたような年営業行動の特徴を確認することができよう。なお、この図では、年間の総出店日数が94日となる。これに高市のない日（ヒラビ）の営業が若干加わるので、総営業日数は100日ほどということになるであろう。この上に実際には、商品の仕入れに要する日数が加わって、総労働日数ということになる。

　北園氏の場合、1962（昭和37）年に車を購入し、商売に使うようになった。その結果、行動範囲にどのような変化が生じたのであろうか。それ以前の鉄道やバスを利用していた頃は、本人のみで近接する各地の縁日をつなぐ形で営業活動を行っており、ある場所で商売がうまくいかなくても、次こそはということで次々に縁日を回ることになり、場所的にはより遠方へ、時間的にも長期にわたって家をあけることになった。したがって、取扱品目は違うものの、その行動様式は、前述の大黒屋利兵衛氏と大差がないと言うことができよう。しかし、車を使用するようになると、夫婦一緒に営業に出ることが多くなった。そうして商売も、その日うまくいかなかったらさっさと家に帰って出直しということになった。その結果として、自宅を拠点として日帰りで周辺の縁日に出向くことになり、家をあける日が減ったかわりに行動範囲も自宅を中心とした狭い範囲に

第10章　縁日市露店商の空間行動と生成過程　　　275

限定されることになったのである。図10-2をみても、日帰り商売が増え、出店先をゾーンとして描けない状況を読み取ることができよう。

3．縁日市露店商の生成過程

　本節では、彼らの一生涯の空間行動を追う中で、その人生において最も大きな画期をなすと考えられるテキヤ露店商になる前後の経緯、すなわち、露店商の生成過程について、大黒屋利兵衛氏の事例をあげ、これとその他の事例をも含めて考察を進めていく。

（1）大黒屋利兵衛氏の場合
　本項ではまず、大黒屋利兵衛氏の誕生からテキヤになるまでの経緯を描き出し、次項の縁日市露店商の生成過程に関する考察へと論を展開してゆきたい。
　出典は、引き続き神崎である[25)]。この部分についてもデータソースとしては、本人に対する聴き取り調査のみであり、いささか信憑性に欠ける点は否めない。しかし、利兵衛氏自身の口で語られるテキヤ露店商の自分史は、実に興味深く詳細であり、その点で十分に評価しうるものと言うことができよう。

a．テキヤ利兵衛氏の誕生まで
　利兵衛氏は、1893(明治26)年に岐阜県土岐市の山村の貧農に生まれた。彼の地元は、「美濃焼」や「瀬戸物」の産地に近く、各地に窯場があった。窯も明治の中頃までは、細々とした営業であったが、全国的に鉄道が開通するようになって、汽車による陶磁器出荷が可能になり、活況を呈するようになった。彼の父親は、普段は農業をしながら、駄賃稼ぎとして、窯場から製品を天秤棒で担い、多治見の仲買まで運ぶ商売をしていた。そういった出身地の環境下にあった利兵衛氏子供時代の美濃山奥では、白い瀬戸物が金を生む唯一のネタであるということで、まず、美濃焼の窯元に奉公に出ることになった(15歳頃)。
　しかし、彼がそこで見、知ったことは、独立して自分の窯を持つことが難しかった当時、いつまでも親方に使われていても仕方がないということ、さらに、親方にしても多治見の仲買に頭が上がらず、言われるがままに使われており、これでは一生焼き物を作って暮らしてもおもしろくないということであった。さらに、焼き物には技術が必要であり、いくら修業を重ねても、どうしてもうまくなれないといった自分の腕前の限界を感じたこともあった。
　そのため、利兵衛氏は職人ではなく、焼き物を扱う商人になりたいと思うようになった。しかし、開業に当たって資金がない。ましてや仲買に参入できるようなコネもない。そこで19歳の時に、印物屋として[26)]、窯元からの注文取りを始めている。そうして行くあてはなかったが、とりあえず、需要が大きいと思われる東京、それも中央線沿線の造り酒屋や小売り酒屋を回ってみた。この商売は、それなりの収益を得ることができたが、困ったことに、売った徳利の支払いが盆と暮れの節季払いとなっており、当座必要な日銭を稼ぐことができなかった。そのため、1年でこれをやめ、日銭が稼げる陶磁器行商の世界に入ることになった。行商と言っても陶磁器の場合、割れ物で重くかさばり、1軒1軒家を回っていてもらちがあかない。より効率的に出費(この場合、交通費と宿代など)を浮かすためには、必然的に客が集まる縁日市をつないで回ることになる。なお、開業に当たって利兵衛氏が有利であったことは、窯元をよく知っているので、陶磁器の仕入

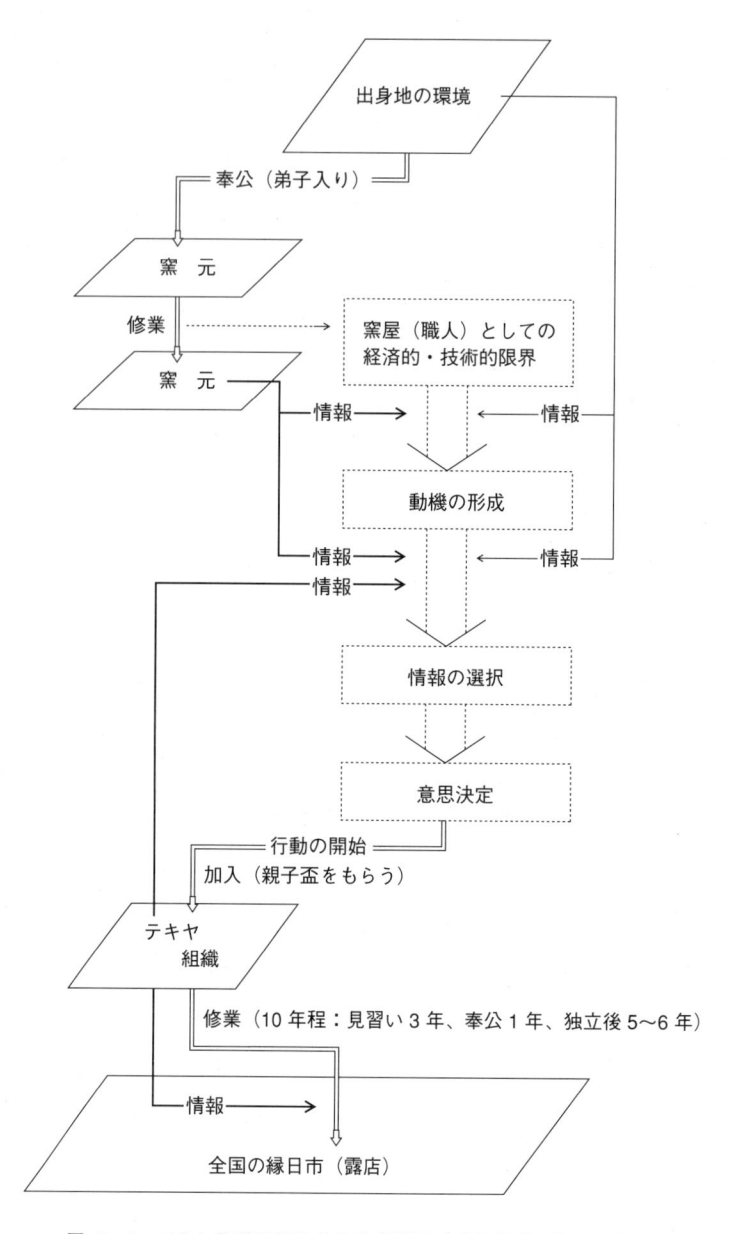

図10-4　テキヤ陶磁器行商人の生成過程―大黒屋利兵衛氏の事例―

れに苦労しないということであった。陶磁器には、4段階の等級が付けられ[27]、形が少しいびつであったり、模様の線が1本抜けていたりするような最下級品(ペケ)は、仲買が手をつけず、窯元も処理に困るような品であり、したがって、ごく安値で仕入れることができたのである。陶磁器行商人は、見せ玉として、3級品(ゴク)を少し、後はペケを仕入れて売ったが、質のよい陶磁器が出回っていなかった当時は、それでもよく売れたという。

　縁日で露店を開き、全国を渡り歩くためには、その筋(いわゆるテキヤ組織)に入らねばならない。そこで、利兵衛氏は、地元の土岐で陶磁器を扱っていたテキヤ組織である大黒屋に入ることになり、親分から親子の盃(ズキサカ)をもらう、いわゆる擬制的親子関係を結ぶことになった[28]。

第10章　縁日市露店商の空間行動と生成過程　　　　　　　　　　　277

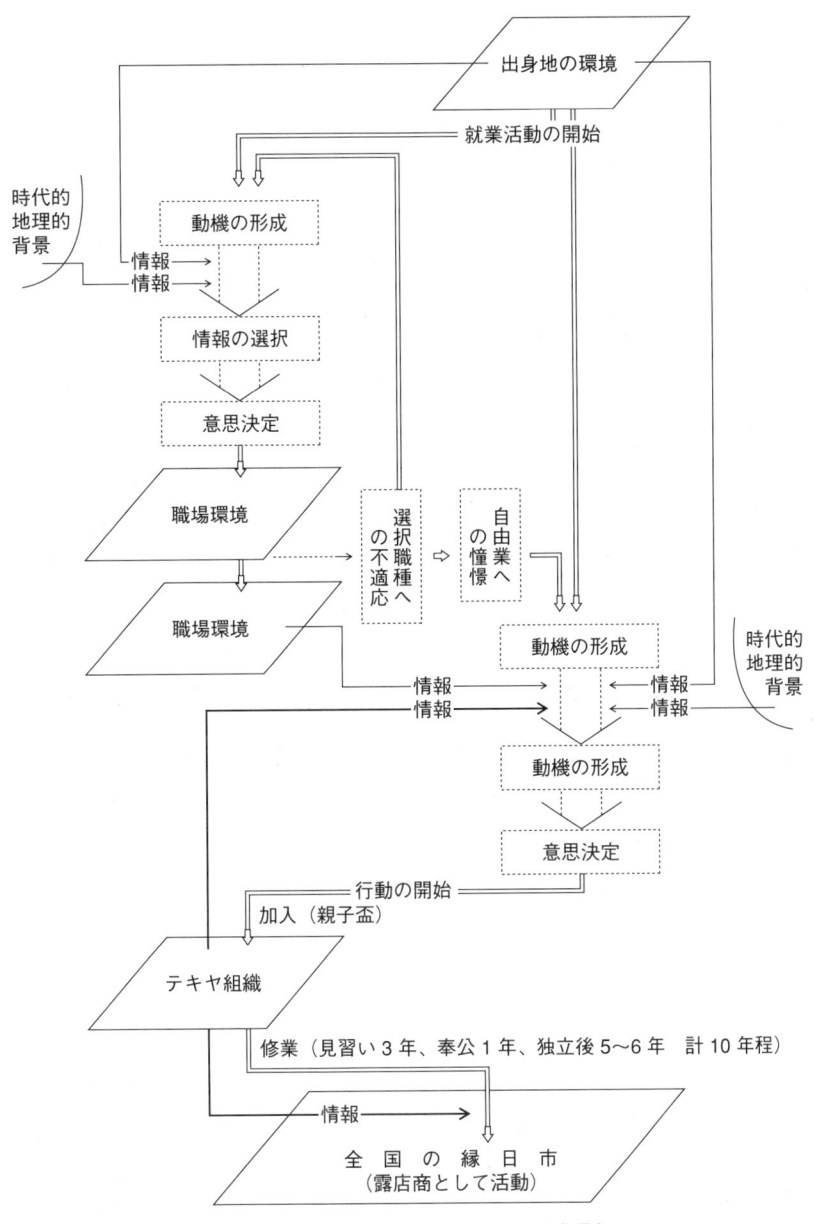

図10-5　テキヤ縁日市露店商の生成過程

こうして、親分と一緒に旅をして、バサの打ち方を覚えるなどの修業期間を経て、全国を渡り歩くことになった。

b. 大黒屋利兵衛氏にみる縁日市露店商の生成過程

aで眺めたテキヤ陶磁器行商人の生成過程に関する記述を模式的に表したものが、**図10-4**である。この図は、大黒屋利兵衛氏が、どのような経緯で露店商になったのか、すなわち、露店商の生成過程の一例を、動機の形成から意思決定、その後の行動の開始といった心理的な部分まで含めて、模式的に表したものである。これによると、利兵衛氏は、稼ぎになるものが窯屋しかなく、父親も副業としてそれの運搬に関わってきたというような出身地の地理的環境から、最初の

職業選択として、窯元での修業(奉公)を始める。その後、窯屋としての経済的・技術的限界の認識を動機の形成の端緒として、周辺からの様々な情報収集、選択を行い、陶磁器行商人として身を立てる意思決定を行っている。陶磁器行商人として行動を起こすためには、その関係のテキヤ組織に加入しなければならない。地元の情報として、陶磁器産地の土岐市には、これを専門とするテキヤ組織の存在が知られていたため、これに加入し、親分の下でテキヤとしての修業を重ね、その後に全国の縁日市を渡り歩くことになった。全国を回り始めるようになっても、その初期には行き先が固定せず、テキヤ仲間からの情報などを頼りに色々な地域を回ることになるが、この出回り先も地域に対する慣れ、馴染みの形成などによって徐々に固定化され、第2節で明らかにされたような年間の行商サイクルが完成することになるのである。

(2) 縁日市露店商の生成過程に関する考察

前項では、テキヤ露店商の生成過程について、大黒屋利兵衛氏の事例をもとに考察を加えた。そこで、本項では、北園忠治氏の事例も踏まえて露店商の生成過程についてさらに突っ込んだ考察を試みる。

その結果を示したのが図10-5である。これによると、まず、就業活動を開始するに当たり、出身地の環境や時代的地理的背景に基づく情報をもとに、職業の選択を迫られることになる。この段階で、親の跡を継ぐなどの形で、露店商を選択する場合もあるが、他の職種を選択することも多い。異業種を選択した後、選択職種への何らかの不適応が生じると、職種の再選択、いわゆる転職を図る場合が出てくる。この段階、あるいは、さらに幾度か転職を繰り返した段階において、なおかつ職種不適応が生じた場合、自由業への憧憬を動機の形成の端緒として、露店商を選択するに至る。露店商として活動するためには、テキヤ組織に加入しなければならない[30]。テキヤ組織にも、地元一円をニワバとするもの、特定の品目を扱うものなどがある。前者の場合、否応なくその組織に加入することになるが、後者の場合は、自分の扱いたい品目に関係する組織に加入することになる。こうして、多くの場合、親分や先輩のもとで、テキヤとしての身の処し方や商売のやり方、口上を覚え、使いこなすなどの修業(稼ぎ込み)の期間を経て、全国の縁日を回り、馴染みの形成から地域へのアクセシビリティが生じて出回り先が固定されるようになり、露店商として一人前になるのである。

なお、付言するならば、このような露店商の生成過程は、しかし、あくまで古典的なスタイルとして、わが国では既に失われたものとなっている。今日では、テキヤになったその日から収入を得ることが求められ、修業(稼ぎ込み)を行うことがなくなっている。そのため、修業によってのみ高度な技術習得が可能となる細工物などを扱う者、あるいは、暗記と応用の必要な口上の伝統的な名調子を継承する者がいなくなり、本来の縁日の持つ郷愁をそそる各種の趣向がすたれてしまった。さらに、テキヤの掟に対する無知からくるトラブルの発生や、簡単に作ることのできる飲食物を中心とする露店職種への偏りなど、色々な問題が生じているのである。

4. 結 び

以上、本章においては、縁日市露店商の年間を通じての空間行動の究明と、彼らの一生涯を追う中で、最も大きな画期をなすと考えられるテキヤ露店商になる前後の経緯、すなわち、その生

成過程に関する考察を行った。その結果、以下のことが明らかになった。

1. 陶磁器行商人である大黒屋利兵衛氏の年行動の特徴をあげると、おもな出店先として、①地元周辺、②埼玉県内、③新潟・佐渡島、④東北地方があった。時期的には春や秋といった季節的によい時期に地元を中心として活動し、3月の雛市や歳の市といった書き入れ時に埼玉県各地へ出向いている。夏になると、新潟・佐渡島から東北地方へ、つまり、より涼しい所へ移動していることがわかった。なお、関西以西にあまり出向かないのは、客の目が肥えていて、陶磁器の「バサ打ち」に向かない土地柄のためであった。

2. バナナ競り売り露店商である北園忠治氏の年行動の特徴をあげると、おもな出店先として、①福岡筥崎宮、②島原半島、③佐賀市周辺、④福岡県南部、⑤北・東松浦地区、⑥佐賀県西部、⑦佐賀県東部などがあった。時期的には春、秋に集中し、年間の総出店日数が100日余りとなっており、他のテキヤ業種に比べて少なくなっている。これは、当時、バナナの商品価値が高く、収入が大きかったことに起因している。

3. 同じテキヤ露店商の空間行動といっても、鉄道やバスといった公共交通機関利用時代と、自家用車利用とでは、その行動に大きな変化が生じている。前者においては本人単独で、各地の縁日市をつなぐ形で時間、距離ともに行動範囲が大きくなり、結果として自宅に帰ることも少なかったが、後者になると、基本的には夫婦一緒に行動し、自宅を拠点として周辺の縁日に日帰りで出向く形ができ、それ以前と比べて出店行動範囲が著しく狭まったことが明らかになった。

4. 大黒屋利兵衛氏が、どのような経緯で陶磁器露店商になったのかについてみると、彼は、儲かるものが陶磁器しかない土岐の山村に育ち、父親も陶磁器に関連する仕事(駄賃稼ぎ)をしていたこともあり、窯元に奉公に出るが、窯屋としての経済的・技術的限界の認識を動機の形成の端緒として、陶磁器行商人として身を立てる意思決定を行い、地元のテキヤ組織に加入し、数年の修業を経て、全国を渡り歩くことになった。

5. テキヤ露店商の生成過程をみると、就業に当たり、直接露店商を選択する場合と、幾度か転職した後に、自由業への憧憬を動機の形成の端緒として、露店商に至る場合とがある。そうして、テキヤ組織に加入し、修業期間を経て全国の縁日を回り、地域へのアクセシビリティから行き先が固定化、一人前の露店商となることが理解された。

　従来、あやしい商品をあやしげな口上で売りつけるとして、とかく偏見の目で見られがちなテキヤ商売であるが、全国をまたにかけて渡り歩きながら商売を行うといった大規模な空間行動を展開する点からも、移動を伴う労働の一例として、優れた研究対象であることを明らかにしえたと考える。

　また、彼らの行動が縁日の賑わいを生み、祭りの活性化の原動力として重要な要素となってきたこと、その点で、地域の活性化が叫ばれる今日、彼らを生かし、彼らの活躍の場の提供(創出)を考えることも必要であろう。

　〈注および文献〉
1) 市に出店する商人は、従来一般的には「露天商」と称されてきた。しかし、近年は客寄せのイベントとして、屋内屋外を問わず商売をすることが多くなってきている。したがって、本章においては、露天の

商人ではなく、露店の商人という意味で「露店商」の語を採用した。なお、他に露店商の語を使用している例として谷がある。谷 真澄「露店商のタンカ(口上)をめぐって」現代風俗 10、1986、163-168 頁。

2) ①中島義一『市場集落』古今書院、1964、1-174 頁。②樋口節夫『定期市(日本の歴史地理 9)』學生社、1977、1-231 頁。③石原 潤『定期市の研究 —機能と構造—』名古屋大学出版会、1987、1-405 頁。

3) Allix, A., The Geography of Fairs: Illustrated by Old World Examples, *The Geographical Review*, vol. 12, 1922, pp. 532-569.

4) 石原によると、祭礼市とは、祭礼のために教会や寺院、神社などに集まる人々を目当てに開かれる門前市を指すとしている。前掲2)③、52 頁。わが国では特に寺社の会日に結縁すれば格別の功徳利益があるとされ、当日、寺社に参詣する人々を目当てに門前市が開かれ、これを縁日市と称している。和歌森太郎「縁日」(大塚民俗学会編『日本民俗事典』弘文堂、1972)、89-90 頁。したがって、わが国に関しては、祭礼市と縁日市は、ほぼ同義と考えられるので、以下、本章では、縁日市の語を用いる。

5) テキヤとは、露店商を指して明治以降に命名されたもので、それ以前には香具師が使われる。神農を祖神と仰ぎ、元々は薬や香具を売り歩く者たちであったが、後に営業種類も著しく多様化した。また、営業に際し、行政者の干渉に対処したり、仲間内の見世割りなどを行うことにより、縄張りを持ち、親分・子分組織を形成するに至った。和歌森太郎「やし」(大塚民俗学会編『日本民俗事典』弘文堂、1972)、750 頁。

6) 石原 潤「南インド・ナーマッカル郡における定期市」前掲2)③、290-343 頁。同「日本・越後地方における定期市」前掲2)③、344-362 頁。

7) 岡村 治「越後定期市における農家出店者存立の地域的基盤 —蒲原地方栗林地区を中心として—」人文地理 44-4、1992、20-37 頁。

8) 神崎宣武『わんちゃ利兵衛の旅 —テキヤ行商の世界—』河出書房新社、1984、1-238 頁。

9) ①添田知道『てきや(香具師)の生活(生活史叢書 3)』雄山閣、1981、1-361 頁。②三瓶恵史『夜店』徳間書店、1984、1-237 頁。③川瀬孝二『祭りの商人「香具師」』日本経済新聞社、1987、1-200 頁。

10) ①北園忠治『太うして長うしてツンとした』葦書房、1985、1-147 頁。②同『香具師はつらいよ』葦書房、1990、1-268 頁。③同『これがホントのバナちゃん節』葦書房、2001、1-198 頁。

11) 北園忠治氏に対する聴き取り調査を 1998 年 8 月に実施した。

12) テキヤ用語の「わんちゃ」とは、茶碗、すなわち茶碗を始めとする陶磁器のことである。同じくテキヤ用語の「バサ打ち」とは、口上を発し、叩き売りをすることである。

13) テキヤ用語の「青バサ」とは、青物、すなわち青果物、特にここではバナナを専門とする叩き売り(競り売り)のことである。

14) 『高市面帳』とは、全国の縁日市の開催地と開催時期を記したものである(筆者未見)。北園忠治『太うして長うしてツンとした』葦書房、1985、38 頁。

15) 近江商人に関しては、江頭恒治『近江商人』弘文堂、1959、1-251 頁他、富山売薬商人に関しては、植村元覚『行商圏と領域経済 —富山売薬業史の研究—』日本経済評論社、1959、1-370 頁他。

16) 吉田伸之「複合する職分 —香具師の芸能と農間商い—」(久留島 浩・吉田伸之編『近世の社会集団 —由緒と言説—』山川出版社、1995)、298-300 頁。なお、岡村も近世の市商人の具体像を捉えることの難しさを指摘している。岡村 治「秩父谷における市町の成立と展開」歴史人類 22、1994、102 頁。

17) 大黒屋は、テキヤ組織の屋号である。正式には「本家熊屋駄知分家大黒屋」と言う。ちなみに、駄知とは、土岐市内にある地名である。

18) 前掲8)、89 頁。

19) テキヤ組織の「縄張り」のことを「ニワバ」と称する。

20) 前掲8)、74-80 頁。

21) テキヤ組織「北園会」は、1981(昭和 56)年に本家から分離独立したが、1992(平成 4)年に解散し、ネス

(素人)の集団としての「佐賀県西部街商組合」に組織がえした。現在、「佐賀県西部街商組合」は、北園忠治理事長の下、7名の若い者がついて組織を運営している。理事長としてのおもな仕事は、ニワバの高市出店者の世話、場所割りで、基本的にはテキヤ親分の時代と変わっていない。なお、旧北園会のニワバは、佐賀県西部の鹿島市、藤津郡域（太良町、嬉野町、塩田町）、杵島郡域（有明町、白石町、大町町、江北町）である。このニワバにおけるおもな高市として、祐徳稲荷神社1～2月（現在40～45軒ほど出店）、嬉野の花火大会（8月の11日と17日、ともに120軒ほど出店）、鹿島浜の祭り（4月初旬、50軒ほど出店）があり、この他に小さな祭りが年間で150ほどある。

22) 北園氏は、1954（昭和29）年からバナナの価格が暴落して商売にならなくなる1965（昭和40）年頃まで、「バナナ競り売り」を専門としていた。

23) 筥崎宮で正月3日に行われる浜組、岡組、馬出の氏子（裸に褌一つの男衆）が3組に分かれて、木製の玉を奪い合い、本宮の神官に渡した組が吉運に恵まれるとする祭りである。講談社編『日本の祭り歳時記』講談社、1991、8-9頁。

24) 北園氏によると、一人1日2トンのバナナを売り上げなければ、一人前の競り売り人とは言えない。ちなみに、重量2トンのバナナとは、およそ900房であり、1日9時間近く営業したと計算して、平均30秒に1房売りまくることになる。

25) 前掲8)、8-58頁。

26) 印物とは、表に「……商店」とか「……記念」といった印（文字）が記されている陶磁器のことである。贈答品や飲食店の食器などに多く使われる。したがって、印物屋とは、見本の器類を持ち歩き、それに記す文字の注文を取ってくる窯元の下請的な行商人のことである。前掲8)、40-41頁。

27) 4段階とは、すなわち、トビ（1級品）、ダイ（2級品）、ゴク（3級品）、ペケ（等外品）のことである。

28) 擬制的親子関係とは、実の親子でないものが、頼み頼まれて親子の約束を結び、家族に準ずる交わりをなす習俗と規定される。服部治則「擬制的親子関係」（大塚民俗学会編『日本民俗事典』弘文堂）、1972、187頁。

29) テキヤ露店商を生み出した時代的地理的背景の事例を2つあげる。北園氏が開業した当時である終戦直後は、街中でのヤミ市が隆盛を極め、職のない多くの人々が街頭に立って物売りを行う姿が日常的であり、同時に、物に窮していた消費者の彼らに対する需要も大きいものがあった。また、佐賀県では、1962（昭和37）年頃より、主要産業であった炭鉱の廃鉱が相次ぎ、失業者がネス（素人）として露店業界に流れ込んだこともあった（北園氏に対する聴き取り調査による）。

30) 縁日市に出店するためには、縁日を仕切るテキヤ親分に挨拶（面通）して、場所を分けてもらわねばならない。テキヤ組織の傘下に入っていない場合、通常は場所割りに参加できない。したがって、露店商を専業とし、全国を渡り歩くためにはテキヤ組織に加入しなければならない。ただし、地元の縁日市のみに出店する場合、テキヤ関係者に知己があれば、その紹介でネスでも出店することは可能である。逆にネスでいる方が、テキヤ仲間とのつきあいや組織への奉仕など、色々な行動上の制約から解放されるということもある。なお、露店商の世界では、親分といえども商売人であることに変わりはなく、自らのニワバで高市が開かれない時には各地に出向くことになる。したがって、テキヤ世界では、親分も互いのニワバへ出向き、出向かれといった相互乗り入れ関係にある。

第11章 結　論

　本研究の目的は、水産物行商活動を中心事例に移動就業者がどのように生み出されるのか、その生成過程と地域社会における輩出構造を解明することと、移動就業行動の時空間的展開について明らかにすることであった。以下、本研究の成果を項目ごとに整理することによって、研究の結論とし、合わせて今後の研究へ向けての課題についても言及したい。

1．移動就業者の生成過程と輩出構造

　本研究のいくつかの事例において、移動就業者の生成過程と輩出構造の解明を試みてきた(本書第7章、第9章、第10章)。筆者の研究を通してみた彼らの生成過程を心理的側面まで踏み込んで模式的に示したのが **図11-1** である。これによると、まず、就業年齢に達した者が活動を開始するに当たって、出身地の環境や時代的地理的背景に基づく情報などをもとに、職業の選択を行うことになる。この段階で、親の跡を継ぐなどの形で、移動就業を選択する場合もあるが、他の定着職種を選択する場合も当然出てくる。異業種を選択した後、選択職種への何らかの不適応が生じると、職種の再選択、いわゆる転職を図ることになる。この段階、あるいは、さらに幾度か転職を繰り返した段階において、なおかつ職種不適応が生じた場合、漂泊生活への憧憬を動機の形成の端緒として、移動就業を選択するに至る。移動就業者として活動するに当たっては、大半の場合、同業者のグループ(組織)に加入することになる。これらのグループは、加入に当たって権利金が必要なものもあるし、不要なものもある。また、加入者に対するグループによる拘束力の強弱も様々である。こうして、多くの場合、グループ内の先輩などのもとで、移動就業者としての身の処し方や仕事のやり方を習うなどの修業期間を経て活動を展開し、移動就業者として一人前になるのである。

　このようにして生み出される移動就業者は、わが国のような定住農耕民を主体とする社会経済構造の中では、あくまでマイノリティ的存在とされるが、そのそれぞれが、独特の強烈な個性を発揮する特異な存在として、活躍を継続してきた。経済的な存在意義だけでなく、沈滞した定着社会との接触によって、定着社会そのものが再活性化するという役割も果たしてきた。[1]

　移動就業者の地域社会的輩出構造について言及する。移動就業者は先述のとおり、本人の"漂泊への憧憬"をもとにした意思決定によって生み出されるのであるが、その生成の根底には、彼らの存在、および活動を必要とする者、ないしグループの存在がある。たとえばテキヤ組織では、彼らの活動や縄張りを維持するための要員として露店商が(本書第10章)、京都市内の製麺屋では自家商品の確かな捌け口として屋台営業者を確保する必要があった(本書第8章)。水産物行商人も仕入れや販売先を同じくする者たちで組合などの組織を作ることが多くみられたし(本書第2章、第5章、第7章)、漁業者の多くは、組合に所属し、漁業活動を行ってきた。ただ、その他の移動就業者の中には、そういった組織とは無関係に活動を行う場合も考えられる。しかしながら、

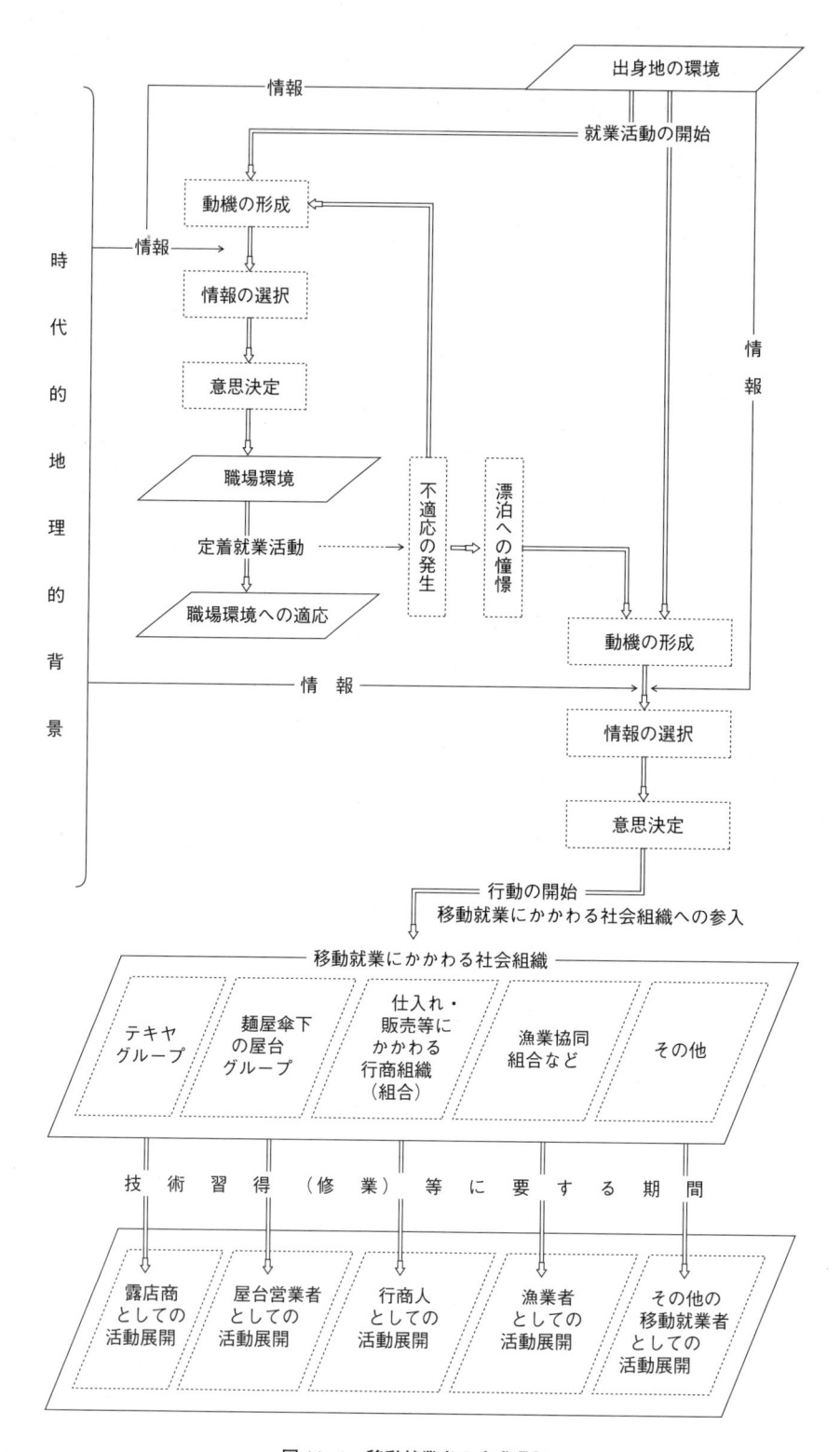

図 11-1　移動就業者の生成過程

第11章 結　論

それらのいずれもが、彼らの持ち込む商品や、場合によっては彼らの行うエンターテインメントを欲する消費者(定着社会民)の根強い需要に支えられて活動を継続してきたのである。

移動就業者を生み出す時代的地理的背景についても言及しておこう。太平洋戦争終戦直後のヤミ市全盛期には、復員兵など仕事のない人々が街にあふれる状況があった。また、炭鉱業が盛んであった北部九州では、昭和30(1955)年代中頃より、その衰退による失業者の急増がみられた。こういった時代背景のもと、仕事にあぶれた人々の中から、移動就業の一つである露店商売に参入する例がみとめられた(本書第10章)。

このように、移動就業者は、自身の意思と就業者側、消費者側の需要、さらには彼らを輩出する時代的地理的背景があって、初めて生み出されてくるものであることが理解された。

2．水産物行商、その他の移動就業行動の時空間的展開

様々な業態を含む移動就業行動の展開を、まず時間的側面に則して眺めてみよう。自宅(生活拠点)からの1日を単位とする行動を有する業態には、生鮮食品など鮮度保持に最も留意する必要のある水産物行商(本書第5章、第7章)や沿岸漁業などの日帰り行動があった。この他、テキヤ露店商も、自家用車を使って高市を回るようになると、基本的に日帰り行動をとるようになった(本書第10章)。

移動就業行動の中には、毎日の就業行動を積み重ねて、数カ月から半年ほどの長期にわたる大きな移動行動をみせるものもある。豪雪山村からの冬季出稼ぎ行動は、冬場の半年就業であったし(本書第9章)、遠洋マグロ漁業なども数カ月を単位とした移動行動を示す。水産物行商においても、それほど長期にわたるものではないが、出水市名護地区から山越えの遠隔地への塩干物行商などは、この範疇に含まれると言えよう(本書第5章)。

さらに、その移動就業行動が1年を期限とするようなもの、すなわち、年中移動を繰り返して就業活動をしているものもある。テキヤ露店商は、かつて、鉄道やバスなどの公共交通機関を利用して移動していた時代には、時季時季に帰宅するものの、基本的には1年をかけて馴染みの場所の高市を回っていた(本書第10章)。水産物行商人の中にも、愛媛県松前町の"オタタ"のように塩干物行商からの発展形態として、最盛期にはほぼ年中全国各地を回って商売を続けるものもあった。この他、旅芸人[3]や養蜂業者[4]の中にも1年をかけて移動就業行動をするものがみられる。

以上のように、一つの移動就業が行われる期間には、その扱う商品や就業形態の違いから、1日、数カ月から半年、1年といった3つの大まかに区別される活動リズムがみとめられた。

次に、移動就業行動の時空間的展開について言及する。多様な業態を持つ移動就業者の行動範囲を規程する要因としては、第1に徒歩か、公共交通機関である鉄道やバス、あるいは船や自家用車などを使用しているかといった移動交通手段の違いがある。また、第2の要因として、商品を扱う業態の場合、それが短時間のうちでの販売を必要とする生鮮物であるか否かがある。第3に、生鮮物を扱うとしても、その仕入れが地元仕入れか、販売現地で仕入れるかによっても、その行動には大きな違いが生じてくる。これらの規程要因を考慮して移動就業行動圏を眺めた場合、その行動圏に大きさの上で、いくつかのパターンがみとめられる。以下、行動圏の狭いものから順にみていく。

移動就業行動のうち、地元仕入れの鮮魚介類を扱う徒歩日帰り行商活動が、最も狭い行動圏に

収まるものと言えよう。では、その行動圏の限界はどの程度の距離になるであろうか。ここでは、平均的な行商人の日活動を例に、その行動圏の限界を算出してみよう。産地市場の開設時刻も地域によってまちまちであるが、午前6～8時頃までに仕入れを行う場合が多い。その後、帰宅して朝食や昼の弁当の準備をし、朝食をすませてから9時頃に出立することになる。徒歩でかなり遠隔に顧客を持っている場合、高齢女性が多いゆえに、速度はゆっくり(時速4km程度)であるが、寄り道をせずにひたすら歩くことになる。そうして目的地に到着するのが12時頃、急ぎ商売をして、顧客の家の軒先などを借りて弁当をすませ、13時頃には帰路につく。帰りも3時間ほどかけて、16時頃に帰宅、早速夕食の支度など家事に取りかかることになる。こうしてみると、徒歩鮮魚行商の場合、その行動限界は、片道3h×4km/hで半径12～13kmということができよう。この行動圏のサイズは、出水市名護地区(本書第5章)でも萩市三見浦(本書第7章)でも、ほぼ同サイズであることが確認できた。また、業態は違うが、京都市域におけるうどん屋台営業も、徒歩で行う1日営業であり、上記の徒歩鮮魚介類行商と、ほぼ同サイズの行動圏を有していた(本書第8章)。

次に狭い行動圏に収まる移動就業行動には、日持ちのする塩干物の徒歩行商がある。この事例としては、かつて出水市名護地区から山越えして薩摩郡を始めとする各地を回っていた焼きクルマエビ行商があった。これは、おもに正月前に背に負って移動し、1週間ほど現地の顧客宅などに泊めてもらい、売り尽くしてから帰宅するものであった。この場合、その行動圏の限界は、名護から半径50～60kmにあった。つまり、日帰り行商圏の4倍程度の距離を1～2日(移動時間のみで約12時間)かけて現地へ出向き、売り尽くしてから同じ行程で帰宅するものであった(本書第5章)。筆者の知見する徒歩塩干物行商の事例は多くはないが、この他にかつてみられた枕崎からのカツオ節行商や、専売制度が始まる以前に串木野から薩摩郡域に入っていた塩行商も、ほぼ同サイズの行動圏を有していた。

鮮魚介類を扱う日帰り行動ながら、鉄道など公共交通機関を使って移動する場合には、その行動圏は飛躍的に拡大する。行商活動では、普通列車を使うことが多いので、駅での停泊時間なども考慮して平均時速約40kmで移動した場合で、徒歩行商同様に移動に3時間を要すると考えると、行動限界は、片道3h×40km/hで半径120km程度となる。こういった事例として、萩市三見浦から江津までの移動(距離129.6km)がある(本書第7章)。また、より高速の都市鉄道などを使う場合で約150km(たとえば、近畿日本鉄道を利用しての鮮魚行商人の場合で三重県鳥羽市～大阪市鶴橋間149.3km)、つまりこれらの場合の行動限界は、半径120～150km、徒歩行商の約10倍の行動半径を有することになる。

同じ日帰り行動でも、自家用車を使うテキヤ露店商の行動限界は、移動手段の簡便性もあって、さらに拡大することになる(本書第10章)。この事例での行動限界は、佐賀市から広島市までの直線距離約230kmにあった。また、日帰り行動ではないが、浜坂町久斗山地区から京都市へのうどん屋台出稼ぎも約200kmという移動距離を持つ例であった(本書第9章)。

出稼ぎ行動の場合は、たとえば浜坂町久斗山地区から和歌山県かつらぎ町に出ていた凍豆腐製造出稼ぎが移動距離で316.6kmあった(本書第9章)他、高度経済成長期に顕著にみられた東北各地から東京への冬季出稼ぎといったように、地方をまたがって、さらに移動距離が大きいものもみとめられる[5]。

営業活動が専業化し、1年をかけて移動就業を行う業態の中には、その行動圏が全国的規模にお

よぶものすらみとめられる。なお、特定地域から輩出された多数の移動就業者の行動圏が全国的規模におよぶ場合でも、個々の就業者は、地域的に限定された自らの行動圏、いわゆる縄張りの中で行動することが多い。こういった事例として、かつて、公共交通機関を利用して全国の高市を回っていたテキヤ露店商がある。彼らは、鮮度が重要なバナナなど青果物を扱う場合、現地の市場で仕入れることで、高市をつないで遠方に出向いていた(本書第10章)。この他、丹後野原部落[6]や先述した愛媛県松前町からの塩干物行商、富山から全国展開していた売薬行商[7]、これも先述した北海道から鹿児島までの大移動を行う養蜂業者などの存在があった。

さらに空間的に広域の行動圏を持つ移動就業に漁業活動があった。マグロ延縄漁業では、太平洋の赤道直下(東経160〜180°、北緯0〜10°)まで、約6,000 kmの移動距離があったし、沖縄県糸満でかつてみられた海外漁業出稼ぎでは、インドネシアのジャカルタ付近まで出漁し(移動距離約5,500 km)、現地で同伴の婦人たちの行商活動によって漁獲物が捌かれた[8]。

以上のように、わが国における移動就業行動圏は、業態、利用交通手段、取扱商品、仕入れ地などの違いにより徒歩日帰り圏から大陸スケールまで、様々な圏域における行動展開がみとめられた。

3. 水産物行商活動の社会・経済的役割

本書で取り上げてきた水産物行商活動は、伝統的な漁村における重要な経済行為としてのみ機能していたわけではなく、実際には多様な社会・経済的機能(役割)を果たしてきた。ここでは、そういった水産物行商活動の持っていた多面的機能と行商活動の衰退に伴うそれらの機能(役割)の変質について整理してみる。

まず、第1に取り上げられるべきは、やはり、漁村経済に果たしてきた役割についてであろう。近代的流通機構が整備される以前の漁村においては、男性(夫や息子など)が出漁して陸に持ち帰った魚を、浜で待ちかまえる女性(妻や娘など)が背域集落を回って捌き、日銭、もしくは物々交換によって農産物などを得るという家族内・地域社会内分業がなされてきた。すなわち、当時の漁業活動とは、海での漁獲と陸での行商の双方をもって、初めて完結する経済行為であった。このことは、第2章でのわが国における水産物行商史を総括した部分や、個別漁村事例として名護漁村を取り上げた第5章でもふれたところである。しかし、このような役割は、漁村社会・経済の近代化が進められた今日では、ほとんどその意味を失いつつある。流通機構の近代化は、結果として行商人を市場から締め出すことにつながったし、衛生行政の規制強化、すなわち、かつてみられた手軽な竹篭担い売りが禁止され、重量の嵩む金属、または樹脂製容器に氷冷蔵が義務づけられたことが、就業者の大半を占める高齢化の進みつつあった女性行商人の行動の大きな足かせとなったのも事実である(各地域の事情については、本書第2章および第3章に記した)。また、かつては、ほとんど行商しかなかった漁村女性労働に、高度経済成長期以降、パートタイムなど多様な雇用機会が発生したことも、行商活動の衰退を招いた(本書第7章)。

このような現状に対する行政の対応について若干ふれる。沖縄県では、復帰前まで水産物行商活動がきわめて活発であった。しかし、復帰後、衛生行政によって好ましからざる営業形態として、厳しい罰則を加えて営業者を廃業に導く指導がなされた。状況は、他地域でも同様であり、廃業を推進したり、そこまではしないが新規参入を認めないことで、結果として廃業化を進めて

いるところが多い。そういった中で、香川県の衛生部局では、瀬戸内の伝統文化としての行商活動（"イタダキさん"）の存在意義を認め、その維持支援活動を進めているということであった（本書第3章）。

　第2に地方漁村で行商活動が果たしてきた水産物流通における役割も、実に大きいものがあった。行商は、地方小漁村（市場）において、たとえば底曳網などで獲れる少量多種の雑魚類に関して、ほとんど唯一の販路を形成していた。行商活動がなくなったため、マス流通、すなわち、大量均一商品の規格にあわない上記のような水揚物は販路を失うこととなり、当該漁業自体に深刻な影響を及ぼしている。

　また、行商人は、単純に魚介類を消費地に運んでいたのではなく、魚と氷の詰め方一つにしても、消費地到着時分に、魚の見栄えや品質が最もよくなるような、長年の経験に裏打ちされた独特の鮮度保持技術を有していた（本書第7章）。そのような技術に裏打ちされた商売が、「あの漁村から来る行商人の魚はおいしい」という信用を生み、行商人が絶えた今日でも「あの漁村の魚はおいしい」、「あの漁村においしい魚を食べに（買いに）行こう」という当該産地に対する信用にすり替わって残っていたりする[9]。

　第3に行商人が地元産業の育成に貢献するという事例もある。たとえば、日南市大堂津漁村は、カツオ一本釣りを中心とする伝統漁村であり、かつては背域の内陸農村部へ向かう多くの水産物行商人の活躍がみられた。行商人の扱う中心商品は、もちろん新鮮な魚介類であるが、当該地域住民の帰宅後の楽しみである"だれやみ"[10]セットとして必須の魚介類にかける醤油と焼酎も合わせて消費地に持ち込んでいた。そのため、大堂津ではこれらの製造業が盛んであったが、彼の地から行商人がいなくなると、醤油・焼酎製造業も停滞、業者数の激減を招いた[11]。

　第4に顔が広く、長年の経験から、生きる上での知恵や様々な地域情報にたけた行商人が地域の相談役として果たしてきた役割もある。行商人は、顧客から、縁談や色々な悩みの相談を受けることも多かった（本書第5章、第7章）。このような地域における水産物行商活動の消滅は、もともと強固、多面的な関係を持ち得ない漁村と背域集落という異質の生業地域間を結ぶ人的紐帯の消滅を意味していた。

　水産物行商活動の最も原初的な形態として、農漁村間における互いの生産物の物々交換関係がある。地域的な隔絶性が高い地域においては、生きていく上で必須の物々交換関係の対象者を確保するために、単なる経済的関係から、多様な付帯的機能を伴う社会的関係へと特殊な発展をみせるものがあった。鹿児島県笠沙地区（現南薩摩市笠沙町）の"トケ"や同県串木野市羽島地区（現いちき串木野市羽島地区）の"トキュ"などの特殊な社会的関係が、その例と言えよう（本書第6章）。

　以上のように水産物行商は、漁村における零細な商行為という今日的枠組に止まらず、近代的な流通機構が整備される以前の漁村経済にとって、ほとんど唯一の水産物流通手段として零細漁業を支えてきただけでなく、漁村経済自体を担ってきたこと、さらに言えば、単に水産物の流通手段としての機能だけでなく、漁村と水産物の消費地域である背域の都市や農村をつなぐ社会経済的な太い紐帯そのものであった。そういった地域間を繋ぐ重要な機能を果たしてきた行商活動の消失が、今日では漁村－背域集落関係（互いを見つめるまなざし）自体の希薄化、さらには消滅をもたらしたことが理解された。

　最後に、今後の若干の課題について言及する。水産物行商研究に関しては、特に自動車営業者

が東京23区のように増加している地域がみとめられる。そういった増加が生じた理由について、さらなる追求が必要である。さらに、水産物行商以外の多様な移動就業行動についても研究を広げていきたい。また、各章で取り上げた事例研究の中で残された課題も未解明の部分が多い。これらについても、今後の研究の進展に期したい。

<注および文献>
1) 鶴見和子『漂泊と定住と ―柳田国男の社会変動論―』筑摩書房、1977、197-228頁。
2) 野澤 浩「松前町の行商について」地理論叢7、1935、239-255頁。
3) 郡司正勝『地芝居と民俗 民俗民芸双書』岩崎美術社、1977、1-273頁。
4) 斎藤晨二「養蜂における移動と分布」福井大教育学部紀要(3)19、1969、1-23頁。
5) 松田松男「「伝統型」農民出稼ぎ・「産業予備軍型」農民出稼ぎの出身基盤の変化について ―秋田県山内村の場合―」人文地理30-3、1978、71-83頁他。この事例では、山内村から東京まで、移動距離約500kmにおよぶ。
6) 田中方男「漁村余剰労働力の消化形態に関する一報告 ―丹後野原部落における海産物行商の実態―」人文地理17-2、1965、84-93頁。
7) 植村元覚『行商圏と領域経済 ―富山売薬行商史の研究―』日本経済評論社、1959、1-370頁。
8) 片岡千賀之「糸満漁民の海外出稼」(中楯興編『日本における海洋民の総合研究―糸満系漁民を中心として(上)―』九大出版会、1987)、379-395頁。
9) 門川漁業協同組合(宮崎県門川町)参事日吉峰夫氏に対する聴き取りによる。
10) だれやみとは、南九州の方言、昼間の仕事の疲れを取るという意味で晩酌を指す。若山甲蔵『日向の言葉』鉱脈社、2000、p.59。
11) 日南市大堂津、古澤醸造合名会社社長古澤教雅氏による。醤油・焼酎製造業の衰退には、行商人の消失だけでなく、後継者不足を始めとする当該業種を取り巻く環境の悪化が背景にある。

索　　引

索引は事項・人名(p.301)・地名(p.302)に分類した

事項索引

ア　行

愛知県健康福祉部生活衛生課 107
青バサ 268, 271
青森県魚介類行商及びアイスクリーム類行商に関
　　する条例 72
秋田竿燈祭り 270
秋田県生活環境文化部生活衛生課 75
アクセシビリティ 190
あけぼの通り商店街(島根県江津市) 218
アネコ 97
アバ 79
天谷 239
有田焼 271

イカ 170
イサバ 74, 105
伊佐売薬行商 22
意思決定 262
出水市漁協市場 187
出水市漁業協同組合 181
伊勢講 199
伊勢神社(名護) 189
イタダキ 132
市 233
一次生活圏 203
市商人 1, 23
一山神社(さいたま市) 271
一輪車 63
イッケ 197
一般商品大市 267
移動営業車取扱要綱(長野県) 103
移動型行商 244
移動行動 249
移動就業行動 1, 19
移動就業者 1, 19
移動食品営業に係る営業施設基準(岩手県) 74
移動食品営業の取扱要綱(神奈川県) 91
移動スーパー 113
糸満漁民 21

亥の子餅(いちき串木野市羽島地区) 203
茨城県食品移動営業取扱要綱 82
茨城県食品衛生条例 82
茨城県保健福祉部生活衛生課 83
移牧 1
伊万里とんてんとん 272
移民 19
イユウイ(魚売り)アバー 148
イワシ 74, 84
イワシヤ 95
インフォーマル・セクター 23

魚イトコ 210
魚トクドン 189
氏子圏 191
打瀬網漁 180
うどん屋台 33
うどん屋台営業 252
漆掻き 26
嬉野の花火大会 281

営業地別営業形態 244
衛生行政 254
栄右衛門イッケ 197
恵比須講 199
恵比須神社(出水市名護地区) 189
恵比須神社祭り(いちき串木野市羽島浜地区) .. 200
愛媛県食品行商条例 129
愛媛県保健福祉部健康衛生局薬務衛生課 129
会陽 270
沿岸漁業 1, 20
沿岸の魚介類産地 161
塩干物 43
塩干物行商 1
塩干物行商圏 43
縁起かつぎ 202
縁組・縁故関係 179
エンターテインメント 285
縁日市 23
縁日市露店商 268

縁日の賑わい	279	苛酷な労働条件	244
遠洋漁業	1, 20	鹿児島県食品行商取締条例	146
遠洋マグロ延縄漁	196	鹿児島県保健福祉部生活衛生課	146
		加紫久利神社(出水市米ノ津地区)	189
近江商人	269	鹿島浜の祭り	281
近江売薬行商人	22	家族内・地域社会内分業	287
大市	267	語りの精(スピリット)	30
大分県食品行商取締条例	141	家畜大市	267
大分県生活環境部生活衛生課	142	カツオ	84
大阪府健康福祉部食の安全推進課	117	カツオ一本釣り	288
大須観音(名古屋市)	269	カツオブシ	103
大宮氷川神社(さいたま市)	271	カツオ節売り	184
大牟田市保健所生活衛生課	136	カツギ	45
岡崎市保健所生活衛生課	107	カッチンボ	110
岡山県魚介類行商条例	125	家庭訪問販売	268
岡山県保健福祉部環境衛生課	125	門	203
岡山市中央卸売市場	171	門川漁業協同組合	289
岡山市保健部生活衛生課	125	神奈川県衛生部生活衛生課	92
沖合漁業	20	家部	203
沖ノ島講	199	株(本分家関係)	251
オタタ	21, 131	窯場	275
御田ノ神日記帳	199	窯元	269
男講	199	釜元	262
女講	199	カミアチネー(頭商い)	148
親方	220	カミガミ	19
親子の盃(ズキサカ)	276	茅手(草屋根葺き職人)出稼ぎ	24
親分	269	唐津くんち	272
親村-子村関係	204	仮親	206
オールナイトの映画館前	242	ガンガラ部隊	74, 79
卸業者	214	カンカンさん	166
		ガンガン部隊	72
カ 行		環境認知	26
開市頻度	267	環境利用	26
買受人	196	干拓地	180
開業の契機	222	寒天製造業	252
回顧録	267	鉄穴流し	251
海産物	82	干物行商	190
海産物行商	179	かん祭り(出水市名護地区)	189
海人	1, 20	かん祭り(いちき串木野市羽島地区)	203
開析扇状地	180	歓楽街の深夜営業規制	244
外的・内的原因	243	管理の制約(regulating constraints)	227
外部地帯(郊外地帯)	247		
買物市	272	機械式冷凍冷蔵施設	52
価格統制	45	聴き取り調査	30
香川県魚介類行商条例	131	義兄弟	202
香川県魚介類行商に関する条例	132	木地師(轆轤師)	25
香川県健康福祉部生活衛生課	131	紀州鍛冶	24
書き入れ時	269	技術者集団	19
各戸訪問タイプ	244	擬制的親子関係	184
加工品行商	182	季節的就業性	24

索　引

季節労働者	254
基礎地域	193
北九州市保健福祉局保健医療部生活衛生課	136
北園会	280
北長門通商組合	60
「技能型」出稼ぎ	24
基本的性格	53, 267, 268
岐阜県健康福祉環境部生活衛生課	108
岐阜市保健所食品保健課	108
キャッチセールス	233
キャリア形成	262
業種固定・出稼ぎ先多変更型	256
業種・出稼ぎ先多変更型	256
行商	1
行商活動	45
行商組合	59
行商圏	45
行商行動	45
行商サイクル	278
行商者集団	66
行商条例	51
行商専用車両	59
行商地域	62
行商登録証	51
行商人	1, 19
行商人専用車両	216
行商人番号	185
行商人率	159
行商路	187
共生関係	202
京都市衛生局	235
京都市中央卸売市場	172
京都市保健福祉局保健衛生推進室生活衛生課	116
京都府保健福祉部生活衛生課	116
業務地区	234
許可	31, 45
魚介類行商条例（兵庫県）	119
魚介類行商指導要領（愛知県）	107
魚介類行商等に関する条例（神奈川県）	91
魚介類行商の衛生管理指導要綱（秋田県）	75
魚介類行商の取締要綱について（名古屋市）	107
魚介類行商販売営業取締条例（千葉県）	93
魚介類産地	1
魚介類専用車（専売車）	52, 65, 121, 123, 144, 148
魚介類の行商の指導について（奈良県）	112
魚介類販売業	51
魚介類販売業中店舗を持たない者の取扱いについて（大阪府）	117
漁獲	1
漁獲物流通圏	179
漁家分業	43
漁業活動	287
漁業協同組合	179
漁業経済学	22
漁業	1, 185
漁業者	1, 20
居住時期	185
居住地	62
居住地選好	27
漁場	179
魚商人専用バス	59
魚食志向	166
漁村	1, 43
漁村環境	221
漁村経済	287
漁村民	211
兄弟づのり	209
漁民	21, 179, 211
漁撈集団	205
漁撈神講	205
霧島講	199
近代的水産物流通機構	1, 193
近年の農山村事情	244
空間行動様式	45
空間スケール	203
空間的行動	19
空間的集住	197
空間的展開	249
果物の王様	274
熊本県健康保健部生活衛生課	144
熊本県特定食品衛生条例	143
熊本市保健所食品保健課	144
組合共同販売事業	44
蔵人	248
クルマエビ（クマエビ）	180
群馬県食品営業自動車の営業許可等の取扱要綱	86
群馬県食品衛生条例	86
群馬県保健福祉部衛生食品課	86

ケ

ケ	43, 205
景観評価	27
継起的世代連接機能	222
経済学	24
経済的互助機能	197
経済的紐帯	55, 196
軽自動車改造型	148
軽トラック改造型車	70
芸能者	1, 19, 26
血縁・地縁関係	259

結合の制約(coupling constraints)	220
原初的流通機構	193
講	199
郷	249
講御厨子	199
郊外住宅地	234
郊外住宅地型露店	245
郊外住宅地型各戸訪問行商	245
郊外住宅地型流し売り行商	245
交換関係	179
公共交通機関	268
後継者不足	255
鉱山師	26
豪雪地帯	236
高知県健康福祉部食品・衛生課	135
高知県食品衛生法施行条例	135
高知市保健所生活食品課	135
交通事情の悪化	244
交通要地	244
口上	269
行動地理学	27
行動の開始	262
行動パターン	45
行動様式	43
高度経済成長期	22
神戸市保健所	119
高齢化	244
コエトクドン	189
凍豆腐製造業	252
顧客	185
顧客集落	187
小作	206
固定資産税	234
コミュニティーセンター	207
御用聞き	233
雇用機会	287
雇用保険	265
婚姻関係	260
混載車(混載型車両)	52
婚入圏	260
コンビニエンスストア	248
金比羅宮(出水市名護地区)	189
コンブ	115

サ 行

在(集落)	195, 201
災害知覚	27
最下級品(ペケ)	276
再活性化	283
西大寺(岡山市)	270
埼玉県健康福祉部生活衛生課	88
最低賃金保証	254
在来型行商(人)	1, 46-66, 69-150, 70, 159-175
在来型行商地域構造モデル	62
在来市街地	234
在来市街地型各戸訪問行商	245
在来市街地型流し売り行商	245
祭礼市	267
佐賀県厚生部生活衛生課	138
佐賀県食品衛生条例	138
佐賀県西部街商組合	281
佐嘉神社(佐賀市)	272
佐賀護国神社(佐賀市)	272
サーカス	26
桜エビ	103
酒	1
酒講	200
雑魚類	1, 288
刺網	196
サバ	113
「産業予備軍型」出稼ぎ	24
山間移動就業者	1
山間地民	25
山間僻地	1, 162
3級品(ゴク)	276
サンザ講	199
三次生活圏	260
産地型行商(人)	3, 21, 62, 66, 211
産地型自動車営業(者)	53, 63, 66, 123, 211
産地市場	44
産地市場勢力圏	61, 62
サンパルプ工場(島根県江津市)	218
サンマ	84
三見駅	216
三見漁業協同組合	213
三夜さん(月読神社;久留米市田主丸)	272
仕入れ地	62
JR山陰本線	237
塩	43
塩行商	184
塩サバ	53
塩漬けイルカ肉	103
塩テチョ	184
塩トト	184
塩道	179
シガ	22
滋賀県魚介類行商指導要綱	114
滋賀県県民文化生活部生活衛生課	114

滋賀県食品衛生基準条例	114
自家用車	268
時間地理学	20, 27
時季的空間的展開	24
時空間三次元モデル	257
時空間的展開	1, 27
寺社奉行	269
静岡県魚介類等行商取締条例	105
静岡県健康福祉部生活衛生総室	105
静岡市保健所食品衛生課	105
自然的背景	263
時代的地理的背景	1
自宅(生活拠点)	285
悉皆調査	30
漆器行商	23
失業者	285
失業保険制度	254
自転車	45
自動車営業(者)	1, 22, 46-66, 69-150, 159-175, 214-228, 288
自動車営業者数	159
自動車営業者率	159
自動車営業地域構造モデル	62
自動車営業取扱い要綱	51
自動車による飲食店営業等に関する要綱(福島県)	81
自動車による魚介類の販売について(静岡県衛生部長通知)	105
自動車による魚介類販売業の取扱い要領(名古屋市)	107
自動車による食肉、魚介類および乳類販売業の指導取締りについて(大阪府)	118
自動車による食品営業許可取扱要領(宮城県)	77
自動車による食品営業取扱い要綱(大分県)	141
自動車による食品営業の取扱要綱(山形県)	79
自動車による食品の移動営業に関する取扱要綱	
——(長崎県)	140
——(秋田県)	75
——(青森県)	72
——(熊本県)	143
——(奈良県)	112
——(福井県)	100
——(三重県)	109
島根県魚介類行商条例	123
島根県健康福祉部薬事衛生課	123
下鯖淵漁業協同組合	181
下知識漁業協同組合	181
地元産業の育成	288
社会学	24
社会経済的結合	177
社会・経済的関係	179
社会・経済的機能(役割)	287
社会地理学	30
社会的乖離現象	190
住	251
習慣性	249
就業年齢	1, 283
自由業への憧憬	278
重層構造	43
集落間結合	179
修業(稼ぎ込み)	278
修験者	26
酒造業	236
出自	267
出身地の地理的環境	277
主要地区(副都心を含む市街地)	247
受容地	249
狩猟者	25
ショイコ	77
商業中心地	233
商圏	233
精進あげ(精進落とし)(いちき串木野市羽島地区)	203
常設店舗	233
焼酎	288
消費者行動	27
消費地型行商(人)	3, 22, 62, 66, 211
消費地型自動車営業(者)	53, 63, 64, 66, 211
消費地市場	43
消費地市場勢力圏	61
庄兵衛イッケ	197
情報提供者	236
情報の選択	262
情報網	238
醤油	1, 288
職業集団	236
職業選択	278
職種不適応	1, 278
職場の拘束力	263
職場訪問販売	233
食品移動販売車による営業許可の取扱要綱(和歌山県)	111
食品移動販売車の営業許可等に係る取扱要綱(東京都)	90
食品移動販売車による営業の取扱規程(沖縄県)	148
食品営業自動車取扱要領(島根県)	123
食品営業自動車の営業許可等の取扱要領(栃木県)	86
食品営業自動車の営業許可等の取扱要領(山梨県)	101

食品営業車の取扱要綱(佐賀県) 138
食品衛生取締条例(宮城県) 77
食品衛生に係る営業の基準に関する条例(愛知県)
.... 107
食品衛生に関する条例(埼玉県) 88
食品衛生に関する条例(長野県) 103
食品衛生に関する条例(広島県) 126
食品衛生の措置基準等に関する条例(三重県) .. 109
食品衛生法 31
食品衛生法基準条例(兵庫県) 119
食品衛生法施行細則(京都府) 115
食品衛生法施行細則(山口県) 127
食品衛生法施行条例
　　　──(青森県) 72
　　　──(秋田県) 75
　　　──(岩手県) 74
　　　──(愛媛県) 129
　　　──(大阪府) 118
　　　──(岡山県) 125
　　　──(沖縄県) 148
　　　──(埼玉県) 88
　　　──(島根県) 123
　　　──(千葉県) 93
　　　──(徳島県) 133
　　　──(鳥取県) 121
　　　──(福井県) 100
　　　──(福島県) 81
　　　──(北海道) 70
　　　──(宮城県) 77
　　　──(宮崎県) 146
　　　──(山形県) 79
　　　──(和歌山県) 111
食品衛生法に基づく営業の基準等に関する条例(広島県) 126
食品衛生法に基づく公衆衛生上必要な基準に関する条例(香川県) 133
食品行商 100
食品行商衛生条例(京都府) 115
食品製造業等取締条例(東京都) 90
食品等取扱条例(宮崎県) 145
食品の営業許可等に係る取扱要領(石川県) 99
食品の製造販売行商等衛生条例(北海道) 70
シラス 103
印物屋 275
信仰行事関係 179
信仰の伝播者 19
人的紐帯 1, 288
新年会(年次総会) 269
神農 280
信用 1, 288

心理的側面 1
人類学 30

水銀問題 180
水産物行商 21
水産物行商人 1
水産物市場 47
水産物統制令 220
水産物流通 43
水上生活者 21
水天宮 272
須賀神社(佐賀市川副町) 272
スケゴ 97
頭上運搬 184
スーパーマーケット 233
炭問屋 261
炭焼き 25, 252
住吉神社(出水市今釜地区) 189
諏訪神社(薩摩川内市寄田町瀬戸野地区) 200

生活関係圏 259
青函連絡船 72
生業空間 179
生業行為 1
生業神講 199
生業地域 1, 288
製針業 251
生成過程 1, 27
生成メカニズム 211
生鮮物 285
生態学 20
生態人類学 21
性別・年齢階梯集団別講 199
性別年齢別構成 166
制約条件 28
製薬・売薬業 22
節季払い 275
瀬戸物 275
せり 59, 181, 214
競り売り 271
専業屋台営業 241
鮮魚介類 43
鮮魚行商 1, 190
鮮魚行商圏 43
鮮魚配達従業員 117
鮮魚日帰り行商 182
鮮魚輸送業 185
全戸聴き取り調査 249
仙崎漁協(山口県長門市) 218
潜水漁業(あま) 21

仙台七夕祭り	270
鮮度保持技術	288
センバ(魚商人)	115
先輩	237
専売制度	184
専門化	269
相関関係	49
惣菜組合	59
総労働日数	274
族縁関係	251
即席麺類	254
底曳網	1
その他の顧客集中地型露店	245
村落構造	179

タ　行

タイ	182
ダイ(2級品)	281
大規模店	233
大工	252
太鼓踊り(いちき串木野市羽島南方神社)	201
大黒屋	276
代参講	199
大道芸	26
第二種兼業農家	251
大丸百貨店の下請け縫製工場	242
大陸スケール	287
大量均一商品	288
田打ち祝い	202
互いを見つめるまなざし	288
高市面帳	269
高松市保健所生活衛生課	131
タクシーの溜まり場	242
竹籠	182
タコ	182
ダシジャコ	115
但馬牛	251
但馬地方出身者	237
但馬杜氏	248
叩き売り	271
タタラ製鉄	26
駄賃稼ぎ	275
田ノ神講	199
田ノ神相撲	199
田ノ神像	199
旅芝居	26
旅人	19
玉せせり(筥崎宮；福岡市)	272
だれやみ(晩酌)	288

太郎太郎祭り(いちき串木野市羽島崎神社)	201
ダンカ(檀家)	79
檀家圏	191
単車(バイク)	45, 115, 222
「単純型」出稼ぎ	24, 252
男性行商人	45
丹波杜氏	248
担夫交通	25
地域構造モデル	61
地域的システム	249
地域的メカニズム	249
地域の相談役	288
チェーン店	233
築港市場	187
千葉県健康福祉部衛生指導課	93, 94, 153
地方漁村	288
中央地区(CBD)	247
中央線	275
中華そば屋台	254
沖積低地	180
中心的商業機能	267
注文取り	275
地理学	19
地理的環境	262
地理的特徴	1
チリメン	103
通婚	225
通信販売	233
調神社(さいたま市)	271
月別出店日数	274
つけ売り	184
津々浦々	2
吊し柿	272
定期市	23
定住農耕民	283
定置網漁	213
定着就業行動	19
定着社会民	285
停留型露店	242
手押し車	63
出稼ぎ活動	249
出稼ぎ組合	249
出稼ぎ行動	255
出稼ぎ先	249
出稼ぎ先固定型	256
出稼ぎ者	1, 19
出稼ぎ者番号	252

出稼ぎ職種	249
テキヤ	1, 23, 30, 267
テキヤ一家	269
テキヤ親分	271
テキヤ組織	276
テキヤ仲間	278
出作り耕作	25
鉄道	269, 285
転業	255
転地	255
デンケサイッケ	197
転飼(移動養蜂)	26
「伝統型」出稼ぎ	24, 252
伝統文化	288
天秤棒	182
店舗営業者	214
店舗兼業者	117
十日戎(恵比寿神社；福岡市)	272
稲荷祭り(圓隆寺；広島市)	272
冬季出稼ぎ	1, 236
動機の形成	262
等級	276
同郷意識	238
同業者グループ	1
東京都健康局食品医薬品安全部食品監視課	90
杜氏	24
陶磁器(わんちゃ)行商人	267
同族集団	197
登録	31, 45, 79
道路交通法	248
道路法	248
トキ	179
トキュ	2, 31, 179
トク	188
得意	3
毒消し薬行商	22
徳島県魚介類行商取締条例	133
徳島県保健福祉部生活衛生課	133
特殊形態で営業する施設の取扱要領(徳島県)	133
トケ	179
土建業	252
都心人口の空洞化	254
栃木県食品衛生条例	84
栃木県保健福祉部生活衛生課	84
鳥取県魚介類行商条例	121
鳥取県生活環境部県民生活課	121
鳥取保健所	121
都道府県食品衛生関係機関	45
届出	31, 45
ドーナツ化現象	254
トビ(1級品)	281
トビウオ	213
都鄙地域	234
徒歩	285
徒歩行商	168
ドヤク	197
富山県魚介類行商取締条例	97
富山県厚生部食品生活衛生課	97
富山県食品衛生条例	97
富山売薬	269
豊田市保健所保健衛生課	107
豊橋市保健所生活衛生課	107

ナ 行

仲買	275
仲買体制	180
仲買人	45
長崎県県民生活環境部生活衛生課	140
長崎県食品衛生に関する条例	139
流し売りタイプ	244
長野県衛生部食品環境水道課	103
長野市保健所生活衛生課	103
名古屋市健康福祉局健康部食品衛生課	107
名古屋市食品衛生法等施行細則	107
馴染み	268
灘廻り	22
雪崩止め	251
雪崩被害	251
奈良県食品衛生法施行条例	112
奈良県福祉部健康局生活衛生課	113
なわばり	187
新潟県自動車による移動食品営業の取扱要綱	95
新潟県食品衛生条例	95
新潟県福祉保健部生活衛生課	95
新潟市市民局保健福祉部食品衛生課	95
西陣の機業地域	242
二次的生活空間	193
ニシン	74
ニシン売り	74
ニセ講	199
ニボシ	103
ニワバ	269
認知地図	27
ネス(素人)	280
ネタ	275
年空間行動	268
年行動	269, 270, 271, 272, 273

農協店	185	日帰り行動	285
農耕神講	205	彼岸講	199
農漁家関係	2	非常設店舗商業	233, 234, 267
農・漁村関係	179	雛市	270
農山村型各戸訪問行商	245	兵庫県健康生活部健康局生活衛生課	119
農山村型流し売り行商	245	漂泊者	19
能力の制約(capability constraints)	228	漂泊への憧憬	1, 283
野町	182	標本調査	30
		氷冷蔵方式	52
		ヒラビ	271
		広島県福祉保健部食品衛生室	127

ハ　行

背域	43, 53, 55, 179, 193, 287	フィールドワーク	30
背域集落	177, 287	風俗営業等の規制及び業務の適正化等に関する法律	248
配給統制	45	風鈴そば	248
輩出構造	45	吹き溜まり	250
輩出地	211	福井県食品衛生条例	99
輩出メカニズム	262, 263	福井県福祉環境部食品安全・衛生課	99
配達専業者	117	復員兵	285
配置売薬行商圏	22	福岡県食品取扱条例	136
配置販売	268	福岡県保健福祉部生活衛生課	136
売薬行商人	1	福岡市保健福祉局生活衛生部生活衛生課	136
萩小畑漁連市場	218	福島県魚介類行商取締条例	81
バサ打ち	271	福島県保健福祉部健康衛生領域食品安全グループ	81
バージェス理論	234	フクモト	239
羽島漁業協同組合	196	普賢さん(普賢寺；山口県光市)	272
羽島崎神社(いちき串木野市羽島地区)	201	婦人会	203
羽島小学校	207	普通トラック改造型車	74
バス	285	物々交換	22
バス型	70	船持ち祝い	202
筥崎宮(福岡市)	272	船	285
運び屋行商人	72	部落集会	203
八幡さん(佐賀県みやき町綾部)	272	振り売り	45
八幡神社(出水市)	189	ブリキ函	185
初市(島原市)	272	プロトタイプ	267
パートタイム	287	文化人類学	21
バナナ	269		
バナナの叩き売り発祥の地	271	平均年齢	185
浜(集落)	194, 201	僻地	55
浜松市保健所生活衛生課	105		
ハレ	43, 205	棒踊り(いちき串木野市羽島萩元地区)	200
ハローワーク(職業安定所)	261	棒踊り(薩摩川内市瀬戸野諏訪神社)	204
繁華街	234	方限	204
繁華街・交通要地型露店	244	奉公	275
藩政村	204	放生会(筥崎宮；福岡市)	272
半農半漁	206	北西モンスーン	250
販売地	62	北但連合通商自治会	59
ハンマ(早馬)	82	保健所	31
ハンマ追い	82		
販路	1		
日帰り行商圏	61		

保健所管轄区 45
豊穣祭り（いちき串木野市・薩摩川内市土川地区）
.... 200
歩荷（ポーター） 25
ボッカヤマ 95
ホッケ 74
ボテ（ボテー） 105
ボテフリ（棒手振り） 115
保冷車 149
本分家関係 251

マ 行

マイノリティ 283
旋網漁業 20
マクロスケール 46
マグロ 90
益田振興マーケット 218
マス流通 1
マタギ 25
松江保健所 124
松山市保健所衛生指導課 129
祭りの活性化 279
丸美 239
丸与 239

三重県魚介類行商営業条例 109
三重県健康福祉部薬務食品環境課 109
ミクロスケール 249
見せ玉 276
密貿易 195
ミナトヤ 240
美濃焼 271
美祢線 216
見本市 267
宮崎県福祉保健部衛生管理課 145
宮城県食と暮らしの安全推進課（宮城県環境生
　活部生活衛生課） 77
名頭制度 206
民俗学 19
民族学 21

無店舗販売 234, 267
ムラ（村） 30, 31, 180, 249
ムラ入り 182
室町の問屋街 242

メソスケール 249
メンタルマップ 27
麺屋（製麺業者） 237

木炭製造 251
門司港駅 271
モータリゼーション 211

ヤ 行

焼畑耕作 25
八坂神社（出水市名護地区） 189
香具師 23
ヤシネ子 202
屋台営業 23
屋台営業者集団 238
屋台ソバ 24
柳田民俗学 19
八幡製鉄所企業祭 272
山形県魚介類行商取締条例 79
山形県総務部危機管理室食品安全対策課 79
山口県魚介類行商取締条例 127
山口県環境生活部生活衛生課 128
ヤマサン 239
山梨県食品行商条例 101
山梨県福祉保健部衛生薬務課 101
山ノ神講 199
山ノ神祭り（いちき串木野市羽島万福地区） 200
山人 19, 25
ヤミ市 45
ヤミ商人 220

有機水銀汚染 185
有職渡世 268
祐徳稲荷神社（鹿島市） 281
遊牧民 1

養蜂業者 1, 26
余剰労働力 20
夜鷹そば 248
夜鳴きうどん 248

ラ 行

ライフ・パス（life path） 220
ライフヒストリー 25

陸の孤島 236
リヤカー 45, 216, 222
流通圏 43
流通消費圏 179
流通・販売 1
流動性 255
利用交通手段 268
隣家刺激 260
隣接刺激 249

臨時営業等の取扱要領(鹿児島県)	146
臨時定置	97
歴史学	26
老人会	204
労働需要地	256
労働条件	256
労働スケジュール	236
労働日数	185
労働服務公司	249
労働力移動	19
労力の需給関係	179
六軒衆	251

露店	233
露店飲食業	234
露店営業・自動車営業等の取扱い要綱(岐阜県)	108
露店商(露天商)	1, 23, 245, 267

ワ 行

若狭背負	101
ワカメ売り	103
和歌山県環境生活部生活衛生課	111
和歌山県魚介類行商条例	110
ワゴン改造型車	70
わんちゃ(茶碗、陶磁器)	267
わんちゃバサ	268, 269

人名索引

ア 行

秋道智彌	21
秋山健二郎	23
浅野慎一	24
Allix, A.	267
池口明子	21
池谷和信	26, 27
石原 潤	23
李 善愛	21
市川健夫	30
市川光雄	21, 26
今井一郎	25
煎本 孝	25
上田不二夫	21
植村元覚	22
浮田典良	34
宇野忠義	24
応地利明	23
大喜多甫文	21
大島襄二	32
岡本耕平	27
小木曽 豊	24
沖谷忠幸	22
小倉充夫	24
小野重朗	204
遠城明雄	23

カ 行

香月洋一郎	30
可児弘明	21

金田英子	26
鹿野勝彦	27
茅原圭子	23
河島一仁	24
河野正直	24
神崎宣武	22, 23
北園忠治	268, 271
北見俊夫	23
櫛谷圭司	20
熊谷圭知	23
倉田 亨	22
グールド, P.	27
黒田悦子	23
黒田泰精	22
後藤 明	21
小貫雅男	27
小林 肇	22
小村 弌	22

サ 行

斎藤晨二	26
桜田勝徳	22
佐治 靖	26
澤田昌人	26
鹿野一厚	27
篠原秀一	20
島田正彦	21
清水馨八郎	21
新谷喜昭	21

末尾至行	27	野澤 浩	21
菅野康二	24	野地恒有	21
鈴木公	182	野中健一	25

ハ 行

瀬川清子	22
関えり子	23
仙道良次	23

秦 孝治郎	23
原 不二夫	23

添田知道	23

樋口節夫	23
廣藤啓二	27

タ 行

福宿光一	25
福武直	197
藤原健藏	30
古川春夫	22

大黒屋利兵衛	268, 269
高橋克夫	23
高橋伸夫	28
武田祐子	28
武市伸幸	22
田子由紀	28
多田文男	27
田中豊治	21
田中方男	21, 22
田辺健一	23
谷岡武雄	24
田畑久夫	25
田和正孝	20
丹野 正	25

Hägerstrand, T.	28

マ 行

松田松男	24
マリノフスキー, B.	23

三井田圭右	26
三浦紀行	24
溝口常俊	23
宮澤 仁	28

塚原美村	23
都竹 武年雄	27
月原敏博	27
土屋貞夫	22
靏 理恵子	22
鶴見和子	19

本宮健次郎	23
森栗茂一	23

ヤ 行

矢ヶ崎 孝雄	25
藪内芳彦	21
山口 弥一郎	25
柚洞一央	26
吉木武一	21

利光有紀	27
刀禰 勇太郎	26

ナ 行

ワ 行

長井政太郎	22
中島弘二	26
中田栄一	30
中楯 興	21
長野 覚	26

渡辺 功	22
渡辺久雄	25

地名索引

ア 行

赤石地区(北海道奥尻町)	170
明石港(兵庫県)	166
阿久根市(鹿児島県)	184
秋吉(山口県美祢市秋芳町)	216
厚狭(山口県山陽小野田市)	216
網代(鳥取県岩美町)	123

相沼地区(北海道八雲町)	170
青苗地区(北海道奥尻町)	170
青森市(青森県)	52
赤(山口県美祢市美東町)	220

索　引

阿新地区(阿新保健所管内)(岡山県) 163, 170
厚沢部町(北海道) 169
阿哲郡(現岡山県新見市) 170
阿武町(山口県) 173
阿部村(現徳島県美波町) 179
海土泊(いちき串木野市羽島地区) 201
綾部(佐賀県中原町；現みやき町) 272
有明町(現佐賀県白石町) 281
淡路市(兵庫県) 164

家島地区(兵庫県) 159
池ヶ平(兵庫県浜坂町；現新温泉町) 251
諫早市(長崎県) 272
石丸(山口県萩市三見) 217
出水市(鹿児島県) 179
出水平野 180
市来(現鹿児島県いちき串木野市) 184
猪之鼻(いちき串木野市羽島地区) 199
伊万里市(佐賀県) 272
岩槻(現さいたま市) 270
岩船郡(新潟県) 166
岩船地区(新潟県村上市) 167
岩屋(兵庫県淡路市) 165

上野(山口県萩市) 225
鵜泊地区(新潟県山北町) 167
浦富(鳥取県岩美町) 123
嬉野町(現佐賀県嬉野市) 281

江崎(山口県萩市) 216
江差地区(江差保健所管内)(北海道) 169
江差町(北海道) 169
恵曇(島根県鹿島町；現松江市) 59
江見(佐賀県三根町；現みやき町) 272
江向(山口県萩市) 225

青海(山口県萩市) 222
大川市(福岡県) 272
大口市(現鹿児島県伊佐市) 182
大阪市(大阪府) 117, 265
大堂津(宮崎県日南市) 288
大曲(現秋田県大仙市) 270
大町町(佐賀県) 281
大宮(現さいたま市) 270
大屋(山口県萩市) 222
岡住(現新温泉町久斗山地区) 251, 260
岡山市(岡山県) 258
沖原(山口県萩市) 222
奥尻町(北海道) 169
乙部町(北海道) 169

小野田(山口県山陽小野田市) 216
小浜市(福井県) 172
於福(山口県美祢市) 60, 216
温泉町(現兵庫県新温泉町) 259

カ　行

笠沙町(現鹿児島県南さつま市) 189, 205
笠屋(山口県萩市) 222
加治木町(鹿児島県) 272
鹿島市(佐賀県) 271, 281
春日部(埼玉県) 270
香住町(現兵庫県香美町) 59, 259
加世田(現鹿児島県南さつま市) 184
かつらぎ町(和歌山県) 252
桂島(出水市) 182
嘉万(山口県美祢市秋芳町) 220
上住(現新温泉町久斗山地区) 251, 260
上ノ国町(北海道) 169
蒲生町(鹿児島県) 272
唐津市(佐賀県) 272
唐浜(鹿児島県薩摩川内市) 184
仮屋(兵庫県淡路市) 165
賀露町(鳥取市) 121
河内(山口県萩市) 222
川上峡(佐賀市大和町) 272
川越(埼玉県) 270
河添(山口県萩市) 225
川副町(現佐賀市) 272
河原住(現新温泉町久斗山地区) 251, 260
神埼町(現佐賀県神埼市) 272
関東地方 269
関門海峡 272

杵島郡(佐賀県) 281
岸和田市(大阪府) 258
北九州市(福岡県) 272
基山町(佐賀県) 272
行田(埼玉県) 270
京都市(京都府) 115

久喜(埼玉県) 270
串木野(現鹿児島県いちき串木野市) 184
串良(現鹿児島県鹿屋市) 184
久斗川 236
久斗山地区(兵庫県浜坂町；現新温泉町) 249
熊石町(現北海道渡島支庁管内八雲町) 169
熊谷(埼玉県) 270
熊谷(温泉町；現新温泉町) 260
蔵本(山口県萩市三見) 217
久留米市 272

京阪神地方	260	須佐(山口県萩市)	173
京北町(現京都市右京区)	171	瀬戸(愛知県)	271
祁答院町(現鹿児島県薩摩川内市)	182	瀬戸内	288
小岩川地区(山形県温海町)	167	川内市(現鹿児島県薩摩川内市)	182
光瀬(いちき串木野市羽島地区)	199	園部地区(園部保健所管内)(京都府)	162
江津(島根県江津市)	216		
神戸・尼崎方面(兵庫県)	166	**タ 行**	
江北町(佐賀県)	281	大将軍(京都市)	241
五色町(兵庫県)	164	大里(北九州市門司区)	216
河原(いちき串木野市羽島地区)	200	高尾野(現鹿児島県出水市)	180
米ノ津川	180	高松市(香川県)	131
挙母(現愛知県豊田市)	269	滝野(兵庫県社町；加東市)	258
金光町(現岡山県浅口市)	258	竹野町(現兵庫県豊岡市)	261
		タコ地名(いちき串木野市羽島地区)	200
サ 行		但馬地方	260
境港(鳥取県)	55, 171	多治見(岐阜県)	270
佐賀市(佐賀県)	272	田尻町(大阪府)	258
佐世保(長崎県)	272	畳岩地区(北海道八雲町)	170
佐津(現兵庫県香美町)	248	館平地区(北海道八雲町)	170
薩摩郡(鹿児島県)	184, 286	田中住(現新温泉町久斗山地区)	251, 260
薩摩半島	193	田主丸町(現福岡県久留米市)	272
佐渡島	270	玉江(山口県萩市)	216
山陰地方	21, 45, 53	太良町(佐賀県)	281
山陰道	68	垂水(鹿児島県)	184
三見市(山口県萩市)	63		
三見浦(山口県萩市)	55, 63	築港地区(鹿児島県出水市)	185
山陽町(現岡山県赤磐市)	258	千早赤阪村(大阪府)	252
		中国山地	252
塩尾(兵庫県淡路市)	165	椿東地区(山口県萩市)	173
塩田町(現佐賀県嬉野市)	281		
塩谷地区(新潟県神林村)	167	都志万歳(兵庫県五色町)	165
重安(山口県美祢市)	60, 216	津名地区(津名保健所管内)(兵庫県)	161, 164
四国山地	252	椿(山口県萩市)	222
四条河原町(京都市)	234	津和野町(島根県)	272
四条烏丸(京都市)	234		
篠ノ井地区(篠ノ井保健所管内)(長野県)	162	天童(山形県)	270
柴山(兵庫県香美町)	59		
紫尾山系	180	東京(東京都)	275
島原市(長崎県)	272	東北地方	270
島原半島	272	土岐市(岐阜県)	269, 270
下ノ方(いちき串木野市羽島地区)	200	富島(兵庫県淡路市)	165
下方限(いちき串木野市羽島地区)	204	鳥栖市(佐賀県)	272
周山地区(周山保健所；現南丹保健所北桑田支所管内)(京都府)	171	豊岡保健所管内(兵庫県)	53
白浜(いちき串木野市羽島地区)	200	**ナ 行**	
白石町(佐賀県)	272, 281	長井(香住町；現香美町)	260
四郎ヶ原(山口県美祢市)	222	中小屋(兵庫県浜坂町；現新温泉町)	236
新宮町(福岡県)	52	名護地区(鹿児島県出水市)	179, 193, 286

索　引

奈古(山口県阿武町) 225
灘(兵庫県西宮市・神戸市) 248, 258
奈良市(奈良県) 258

新潟(新潟市) 270
新見市(岡山県) 170
新井屋住(現新温泉町久斗山地区) 261
西大路通(京都市) 241
西ノ谷住(現新温泉町久斗山地区) 251, 260
二条城(京都市) 241

沼田地区(沼田保健所管内)(群馬県) 162

鼠ヶ関地区(山形県温海町) 167
寝屋地区(新潟県山北町) 167

野田(現鹿児島県出水市) 180
野中栫(いちき串木野市羽島地区) 200
野村農村地区(野村農村保健所管内)(愛媛県) .. 162

ハ　行

萩市(山口県) 173
萩地区(萩保健時管内)(山口県) 173
萩元(いちき串木野市羽島地区) 199
函館市(北海道) 72
羽島地区(鹿児島県いちき串木野市) 2, 189, 193
浜坂町(現兵庫県新温泉町) 234, 236
浜田(島根県浜田市) 219
飯能(埼玉県) 270
万福(いちき串木野市羽島地区) 199

東シナ海 179, 189, 193, 205
菱刈町(現鹿児島県伊佐市) 182
肥前田代(現佐賀県鳥栖市) 22
日野郡(鳥取県) 55
平身(いちき串木野市羽島地区) 199
広島市(広島県) 272
檜山支庁(北海道) 169

福ノ江港(出水市) 182
藤津郡(佐賀県) 281
府屋地区(新潟県山北町) 168

弁財天山 194

北薩地方 180
本谷(兵庫県浜坂町；現新温泉町) 236

マ　行

枕崎市(鹿児島県) 184, 286

益田(島根県益田市) 216
松浦市(長崎県) 272
松尾(いちき串木野市羽島地区) 200
松前地区(愛媛県) 131

瑞浪(岐阜県) 270
水俣市(熊本県) 180
美祢(山口県美祢市) 60, 216
美浜町(福井県) 172
宮之城町(現鹿児島県さつま町) 182
宮ノ前住(現新温泉町久斗山地区) 251, 260
美山町(京都府) 171

村岡町(現兵庫県香美町) 259
村上市(新潟県) 166
村上地区(村上保健所管内)(新潟県) 166
室積(山口県光市) 272

ヤ　行

八重山山系 194
八代湾 180
柳川市(福岡県) 272
矢筈岳 180
山田地区(山口県萩市) 173

湯沢(秋田県) 162, 270
湯沢地区(湯沢保健所管内)(秋田県) 162
湯田温泉(山口市) 225

横須(いちき串木野市羽島地区) 200
横手(秋田県) 270

ワ　行

蕨(埼玉県) 270
蕨島(出水市) 182

あとがき

　かつて、全国津々浦々において日常的光景の中で魚介類の販売に活躍していた水産物行商人、いわゆる「行商のおばちゃんたち」は、いつの間にか姿を消し、ほとんど産業遺跡化しつつある。その姿を見ないだけでなく、かつての活躍ぶりも、すっかり社会から忘れ去られようとしている。しかし、筆者が 30 年近く前、学問をかじり始めた学生時代より、この目で見、耳で聞き、足でともに歩んだあのおばちゃんたちの快活な笑顔、厳しい漁村での生活で、睡眠時間を削って真摯に働く姿は、決して忘れられるものではない。このような拙い研究ながら、何とかまとまったものにできたのは、ひとえに行商のおばちゃんたちのおかげである。やがて、この国のどこからも消え去ってしまうかもしれない彼女たちへの思いを、このような形で残せることが、筆者からのせめてものお礼となりうるであろうか。

　研究を進めるに当たって、立命館大学時代の恩師である谷岡武雄先生、関西学院大学大学院入学以来ご指導を賜っている恩師大島襄二先生、故浮田典良先生、金沢大学名誉教授柿本典昭先生、幾度も拙著の校閲、ご指導をいただいた関西学院大学の田和正孝先生、いつも励ましの言葉をいただいている同大学の八木康幸先生、下関市立大学の平岡昭利先生、愛知大学の有薗正一郎先生、立命館大学、関西学院大学の先生方、奉職する宮崎大学名誉教授横山淳一先生を始めとする諸先生方、また、筆者が大学入学以来先輩として、公私にわたり多大なお世話になってきた立命館大学の河島一仁先生など、多くの先生、先輩、同僚、友人のご厚情をいただいていることに、あらためて感謝したい。

　本書は、2007 年 9 月に関西学院大学大学院文学研究科に提出した学位申請論文『移動就業行動の地理学的研究　―水産物行商活動を中心に―』を骨子としている。本論文に対して 2008 年 3 月に博士(地理学)を賜ることができた。八木康幸、田和正孝、島秀典(鹿児島大学)の 3 先生には、審査委員として親身にご指導いただいた。恩師であり、同窓の先輩でもある八木、田和両先生はもちろん、普段からあたたかい激励の言葉をいただいている島先生にも心より感謝申し上げたい。また、本書の出版をお引き受けいただいた海青社の宮内久氏のご厚意にも感謝申し上げる。

　宮崎大学に赴任してからは、毎年夏、教育文化学部経済地理学ゼミの学生と一緒に、漁村などにおける調査を行ってきた。調査に参加し、若き日の汗をともに流してがんばってくれた、今は社会の第一線で活躍している多くの卒業生、そして今現在がんばっている在学生諸君にも感謝の言葉を贈りたい。

　調査に当たっては、直接貴重なお話を伺った方々はもちろん、各地の県庁、役場、保健所、漁協等の関係諸氏、公民館長など現地の方々に大変お世話になった。これらの方々にも深く感謝の意を表したい。

　水産物行商活動の近年の状況に関する全国調査を実施するに当たって、平成 15 年度科学研究費補助金「原初的商業形態としての水産物行商にみる移動就業行動の時空間的展開に関する研究」(基盤研究(C)(2)、課題番号 15520503)を得ることができたことについても、記して感謝する。

あとがき

　末筆ではあるが、私を慈しみ育んでくれた母、自らもかつて地理学への道を志し、結果として私をその道に導いてくれた父、そして、結婚以来苦楽をともにしてきた妻、そして子どもたちにも感謝の言葉を贈りたい。

　なお、本研究の大部分は、既刊の論文をもとにしている。今回まとめるに当たって、かなり手を入れた部分もあるが、以下に、それらの初出を記しておく。

第1章　○「移動就業行動に関する地理学的研究の展開」書き下ろし。
第2章　○「水産物行商人の空間行動様式 ─山陰地方の事例を中心として─」人文地理37-4、1985、22-43頁。
第3章　○「北海道・東北地方における水産物行商活動の変容」宮崎大学教育文化学部紀要(社会科学)12、2005、1-20頁。
　　　　○「関東地方における水産物行商活動の変容」宮崎大学教育文化学部紀要(社会科学)10、2004、23-40頁。
　　　　○「中部地方における水産物行商活動の変容」宮崎大学教育文化学部紀要(社会科学)10、2004、1-21頁。
　　　　○「近畿地方における水産物行商活動の変容」宮崎大学教育文化学部紀要(社会科学)12、2005、21-38頁。
　　　　○「中国地方における水産物行商活動の変容」宮崎大学教育文化学部紀要(社会科学)7、2002、1-15頁。
　　　　○「四国地方における水産物行商活動の変容」宮崎大学教育文化学部紀要(社会科学)11、2004、1-12頁。
　　　　○「九州地方における水産物行商活動の変容」宮崎大学教育文化学部紀要(社会科学)8、2003、1-19頁。
　　　　○「沖縄県における水産物行商活動の変容」『原初的商業形態としての水産物行商にみる移動就業行動の時空間的展開に関する研究(科学研究費補助金研究成果報告書)』、2005、126-128頁。
第4章　○「わが国における水産物行商活動の変容と主要地区における活動の展開」宮崎大学教育文化学部紀要(社会科学)13、2005、31-51頁。
第5章　○「海産物行商からみた集落間結合とその変化 ─出水市名護地区と背域との関係を中心に─」歴史地理学紀要26、1984、127-146頁。
第6章　○「漁村-背域農村関係の地域的展開 ─串木野市羽島地区の事例─」人文地理40-2、1988、82-96頁。
第7章　○「萩市三見浦における「産地型行商人」の形成過程 ─漁村民の空間行動研究の一例として─」地理科学41-3、1986、1-17頁。
第8章　○「京都市域におけるうどん屋台営業の地域的展開 ─「非常設店舗商業」に関する序論的考察─」人文地理45-2、1993、76-89頁。
第9章　○「出稼ぎ者の移動行動と輩出構造 ─兵庫県浜坂町久斗山地区の事例─」人文地理52-2、2000、1-18頁。
第10章　○「縁日市露店商の空間行動と生成過程」地理科学54-4、1999、22-38頁。

第11章 ○書き下ろし(内容の一部については、経済地理学会西南支部7月例会、2006、山口大学にて口頭発表)。

著者紹介：

Nakamura　Shusaku
中　村　周　作

《略　歴》
　　1958 年　　鹿児島県生まれ
　　1981 年　　立命館大学文学部地理学科卒業
　　1987 年　　関西学院大学大学院文学研究科博士後期課程単位取得
　　2004 年　　宮崎大学教育文化学部教授、現在に至る。
　　学　位　　博士（地理学）
　　専　攻　　人文地理学

《著　書》
　　単　著　『宮崎だれやみ論 ―酒と肴の文化地理―』、鉱脈社、2009 年
　　分　担　『地図で読み解く 日本の地域変貌』、海青社、2008 年
　　　　　　『日本の地誌 2　日本総論Ⅱ　人文・社会編』、朝倉書店、2006 年
　　　　　　『離島研究Ⅰ』、海青社、2003 年　他

英文タイトル
A Study of Peddling
A Geographical Study of Behavior of Itinerant Occupations

ぎょうしょうけんきゅう
行商研究
移動就業行動の地理学

発 行 日	2009 年 10 月 24 日　初版第 1 刷
定　　価	カバーに表示してあります
著　　者	中　村　周　作 ©
発 行 者	宮　内　久

〒520-0112　大津市日吉台 2 丁目 16-4
Tel. (077)577-2677　Fax. (077)577-2688
http://www.kaiseisha-press.ne.jp
郵便振替　01090-1-17991
海青社　Kaiseisha Press

● Copyright © 2009　S. Nakamura　● ISBN978-4-86099-223-1 C3025
● 乱丁落丁はお取り替えいたします　● Printed in JAPAN

海青社の本　好評発売中

離島に吹くあたらしい風
平岡昭利 編

離島地域は高齢化率も高く、その比率が 50％ を超える老人の島も多い。本書はツーリズム、チャレンジ、人口増加、Iターンなど、離島に吹く新しい風にスポットを当て、社会環境の逆風にたちむかう島々の新しい試みを紹介する。〔ISBN978-4-86099-240-8／A5判・111頁・定価1,750円〕

離島研究 I・II・III
平岡昭利 編著

人口増加を続ける島、人口を維持しながら活発な生産活動を続ける島、豊かな自然を活かした農業、漁業、観光の島など。多様性をもつ島々の姿を地理学的アプローチにより明らかにする。〔I：B5判・218頁・定価2,940円、II：B5判・222頁・定価2,940円、III：B5判・220頁・定価3,675円〕

郊外からみた都市圏空間　郊外化・多核化のゆくえ
石川雄一 著　【2009年度日本都市学会賞（奥井記念章）】

21世紀初頭における地域の郊外化、超郊外化、多核化、ジェンダー、都市圏規模などの各課題と動向を解説し、今後の展望とビジョンを提示する。都市という領域を広域な領域でとらえること、郊外地域からの視点でとらえることに主眼を置いた。〔ISBN978-4-86099-247-7／B5判・241頁・定価3,570円〕

近代日本の地域形成　歴史地理学からのアプローチ
山根　拓・中西僚太郎 編著

近年、戦後日本の在り方を見直す声・動きが活発化してきている。本書は、多元的なアプローチ（農業・景観・温泉・銀行・電力・石油・通勤・運河・商業・都市・植民地など）から近代日本における地域の成立過程を解明し、読者に新たな視座を提供する。〔ISBN978-4-86099-233-0／B5判・262頁・定価5,460円〕

近世庶民の日常食　百姓は米を食べられなかったか
有薗正一郎 著

近世に生きた我々の先祖たちは、住む土地で穫れる食材群をうまく組み合わせて食べる「地産地消」の賢い暮らしをしていた。近世の史資料からごく普通の人々の日常食を考証し、各地域の持つ固有の性格を明らかにする。〔ISBN978-4-86099-231-6／A5判・219頁・定価1,890円〕

ジオ・パル 21　地理学便利帳
浮田・池田・戸所・野間・藤井 著

地理学の世界をパノラマにしたユニークな書。地理学徒や教員はもちろん、他の分野の研究者や一般人をも対象にして、「地理学」の特色を端的・客観的に伝える最新情報満載の「地理学便利帖」。IT関連項目を中心に増補。〔ISBN978-4-906165-86-5／B5判・207頁・定価2,625円〕

台風 23 号災害と水害環境
植村善博 著

本書は2004年、近畿・四国地方を襲った台風23号災害の調査報告である。京都府丹後地方における被災状況を詳細に報告し、その発生要因と今後の対策について考察した。また、減災への行動を提言。本文2色刷、カラー8頁付。〔ISBN978-4-86099-221-7／B5判・104頁・定価1,980円〕

日本のため池　防災と環境保全
内田和子 著　【2006年度日本地理学会賞（優秀賞）】【2006年度農業土木学会賞（著作賞）】

阪神・淡路大震災は農業水利施設から防災へのため池研究のターニングポイントでもあった。また近年の社会・経済の変化はため池の環境保全や親水機能に基づく保全研究の必要性を生んだ。それらの課題に応える新たなため池研究書。〔ISBN978-4-86099-209-5／B5判・270頁・定価4,900円〕

日本工業地域論　グローバル化と空洞化の時代
北川博史 著

本書は製造業企業の立地による地域の変容や地域間の関係の再編をテーマとしている。とくに、電気機械製造業を対象として、企業内分業構造やその再編成をふまえ、工業地域の実態と地域変容を実証的に解明した。〔ISBN978-4-86099-219-4／B5判・230頁・定価4,620円〕

CDブック 日本の海浜地形
福本 紘 著 Win/Mac

北海道宗谷岬から沖縄石垣島まで、30地域・252調査地点の海浜地形の地形、植生データからその地域的な特徴と環境との関係を地理学的手法で明らかにする。地理学、植物学、海岸工学などの研究者にとって好適の書。〔ISBN978-4-86099-902-5／CD1枚、A5判箱入・定価5,250円〕

ヒガンバナが日本に来た道
有薗正一郎 著

中国を原産地とするヒガンバナは、水田稲作農耕文化を構成する要素の一つとして、縄文晩期に中国の長江下流域から日本に直接渡来した。従来の諸説を検討しつつ、ヒガンバナの自生面積の計測調査を実施し渡来説を論証する。〔ISBN978-4-906165-78-0／A5判・103頁・定価1,801円〕

伝統民家の生態学
花岡利昌 著

最近の住宅はどの地方でもブロック、モルタル、コンクリートで変わりばえがしない。それでよいのだろうか。本書では伝統民家がいかに自然環境に適合しているかを探っている。規格化された建築に反省を促す。〔ISBN978-4-906165-35-3／A5判・199頁・定価2,650円〕

CDブック ハウスクリマ　住居気候を考える 1976〜2002
磯田憲生・久保博子・松原斎樹 編

住居気候研究に関する最高のデータベース。キーワード、執筆者等で検索可能。伝統民家の住居気候／住居気候の建築的調整／冷暖房と住居気候／空気・湿気環境と住居気候／住まい方と省エネルギー対応による住居気候／他〔ISBN978-4-86099-901-8／CD-ROM1枚 A5判袋入・定価7,350円〕

国宝建築探訪
中野達夫 著

岩手県の中尊寺金色堂から長崎県の大浦天主堂まで、全国125カ所、209件の国宝建築を写真420枚に収録。制作年から構造、建築素材、専門用語も解説。木を愛し木を知り尽くした木材研究者ならではのユニークなコメントも楽しめる。〔ISBN978-4-906165-82-7／A5判・310頁・定価2,940円〕

地域変貌誌
山崎謹哉 編

地域は一定不変ではなく、産業構造の改変、社会機構の改変、それに伴う人口動向等により、複雑化し変容する。砺波平野の孤立荘宅・濃尾平野の輪中・九十九里浜の納屋集落など地域変貌の多くの事例を解説。〔ISBN978-4-906165-15-X／B6判・208頁・定価1,785円〕

村落社会の地域構造
野崎清孝 著

日本の村落社会の地域構造を調査・分析し、中世村落の近世的展開、単位村落の成立と変遷、小地域集団の空間構成、村落結合と地域的紐帯の諸問題を歴史地理学の立場から解明する。〔ISBN978-4-906165-14-8／A5判・324頁・定価4,725円〕

地理学と読図
藤岡謙二郎 編

地形図を通じて、地理学の教養的理解を深めることに主眼をおいた、読図集。また、地理学全般の研究に関する基本的解説と参考文献を付した。教養地理学のためのテキストとして好評。〔ISBN978-4-906165-02-5／B5判・57頁・定価630円〕

● 直接ご注文される場合は、送料200円（1回のご注文につき、何冊でも可）を申し受けます。● 表示の定価は5％の消費税を含んでいます。
● 詳しくは小社HPで